伝統的構法のための
木造耐震設計法

石場建てを含む木造建築物の耐震設計・耐震補強マニュアル

伝統的構法木造建築物
設計マニュアル編集委員会

学芸出版社

はじめに

　民家や寺社建築物をはじめとして伝統的構法木造建築物は各地域に数多く現存している。それらは、地域の気候・風土等に適応して発展・継承され、特有の町並み景観を形成するなど、地域の歴史的・文化的価値を高めており、近年、その良さが再認識され、ますます注目されつつある。

　このような伝統的構法は建築基準法の木造に関する仕様規定（建築基準法施行令第3章第3節木造など）を満足しないが、2000年の建築基準法改正で導入された限界耐力計算は仕様規定（耐久性等規定を除く）を適用除外できる性能規定型計算法と位置づけられ、この計算法のもと合法的に設計、確認申請がなされてきた。ところが、2007年の法改正では建築確認・審査が厳格化され、旧4号建築物相当の住宅でも限界耐力計算による設計では構造計算適合性判定による審査が義務づけられるなど、難しい状況に置かれることとなった（2025年4月1日施行の建築基準法改正では、小規模な伝統的木造建築物等について、構造設計一級建築士が設計又は確認を行い、専門的知識を有する建築主事等が建築確認審査を行う場合は、構造計算適合性判定が不要となった）。

　このような状況を踏まえて2008年4月に国土交通省補助事業として「伝統的構法の設計法作成及び性能検証実験検討委員会」が設置され、2010年4月には、実務者から強い要望があった『石場建て』を含む伝統的構法木造建築物の設計法を構築することを目的として、新たに検討委員会（補助事業者：特定非営利活動法人緑の列島ネットワーク）が設置された。2013年3月には、その成果として、①簡易な計算による「標準設計法」、②限界耐力計算に準拠した「詳細設計法」、③より高度な時刻歴応答解析を用いた「汎用設計法」の3種類の設計法案の提案を行っている。

　その後、国土交通省および実務者に約束していた設計法の手引書・マニュアルを作成するため、「伝統的構法木造建築物設計マニュアル編集委員会」を設置。②の「詳細設計法」案と検討委員会での調査・実験・解析的研究による多くの知見をもとに、実務者が実践的に使える設計法を目指して検討を重ねてきた成果をまとめ、石場建てを含む伝統的構法木造建築物の耐震設計法、耐震補強設計法のマニュアルとして編纂したものが本書である。

　伝統的構法木造建築物が高い変形性能を有していることは、実大振動台実験や構造要素実験などから証明されている。本書では、この高い変形性能を生かすために、伝統的構法の構造的特徴を把握した上で、地震応答計算により地震時の各層の応答変形を求めて耐震性能を評価する設計法を提示している。また、柱脚については木造一般の仕様規定を前提とせず、石場建てのように柱脚の水平移動（滑り）を許容する独自の設計法を示した。このように石場建てを含む伝統的構法木造建築物の設計の考え方や手順・手法は、同じ軸組構法ではあるものの、木造の仕様規定に沿った在来工法木造建築物とは大きく異なる。

　本書では、これまでにない設計法であることを踏まえて、設計法の内容を把握することができるように設計の考え方や設計に必要な事項を網羅し、解説を加えている。また、単に設計法の手順だけではなく、石場建てを含む伝統的構法について理解を深められるように、構造力学的な特徴、地震に耐える仕組み、地震応答解析の手法といった基礎知識も得られる内容としている。

　本書が、石場建てを含む伝統的構法木造建築物の新築時の耐震設計、既存建築物の改修時の耐震診断・耐震補強設計の解説書・マニュアルとして、伝統的構法に関わる実務者や確認検査機関等にも広く活用され、確認申請・審査の円滑化に寄与し、また大工・左官など職人の技の継承と育成が促進されるとともに伝統的構法木造建築物が未来に引き継がれていくことを願っている。

伝統的構法木造建築物設計マニュアル編集委員会
委員長　鈴木祥之

目次

はじめに 2

本編 7

1章　本マニュアルの概要 ……………………………………………………………8
1.1　本マニュアルの目的　8
1.2　本マニュアルで扱う伝統的構法木造建築物　9
1.3　本マニュアル作成の背景と経緯　10
1.4　本マニュアルの構成と概要　11
1.5　用語・記号・略称　13

2章　一般事項 ………………………………………………………………………18
2.1　適用範囲　18
2.2　石場建てを含む伝統的構法木造建築物の設計法の概要　19
2.3　設計法と構造計画　23

3章　荷重・外力 ……………………………………………………………………32
3.1　荷重と外力の組み合わせ　32
3.2　常時荷重　32
3.3　積雪荷重　36
3.4　風圧力　37
3.5　地震力　38
3.6　荷重・外力に対する安全性の検討方法　42

4章　伝統的構法の構造要素 ………………………………………………………44
4.1　構造要素の種類　44
4.2　水平抵抗要素の種類　44
4.3　土塗りの全面壁および小壁　45
4.4　板張りの全面壁（板壁）　53
4.5　柱端部の長ほぞ差し仕口接合部　53
4.6　柱－横架材の仕口接合部　54
4.7　大径柱の傾斜復元力　56

5 章　地震応答計算

- 5.1　限界耐力計算に基づく近似応答計算　60
- 5.2　耐震設計のクライテリア　61
- 5.3　準備計算　64
- 5.4　各階の復元力特性の評価　65
- 5.5　近似応答計算　67
- 5.6　偏心率　83
- 5.7　石場建ての柱脚の滑り量　85

6 章　風圧力に対する検討

- 6.1　風圧力に対する建築物の安全性の検討　88
- 6.2　建築物の水平移動の検討　89
- 6.3　屋根ふき材の検討　89

7 章　部材の検討

- 7.1　長期、短期ならびに最大級の荷重・外力に対する安全性の確認　91
- 7.2　個別部材の検討　91
- 7.3　柱脚の設計　107

8 章　地盤および基礎の検討

- 8.1　地盤の調査結果と地盤の許容応力度の算定　112
- 8.2　軟弱地盤対策と液状化対策　112
- 8.3　基礎の設計と注意点　113

9 章　新築建築物の耐震設計の事例

- 9.1　総2階建て町家住宅の耐震設計例　115
- 9.2　下屋付き部分2階建て住宅の耐震設計例　130

10 章　既存建築物の耐震診断・耐震補強設計の事例

- 10.1　現地での構造調査・耐久性調査の方法　156
- 10.2　総2階建て町家住宅の耐震補強設計例　172
- 10.3　寺院建築物の耐震補強設計例　214

11 章　チェックリスト　234

設計資料編　237

設計資料－1　材料に関する規定 ……………………………………………238
1.1　木材　238
1.2　礎石　245
1.3　その他　248

設計資料－2　地震応答計算 ……………………………………………………250
2.1　2階建て建築物の地震応答計算　250
2.2　3階建て建築物の地震応答計算　259
2.3　柱脚の滑りを考慮した近似応答計算　261

設計資料－3　偏心と水平構面による補正 ……………………………………275
3.1　偏心率の計算　275
3.2　偏心を考慮した応答変形の補正　279
3.3　水平構面の剛性を考慮した応答変形の補正　280

設計資料－4　各層の設計用復元力 ……………………………………………290
4.1　各層の復元力の評価　290
4.2　土塗りの全面壁および小壁　292
4.3　板張りの全面壁（板壁）　307
4.4　柱端部の長ほぞ差し仕口接合部　312
4.5　柱－横架材の仕口接合部　314
4.6　大径柱の傾斜復元力　327
4.7　はしご型フレーム　330
4.8　実験・評価方法　339

おわりに　347

伝統的構法木造建築物設計マニュアル編集委員会

委員名簿

編集委員会
委員長	鈴木	祥之	立命館大学衣笠総合研究機構・教授
副委員長	齋藤	幸雄	京都女子大学・非常勤講師
委員	後藤	正美	金沢工業大学建築学部建築学科・教授
	寺門	宏之	京都市都市計画局公共建築部公共建築企画課
	中治	弘行	公立鳥取環境大学環境学部環境学科・教授
	長瀬	正	一般財団法人 日本建築総合試験所
	大江	忍	特定非営利活動法人 緑の列島ネットワーク・代表
	和田	洋子	一級建築士事務所 有限会社バジャン・代表

技術検討部会
小笠原	昌敏	小笠原・林建築設計研究室・主宰
北原	昭男	熊本県立大学 環境共生学部 環境共生学科 居住環境学専攻・教授
佐藤	英佑	立命館大学衣笠総合研究機構・客員研究員
清水	秀丸	椙山女学園大学生活科学部生活環境デザイン学科・講師
須田	達	金沢工業大学建築学部建築学科・准教授
瀧野	敦夫	奈良女子大学生活環境学部住環境学科・准教授
棚橋	秀光	立命館大学衣笠総合研究機構・客員研究員
中尾	方人	横浜国立大学大学院都市イノベーション研究院・特別研究教員
藤井	義久	京都大学大学院農学研究科森林科学専攻・教授
松本	慎也	近畿大学工学部建築学科・准教授
松本	昌義	特定非営利活動法人 伝統木構造の会・理事
向井	洋一	神戸大学大学院工学研究科建築学専攻・准教授
向坊	恭介	鳥取大学大学院工学研究科社会基盤工学専攻・助教
山田	耕司	豊田工業高等専門学校建築学科・教授

執筆担当

執筆は、全般的には鈴木祥之、齋藤幸雄、長瀬正、寺門宏之、向坊恭介、佐藤英佑が主として担当した。10章10.1節の耐久性調査については藤井義久、設計資料－4内4.7節のはしご型フレームついては棚橋秀光が担当した。

本書の編纂においては、国土交通省補助事業「伝統的構法の設計法作成及び性能検証実験検討委員会」に負うところが多い。また、検討委員会やその後の編集委員会での取り組みにおいて、これからの木造住宅を考える連絡会をはじめ、特定非営利活動法人緑の列島ネットワーク、一般社団法人職人がつくる木の家ネット、特定非営利活動法人伝統木構造の会など伝統的構法に関わる多くの方々にご協力、ご支援をいただきました。ここに厚く謝意を表します。

本編

1章　本マニュアルの概要

1.1　本マニュアルの目的

　本マニュアルでは、実務者が使いやすい伝統的構法木造建築物（石場建てを含む）の設計法を提示する。

（伝統的構法の変形性能を生かす）

　伝統的構法木造建築物は、構造的特長として高い変形性能を有しており、この大きな変形性能を生かした耐震設計を行うことが合理的かつ有効である。しかし、木造建築物の耐震設計や耐震改修等では、在来工法（建築基準法施行令第3章第3節「木造」および平成12年建設省告示第1460号（木造の継手及び仕口の構造方法を定める件）等による壁量計算や仕様規定に沿った木造建築物の工法）などを対象とした耐力重視の耐震設計、耐震補強等がなされる場合が多く、伝統的構法木造建築物であっても同様の設計法が適用され、伝統的構法における変形性能の特長が生かされていない事例が多く見られる。

　伝統的構法の特長である大きな変形性能を生かすには、限界耐力計算（建築基準法施行令第82条の5、平成12年建設省告示第1457号）に準じた近似的な地震応答計算（近似応答計算）によって地震時の各層の応答変形を求めて、耐震設計のクライテリア（損傷限界層間変形角、安全限界層間変形角など）に基づいて耐震性能を確保することが求められる。

（木造の仕様規定を適用除外できる性能規定型の限界耐力計算を用いる）

　伝統的構法木造建築物には、柱－横架材の仕口接合部を木組みとし金物補強をしない、石場建て形式のように柱脚を土台と緊結しないなど、建築基準法上の仕様規定を満たさないものが多い。そのため、木造一般の仕様規定（耐久性を除く）を適用除外することができる性能規定型の限界耐力計算を用いて、石場建てを含む伝統的構法木造建築物の設計が可能となる。

（石場建てを含む設計法を示す）

　実務者からの強い要望がある石場建てでは、極めて稀に発生する地震動（大地震）時には、柱脚が移動する可能性がある。実大の石場建て試験体を用いた振動台実験や石場建て形式の構造要素実験などの結果を十分精査するとともに、詳細な時刻歴解析を行った上で、柱脚の移動をはじめとする設計に必要な事項を設計法に反映させることで、石場建てを含む伝統的構法木造建築物の設計法を示す。

（既存建築物の耐震診断・耐震補強設計にも使用できる）

　民家や寺社建築物など伝統的構法木造建築物は各地域に数多く現存しており、なかには地域の歴史的文化財として高い価値を有するものもある。そのような建築物を保存・継承していくことが求められているが、現地調査で詳細に構造的特性を把握した上で、限界耐力計算（近似地震応答計算）によって耐震診断・耐震補強設計を行うことで改修が可能となる。

（実務者が使いやすい設計法とする）

　伝統的構法の特長である変形性能を生かした設計法では、限界耐力計算に準じた地震応答計算によって耐震性能を確保する必要がある。そのため、建築物の復元力特性の評価、入力地震動の設定、耐震設計のクライテリアの設定などを行った上で地震応答計算を行うなど、在来工法の壁量計算とは大きく異なる手順・手法となる。したがって、伝統的構法木造建築物の設計では、構

造的な特性、設計法の考え方を理解した上で設計を行うことが重要である。本マニュアルでは、設計法の手順だけにとどまらず、設計法の考え方を十分理解できるよう設計に必要な事項を網羅するとともに解説を加えている。それにより、伝統的構法木造建築物を設計するための基礎知識が得られ、伝統的構法への理解を深めながら設計法を学ぶことができる。

1.2 本マニュアルで扱う伝統的構法木造建築物

本マニュアルでは、対象とする伝統的構法木造建築物を以下のように定義する。

> 本マニュアルで対象とする伝統的構法木造建築物は、丸太や製材した木材を使用し、木組みを生かした継手・仕口によって組み上げる軸組構法で建てられた建築物とする。なお、石場建てなど柱脚が移動する可能性のあるものも含める。

使用する木材、部材の接合部、構造要素、柱脚の仕様等については、以下の通りである。

(使用する木材)
主要な軸組や構造要素で使用する木材は丸太や製材とする。

(部材の接合部)
部材の接合部は、木組みの継手・仕口とし、金物の使用は極力避ける。柱－横架材の仕口接合部は、大きな変形性能を担保できる仕様とする。

(構造要素—水平力に対する抵抗要素)
壁要素は、土塗りや板張りの全面壁・小壁（垂れ壁、腰壁）とする。軸組要素は、柱ほぞ、差鴨居、足固め、貫などで、伝統的構法に特有の大きな変形性能を生かすことができる構造要素とする。土塗りや板張りの全面壁・小壁は、半間（1P）以上を標準とするが、袖壁のように半間未満の壁についても構造要素実験や計算等により性能が確認できれば使用可能である。

使用する構造要素は、構造要素実験等により、1/15radまで顕著な損傷がなく、急激な耐力低下がないことを確認する。したがって、上記の変形性能が確認できない筋かいや木ねじで留めつける面材（石膏ボード、構造用合板など）は、原則として構造耐力上主要な部分に用いないこととする。

(柱脚の仕様)
柱脚部の仕様は、土台形式、石場建て形式などで、柱脚の移動（滑り）を許容する仕様を適用の範囲に含める。

以上のように、伝統的構法木造建築物の定義では、建築基準法上の壁量計算や仕様規定に沿った在来工法木造建築物とは、接合部、耐震要素である構造要素、柱脚の仕様は大きく異なる。

ここで定義された伝統的構法木造建築物は、限界耐力計算（建築基準法施行令第82条の5）に準じた地震応答計算によって耐震性能を確保するもので、施行令第3章第3節などで示される木造の仕様規定（耐久性を除く）を適用除外した設計、建設が可能となる。

1.3 本マニュアル作成の背景と経緯

（伝統的構法の危機的状況と検討委員会の設置）

　伝統的構法の家に住みたい、建てたいなどの要望が全国各地から数多く寄せられている一方で、伝統的構法のための設計法が建築基準法に明確に記載されていないため、2000年の建築基準法改正で導入された限界耐力計算を用いて確認申請が行われているのが現状である。しかし、2007年の建築基準法改正において限界耐力計算を用いる際に新たな制度として設けられた構造計算適合性判定が義務づけられるなど建築確認・検査が厳格化されたことで、伝統的構法木造建築物の確認申請や工事着工件数は著しく減少しており、伝統的構法は危機的な状況にあった。

　この状況を打開するために確認申請や審査の円滑化を図る必要があり、国土交通省は建築基準法の見直しを進めるとともに、伝統的構法木造建築物の設計法の構築に向け「伝統的構法の設計法作成及び性能検証実験検討委員会」を2008年4月に設置した。しかしながら、そこでは実務者から強い要望が寄せられていた石場建てが対象外とされていたため、石場建て構法を含む設計法の作成に向けて新たな検討委員会が2010年4月に組織された。

（石場建てを含む伝統的構法木造建築物の設計法の提案）

　新たに設置された「伝統的構法の設計法作成及び性能検証実験検討委員会」（補助事業者：特定非営利活動法人緑の列島ネットワーク、委員長：鈴木祥之／以下、検討委員会と称する）では、国土交通省からの要請を受け、石場建て構法を含む伝統的構法木造建築物の設計法を構築することを目的とした取り組みを行った（実施期間は2013年3月までの期間3年間）。設計法部会、実験検証部会、構法・歴史部会、材料部会の4つの作業部会を設置した上で、実大振動台実験をはじめとする数多くの実験を通して構造力学的な課題を解明し、それらの成果をとりまとめて3種類の設計法を提案した。

①標準設計法案：限界耐力計算によらない簡易な設計法で、構造計算適合性判定を適用除外でき、実務者が使いやすい設計法

②詳細設計法案：現行の限界耐力計算と同等の近似的な地震応答計算法をベースにした設計法で、実務者が実践的に使える設計法

③汎用設計法案：詳細なモデル化に基づく時刻歴応答解析をベースにした設計法で、①標準設計法案や②詳細設計法案では適用できない建築物を含むすべての伝統的構法木造建築物に適用できる設計法

　これらの設計法案は、いずれも伝統的構法木造建築物の特長である大きな変形性能を生かすことができることに加え、石場建ての設計を可能とする設計法である。

（実務者が使いやすいマニュアルの作成）

　上記3つの設計法案に対しては、以下のような見解が導き出された。

①標準設計法案は、簡易で使いやすいが、耐震性能の評価などに関して現行の建築基準法に合致しない点があり、建築基準法の改正など今後の検討を要する。

②詳細設計法案は、現行の限界耐力計算に準じた設計法であり、建築基準法に合致している。

③汎用設計法案は、汎用性が高いが、モデル化や計算手法などについてはまだ研究段階であり、また時刻歴応答解析が主となるため、特別な審査が必要になる。

　以上から、本マニュアルでは②詳細設計法案を採用し、さらに検討を加えて作成することとした。限界耐力計算による伝統的構法木造建築物の設計法については、既に『伝統構法を生かす木造

耐震設計マニュアル―限界耐力計算による耐震設計・耐震補強設計法』（木造軸組構法建物の耐震設計マニュアル編集委員会、学芸出版社、2004 年）が出版・利用されているが、その内容は 2000 年の建築基準法改正時に導入された限界耐力計算に基づいているものの、2007 年の改正で導入された構造計算適合性判定などには対応していない。

　確認申請・審査の円滑化を図るために、また検討委員会で得られた伝統的構法における多くの構造力学的課題に関する実験的、解析的研究の成果を生かすためにも、新たな設計法マニュアルの作成がぜひ必要になった。そこで、検討委員会の活動終了後に国土交通省や実務者との打合せを行い、本マニュアルを出版することとなった。詳細設計法案をベースとする設計法マニュアルでは、近似的な地震応答計算法は実務者にとって難解であるため、理解の助けとなる解説や設計事例などを盛り込むなどの工夫を施し、編集し直す必要に迫られ、2015 年 4 月に「伝統的構法木造建築物設計マニュアル編集委員会」が設置され、実務者にとってより使いやすいマニュアルの作成に取り組んできた。

　本マニュアルでは、2 章に述べているように設計上の課題とされていた「石場建ての柱脚の移動（滑り）」「偏心の扱い」「水平構面の変形と安全性」「1 階と 2 階のバランス」などを検討した他、地震応答計算をより精度よく計算する「近似応答計算法」の開発、さらに伝統的構法に用いられる種々の「構造要素の設計用復元力」の充実と計算方法の提案など、多くの成果を反映させている。

1.4　本マニュアルの構成と概要

　本マニュアルでは、石場建てを含む伝統的構法木造建築物の設計を行う際に必要な事項を網羅している。大きくは、本編（1 章から 11 章）と設計資料編の 2 つで構成される。本編では、設計法の内容をより理解しやすくするためにできるだけ具体例を示し、計算方法・検討方法等について解説している。本編の各章および設計資料編の概要は、以下の通りである。

本編

1 章　本マニュアルの概要
　本マニュアルの目的と目指している設計法、対象とする伝統的構法木造建築物の定義を示し、マニュアル作成の背景と経緯を述べている。

2 章　一般事項
　本マニュアルで扱う伝統的構法木造建築物の設計法について、適用範囲、設計法の基本的な考え方、構造計画などを述べている。特に構造力学的に重要な事項について示す。

3 章　荷重・外力
　建築基準法に規定されている荷重・外力に対する設計法に関する必要基本事項を述べている。設計用荷重・外力については、個々の荷重・外力の他に設計に必要な荷重の組み合わせが規定されており、状況に応じて地震力の他、状況に応じて積雪荷重、風圧力について検討する必要がある。

4 章　伝統的構法の構造要素
　伝統的構法木造建築物に用いられる構造要素の種類や仕様、地震応答計算に必要な構造要素の復元力特性について解説している。なお、各構造要素の設計用復元力の求め方については、「設計資料－4　各層の設計用復元力」に、伝統的構法木造建築物に多用される主要な構造要素に限定して具体的に掲載している。

5章　地震応答計算

本マニュアルに示す設計法では、地震時の安全性を検討するために地震応答計算により耐震性能を検証する。地震応答計算は、限界耐力計算に準じるが手法的に改良した近似応答計算法を用いている。本章では、耐震設計のクライテリアの設定、地震応答計算の方法や重量算定方法、階高の設定方法について解説するとともに、平家や2階建ての計算事例を示す。なお、詳細な近似応答計算の手法や柱脚の滑りの計算法に関しては「設計資料－2　地震応答計算」で、耐震性に大きく影響する偏心率の詳細な計算方法については「設計資料－3　偏心と水平構面による補正」で解説している。

6章　風圧力に対する検討

風圧力に対する建築物の安全性、建築物の水平移動および屋根ふき材の検討方法を示す。

7章　部材の検討

長期、短期ならびに最大級の荷重・外力に対する安全性の確認方法、柱・横架材・小屋組部材・水平構面・仕口接合部の個別部材の検討方法および柱脚の設計方法について示す。

8章　地盤および基礎の検討

地盤の調査、軟弱地盤対策および基礎の設計と注意点について述べる。

9章　新築建築物の耐震設計の事例

新築建築物の耐震設計に関する具体的な事例を示す。

10章　既存建築物の耐震診断・耐震補強設計の事例

既存建築物の構造調査・耐久性調査の方法とともに、耐震補強設計の事例を示す。

11章　チェックリスト

確認申請等の参考となるチェックリストを示す。

設計資料編

以下について、計算に必要な資料および計算手法の詳細を示す。

設計資料－1　材料に関する規定

伝統的構法木造建築物に用いられる木材に関連する法令や礎石に関する規定、および鋼材、コンクリートに関する法令について解説する。

設計資料－2　地震応答計算

「5章　地震応答計算」では検討委員会で開発された近似的な地震応答計算法をさらに改良した近似応答計算法を用いているが、改良した計算手法を含めて詳細に解説している。加えて、石場建ての柱脚の滑り量を求める方法として近似的な応答計算の手法について説明し、実大振動実験結果との比較を示す。

設計資料－3　偏心と水平構面による補正

偏心率が0.15を超える場合に必要となる「捩れ振動による応答変形の割増し補正」および「水平構面（床）の剛性を考慮した応答変形の割増し補正」について解説している。

設計資料－4　各層の設計用復元力

地震応答計算で必要となる各層の復元力を評価する方法と各構造要素の設計用復元力を図表とともに示す。

1.5 用語・記号・略称

【用語】

構造要素：構造要素は、全面壁、小壁、柱、横架材、接合部、基礎などの総称として用いるが、特に復元力やせん断耐力に寄与する構造要素として、土塗りや板張りの全面壁・小壁などの壁系、柱ほぞ・差鴨居・足固め・貫などの軸組系などを耐震要素として位置づけている。

土壁：土塗りの壁。特に、全面壁の土塗り壁を土壁と呼ぶ。

板壁：板張りの壁。特に、全面壁の板張りの壁を板壁と呼ぶ。

小壁：垂れ壁や腰壁、また垂れ壁と腰壁が併用された壁の総称。本マニュアルでは、土塗りの小壁を土壁小壁あるいは小壁、板張りの小壁を板壁小壁と呼ぶ。

柱脚仕様：柱脚の移動を拘束する形式によって分類され、水平方向・上下方向とも拘束する仕様、水平方向のみ拘束し上下方向を拘束しない仕様、水平方向・上下方向とも拘束しない仕様の 3 種類がある。

土台形式：柱と基礎の間に土台を設ける仕様。土台は柱の下部に配置して柱から伝達された荷重を下部に伝える横架材である。土台形式としては、土台を基礎に緊結し、柱脚の移動を水平方向・上下方向とも拘束する仕様が在来工法では最も一般的である。他にも、土台を基礎に緊結するが柱脚の上下方向の移動を拘束しない仕様もある。また、基礎上で、土台を水平方向のみ拘束し土台の上下方向を拘束しない仕様、土台を水平方向・上下方向とも拘束しない仕様がある。

石場建て、石場建て形式：礎石上に直接柱を設置し、柱脚の移動を水平方向・上下方向とも拘束しない仕様で、礎石建てとも呼ばれる。なお、水平方向のみ拘束し上下方向を拘束しない仕様もあるが、柱脚の上下方向の挙動について未解決な部分があり、本マニュアルでは推奨していない。

礎石：石場建て形式の柱脚を支持する基礎となる石。

摩擦係数：2 つの物体が接触しながら静止または運動している際に、接触面に働く摩擦力と接触面に垂直に働く力（垂直荷重）との比。静止している物体を動かそうとする際に働く摩擦力を静止摩擦力（最大静止摩擦力）といい、物体が動いているときにその物体の進行方向と逆向きに働く力を動摩擦力という。本設計法では、柱脚の滑りの検討において柱の柱脚部と礎石との動摩擦係数を扱う。

地震応答計算：建築物の地震時挙動を計算する手法として、質点系モデルや 3 次元立体モデルによる時刻歴応答解析や近似的に地震応答を計算する手法がある。近似的な地震応答計算法の 1 つに限界耐力計算による手法がある。本マニュアルでは、限界耐力計算に準じて改良した近似応答計算法を用いる。

近似応答計算：平成 12 年建設省告示 1457 号の限界耐力計算を基本とするが、伝統的構法木造建築物の特性を考慮して、変形増分計算や履歴減衰評価など手法的に改良した地震応答計算法。本マニュアルで地震応答計算に用いられる計算法。

変形増分法：限界耐力計算に準じた地震応答計算では、ステップごとに荷重を増分する方法と変形（変位）を増分する方法があるが、本マニュアルでは変形増分法によっている。計算に用いる変形ステップは実験データに合わせて 1/480 から 1/10 までの 10 ステップを基準とする。2 階建てモデル計算では、降伏が先行する階の変形を基準ステップとして、残りの階の変形は固有モードから計算する。

層間変形角：層間変位を層の高さで除した値。

損傷限界層間変形角：地震時に構造耐力上主要な部分の変形によって補修を要するような損傷が生じない層間変形角。

安全限界層間変形角：地震時に各階の倒壊・崩壊が生じない層間変形角。

復元力特性：構造物や構造要素は作用する荷重によって変形し、その荷重－変形関係は、変形が小さい領域では弾性（線形）であるが、変形が大きな弾塑性領域では非線形でかつ履歴特性を有する復元力特性となる。その復元力特性は、一般に骨格曲線（スケルトンカーブ）と 履歴ループの2つで表される。

設計用復元力：各層および各構面の復元力を求める際に必要とされる構造要素の復元力を、構造要素実験や解析によって求めたもの。「設計資料－4」にまとめている。

履歴減衰：荷重－変形関係が履歴復元力特性を示す場合、履歴曲線で囲まれた面積によって評価される減衰性能のこと。

等価線形化法：一般的には、非線形系を等価な線形系に置換する手法。本マニュアルでは、履歴復元力特性を含む非線形系の地震応答を近似的に求める方法として用いており、非線形な復元力特性を等価剛性と等価粘性減衰に置換し、線形な復元力特性にして近似的に地震応答を評価している。

等価剛性：非線形復元力を等価な線形の復元力と減衰力に置き換えたときの剛性。簡便に等価剛性を求める手法としては、荷重－変形関係（復元力特性）において骨格曲線上の点と原点を結ぶ直線の傾き（割線剛性）として近似的に求める方法がある。

等価粘性減衰係数：建築物の減衰には、内部粘性減衰、履歴減衰、地盤へのエネルギー逸散減衰などがあるが、本マニュアルでは履歴減衰を考える。定常振動として履歴減衰によって1サイクル間に消費されるエネルギーを粘性減衰で等価になるように置き換えたもの。C_{eq}と表す。

等価粘性減衰定数：等価粘性減衰係数を臨界減衰係数との比として表したもの。h_{eq}と表す。

有効質量：多質点系（多層）の建築物を等価な1質点系のモデルに置き換えたときの質量。

代表高さ：多質点系（多層）の建築物を等価な1質点系のモデルに置き換えたときの質点の基礎からの高さ。土台形式の場合は土台中心からの高さ。

代表変位：多質点系（多層）の建築物の各階の変位に対し、建築物を等価な1質点モデルに置き換えたときの質点位置（代表高さ）での変位。

等価周期：建築物の固有周期（T）は、剛性（K）と質量（M）から $T=2\pi\sqrt{M/K}$ により算出できる。この M と K に1質点モデルに置き換えたときの有効質量と等価剛性の値を用いて求めた周期を等価周期と呼ぶ。

解放工学的基盤：表層地盤による影響を受けないものとした工学的基盤のことで、地下深所にあって十分な層厚と剛性を有し、せん断波速度が約400m/s以上の地盤をいう（平成12年建設省告示第1461号）。

加速度応答スペクトル：地震時に建築物に生じる加速度の周期ごとの特性を表す曲線のことで、地震動を受ける建築物を1質点線形系としたときの応答加速度の最大値を、建築物の固有周期を横軸に、減衰定数をパラメータとして表示したもの。減衰定数に依存し、一般に減衰定数が大きくなれば応答加速度は小さくなる。

必要性能スペクトル：等価な1質点系モデルに作用する地震力と変形を表す。稀に発生する地震動、極めて稀に発生する地震動などに対応して等価周期と等価減衰から決まる加速度応答スペクトルをせん断力と変形の関係に変換したスペクトル（例えば図5.14中の破線）と原点から等価剛性（周期）の傾きを持つ直線との交点が求まる。変位の増分に対応して等価減衰を変化させて両者の交点を結んで描いた線（図5.14中の太い実線）が必要性能スペクトルとなる。この必要性能スペクトルと建築物の等価復元力の交点が真の応答値となる。

応答スペクトル法：ある地震動の応答スペクトルは、その地震動を受けた1質点系の最大応答を示すものであるので、建築物の固有周期と減衰がわかれば建築物の最大応答を求めることができる。この1質点系の加速度（速度、変位）応答スペクトルを用いて多質点系の地震応答を計算する解析手法を応答スペクトル法という。なお、応答スペクトルは線形1質点系の応答を基本にしているため、計算に用いる建築物モデルは等価線形化された線形系モデルに置換し、さらに1質点モデルに縮約する。この縮約1質点モデルを用いて応答スペクトルにより1質点系の最大応答を求め、多質点系の応答に変換する。

せん断耐力：各階および各方向（けた行方向、張り間方向）において建築物が保有する耐力。

作用せん断力：極めて稀に発生する地震動時に建築物の各階、各方向（けた行方向、張り間方向）に作用するせん断力。

層せん断力係数：層に作用するせん断力を当該層より上層の重量の総和で除して無次元化したもの。

ゾーニング：部分2階建てや大きな吹抜けなどの床開口を有する場合、また整形でない平面を有する建築物では、いくつかの整形な部分（ゾーン）に分けて、建築物全体モデルと同様にそれぞれの部分モデルについても地震応答計算を行う。そのように部分に分割することをゾーニングという。

標準床：剛床仮定に基づく応答計算や偏心補正に対して、床の変形による補正を特に考慮する必要のない程度の剛性を有すると考えられる床で、標準仕様として規定される。

PΔ効果（P-Δ効果）：構造物あるいは柱部材の水平変形が大きくなるに伴い、鉛直荷重が構造物あるいは柱を転倒させようとする効果のこと。特に水平変形の大きい伝統的構法木造建築物では無視できないため、層間変形角が $1/30$ rad を超える場合にはPΔ効果を考慮して層の復元力を算定する。

固有値問題：マトリックス $[A]$ に対して $[A]\{v\}=\lambda\{v\}$ を満足するような固有値 λ と固有ベクトル $\{v\}$ を求める問題。多層建築物の固有周期と固有モードを求める問題もこの形となるので、固有値問題と呼ばれる。この場合の固有値 λ は固有円振動数の2乗（ω^2）にあたる。

エネルギー一定則：構造物は、強度と変形の積で表す消費エネルギーによって地震の入力エネルギーを吸収する。ここで、1質点系の地震時の応答を考える。復元力特性は、弾性モデルと完全弾塑性モデルとする。地震の入力エネルギーが一定であれば弾性応答時と弾塑性応答時の消費エネルギーは等しいとされ、図

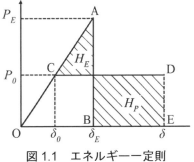

図1.1　エネルギー一定則

1.1 において消費エネルギーは弾性モデルの場合には三角形 OAB、完全弾塑性モデルの場合には四角形 OCDE となり、図のハッチ部分 H_E と H_P が等しいことになる。したがって、同じ重量を持つ構造物であれば地震による入力エネルギーは同じであるため、耐力の大きい場合には変形が小さく、逆に耐力が小さい場合には変形が大きくなる。

変位一定則：地震動に対して弾性固有周期の等しい構造物は降伏強度によらず最大応答変位が一定であるという仮定である。エネルギー一定則および変位一定則は応答解析の結果から帰納された経験則であり、加速度応答スペクトルが一定の領域ではエネルギー一定則が、速度応答スペクトルが一定の領域では変位一定則が比較的よく合うとされている。

構造階高：構造軸組の梁などの横架材の中心間の距離。1階階高は、土台と2階梁との中心間距離、石場建ての場合、礎石天端から2階の梁中心までの距離。なお、本書で「階高」、「階高さ」と記している箇所があるが、「構造階高」の意味である。

各層の高さ：構造軸組の梁などの横架材の中心レベルを基準として設定する構造階高である。

【記号】

Q ：地震時に建築物の各階、各方向（けた行方向、張り間方向）に作用するせん断力。1層のせん断力を Q_1、2層のせん断力を Q_2 と表す（単位 kN）。なお、各層、各構面の設計用復元力にも同じ Q を用いることがある。

Q_u ：各層、各方向において建築物が保有するせん断耐力。1/120rad 時、1/20rad 時のせん断耐力を $Q_u(1/120)$、$Q_u(1/20)$ と表す。また、1層のせん断耐力を Q_{u1}、2層のせん断耐力を Q_{u2} と表す（単位 kN）。

$\mathrm{Max}(Q_u)$ ：各階、各方向において建築物が保有する最大のせん断耐力（単位 kN）。

Q_W ：土塗り壁（全面壁、小壁）の土壁部分のせん断耐力（単位 kN）。

C_u ：各層、各方向において建築物が保有するせん断耐力(Q_u)に対応するせん断耐力係数を表す。1/120rad 時、1/20rad 時のせん断耐力係数を $C_u(1/120)$、$C_u(1/20)$ と表す。また、1層のせん断耐力係数を C_{u1}、2層のせん断耐力係数を C_{u2} と表す。

C_0 ：石場建て形式における柱脚位置でのせん断力係数を表す。

C_b ：1層のせん断力係数を表す。

C_2 ：2層のせん断力係数を表す。

δ_i, δ_{Ri} ：建築物モデルの変位。1階変位を δ_1、2階変位を δ_2 と表す。また、特に地震スペクトルとの交点で与えられる応答値を δ_{R1}, δ_{R2} と表す。これらは、縮約1質点モデルの地震時応答変位 Δ_{Re} から計算される。

Δ_e, Δ_{Re} ：縮約1質点モデルの変位。Δ_e は δ_1, δ_2 に、Δ_{Re} は δ_{R1}, δ_{R2} にそれぞれ対応する。

u_i ：建築物モデルの1次の固有モード変位。1階固有モード変位を u_1、2階固有モード変位を u_2 と表す。

γ_i ：地震時の各層の変形角。1層の変形角を γ_1、2層の変形角を γ_2 と表す。

γ_W ：小壁の変形角。

γ ：床構面剛性比。壁剛性 k に対する床面剛性 s の比 s/k で求められる。

W_i ：建築物の重量。1階の重量を W_1、2階の重量を W_2 と表す（単位 kN）。

m_0 ：1階の階高の 1/2 から下部の質量を m_0 と表し、一般に上部の建築物の応答を計算する際には

無視されるが、柱脚の滑り等を検討する場合には 1 階床位置での質量として検討する必要がある。

m_i：各階の質量。1 階の質量を m_1、2 階の質量を m_2 と表す。

H_i：建築物の階高。1 階の階高を H_1、2 階の階高を H_2 と表す。また、小壁を含む軸組の小壁高さを h_1、腰壁高さを h_2、柱内法高さを h_0 で表す。なお、混乱の恐れがない場合、h は減衰定数にも用いる。

R_i：通し柱の折損の検討では、1、2 階の変形角（部材角）を R_1、R_2 と表す。また、1、2 階の変形角差を ΔR で表す。

R_W：1 階と 2 階の重量比（2 階の重量/1 階の重量）。

R_H：1 階と 2 階の階高比（2 階の階高/1 階の階高）。

R_{CO}：極めて稀に発生する地震動に対して 1 階と 2 階の層間変形角が同じになるときの C_{u2}/C_{ub} の比率。

R_e：偏心率。偏心距離 e の回転半径 r_e に対する比。方向別に R_{ex}、R_{ey} と表す。

e：偏心距離。方向別に e_x、e_y と表す。

r_e：回転半径。方向別に r_{ex}、r_{ey} と表す。

P_W：建築物に加わる風圧力。

μ：柱の柱脚部と礎石との摩擦係数。

r^*：柱脚の滑りを考慮した周期調整係数。

S_A：加速度応答スペクトル。

S_V：速度応答スペクトル。

S_D：変位応答スペクトル。

α：地表面粗度区分に応じて風速の鉛直方向の分布を計算する巾指数。断面係数の有効率。滑り計算に用いる建物下部に働く加速度。傾斜復元力の変形パラメータ。

β：傾斜復元力の耐力パラメータ。柱脚の滑りに関する減衰パラメータ。

【略称】

令：建築基準法施行令

建告：建設省告示　　例）H12 建告 1457 号：平成 12 年建設省告示第 1457 号

国交告：国土交通省告示　　例）H13 国交告 1024 号：平成 13 年国土交通省告示第 1024 号

2章　一般事項

2.1　適用範囲
2.1.1　対象建築物

> 対象とする伝統的構法木造建築物は、丸太や製材した木材を使用し、木組みを生かした継手・仕口によって組み上げた軸組構法で建てられた建築物とする。水平抵抗要素としては、伝統的構法に特有の大きな変形性能を生かすことができる構造要素とする。

【解説】

　伝統的構法木造建築物の主要な軸組や構造要素に使用する木材は丸太や製材とする。また、部材相互の接合は木組みの継手・仕口とし、軸組材の破壊や割裂を避けるため金物の使用は極力避ける。壁は土壁や板壁とし、床は板張りとする。

　柱脚に関しては、伝統的構法に特有の石場建て形式のような柱脚の移動を許容する仕様を適用可能としている。また、一般的な土台形式のように柱脚の移動を拘束する仕様も適用範囲内である。

　建築物の主たる水平抵抗要素（または水平力に対する抵抗要素）は、伝統的構法に特有の大きな変形性能を生かすことができる構造要素として、土塗りや板張りの全面壁（壁体のせん断抵抗）、土塗り小壁（壁体のせん断抵抗および柱の曲げ抵抗）および柱端部の長ほぞや差鴨居・足固め・貫などの柱－横架材（仕口接合部の木材のめりこみ、摩擦による回転抵抗）とする。

　伝統的構法木造建築物の高い変形性能を生かす設計法にするために、本設計法で用いる構造要素については高い変形性能を担保できる仕様とする。そのため、要素実験で変形角 1/10rad まで繰り返し載荷を行い、変形角 1/90rad まで構造耐力上主要な部分に耐力低下がなく補修を要するような損傷が生じないこと、また変形角 1/15rad まで顕著な損傷がなく、急激な耐力低下がないことを確認して使用することとしている。したがって、上記の変形性能が確認できない筋かいや木ねじで留めつける構造要素や石膏ボードなどの面材は、原則として構造耐力上主要な部分に用いないこととする。

2.1.2　適用の範囲

> 本設計法は、「1.2　本マニュアルで扱う伝統的構法木造建築物」に記述している建築物を対象とし、限界耐力計算に準じた地震応答計算によって建築物全体や各部の安全性を確認する。

【解説】

　検討委員会では、整形な平面形を基本として、延べ面積が 500m² 以下、高さが 13m 以下、軒の高さが 9m 以下の規模の平家および 2 階建ての伝統的構法木造建築物を対象に、実大振動台実験や詳細な時刻歴地震応答解析を実施し、地震応答計算による精査を行ってきたため、この規模の整形な平面形の建築物を本設計法の適用範囲の標準としている。しかしながら、「1.2　本マニュアルで扱う伝統的構法木造建築物」に記述している建築物に該当するもので、限界耐力計算に準

じた地震応答計算によって建築物全体や各部の安全性が確認できれば、規模や用途は制限されない。また、建築物の平面形は整形なものが望ましいが、整形でない平面形であってもゾーニングによる検討を行えば適用可能である。

3階以上の建築物にも本設計法の考え方を適用することは可能だが、その際には限界耐力計算に準じた地震応答計算による検討などを十分に行って建築物全体や各部の安全性を確認する必要がある。なお、「設計資料－2　地震応答計算」に、3階以上の建築物を対象にした地震応答計算の考え方を示している。

2.2　石場建てを含む伝統的構法木造建築物の設計法の概要
2.2.1　設計法の基本方針

> 本設計法は、実大振動台実験や構造要素実験の結果を十分精査し、詳細な構造解析や時刻歴解析を行った上で設計に必要な事項を設計法に反映させ、個々の建築物の耐震性能を詳細に検討できる設計法として位置づけている。また、実務者が使いやすい設計法とし、下記の事項について特に配慮した設計法となっている。

【解説】

　本マニュアルでは、検討委員会で提案を行った限界耐力計算をベースにした詳細設計法案をもとに、さらに検討を重ねて構築した設計法を提示する。具体的には、以下の事項について特に考慮している。

1) 実務者にわかりやすく使いやすい設計法とするために、石場建てを含む伝統的構法木造建築物を設計するための基礎知識が得られ、伝統的構法木造建築物の構造的な特性に関する理解が深まる内容としている。また、設計に際しては、単に設計法の手順だけではなく、設計法の内容を把握することができるように、設計に必要な事項を網羅し、解説を加えている。

2) 伝統的構法木造建築物に使用されている構造要素には変形性能に優れたものが多く、特に木のめりこみにより抵抗力を発揮する場合には大変形時まで極めて安定した性能を維持できるため、その性能を踏まえて伝統的構法木造建築物の構造的特長を生かせる設計法としている。伝統的構法木造建築物が高い変形性能を有していることは、実大振動台実験や地震被害調査などから証明されているが、その変形性能を生かした設計が合理的である。

3) 高い変形性能を生かすには、構造軸組、接合部が大きな変形性能を保持できる仕様とする必要があり、特に接合部には大工棟梁の間で伝承されてきた技術と知恵が結集されている木組みを用いることを前提にしている。それゆえ、大工棟梁の技術と知恵を学ぶことも大切である。

4) 柱脚については、基礎に土台を金物で緊結し、柱脚を土台に金物で緊結する仕様規定を前提とせず、石場建て形式を含めた伝統的構法木造建築物独自の設計法を提示する。柱脚の水平・上下移動を許容するなど、これまでの設計法にはない事項については設計法の基本的な考え方について十分な解説を加えている。

5) 伝統的構法木造建築物は、壁等の構造要素の配置が偏りがちで大きく偏心することがあるため、捩れ振動が発生し、大きな被害につながることがわかっている。そこで、実大振動台実験や詳細モデルによる時刻歴解析による結果を十分精査した上で、偏心率の上限を設けるなどの

方策を設計法に反映させている。
6) 実際の地震では、1階が大破・崩壊した事例が数多く見られる。これは、1階・2階の耐力バランスが悪く、2階の耐力が1階よりも高かったために、1階に変形が集中することで生じた結果である。検討委員会では、実大振動台実験や詳細モデルによる時刻歴解析に加え、地震応答計算を数多く行うことで、地震動時の挙動について詳細に検討した上で、1階と2階の層間変形角を精度よく計算することができる限界耐力計算に準じた地震応答計算の手法として近似応答計算法を開発しており、本設計法に反映させている。

2.2.2 設計の基本的な考え方

伝統的構法木造建築物の大きな変形性能を生かし、石場建て形式の柱脚の水平・上下移動を許容する本設計法は、木造建築物の従来の設計法とは大きく異なる。ここでは、その設計法の基本的な考え方について述べる。

1) 柔でも剛でもない構造

1923（大正12）年に発生した関東大震災を契機として、建築物の耐震性能や耐震設計に関する議論が高まるなか、柔構造と剛構造のどちらが耐震性に優れているかについて、柔構造派の真島健三郎と剛構造派の佐野利器・武藤清が持論を闘わせたいわゆる柔剛論争が起こった。その論争に終止符を打ったのが、棚橋諒による「構造物の耐震力を決定する處のものは、水平力によって構造物が変形してこれが破壊までに貯はえ得るポテンシャルエネルギー量にあると考えられる」（「地震の破壊力と建築物の耐震力に関する私見」『建築雑誌』1935年5月号、pp.378-387）という見解であった。この「弾塑性履歴ループによるエネルギー消費が大きい柔でも剛でもない構造が耐震的である」という考え方は、その後の耐震設計の基礎となった。

伝統的構法木造建築物は一般に柔構造であると言われることが多いが、実際には図 2.1 に示されるような「弾塑性履歴ループによるエネルギー消費が大きい、ある一定の耐力と大きな変形性能を有する構造」として捉えられ、振動論に基づく耐震設計を行うことが重要となる。そのような柔でも剛でもない構造の建築物の耐震設計ができる計算法の1つが限界耐力計算である。

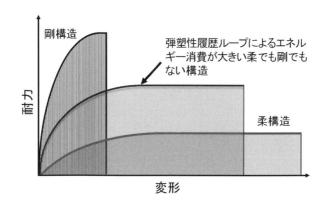

図 2.1　柔でも剛でもない構造

2) 各層の変形と耐力を検証

　本マニュアルでは、近似応答計算により各層の変形と耐力を求めて、耐震設計クライテリアを満足することを確認することで耐震性能を確保する設計法を提示している。この近似応答計算では、各ステップで耐力あるいは変形を増分しながら行う増分計算法を用いる。本マニュアルでは、土塗り全面壁が主要な構造要素である場合に各層の耐力が大きな変形領域で低下する特性があるため、そのような場合にも計算が可能である変形増分法を採用している（変形増分法の詳細については「設計資料－2」を参照）。

　また、近似応答計算では、構造要素の多くが有している非線形復元力特性を等価線形化法を用いて等価剛性と等価粘性減衰に置換し、さらに建築物を等価な1質点線形系に置換して応答スペクトル法により応答を計算することで、各層の変形が求められる。なかには、建築物を1質点系に置換して計算するからと言って、2層の剛性・耐力を大きく見積もり、文字通り1質点系に近い形にして2層の変形を無視する設計事例が見受けられるが、計算を簡単にするために設計を計算に合わせるのは本末転倒であり、あくまで各層の変形を求めて耐震性能を検証することが基本であることに注意していただきたい。ただし、厨子2階建てのように、2階部分の高さが低く剛性が大きい場合には、2階部分を剛体的に扱うことは可能である。

3) 石場建て形式における柱脚の仕様と留意点

　石場建て形式における柱脚の仕様としては、①水平方向、上下方向とも移動を拘束しない場合、②水平方向の移動を拘束し、上下方向の移動を拘束しない場合、③水平方向、上下方向とも移動を拘束する場合の3つのケースが考えられる。

　　　古民家　　　　　　実大振動台実験の試験体No.5[1)]　　　　　寺院

写真 2.1　石場建て（水平・上下方向とも移動を拘束しない）

（水平方向、上下方向とも移動を拘束しない場合）

　石場建て本来の仕様で、稀に発生する地震動時には柱脚は移動しないが、極めて稀に発生する地震動時には柱脚が移動する可能性が大きい。柱脚の移動を考慮することで免震構造と同様の扱いができるという考え方があるが、免震構造は柱脚の移動を前提に建物への入力を低減することを意図した設計法であるのに対して、本設計法は柱脚の移動による免震的な効果（地震応答の低減効果）を取り入れた設計法としているわけではない。

　柱脚が移動することにより柱脚の移動を拘束する場合と比較して上部構造への入力が大きくならないことを確認し、その一方で下部構造の安全性への影響をできる限り少なくする必要がある。そこで、検討委員会では実大振動台実験に加え、膨大な時刻歴解析を実施し、得られた成果に基

づき柱脚の設計法について検討を行った上で、水平方向の移動（滑り）に関しては柱脚の滑りの判定式と柱脚の滑り量の計算手法を提示している。なお、柱脚の上下方向の移動に関しては、浮き上がり量などを検討することを求めていない。建築物の4隅の柱については、浮き上がりが大きく、柱脚の滑りが大きくなる場合があるので、足固め位置で折損しないことを検討するなどの設計法を示している。

　　　古民家　　　　　　実大振動台実験の試験体 No.6[1)]　　　　住宅の改修工事

写真 2.2　柱脚部を地長押で連結した石場建て（水平・上下方向を拘束しない）

　写真 2.2 は、石場建て形式で柱脚の水平方向、上下方向とも移動を拘束しない場合、各柱脚がバラバラに移動し、柱脚間が広がるのを防止するために柱脚部に地貫、地長押を設けた例である。

（水平方向の移動を拘束し、上下方向の移動を拘束しない場合）

　柱脚の水平方向移動を拘束し、上下方向移動を拘束しない場合では、柱脚の浮き上がりに対する検討が必要となる。

　水平移動の拘束には鋼製ダボ等が用いられるため、全く水平移動しないと考えられがちであるが、2016 年熊本地震では 20〜70cm 移動した事例が数例見られた。これらは、柱脚が上方向に大きく浮き上がるとともに鋼製ダボに折損や折れ曲がりが生じ、柱脚が鋼製ダボから抜け出すことで発生したと考えられる。また、鋼製ダボにより柱脚に割裂が生じたことも要因として考えられる。このような大地震動時の柱脚の挙動に関しては力学的に未解明な部分があり、留意すべきである。

（水平方向、上下方向とも移動を拘束する場合）

　柱脚を留め付ける方式で、土台形式が一般的だが、石場建て形式においても見られる仕様である。この場合には、柱脚の引き抜きや浮き上がりに対する検討が必要である。

4）耐震性能を担保する計算と施工

　本設計法に基づいて設計すれば必要な耐震性能が得られることを前提として、設計法は構築されており、安全性を確保するための計算手法を提示しているが、計算はあくまでも設計された建築物の耐震性能を検証するためのもので、常に計算と設計は同じではないことを認識しておく必要がある。耐震性能を担保するためには、必要な計算が適切に行われていることに加えて、設計図書に示された性能を保証する正確な施工が求められる。

2.3　設計法と構造計画
2.3.1　構造計画

> 伝統的構法木造建築物を設計する際、構造計画は、建築計画（平面・立面計画）と一体的に検討することが望ましい。建築計画された後に、構造要素の種類や配置等を決めるよりも構造的に明快な設計となる。また、2.3.2 の耐震性能の目標や 2.3.3 に示す構造力学的に重要な事項を踏まえて行う。

【解説】

　耐震性能や各部の安全性を検討するための構造計算は必要だが、その前に何よりも構造計画が重要である。近年の木造建築物の地震被害を見ても、損傷が大きい建物にほぼ共通しているのが構造計画のまずさである。その代表的な例と構造計画で検討すべき課題について以下に述べる。

（構造的に明快な設計）

　建築主の要望等により平面・立面的に複雑な建築物が見受けられるが、平面・立面が複雑になればなるほど耐震性能に悪影響を及ぼすので、可能な限り簡潔な平面形、立体形とする。

　軸組構造では、できる限り構造軸線を揃え、地震動時の水平力の伝達を明快にすることが求められる。特に、構造要素を現しで見せるのが一般的な伝統的構法では、構造的に明快な建築物は建築計画的にも、また耐震性能的、耐久性能的にも耐震性能上も優れた建築物として評価されるはずである。

　伝統的構法木造建築物では、部屋の重要度に応じて階高を高くするなど各階で階高を変えることがあるが、水平構面も同様にできるだけ同一レベルとする方が望ましい。また、水平構面の開口位置および大きさについては、建築物全体の地震動時の挙動に大きな影響を与える場合があるので、注意が必要である。

（偏心を小さくする設計）

　すべての建築物で耐震性能上重要視されているのは、偏心が大きい場合に大きな捩れ振動が生じ、倒壊・崩壊の原因になりやすいことである。木造住宅では方位と居住性の関係から土壁等の構造要素の偏在は避けられないが、偏心率として望ましいとされる 0.15 以下に設計することは十分可能であり、建築計画時に偏心が小さくなるように壁配置等の計画を併せて行うことが重要である。本設計法では、稀に発生する地震動および極めて稀に発生する地震動の 2 段階で、偏心率が 0.15 以下となることを確認することとしている。

　石場建ての場合には、偏心が大きくなると柱脚の滑り量の増大につながる可能性が高まるためさらなる注意が必要である。

　部分 2 階建ての場合では、1 階で重量偏心を伴うことが多いため、重心と剛心をできるだけ一致するよう構造計画を行うことで、総 2 階建てと同様に偏心を小さくすることも可能である。

　また、偏心がなくても構造要素が偏っている場合は、剛性・耐力の低い鉛直構面の変形が大きくなることがあるので、平面計画が複雑な場合も含めて、各ゾーンで構造要素が偏在しないよう構造計画することが望ましい。

（1 階と 2 階の変形バランスを考慮した設計）

　近年の大地震では、1 階が大破・崩壊するケースが多く見られる。一般に、建築計画に合わせて構造計画を行うと 2 階の剛性・耐力が大きくなることが多く、そのような場合に 1 階だけが大

きく変形し、被害が集中することになる。したがって、1階と2階の変形バランスのよい構造計画が望ましく、1階と2階の剛性・耐力バランスを考慮して設計することが大変重要になる。

本設計法では、剛性率については直接規定を設けていないが、近似応答計算によって1階と2階の最大変形を求めることができるので、1階と2階の剛性・耐力バランスを考慮することで1階あるいは2階のみの変形が過度に大きくならないように設計することが可能である。

2.3.2 耐震性能の目標

新築建築物の耐震設計と既存建築物の耐震改修等における耐震診断・耐震補強設計では、耐震性能の目標とそれを具体化する設計のクライテリアを設定する。それぞれに対する耐震性能の目標および設計のクライテリアと耐震設計の流れを以下に示す。

1) 新築建築物における耐震性能の目標と耐震設計の流れ

新築建築物における耐震性能の目標と耐震設計のクライテリアについて示す。

> 新築建築物における耐震性能の目標は、以下とする。
> ① 稀に発生する地震動(建設地において建築物の存在期間中に数度以上遭遇することを想定する地震動)に対して、構造耐力上主要な部分に耐力低下がなく、地震後もそのまま継続して使用可能な状態を保つことを目標とする。
> ② 極めて稀に発生する地震動(建設地における建築物の構造安全性への影響度が最大級の地震動)に対して、人命を保護するために各階ともに人間が生存可能な空間が維持されるよう大破・倒壊・崩壊が生じないことを目標とする。
> 上記の目標に対して、新築建築物における耐震設計のクライテリアは以下とする。
> (1) 稀に発生する地震動に対して、損傷限界層間変形角を 1/120rad 以下とする。極めて稀に発生する地震動に対して、安全限界層間変形角を 1/20rad 以下とする。ただし、建築物の用途や使用する構造要素によっては、より小さな損傷限界、安全限界層間変形角を設定する。
> (2) 偏心率は、稀に発生する地震動および極めて稀に発生する地震動の2段階で求めたそれぞれの偏心率が 0.15 以下になることを目標とする。0.15 を超える場合には、偏心による応答変形の増大率を計算して補正する。なお、偏心率は可能な限り小さくすることが望ましい。
> (3) 石場建て形式で柱脚の水平移動を拘束していない場合には、柱脚の最大移動量を 200mm に規定するか、もしくは移動量を計算で求める。

稀に発生する地震動では、基本的には建築物がほとんど損傷を受けず、石場建て形式で柱脚の水平移動を拘束していない場合でも柱脚の移動はないことを想定している。

極めて稀に発生する地震動では、建築物が崩壊・倒壊に至らないことが最も重要だが、損傷の程度は修復可能な損傷とし、地震後も修復により再使用可能な状態を想定している。このため、検討委員会では各部の損傷の程度を詳細に検討した。特に、土塗りや板張りの全面壁、土塗り小壁などの構造要素については、変形角 1/15rad まで顕著な損傷や急激な耐力低下がないことを構造要素実験で確認している。また、柱－横架材の仕口接合部については、仕口接合部要素実験により回転角 1/10rad まで顕著な損傷がなく、急激な曲げ耐力の低下がないことが確認されている。このように、使用する構造要素は大きな変形性能を保持し得る仕様としている。

(1) 損傷限界・安全限界層間変形角

　損傷限界層間変形角は、令第 82 条の 5 第 3 号により 1/120rad 以下とする。

　また、安全限界層間変形角については、H12 建告 1457 号第 6 第 2 項のただし書き「特別な調査又は研究の結果に基づき安全限界変位に相当する変位が生ずる建築物の各階が当該建築物に作用する荷重及び外力に耐えることができることが確かめられた場合にあっては、この限りでない」という規定に該当することから、1/20rad 以下としている。したがって、大きな変形性能を確保するために、構造要素については本マニュアルに提示しているものを使用することを原則とする。本マニュアルに提示のない構造要素については、学会等の論文によるか、検証実験を実施するか、計算を行うことで同等の性能があることを確認する必要がある。

　大きな吹抜けや偏心がある場合、また建築物の平面形が整形でない場合にはゾーニングによる検討を行うが、その際の建築物全体の安全限界層間変形角（代表層間変形角）は 1/20rad 以下、変形の大きな構面の最大層間変形角は 1/15rad 以下とする。

　ただし、建築物の用途や使用する構造要素によっては、より小さな損傷限界・安全限界層間変形角を設定する。地震応答計算では、設計パラメータが実際に建てられる建築物と同じでないことと計算の精度を考慮して、安全側に損傷限界・安全限界層間変形角を設定する。

(2) 偏心率

　偏心が大きい建築物では捩れ振動によって大きな被害が生じるため、偏心率を可能な限り小さくする設計が望ましい。本設計法では、現行の耐震規定による稀に発生する地震動に対する確認に加えて、捩れ変形を伴う大破・倒壊の危険性がある極めて稀に発生する地震動に対しても偏心率を算定し、稀に発生する地震動および極めて稀に発生する地震動の 2 段階で偏心率は 0.15 以下となることを確認することとしている。

　偏心率が 0.15 を超過する場合には、「設計資料－3」に示すように偏心による変形の増大と床構面が剛でないことによる変形の割増しの 2 つを考慮して補正された最大層間変形角が、耐震設計のクライテリアを満足することをそれぞれ確認する。ただし、柱脚の滑りを許容する場合は 0.15 を超えないこととする。

(3) 石場建て形式での柱脚の水平移動

　石場建て形式で柱脚の水平移動を拘束していない場合には、柱脚の最大移動量を 200mm に規定するか、もしくは柱脚の移動量を計算で求めて柱脚が礎石から落下しないように礎石の設計を行うこととしている。

(新築建築物における耐震設計の流れ)

　新築建築物における耐震設計の流れを図 2.2 に示す。

　新築建築物の耐震設計では、まず建築計画（平面、立面計画）と同時に構造計画を考えるとともに、耐震設計のクライテリアを設定する。続いて、建設地の地盤に応じた検証用地震動に対して限界耐力計算に準じた地震応答計算により各層の変形角を求め、耐震設計のクライテリアを満足するかの判定を行う。計算に必要な建築物の重量算定、各層の復元力の評価、偏心率の算定、柱脚の滑り量の計算方法などは、5 章および設計資料に記載されている。耐震設計のクライテリアの判定と併せて、風圧力に対する検討（6 章）、部材の検討（7 章）、地盤および基礎の検討（8 章）も行う。

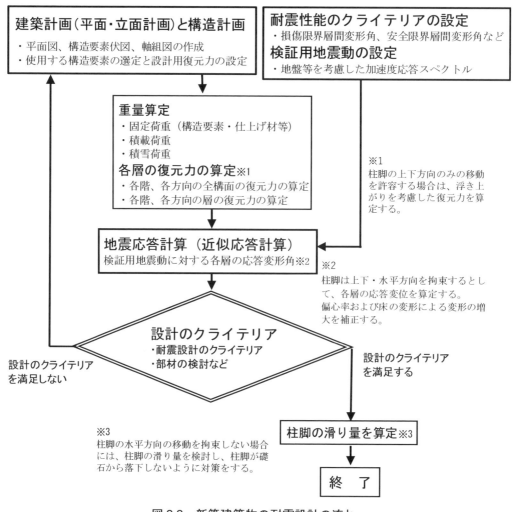

図 2.2　新築建築物の耐震設計の流れ

2) 既存建築物の耐震性能の目標と耐震診断・耐震補強設計の流れ
（既存建築物における耐震性能の目標と耐震補強設計のクライテリア）

既存建築物の耐震性能の目標と耐震補強設計のクライテリアは、以下とする。
(1) 稀に発生する地震動（建設地において建築物の存置期間中に1度以上遭遇することを想定する地震動）に対して、構造耐力上主要な部分に耐力低下がなく、地震後もそのまま継続して使用可能な状態を保つことを目標として、損傷限界層間変形角を 1/90rad 以下とする。
(2) 極めて稀に発生する地震動（建設地における建築物の構造安全性への影響度が最大級の地震動）に対して、人命を保護するために各階ともに人間が生存可能な空間が維持されるよう倒壊・崩壊が生じないことを目標として、安全限界層間変形角を 1/20rad 以下とする。ただし、屋根の積雪荷重を考慮する場合は 1/15rad 以下とする。
(3) 偏心率は、稀に発生する地震動および極めて稀に発生する地震動の2段階で求めたそれぞれの偏心率が 0.15 以下になることを目標とする。0.15 を超える場合には、偏心による応答変形の増大率を計算して補正する。なお、偏心率は可能な限り小さくすることが望ましい。

現地での構造調査で構造要素や柱－横架材の仕口接合部の仕様が不明である場合には、当該の構造要素や仕口接合部の耐力を無視して、耐震診断・耐震補強設計を行う。また、調査において主要な部材の損傷や腐朽・蟻害などのよる木部の損傷や劣化が確認された場合には、構造耐力上主要な部分については部材の交換や補修を行い、当該部材の当初の性能を確保できることを前提として耐震補強設計を行う。

　既存建築物の耐震性能の目標は、新築建築物の場合と概ね同じであるが、伝統的構法が高い変形性能を有しており、建築物全体および各構面の層間変形角が 1/15rad 以下であれば崩壊・倒壊の恐れがないことが実大振動台実験や構造要素実験等で確認されていることを踏まえ、耐震設計のクライテリアを設定している。

　損傷限界層間変形角は、稀に発生する地震動に対して構造耐力上主要な部分に耐力低下がなく、補修を要する損傷が生じない層間変形角として 1/90rad 以下と設定しており、既存建築物の耐震改修であることを考慮して新築建築物の 1/120rad より緩和している。

　安全限界層間変形角は、極めて稀に発生する地震動に対して 1/20rad 以下とし、特例として多雪区域において屋根の積雪荷重を考慮する場合には 1/15rad 以下とする。地震動時の積雪荷重は、特定行政庁が定めている場合にはその数値による。

　ただし、建築物の用途や使用する構造要素によっては、より小さな損傷限界・安全限界層間変形角を設定する。

　偏心率は 0.15 以下を目標とする。0.15 を超える場合には、偏心による応答変形の増大率を計算して補正する。なお、耐震改修では偏心率を可能な限り小さくすることが望ましい。

　大きな吹抜けや偏心がある場合、また建築物の平面形が整形でない場合にはゾーニングによる検討を行うが、その際には建築物全体の安全限界層間変形角（代表層間変形角）を 1/20rad 以下、変形の大きな構面の最大層間変形角を 1/15rad 以下とする。

　石場建てで柱脚の水平移動を拘束していない場合には、柱脚の最大移動量を 200mm に規定するか、移動量を計算で求めて柱脚が礎石から落下しないように礎石を配置するなどの対策を行う。

(既存建築物における耐震設計の流れ)

　既存建築物における耐震診断・耐震補強設計の流れを図 2.3 に示す。

　既存建築物の構造調査・耐久性調査については、「10.1 現地での構造調査・耐久性調査の方法」を参照いただきたい。なお、現地調査により主要な部材の損傷や腐朽・蟻害などによる木部の損傷や劣化が確認された場合には、構造耐力上主要な部分については部材の交換や補修を検討する。

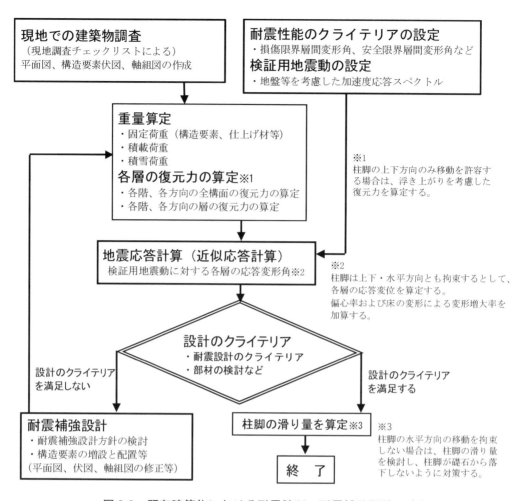

図 2.3　既存建築物における耐震診断・耐震補強設計の流れ

2.3.3　設計上の留意点

実大振動台実験および詳細モデルによる時刻歴解析等の成果から得られた設計上の留意点を以下に示す。

(1) 柱脚の滑りに関する留意点

柱脚の滑り量が大きくなりやすい建物4隅の柱については、足固め位置で折損を生じないように柱寸法や仕口接合部仕様を検討する。

柱脚の滑りにより柱脚間が広がることを防止するために、柱間を地長押、足固め等で連結するとともに、接合部を変形性能に優れた仕様とする。

近似的応答計算により柱脚の滑り量を計算した場合は、柱脚が礎石から落下することのないように若干の余裕を持たせて礎石の大きさを設定することが望ましい。

(2) 偏心による捩れ振動に関する留意点

偏心率は可能な限り小さくすることが望ましく、最大でも 0.15 までにする。これを超える場合には、偏心による応答を代表変位に対して割り増して最大層間変形角を算定する。

(3) 水平構面に関する留意点

　水平構面の剛性が低い場合には、剛性が低い鉛直構面の応答変形角を代表変位に対して割り増して最大層間変形角を算定する。

　大きな吹抜けが存在する場合や下屋がある場合には、水平構面を介して水平力が安全に伝達されることを確認する。

(4) 1階と2階の変形バランスに関する留意点

　1階あるいは2階の大破・崩壊を防止するために、限界耐力計算に準じた地震応答計算により1階および2階の層間変形角を求め、1階と2階の変形バランスを考慮できる設計法としている。地震応答計算では、1階先行降伏を考慮した計算方法（1階の層間変形角を基準ステップとする収斂計算法）と、2階先行降伏を考慮した計算方法（2階の層間変形角を基準ステップとする収斂計算法）の2つの計算方法を提案している。

(5) 基礎や擁壁に関する留意点

　基礎および擁壁が崩壊した場合には、上部の建築物に大きな被害が生じるため、基礎および擁壁の設計にも注意が必要である。

【解説】

(1) 柱脚の滑りに関する留意点

　石場建て形式の柱脚における地震動時の挙動については、実大振動台実験、要素実験、時刻歴解析等により、その解明を行ってきた。

　実大振動台実験によると、上部構造の耐力や柱脚にかかる鉛直荷重の差異などから各柱脚の挙動は異なる。特に柱脚の浮き上がりが生じやすい建物4隅の柱脚では滑り量が大きくなる傾向にあり、足固め位置で柱の折損が生じやすくなるため、折損が生じないことを確認する必要がある。

　柱脚が滑ることで生じる上部構造への影響のうち最も重大なものが、柱脚がバラバラに滑り、柱脚間が広がること（いわゆる股裂き状態）で発生する上部構造の損傷である。それを防止するため、1階の水平構面で一定の剛性を確保する、また柱間は足固め等で連結するとともに変形性能に優れた仕口接合部仕様とすることが求められる。7.2.4の標準仕様の床を使用し、仕口接合部の要素実験で変形性能が確認された仕口接合部仕様であれば、特に問題はない。玄関入り口部や通り庭など床がない場合には、柱脚間が広がることを防止するために柱間を地長押などで連結するなどの対策を行うことが望ましい。

　また、柱脚の要素実験では、礎石の材質、表面仕上げなどによって柱脚の摩擦係数にバラツキが見られたが、建築物は全体的に均等に滑ることが望ましい。部分的に柱脚の滑りを拘束する部分があれば、滑る部分と滑らない部分との境界で大きな損傷が生じることになる。過去の地震では、大きな被害を受けた事例があるので注意を要する。

　柱脚の滑り量に関しては、近似的応答計算により算定する手法を示しているが、計算で使用するパラメータには不確定要素が存在する。そこで、最大滑り量を大きめに想定するため、実験では平均0.4であった柱脚の摩擦係数を、計算では柱脚が滑りやすい摩擦係数として安全側に0.36（0.9×0.4）と設定している。また、柱脚が礎石から落下することを防ぐために、計算で得られた滑り量や設定した滑り量の2倍以上と余裕を持たせて礎石の大きさを設定して、礎石を配置することが望ましい。

(2) 偏心による捩れ振動に関する留意点

　偏心による捩れ振動が顕著な建築物は、地震動時に大きな損傷を受ける可能性がある。そのため、現行の一般の建築物に対する設計法では「偏心率」を規定して、できるだけ構造要素の偏在を小さくすることを推奨している。偏心率は、剛床仮定が成り立つとして $X \cdot Y$ 両方向の剛心を求め、重心位置との距離である偏心距離を建築物全体の弾力半径で除した値としている。

　ここでの各鉛直構面の剛性は、一般に弾性剛性に基づいている。鉛直構面の剛性は塑性域に入ると変化するが、一般には層間変形角で 1/100rad 程度の変形までしか考慮していないため、弾性剛性に基づいて求めた剛心位置が大きく変化することがないという前提で計算を行っている。

　また、偏心が大きい場合の処置として、偏心率が 0.15 を上回る場合には耐力の割増しが必要になる。この場合、偏心率 0.3 まで直線的に必要保有水平耐力を増大させる。

　伝統的構法木造建築物は、偏心が大きくなる傾向があるので、偏心に起因する捩れ振動による変形の増大を考慮して安全性を確認する必要がある。偏心による変形の増大を高精度で評価することは難しいため、本設計法では簡易的に偏心率を計算することで検討する。

　極めて稀に発生する地震動時には大変形まで許容しているために、弾性時（損傷限界層間変形角時）の剛性に基づいた場合と大変形時とで偏心率の値が大きく異なる場合がある。そのため、大変形時の偏心率を求める場合は、弾性時（損傷限界層間変形角時）と同様、大変形時（安全限界層間変形角時）においても、剛床仮定のもとに大変形時の各鉛直構面の剛性に基づいて偏心率を計算する。すなわち、稀に発生する地震動および極めて稀に発生する地震動の2段階で偏心率が 0.15 以下となることを確認する。

　偏心率が 0.15 を超えた場合には、偏心により変形が大きくなる側の鉛直構面の最大層間変形角を、代表変位に対して割り増すことで算定する手法を提示している。

(3) 水平構面に関する留意点

　水平構面については、床および屋根の要素実験、釘のせん断試験の結果に基づいて水平構面のせん断耐力を算定する方法を提示している。伝統的構法木造建築物の水平構面（床、屋根）は板張りが一般的だが、構造用合板に比べて剛性が低いものの、実大振動台実験や水平構面の要素実験等によると水平構面が大きな損傷を受ける可能性は小さいことが確認されている。

　また、水平構面の剛性が低い場合には、偏心が小さくても剛性の低い鉛直構面が大きく変形することが実大振動台実験や解析で明らかになっている。そこで、偏心率と同様に、鉛直構面の最大層間変形角を代表変位に対して割り増すことで算定する手法を提示している。

　なお、床面に特に大きな吹抜けが存在する場合には、水平構面を介して水平力が安全に伝達されるかを確認する必要がある。

　下屋については、その形式は様々だが、主屋に取り付く部分に注意が必要である。

①部分2階建てのように、平家となる下屋の規模が大きい場合には、下屋と主屋の地震動時の位相特性が異なり、主屋部分の応答を増大させる場合がある。下屋が主屋に取り付く鉛直構面の剛性・耐力を大きくするなど、注意を要する。

②下屋部分の耐力を期待する場合には、下屋の水平構面の耐力を大きくして主屋の地震力を下屋に伝達させることで主屋部分の耐力に寄与させる。

③下屋部分が縁側になっているなど、②とは逆に下屋部分の耐力が小さく、主屋部分の耐力が大きい場合には、下屋部分が大きく振られて変形が増大するので、この場合も、下屋が主屋

に取り付く水平構面の耐力を大きくして下屋部分の応答を抑制させることが考えられる。

下屋については、「9.2　下屋付き部分 2 階建て住宅」に設計事例を示しているので、参照いただきたい。

(4) 1 階と 2 階の変形バランスに関する留意点

近年の地震被害では、1 階の変形が大きくなり、1 階が大破・崩壊する木造住宅の被害が数多く見られ、人的被害拡大の要因にもなっている（写真 2.3）。したがって、1 階あるいは 2 階の大破・崩壊を防止するために、1 階と 2 階の変形バランスを考慮した設計が重要である。

写真 2.3　2016 年熊本地震で 1 階が崩壊した木造住宅

各階の壁量が基準を満たしているかどうかを判定する壁量計算では、各層の変形について問われておらず、各階の変形状態はわからない。限界耐力計算に準じた地震応答計算では各層の層間変形角を求めることができるため、各層の変形バランスを考慮した設計が可能となる。そこで、本マニュアルでは、その地震応答計算の長所を生かして、1 階および 2 階の層間変形角を求めることにより 1 階と 2 階の変形バランスを考慮できる設計法としている。

地震応答計算では、1 階先行降伏を考慮した計算方法（1 階の層間変形角を基準ステップとする収斂計算法）に加えて、変形モードや履歴減衰を評価する計算方法を改良して 2 階先行降伏を考慮できるようにした計算方法（2 階の層間変形角を基準ステップとする収斂計算法）の 2 つの近似応答計算法を提案している（「設計資料－2」を参照）。

1 階先行降伏を考慮した計算方法の場合、1 階の層間変形角が大きくなりすぎないように、また 2 階の層間変形角が極端に小さくなりすぎないように 1 階と 2 階の変形バランスを考慮して設計を行う。2 階先行降伏を考慮した計算方法でも同様で、いずれの場合でも、各階の応答変形角が安定的に収束することと耐震設計のクライテリアを満足することを確認する。

参考文献

1) 伝統的構法の設計法作成及び性能検証実験検討委員会「平成 24 年度事業報告書」
　http://www.green-arch.or.jp/dentoh/report_2012.html

3章 荷重・外力

3.1 荷重と外力の組み合わせ

常時荷重（固定荷重、積載荷重）、積雪荷重、風圧力によって構造耐力上主要な部分に生じる力を、令82条の5の規定に基づき、表3.1の荷重・外力の組み合わせにより求める。地震力は3.5による。

【解説】
地震時を除き、建築物に作用する常時、積雪、暴風の荷重・外力については表3.1による。

表3.1 荷重・外力の組み合わせ

力の種類	荷重および外力について想定する状態	荷重・外力の組み合わせ 一般の場合	荷重・外力の組み合わせ 特定行政庁が指定する多雪区域における場合
長期に生ずる力（令82条2号）	常時	$G+P$	$G+P$
	積雪時		$G+P+0.7S$
短期に生ずる力（令82条2号）	積雪時	$G+P+S$	$G+P+S$
	暴風時[*1]	$G+P+W$	$G+P+W$
			$G+P+0.35S+W$
最大級の荷重・外力（令82条の5第2号）	積雪時	$G+P+1.4S$	$G+P+1.4S$
	暴風時[*1]	$G+P+1.6W$	$G+P+1.6W$
			$G+P+0.35S+1.6W$

この表において、G、P、SおよびWは、それぞれ次の力（軸方向力、曲げモーメント、せん断力等をいう）を表すものとする。
 G：令84条に規定する固定荷重によって生ずる力
 P：令85条に規定する積載荷重によって生ずる力
 S：令86条に規定する積雪荷重によって生ずる力[*2]
 W：令87条に規定する風圧力によって生ずる力
[*1]：建築物の転倒、柱の引抜き等を検討する場合においては、暴風時のPについては、建築物の実況に応じて積載荷重を減らした数値によるものとする。
[*2]：積雪荷重によって生ずる力Sについては、地域によって異なるため、特定行政庁に確認すること。

上記の荷重・外力に対する安全性の検討方法は、「3.6 荷重・外力に対する安全性の検討方法」に示す。

3.2 常時荷重
3.2.1 固定荷重

建築物の各部の固定荷重は、当該建築物の実況に応じて計算する。ただし、表3.2に掲げる建築物の部分の固定荷重については、それぞれ同表の単位面積当たり荷重の欄に定める数値に面積を乗じて計算することができる。

【解説】
　表 3.2 には、木造建築物に関する部分の単位面積当たり荷重を記載している。
　小屋組、床組等については、木材の材積を小屋伏図、床伏図等に基づいて計算できる場合には、樹種の比重に材積を乗じた値で荷重を求めることもできる。また、土塗り壁（小舞壁）については、実況に応じて土塗り壁の厚さにより補正を行う。表 3.3、3.4 は固定荷重の参考値を示す。

表 3.2　建築物の部分と固定荷重（令 84 条）

建築物の部分	種別		単位面積当たり荷重 [N/m²]	備考
屋根	瓦ぶき	ふき土がない場合	屋根面につき 640	下地およびたるきを含み、もやを含まない
		ふき土がある場合	980	下地およびたるきを含み、もやを含まない
	波形鉄板ぶき	もやに直接ふく場合	50	もやを含まない
	薄鉄板ぶき		200	下地およびたるきを含み、もやを含まない
	ガラス屋根		290	鉄製枠を含み、もやを含まない
	厚形スレートぶき		440	下地およびたるきを含み、もやを含まない
木造のもや	もやの支点間の距離が 2m 以下の場合		屋根面につき 50	
	もやの支点間の距離が 4m 以下の場合		100	
天井	さお縁		天井面につき 100	つり木、受木およびその他の下地を含む
	繊維板張、打上げ板張、合板張又は金属板張		150	
	木毛セメント板張		200	
	格縁		290	
	しっくい塗		390	
	モルタル塗		590	
床	木造の床	板張	床面につき 150	根太を含む
		畳敷	340	床版および根太を含む
		床ばり 張り間が 4m 以下の場合	100	
		張り間が 6m 以下の場合	170	
		張り間が 8m 以下の場合	250	
壁	木造の建築物の壁の軸組		壁面につき 150	柱、間柱および筋かいを含む
	木造建築物の壁の仕上げ	下見板張、羽目板張又は繊維板張	100	下地を含み、軸組を含まない
		木ずりしっくい塗	340	
		鉄網モルタル塗り	640	
	木造の建築物の小舞壁		830	軸組を含む

表 3.3 固定荷重の参考値①

使用部位	材料	単位面積当たり荷重 [N/m²]	備考
屋根	瓦	516	勾配に応じて係数を乗じる。熨斗瓦5段を含む
	ガルバリウム鋼板	50	勾配に応じて係数を乗じる。
	ルーフィング	12	勾配に応じて係数を乗じる。22キロルーフィングを想定
	野地板 15mm	60	勾配に応じて係数を乗じる。比重0.4
	野地板 30mm	120	勾配に応じて係数を乗じる。比重0.4
	垂木 45mm×45mm	40	303mm ピッチ
	垂木 45mm×120mm	60	380mm ピッチ
	垂木 120mm×120mm	60	910mm ピッチ
	母屋 120mm×120mm	65	910 ピッチ
	小屋梁	270	比重0.4　地棟、受梁を含む
床・天井	天井下地組	60	30mm×30mm、45mm×45mm 材
	重い天井（下地込み）	390	モルタル天井を想定、下地込み
	断熱材	30	軽い断熱材、厚さ200mm
	断熱材	15	軽い断熱材、厚さ100mm
	木質断熱材 50mm	120	木質は比重が0.23なので50mmだと120N/m²
	木質断熱材 25mm	60	木質は比重が0.23なので25mmだと60N/m²
	板 12mm	50	比重0.4
	板 15mm	60	比重0.4
	板 30mm	120	比重0.4
	根太 45mm×60mm	35	303mm ピッチ
	竿縁天井	50	天井板9mm＋竿縁
	下地 45mm	25	非常に軽い天井組下地
	石膏ボード 12.5mm	100	
	塗り仕上げ 4mm	10	
	下地 45mm×45mm 縦横	50	303mm〜450mm ピッチ
	わら畳	180	
	床梁	250	比重0.4　梁形状　120×270　120×300

表 3.4　固定荷重の参考値②

使用部位	材　料	単位面積当たり荷重 [N/m²]	備　考
壁	石膏ボード 12.5mm	100	比重 0.95 の普通石膏ボード
	塗り仕上げ 4mm	10	
	下地 45mm	25	45mm 材　303mm ピッチ　片方下地　石膏ボード下地
	壁下地 45mm 縦横	50	45mm×45mm　303mm ピッチ　ボード下地材
	漆喰 2mm	5	塗り壁や土壁等で仕上げ材を含んで計算してもよい
	土壁 50mm	590	貫、木舞、土
	土壁 60mm	707	貫、木舞、土
	土壁 65mm	766	貫、木舞、土
	土壁 70mm	825	貫、木舞、土
	土壁 80mm	942	貫、木舞、土
	軸組	150	主に柱 120mm 角、大黒柱の平均
	差鴨居等	－	差鴨居等は土壁と同面積で拾ってもよい
	下地 45mm 縦横	50	45mm×45mm　303～450mm ピッチ　縦横下地
	保護モルタル 15mm	300	20mm の場合は 400N/m²
	モルタル下地板 12mm	50	比重 0.4
	木ずり漆喰 15mm	140	プラスター＋漆喰共 15mm
	木ずり 8mm	30	同上下地材　8mm×40mm 材
	下地 45mm 材	25	木ずり下地として 45mm 材を縦使用　303mm ピッチ
	ラスボードへ漆喰 15mm	140	漆喰、聚楽、プラスター珪藻土等
	ラスボード 7.5mm	60	同上下地ラスボード 7.5mm
	下地貫・下地 45mm 縦	25	21mm 貫 5 段を下地として兼用したもの
建具	内部建具	50	襖、障子等
	ガラス（5mm シングル）	130	木枠、框を含む
	ガラス（5mm+5mm ペア）	260	木枠、框を含む
	ガラス（3mm+3mm ペア）	150	木枠、框を含む

　上記の表のほか、太陽光発電システム（太陽光パネル、架台）、重い設備機器などは実況に応じて加算する。

3.2.2 積載荷重

建築物の各部の積載荷重は、当該建築物の実況に応じて計算する。ただし、表 3.5 に掲げる室の床の積載荷重については、それぞれ表3.5 の（い）、（ろ）又は（は）欄に定める数値に床面積を乗じて計算することができる（令85条）。

【解説】

住宅の居室の積載荷重については、以下の表 3.5 に示す数値を用いることができる。

表 3.5 室の種類と積載荷重（令 85 条）

室の種類 \ 構造計算の対象	（い）床の構造計算をする場合 [N/m²]	（ろ）大ばり、柱又は基礎の構造計算をする場合 [N/m²]	（は）地震力を計算する場合 [N/m²]
(1) 住宅の居室、住宅以外の建築物における寝室又は病室	1800	1300	600

その他の室の種類、事務室、教室、百貨店又は店舗の売場、劇場、映画館、演芸場、観覧場、公会堂、集会場その他これらに類する用途に供する建築物の客席又は集会室等は、令85条の表による。

3.3 積雪荷重

屋根やバルコニーに加わる積雪荷重は、令86条の規定による。

【解説】

積雪荷重 S は、下式により求めることができる。

$S = \mu_b \cdot h_s \cdot \rho$

S ：積雪荷重（屋根の水平投影面積当たり）[N/m²]

μ_b ：屋根形状係数

屋根に雪止めがある場合を除き、屋根勾配が60°以下の場合においては下式で計算する。

$$\mu_b = \sqrt{\cos(1.5\beta)}$$

β ：屋根勾配 [度]

h_s ：建設地の垂直積雪量 [cm]

雪下ろしを行う慣習のある地方においては、1mを超える場合においても、雪下ろしの実況に応じて1mまで減らして計算することができる。

ρ ：積雪の単位荷重 [N/cm/m²]

一般の地域では20N/cm/m²とする。多雪区域では特定行政庁が定める値による。

積雪の扱いは、表 3.1 に示すように一般の場合と多雪区域とで扱いが異なる。令 86 条 2 項より、多雪区域では積雪の単位荷重が特定行政庁により定められている。また、垂直積雪量は特定行政庁が独自に区域ごとに定めている。

垂木や母屋など積雪荷重を直接受ける部材の検討では、屋根上で雪が偏在することを勘案して積雪荷重を割り増すことが望ましい。また、軒先やけらば部分などでは積雪荷重が増えることがあるので注意を要する。

（地震力と同時に作用する場合の積雪荷重）

多雪区域では、地震応答計算で積雪荷重を考慮しなければならないとされている。その際、積雪荷重は各階の固定荷重および積載荷重の和に加える。

なお、積雪荷重と地震荷重との組み合わせについては、令 82 条の 5 に記載されていないが、『2015 年版 建築物の構造関係技術基準解説書』p.67 の表 2.5-1 では、多雪区域の積雪荷重として、「最大級の暴風時又は地震時」あるいは「中程度の暴風時又は地震動時」には「中程度の積雪荷重の 35% に相当する荷重を算入」するとしている。したがって、多雪区域における地震時の検討においては、固定荷重および積載荷重に積雪荷重 $0.35S$ を加える。

（多雪区域での鉛直荷重の検討）

地震時には大きな変形を想定しているため、大変形領域では P∆ 効果を加味して耐震性能を評価することとしている。多雪区域では、固定荷重および積載荷重に積雪荷重 $0.35S$ を加えて鉛直荷重とし、当該鉛直荷重によって生じる P∆ 効果を考慮して各層のせん断耐力を低減するなどの検討が必要となる。

（積雪後の降雨を考慮した積雪荷重の割増し）

多雪区域以外の区域にある建築物で、棟から軒までの長さが 10m 以上かつ 15 度（2.5 寸）以下の緩勾配の木造屋根については、積雪荷重に、積雪後の降雨を考慮した割増係数を乗じる（H19 国交告 594 号改正）。

3.4 風圧力

> 建築物の i 階に加わる風圧力 P_{wi} は、短辺・長辺方向について以下の式により計算する。

【解説】

令 87 条、H12 建告 1454 号に定める計算を行う。

風圧力＝速度圧 q×風力係数 C_f×見付面積

q：速度圧 [N/m²]

以下の式で計算する。

$$q = 0.6EV_0^2 = 0.6E_r^2 \cdot G_f \cdot V_0^2$$

E：風速の鉛直方向分布係数

$$E = E_r^2 \cdot G_f$$

G_f：ガスト影響係数

地表面粗度区分に応じて H12 建告 1454 号第 1 第 3 項の表の数値

E_r：平均風速の高さ方向の分布を示す係数

$H \leqq Z_b$ のとき　$E_r = 1.7 \left(\dfrac{Z_b}{Z_G} \right)^\alpha$

$H > Z_b$ のとき　$E_r = 1.7 \left(\dfrac{H}{Z_G} \right)^\alpha$

H：建築物の高さと軒の高さとの平均［m］

α、Z_b、Z_G：地表面粗度区分に応じて表 3.6 に掲げる数値（H12 建告 1454 号第 1 第 2 項の表の数値）

V_0：H12 建告 1454 号第 2 に定める風速［m/s］

C_f：風力係数

以下の式で計算する。ただし、勾配面（屋根面）を鉛直面（壁面）とみなしてよい。

$C_f = C_{pe} - C_{pi}$

C_{pe}：閉鎖型および開放型の建築物の外圧係数（H12 建告 1454 号）

C_{pi}：閉鎖型および開放型の建築物の内圧係数（H12 建告 1454 号）

表 3.6　地表面粗度区分に応じて定められた数値

地表面粗度区分	I	II	III	IV
Z_b	5	5	5	10
Z_G	250	350	450	550
α	0.10	0.15	0.20	0.27

また、屋根ふき材については、H12 建告 1458 号にしたがって、風圧に対する構造耐力上の安全性を確かめる。

3.5　地震力

建築物の耐震性能評価は近似応答計算により行う。近似応答計算に基づく耐震性能の評価を行うには、建築物の復元力特性を算定するとともに、建築物に作用する地震力を加速度応答スペクトルから算定する必要がある。

稀に発生する地震動に対して建築物が損傷しないこと、極めて稀に発生する地震動に対して建築物が倒壊・崩壊しないことを検証するために、稀に発生する地震動および極めて稀に発生する地震動に対する地表面の設計用地震動の加速度応答スペクトルをそれぞれ算定する。まず、稀に発生する地震動および極めて稀に発生する地震動に対する解放工学的基盤の加速度応答スペクトル（S_{Ad}、S_{As}）を求め、それに表層地盤による加速度の地盤増幅率等を掛け合わせることで、地表面の設計用地震動の加速度応答スペクトルを算定する。

【解説】

地震力は、「5 章　地震応答計算」に示すように加速度応答スペクトルで評価し、解放工学的基盤における加速度応答スペクトル S_{Ad} および S_{As}、表層地盤における加速度増幅率 G_s、減衰による

加速度低減率 F_h、調整係数 p および q、地震地域係数 Z により計算ステップごとに計算する。

$S_{Ad} = S_{0d} \cdot G_s \cdot F_h \cdot p \cdot q \cdot Z$

$S_{As} = S_{0s} \cdot G_s \cdot F_h \cdot p \cdot q \cdot Z$

3.5.1　解放工学的基盤における加速度応答スペクトルの計算

建築物の等価周期 T_e に応じて、解放工学的基盤における加速度応答スペクトルを計算する。

【解説】

　稀に発生する地震動および極めて稀に発生する地震動に対して、解放工学的基盤における加速度応答スペクトル（ここでは、減衰定数5%に対するものとする）を建築物の等価周期に応じて表3.7および図3.1により求める。極めて稀に発生する地震動では、稀に発生する地震動に対する加速度応答スペクトルの5倍の数値とする。

表 3.7　建築物の等価周期と加速度応答スペクトル

等価周期 T_e [s]	加速度応答スペクトル [m/s²]	
	S_{0d}	S_{0s}
$T_e < 0.16$	$0.64 + 6T_e$	$3.2 + 30T_e$
$0.16 \leq T_e < 0.64$	1.6	8
$0.64 \leq T_e$	$1.024/T_e$	$5.12/T_e$

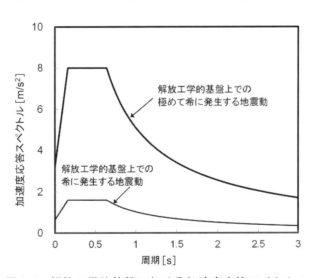

図 3.1　解放工学的基盤における加速度応答スペクトル

3.5.2　表層地盤における加速度増幅率の計算

表層地盤における加速度増幅率 G_s の算定方法は H12 建告 1457 号第 10 に示されており、地盤調査に基づいて計算する精算法と地盤種別に応じて計算する簡略法がある。

【解説】

ここではH12建告1457号第10第1項に定められている簡略法による計算方法を示す。本方法では、S55建告1793号第2に示されている地盤種別（表3.8）に応じて、表3.9～3.11に基づいて表層地盤における加速度増幅率G_sを求める。

なお、極めて稀に発生する地震動時に対しては同第2項の精算法によることもできるが、地震によって地盤が液状化し表層地盤が変形することによる影響がG_sの計算に支障をきたす場合や、建築物ががけ地などの傾斜した地盤又はその近傍にある場合には、増幅特性が変化するため、精算法によって計算することはできない。

極めて稀に発生する地震動に簡略法によるG_sを乗じたスペクトルを図3.2に示す。

表3.8 地盤種別とその特徴

第1種地盤	岩盤、硬質砂れき層その他主として第3紀以前の地層によって構成されているもの又は地盤周期等についての調査若しくは研究の結果に基づき、これと同程度の地盤周期を有すると認められるもの
第2種地盤	第1種地盤および第3種地盤以外のもの
第3種地盤	腐植土、泥土その他これらに類するもので大部分が構成されている沖積層（盛土がある場合においてはこれを含む）で、その深さがおおむね30m以上のもの、沼沢、泥海等を埋め立てた地盤の深さがおおむね3m以上であり、かつ、これらで埋め立てられてから30年経過していないもの又は地盤周期等について調査若しくは研究の結果に基づき、これらと同程度の地盤周期を有すると認められるもの

表3.9 第1種地盤の加速度増幅率

等価周期 T_e	加速度増幅率 G_s
$T_e < 0.576$	1.5
$0.576 \leq T_e < 0.64$	$0.864/T_e$
$0.64 \leq T_e$	1.35

表3.10 第2種地盤、第3種地盤の加速度増幅率

等価周期 T_e	加速度増幅率 G_s
$T_e < 0.64$	1.5
$0.64 \leq T_e < T_u$	$1.5(T_e/0.64)$
$T_u \leq T_e$	g_v

表3.11 表3.10中のT_uの求め方およびg_vの数値

T_u	$0.64(g_v/1.5)$
g_v（第2種地盤）	2.025
g_v（第3種地盤）	2.7

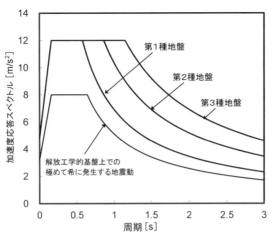

図 3.2　表層地盤における加速度応答スペクトル（簡略法）

3.5.3　減衰による加速度の低減率の計算

減衰定数 h より加速度の低減率 F_h を求め、建築物の減衰性能によって応答加速度が低減される効果を評価する。

【解説】

　減衰定数は、建築物の復元力特性をピーク指向型履歴復元力特性とみなすことにより求める。加速度の低減率 F_h は、減衰定数をもとに下式により算定される。

$$F_h = \frac{1.5}{1+10h}$$

3.5.4　調整係数の計算

調整係数 p は建築物の階数および等価周期に応じて計算し、調整係数 q は建築物の有効質量比（有効質量/全質量）に応じて計算する。

【解説】

　調整係数 p は表 3.12、調整係数 q は表 3.13 により求めることができる。

表 3.12　調整係数 p

階数	等価周期 T_e	
	0.16 秒以下	0.16 秒を超える
1	$1.00 - (0.20/0.16) T_e$	0.80
2	$1.00 - (0.15/0.16) T_e$	0.85
3	$1.00 - (0.10/0.16) T_e$	0.90
4	$1.00 - (0.05/0.16) T_e$	0.95
5 以上	1.00	1.00

表 3.13 調整係数 q

有効質量比	
0.75 未満	0.75 以上
$0.75\Sigma m_i/M_u$	1.0

Σm_i：各階の質量の総和
M_u：有効質量

3.5.5 地震地域係数

> 地震地域係数 Z は、過去の地震記録等により得られた地震動の期待値の相対的な比を表す数値であり、S55 建告 1793 号に 0.7～1.0 の数値として地域ごとに規定されている。当該建築物の建設地に応じて数値を設定する。

【解説】

　地震地域係数 Z は、S55 建告 1793 号の規定に基づき決定する。なお、1995 年の兵庫県南部地震以後に発生している大地震もしくは巨大地震（極めて稀に発生する地震動を超える地震）の多くは、地震地域係数が 0.8～0.9 の地域で起こっており、地震地域係数を過小に設定したことが被害を大きくした可能性が考えられる。

　地震地域係数を 1 未満に設定する場合、各地域で予想される地震動を踏まえて慎重に設定すること、特に重要度の高い建築物の場合には地震地域係数を 1 未満に設定することなく、地震力を低減しないなどの配慮が必要である。

3.6 荷重・外力に対する安全性の検討方法

> 建築基準法 20 条に規定されている荷重・外力に対して安全な構造であることを検証するために、「3.1 荷重と外力の組み合わせ」に示した荷重・外力の組み合わせにより建築物全体および各部材の安全性の検討を行う。

【解説】
1) 長期に生ずる力に対しては、ほぞ等の仕口接合部での木材のめりこみによる回転抵抗により生じる曲げモーメントは小さく、部材端の応力にほとんど影響しない。それゆえ、架構としての応力計算は省略でき、「7 章 部材の検討」の規定に従って直接力を受ける部材の検討を行うことで安全性を確認できる。確認は許容応力度計算による。
2) 短期に生じる力に対しては、積雪時の安全性の検討に関しては、長期に生じる力と同様に直接力を受ける部材の検討を行うことで確認できる。地震時の検討については、「5 章 地震応答計算」に示す地震応答計算により、稀に発生する地震動時の建築物の安全性を確認する。また、暴風時の検討については、風圧力と 5 章の地震応答計算で得られた損傷限界時のせん断耐力とを比較し、せん断耐力が風圧力よりも大きいことを確認することにより計算を省略できる。
3) 最大級の荷重・外力に対しては、積雪時の安全性の検討に関しては、短期に生じる力と同様に直接力を受ける部材の検討を行い、終局強度が部材に生じる応力を上回ることを確認する。

地震時の検討については、5章の地震応答計算により極めて稀に発生する地震動時の建築物の安全性を検証する。暴風時の検討においては、風圧力と5章の地震応答計算で得られた安全限界時のせん断耐力とを比較し、せん断耐力が風圧力よりも大きいことを確認することにより計算を省略できる。

4) 柱・横架材・小屋組部材等の各部材については、7章に示す方法により安全性を検討する。地震力に対しては、建築物全体の安全性は5章により検討を行った上で、小壁付き独立柱および通し柱が極めて稀に発生する地震動時に折損しないことを7章に示す方法により確認する。

4章　伝統的構法の構造要素

4.1　構造要素の種類

　伝統的木造建築物は、構造的に鉛直構面と水平構面からなる。

　鉛直構面は壁要素と軸組要素で構成され、壁要素としては全面壁と小壁、軸組要素としては柱とそれをつなぐ横架材が挙げられる。柱と横架材との接合部を仕口と呼び、材を長さ方向に継ぐ接合部を継手と呼ぶ。

　一方、水平構面は床や小屋組で構成される。

　これら主要な軸組や構造要素で使用する木材は丸太や製材とする。

1) 壁要素
- 壁要素は、土塗り壁や板張り壁を壁体として用いる全面壁と小壁である。
- 小壁には垂れ壁、腰壁、および垂れ壁と腰壁の併用の3種があり、伝統的構法では多用される。
- 伝統的構法木造建築物の大きな変形性能を生かした設計法にするために、本設計法で用いる全面壁や小壁の構造要素については、要素実験で変形角 1/10rad まで繰り返し載荷を行い、変形角 1/90rad まで構造耐力上主要な部分に耐力低下がなく補修を要するような損傷が生じないこと、また 1/15rad まで顕著な損傷がなく急激な耐力低下がないことを確認して使用する[1]。
- 上記の変形性能が確認できない筋かいや木ねじで留めつける面材は、原則として構造耐力上主要な部分には用いない。

2) 軸組要素
- 軸組は、柱と横架材である梁・桁・土台・貫・差鴨居・足固め・長押等で構成される。
- 仕口および継手の接合方法には、伝統的な技術を用いた木組みによる様々な種類がある。接合部では、軸組材の破壊や割裂を避けるため、金物補強に頼らないことを原則とする。
- 柱－横架材の仕口接合部は変形性能を担保できる仕様とするために、壁要素と同様に要素実験を実施し、仕口接合部の回転角 1/10rad まで繰り返し載荷を行って確認する。

　なお、水平構面の小屋組・床については、水平抵抗要素として見込んでいないが、設計上の注意事項などを「7.2　個別部材の検討」に記載しているので、参照いただきたい。

4.2　水平抵抗要素の種類

　建築物の主たる水平抵抗要素（または水平力に対する抵抗要素）は、伝統的構法に特有の大きな変形性能を生かすことができる以下の構造要素とする。

　①土塗りの全面壁および小壁（壁体のせん断抵抗および柱の曲げ抵抗）
　②板張りの全面壁（壁体のせん断抵抗および柱の曲げ抵抗）
　③柱ほぞ（仕口接合部の木材のめりこみによる回転抵抗）
　④差鴨居・足固め・長押・貫などの横架材（仕口接合部の木材のめりこみによる回転抵抗）

　上記の①～④の構造要素の仕様と復元力特性について、以下に示す。なお、本章では上記の構造要素について設計用復元力を求める際の考え方を述べるにとどめており、各構造要素の適用範囲等の詳細や設計用復元力データについては「設計資料－4」を参照いただきたい。

4.3 土塗りの全面壁および小壁

1) 土塗り全面壁

土塗り全面壁（土壁）の標準仕様は以下とする。

> (1) 荒壁を両面に塗り、片面もしくは両面に中塗りを施工し、総壁厚は50mm以上とする。
> (2) 土壁を含む軸組の高さの範囲は、横架材芯々間距離（1階の場合、土台形式では土台芯－桁芯、石場建て形式では礎石天端－桁芯間距離。図4.1のHに相当）で2000〜3900mmとする。壁長(柱芯々間距離)は0.6Pから2Pとする。ここで、1Pは柱芯々間距離で900〜1000mm。これらの軸組の高さ、壁長を標準とするが、土塗り全面壁の設計用復元力は、任意の寸法に対して評価できるので、軸組の高さ、壁長の範囲は制限しない。
> (3) 土壁内の貫の厚みは15mm以上、貫の高さは105mm以上で、段数は3段以上とする。
> (4) 竹小舞の内法距離は35〜55mmとする。
> (5) 小舞下地の材料として、竹の代わりに施工実績のある工法で木、葦、ススキを用いてもよい。
> (6) 壁土は、室内から見える範囲だけではなく、土台あるいは足固めから2階の梁下端あるいは小屋組の梁下端まで横架材間をすき間なく塗る。すき間がある場合には、小壁として扱う。

【解説】

留意事項や適用範囲は、以下のとおりである。

(壁仕様について)

・片面もしくは両面に中塗りを施工し、総壁厚は50mm以上とする。

・軸組の高さの範囲は、横架材芯々間距離で2000〜3900mmとする。また、壁長（柱芯々間距離）Lで1P（柱芯々間距離で900〜1000mm）および2P（柱芯々間距離で1800〜2000mm）を基本としているのは、軸組の高さHが2000mm未満もしくは3900mmを超える場合、また壁長Lが0.6P未満の場合における実験による検証例が少ないためである。しかしながら、復元力の評価方法では任意の寸法の土壁に対してせん断耐力を評価することができるので、特に軸組の高さ、壁長の範囲を制限しないこととする。

・壁土の圧縮強度については、荒壁土と中塗り土の圧縮強度を壁厚の割合で補正した値が0.5N/mm²以上となるように設計する。圧縮強度の違いによるせん断応力度の補正は行わない。

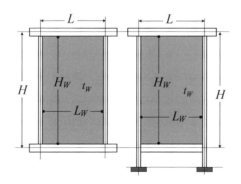

H：土壁を含む軸組の高さ（横架材芯々間距離）
L：柱芯々間距離　H_W：土壁内法高さ　L_W：土壁内法長さ

図4.1　土壁の高さ・壁長の基準

（土壁の復元力特性について）

土壁の復元力（せん断耐力）の求め方を以下に示す。

(1) 土壁を含む軸組の復元力特性は、壁体部分（軸組を除いた土壁部分のみ）と軸組部分（柱ほぞ、柱－横架材）に分けて考える。
(2) 土壁内の貫による曲げモーメント抵抗は、壁体部分の復元力に含め、貫の影響は考慮しない。
(3) 軸組を除いた土壁部分のみで負担するせん断耐力 Q_W は、次式のようにせん断で決まる Q_{Ws} と曲げで決まる Q_{Wb} の小さい方とする。

$$Q_W = \mathrm{Min}(Q_{Ws}, Q_{Wb})$$

$$Q_{Ws} = \tau_S t_w L_W \tag{4.1}$$

$$Q_{Wb} = 3.25 \tau_B t_w L_W \mathrm{Min}\left(\frac{H_W}{L_W}, \frac{L_W}{H_W}\right)$$

ここで、H_W は土壁内法高さ、L_W は土壁内法長さ、t_w は土壁の厚さ、τ_S および τ_B はせん断破壊あるいは曲げ破壊が卓越する場合の土壁の水平断面積当たりの基準せん断応力度（表4.1）を表す。

(4) 軸組部分の柱ほぞ、柱－横架材によるせん断耐力は含まれていないので別途加算する。
(5) 壁長（柱芯々間距離）L は 0.6P から 2P までを適用範囲とする。

【解説】

土壁の破壊モードは、壁中央に斜めひび割れが生じるせん断破壊と、壁上下端または左右端に圧潰が生じる曲げ破壊に分類される。復元力の決定においては、前者のせん断破壊ではせん断応力度が、後者の曲げ破壊では曲げ応力度が支配的となり、軸組を除いた土壁部分のみで負担するせん断耐力 Q_W は、(4.1)式に示すように、せん断で決まる Q_{Ws} と曲げで決まる Q_{Wb} の小さい方とすることができる[2) 3)]。

表4.1 土壁部分の特定変形角 γ_W と基準せん断応力度 τ_S、τ_B

変形角 γ_W [rad]	1/480	1/240	1/120	1/90	1/60	1/45	1/30	1/20	1/15	1/10
τ_S [kN/m²]	30	54	86	96	98	93	84	72	58	34
τ_B [kN/m²]	15	28	48	60	70	68	65	60	52	32

(4.1)式および表4.1により、任意寸法の土壁内法長さ L_W、土壁内法高さ H_W の土壁部分のせん断耐力 Q_W を算定することができる。

全面土壁を含む軸組のせん断耐力 Q －変形角 γ 関係、すなわち復元力 (Q, γ) は、土壁部分のみの復元力 (Q_W, γ_W) に、軸組部分の柱ほぞ、柱－横架材による復元力を加算したものである。

ここでの注意事項は以下のとおりである。
・一般に全面壁のせん断耐力は壁高さに影響されないとされてきたが、土壁内法長さ L_W によっては土壁内法高さ H_W に影響される。特に壁長 1P 以下については注意すること。
・土壁内部の貫は土壁の耐力に影響を及ぼすが、ここでは貫の影響を含めて基準せん断応力度を設定している。

2）土塗り小壁

小壁は垂れ壁あるいは腰壁のみの壁、または垂れ壁と腰壁が併用された壁を総称する。小壁の標準仕様は以下とする。

(1) 小壁の土塗り壁部分の仕様は、全面土壁と同等とする。
(2) 小壁の高さに応じて通し貫を1段以上設ける。
(3) 壁長（柱芯々間距離）は1Pから4Pまでとする。

【解説】

伝統的構法で多用される小壁は、柱間の長い大スパンに用いられることが多いため、土塗り全面壁（土壁）とは異なり、壁長（柱芯々間距離）は4Pまでとしている。なお、スパンが長い場合には、鴨居や長押などの垂れ下がりを防ぐために吊束を設ける。

(小壁の復元力特性について)

小壁には、図4.2に示すように種々の型がある。

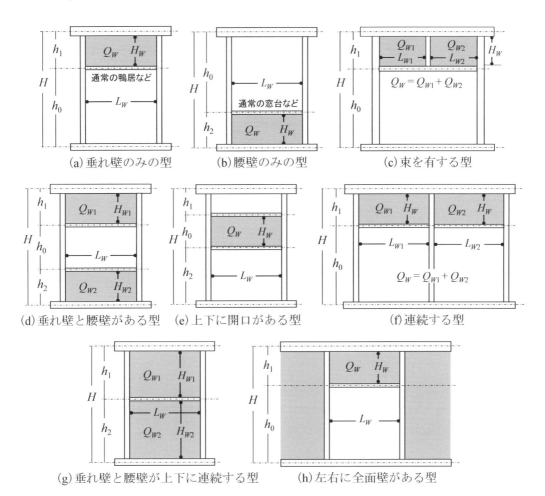

図4.2 小壁の型

これら小壁を含む軸組の復元力（せん断耐力）の求め方を以下に示す。

(1) 小壁を含む軸組の復元力は、壁体部分（軸組を除いた土壁部分のみ）と軸組部分（柱ほぞ、柱－横架材）に分けて考える。
(2) 小壁（土壁部分のみ）の復元力は小壁の内法高さおよび内法長さから、土塗り全面壁と同様に（4.1）式および表4.1を用いて計算する。束を有する場合は、束で分割された小壁の復元力を計算して加算する。
(3) 土壁内の貫による影響は壁体部分の復元力に含め、貫の影響は考慮しない。
(4) 小壁を含む軸組の復元力は、図4.2の小壁の型に応じて算定する。柱間をつなぐ横架材の仕口仕様によって軸組の変形角が異なるので注意すること。
(5) 小壁を含む軸組の復元力は柱の変形が加算されるので、計算結果が 1/480、1/240、1/120、1/90、1/60rad…などの所定の変形角とはならない。他の要素との重ね合わせのために、計算結果を所定の変形角の耐力へ補間計算する。
(6) 軸組部分の柱ほぞ、柱－横架材によるせん断耐力は含まれていないので別途加算する。
(7) 小壁および小壁を含む軸組の復元力は、小壁内法高さや鴨居や窓台高さなど高さ寸法に影響を受けるので、計算階高などとの調整に注意する。

【解説】
　垂れ壁や腰壁などの小壁を有する軸組の復元力特性は、両柱間をつなぐ横架材（差鴨居、長押、窓台、貫など）と柱との仕口の引張（引き抜き）剛性や耐力に大きく影響される。図4.3に示すように、垂れ壁の下の両柱間をつなぐ横架材がほとんど引張力を負担できない仕口仕様（一般的な鴨居などに用いられる大入れや斜め釘打ちなど）の場合には、加力側の柱から横架材が抜け出すため加力側の柱には曲げが生じず、1本の柱のみが有効となる。一方、差鴨居など引張剛性・耐力が比較的高い仕口の場合には、小壁が負担するせん断力が両側の柱に伝達され、柱2本が有効となる。この場合、小壁が負担するせん断力が同じであっても、柱1本のみが有効な場合に比べて見かけの層間変形は小さくなる。

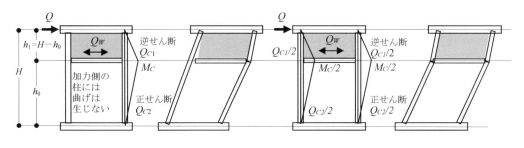

(a) 柱1本のみ有効　　　　　　　(b) 柱2本が有効
図4.3　両柱間をつなぐ横架材の仕口の仕様による変形の違い

　以下に、両柱間をつなぐ横架材が引張力を負担できない仕口仕様の場合と負担できる仕口仕様の場合に分けて復元力の算定方法を示す。

(2-1) 両柱間をつなぐ横架材が引張力を負担できない仕口仕様の場合

(a) 垂れ壁単独の場合

図 4.2(a) に示す垂れ壁のみの場合、軸組を除いた土壁部分のみで負担するせん断耐力 Q_W は、せん断で決まる Q_{Ws} と曲げで決まる Q_{Wb} の小さい方として算定し、垂れ壁を含む軸組のせん断耐力 Q は小壁のせん断耐力 Q_W と次式のように関係づけられる。

$$Q = \left(1 - \frac{h_0}{H}\right) Q_W = \frac{h_1}{H} Q_W \tag{4.2}$$

すなわち、垂れ壁の下の柱高さ h_0 によって小壁耐力 Q_W が減少させられている。軸組のたわみ δ、変形角 γ は、

$$\delta = \frac{h_0^2 h_1}{3EI} Q_W + H \gamma_W \tag{4.3}$$

$$\gamma = \frac{\delta}{H} = \frac{h_0^2 h_1}{3EIH} Q_W + \gamma_W \tag{4.4}$$

ここで、E は柱のヤング係数、I は断面 2 次モーメントを表す。

垂れ壁をつなぐ横架材部分の柱の曲げモーメント M_C は次式で求められ、この M_C により柱の損傷を確認することができる（7 章「7.2.1　柱」を参照）。

$$M_C = h_0 Q = \frac{h_0 h_1}{H} Q_W \tag{4.5}$$

(b) 腰壁単独の場合

図 4.2(b) に示す腰壁のみの軸組のせん断耐力 Q および変形角は、(4.2)式および(4.4)式の h_1 を h_2 に置き換えることで求めることができる。

$$Q = \left(1 - \frac{h_0}{H}\right) Q_W = \frac{h_2}{H} Q_W \tag{4.6}$$

$$\gamma = \frac{\delta}{H} = \frac{h_0^2 h_2}{3EIH} Q_W + \gamma_W \tag{4.7}$$

同様に、腰壁をつなぐ横架材部分の柱の曲げモーメント M_C は、下式により算定できる。

$$M_C = h_0 Q = \frac{h_0 h_2}{H} Q_W \tag{4.8}$$

(c) 垂れ壁あるいは腰壁に束を有する場合

図 4.2(c) に示すように、垂れ壁に束が入ると、束で分割される土壁部分のアスペクト比が変わるため、破壊モードもせん断耐力も変化する。この場合、束で分割された個々の土壁部分のせん断耐力 Q_{Wi} ($i=1, 2, \cdots$) を(4.1)式から求めて加算することで、小壁部分のせん断耐力 Q_W が得られる。

また、垂れ壁を含む軸組のせん断耐力－変形角関係 (Q, γ) は(4.2)式および(4.4)式で、垂れ壁をつなぐ横架材部分の柱の曲げモーメント M_C は(4.5)式で求められる。

束の効果については、小壁高さ、壁長、束の本数によるが、耐力の増大が見込める（「設計資料－4」の「4.2.2.5　垂れ壁あるいは腰壁に束を有する場合」を参照）。

(d) 垂れ壁と腰壁がある場合

図 4.2(d)に示すように垂れ壁と腰壁があり、横架材が引張力を負担できない場合には、図 4.4のように垂れ壁および腰壁単独の場合の重ね合わせによって計算できる。軸組のせん断耐力 Q は、垂れ壁および腰壁の土壁部分のせん断耐力 Q_{W1} および Q_{W2} により次式で算定できる。

$$Q = \frac{h_1}{H}Q_{W1} + \frac{h_2}{H}Q_{W2} \tag{4.9}$$

変形角 γ は、

$$\gamma = \frac{h_1(h_0+h_2)^2}{3EIH}Q_{W1} + \gamma_{W1} = \frac{h_2(h_0+h_1)^2}{3EIH}Q_{W2} + \gamma_{W2} \tag{4.10}$$

すなわち、γ_{W1} を与えて(4.10)式を満足するように対応する γ_{W2} を計算する。

垂れ壁の下および腰壁の上での柱の曲げモーメント M_{C1}、M_{C2} は、それぞれ次式となる。

$$M_{C1} = \frac{h_1}{H}(h_0+h_2)Q_{W1} \tag{4.11}$$

$$M_{C2} = \frac{h_2}{H}(h_0+h_1)Q_{W2} \tag{4.12}$$

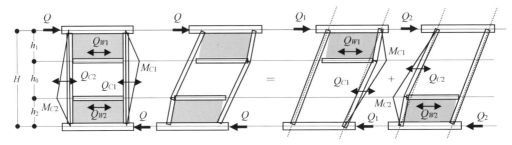

図 4.4　横架材が引張を負担できない垂れ壁と腰壁

(e) 垂れ壁が連続する場合

図 4.2(f)のような連続する 2 つの垂れ壁が付く軸組の場合には、垂れ壁単独の基本モデルを加算すればよく(図 4.5)、せん断耐力および変形角は次式で与えられる。

$$Q = 2\left(1 - \frac{h_0}{H}\right)Q_W \tag{4.13}$$

$$\gamma = \frac{h_0^2 h_1}{3EIH}Q_W + \gamma_W \tag{4.14}$$

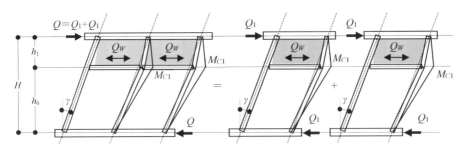

図 4.5　二連の垂れ壁付き軸組の計算方法

(f) 垂れ壁と腰壁が上下に連続する場合

図 4.6 に示すように、一様な全面壁では、水平力に対して階高にわたって一様なせん断変形が生じるので、柱に曲げは生じない。対して、復元力特性の異なる壁が上下に連続した併用壁では、上下の壁の剛性が異なるためせん断変形角に違いが生じ、柱に曲げが発生する。このとき、上下壁の変形差を拘束する柱は、壁せん断力を増減させる働きを有する。したがって、併用壁の復元力の計算では柱の変形を考慮する必要がある。上下壁の負担せん断力を Q_{W1}、Q_{W2} とすると、併用壁の負担せん断力 Q、境界部の柱曲げモーメント M_C は次式で表される。

$$Q = \frac{h_1 Q_{W1} + h_2 Q_{W2}}{H} \tag{4.15}$$

$$M_C = h_1(Q_{W1} - Q) = h_2(Q - Q_{W2}) \tag{4.16}$$

変形角 γ は、

$$\gamma = \frac{h_1 \gamma_{W1} + h_2 \gamma_{W2}}{H} \tag{4.17}$$

ここで、γ_{W1}、γ_{W2} はそれぞれ上壁、下壁の変形角を表し、次式を満足するように繰り返し計算で求める。

$$\frac{h_1 h_2}{3EI} Q_{W1} + \gamma_{W1} = \frac{h_1 h_2}{3EI} Q_{W2} + \gamma_{W2} \tag{4.18}$$

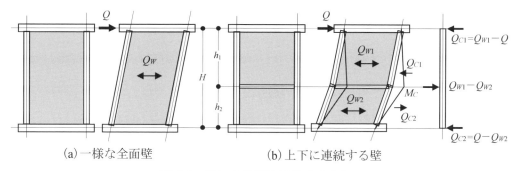

(a) 一様な全面壁　　(b) 上下に連続する壁

図 4.6　柱による壁変形拘束の有無

(2-2) 両柱間をつなぐ部材が引張力を負担できる仕口仕様の場合

(a) 垂れ壁あるいは腰壁単独の場合

垂れ壁あるいは腰壁を含む軸組のせん断耐力 Q は、図 4.3(b) に示すように両柱のせん断力の分担にかかわらず、その算定には(4.2)式もしくは(4.6)式をそのまま適用できる。一方、軸組の変形角 γ については、柱の変形を 1/2 と考える。すなわち、(4.4)式、(4.7)式において、柱の I を 2 本分の $2I$ にして計算すればよい。

なお、図 4.2(h) に示すように左右に全面壁がある場合には、柱の曲げ変形を無視できる。

(b) 垂れ壁と腰壁がある場合

同様に、垂れ壁と腰壁を含む軸組のせん断耐力 Q の算定には、(4.9)式を適用できる。図 4.7 に示す軸組の変形角 γ は、

$$\gamma = \gamma_{W1} + \frac{A_1 Q_{W1} - A_3 Q_{W2}}{h_1} \tag{4.19}$$

ここで、A_1 および A_3 は下式で求められる。

$$A_1 = \frac{(H-h_1)^2 h_1^2}{3EIH},\ A_3 = \frac{h_1 h_2 (H^2 - h_1^2 - h_2^2)}{6EIH} \tag{4.20}$$

ただし、垂れ壁の変形角 γ_{W1} と腰壁の変形角 γ_{W2} は柱で拘束されるため、

$$(h_1 A_2 + h_2 A_1) Q_{W1} + h_1 h_2 \gamma_{W1} = (h_1 A_4 + h_2 A_3) Q_{W2} + h_1 h_2 \gamma_{W2} \tag{4.21}$$

を満足するように、例えば γ_{W1} を与えて繰り返し計算で γ_{W2} を求める。ここで、A_2 および A_4 は下式による。

$$A_2 = A_3,\ A_4 = \frac{(H-h_2)^2 h_2^2}{3EIH} \tag{4.22}$$

垂れ壁の下および腰壁の上での柱の曲げモーメント M_{C1}、M_{C2} は、それぞれ次式で算定される。

$$M_{C1} = (Q_{W1} - Q)h_1 \tag{4.23}$$

$$M_{C2} = (Q_{W2} - Q)h_2 \tag{4.24}$$

柱の曲げモーメントは、両側の有効な柱を加算しており、これらを用いて柱の損傷を確認することができる。

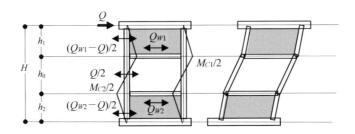

図 4.7 横架材が引張を負担できる垂れ壁と腰壁

(c) 上下に開口がある場合

図 4.2(e) に示すように上下に開口がある場合には、両側の柱をつなぐ横架材の柱との接合部は引張力を負担できる仕口仕様とする。横架材が柱から引き抜けると、小壁が面外変形し、土壁部分が剥離して三枚おろしのように破壊するため注意を要する。

土壁部分のせん断耐力 Q_W を (4.1) 式および表 4.1 から求めると、図 4.8 に示す軸組のせん断耐力 Q および変形角 γ は、以下となる。

$$Q = \frac{h_0}{H} Q_W \tag{4.25}$$

$$\gamma = \gamma_W + \frac{h_1^2 - h_1 h_2 + h_2^2}{3EI} Q \tag{4.26}$$

小壁の上および下での柱の曲げモーメント M_{C1}、M_{C2} は、それぞれ次式となる。

$$M_{C1} = h_1 Q \tag{4.27}$$

$$M_{C2} = h_2 Q \tag{4.28}$$

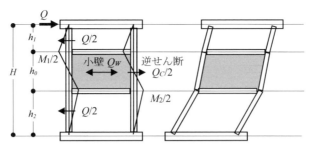

図 4.8 上下に開口を有する小壁の変形

4.4 板張りの全面壁（板壁）

板壁は地域や様式により様々な仕様が存在しているが、本マニュアルでは伝統的構法の高い変形性能に適した板壁工法として、以下の2つのタイプについて実験結果[1]から求められた復元力特性を「設計資料－4　各層の設計用復元力」に示している。

①両面板張りタイプ

貫および間柱などの下地材に板材を張り、構面剛性を確保する板壁で、片面を縦板張り、もう片面を横板張りとしたもの。

②吸付き桟タイプ

壁下地となる桟材に、欠きこみを設けた板材を釘等で留め付けて、柱と板材とのめりこみ抵抗に板材と桟材とのめりこみ抵抗を付加した板壁。

なお、最も広く用いられている板壁として、間柱等の下地材に薄い板材を打ち付けた仕様の板壁（羽目板壁など）があるが、水平耐力が低く、耐震要素としての効果はあまり期待できないため、本マニュアルでは扱っていない。

また、高耐力化を目的とした板壁として、落とし込み板壁、ダボ等を用いた板壁が提案されており、伝統的構法データベース検討委員会によるホームページ「伝統的構法データベース」（http://www.denmoku-db.jp/）にそれらの実験データが公開されている。その他の形式の板壁についても多くの実験等がなされているので参考にしていただきたい。

4.5 柱端部の長ほぞ差し仕口接合部

柱と土台あるいは柱と梁桁との接合を長ほぞ差しとした仕口接合部の標準仕様は、以下のとおりである。

(1) 柱と土台あるいは梁桁との接合部は平ほぞ差しとする。
(2) ほぞ長さは 120mm 以上、ほぞ幅は 30mm 以上とし、横架材幅の 1/3 以下とする。
(3) 柱と梁桁との接合部は込み栓留めとする。

【解説】

留意事項や適用範囲は以下のとおりである。

1) 仕口1カ所当たりのほぞの曲げモーメントは、強軸方向（図4.9）のみを対象とする。ほぞの弱軸方向（強軸方向の直交方向）の曲げに対しては、強軸方向に比べて生じる曲げモーメ

ントが小さく、また、強軸方向より小さい回転角でほぞに曲げ破壊が生じる可能性があるため、復元力評価の対象としない。
2) 柱と梁桁との接合部は込み栓留めを原則とするが、ほぞ長さが十分に長い場合（梁桁のせいが 250mm 以上、ほぞ長さが 180mm 以上）には、込み栓なしも同等と認められる。この場合、込み栓によるほぞの割裂損傷を防止することができる。

柱1本当たりの負担せん断力は、図4.10に示すように柱両端の仕様に応じて、曲げモーメント M と階高 H から求めることができる。ここでは回転角と層間変形角は等しいものとみなし、変形角（回転角）ごとに柱ほぞのせん断耐力を壁のせん断耐力に加算する。なお、長ほぞ仕口1カ所当たりのほぞの強軸方向の曲げモーメント－回転角関係を「設計資料－4　各層の設計用復元力」に示しているので、参照いただきたい。

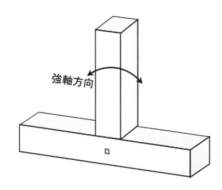

図4.9　ほぞの強軸方向の曲げ

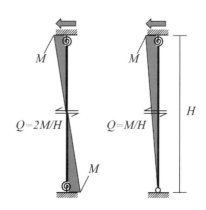

(a) 土台仕様の場合　(b) 石場建ての場合

図4.10　長ほぞ仕口の曲げモーメントとせん断力

4.6　柱－横架材の仕口接合部

(1) 層のせん断力は、「層に含まれるすべての仕口接合部の曲げ耐力を加算し、階高で割る」ことによって求められる。
(2) 仕口接合部の仕様に応じた仕口接合部1カ所当たりの曲げモーメント－回転角関係は「設計資料－4　各層の設計用復元力」にまとめている。適用にあたっては、適用範囲などを順守すること。
(3) 階の内に設けられる貫は当該階へ、2階天井桁梁の曲げ耐力は2階へ、足固めは1階へ算入するが、通し柱の2階床梁仕口の曲げ耐力は上下1、2階に等配分する。
(4) 柱上下端の長ほぞ耐力は、「4.5　柱端部の長ほぞ差し仕口接合部」にしたがって別途計算する。

【解説】
　柱と横架材の仕口として曲げに抵抗する部材には貫、差鴨居、足固めなどがあり、それらの仕口接合部の仕様としては、通し貫、雇いほぞ胴栓止め、雇い竿車知、小根ほぞ鼻栓打ち、小根ほぞ込栓打ち、小根ほぞ割り楔締めなどが挙げられる。各仕様の曲げモーメント－回転角関係については「設計資料－4　各層の設計用復元力」にまとめている。なお、実験データの多くで左右端を同仕様としており、横架材両端の曲げモーメント和として仕口接合部2つ分の数値がまとめら

れているが、設計資料では左右の納まりが異なる場合も考慮して、仕口接合部 1 カ所当たりの復元力を示している。なお、回転角と層間変形角は等しいとみなしてよい。また、柱上下端の長ほぞ耐力については、「4.5　柱端部の長ほぞ差し仕口接合部」に基づき別途計算する。

また、横架材が層に 1 段もしくは 2 段含まれる場合の層の復元力の評価方法については、「設計資料－4」の「4.5.1　柱－横架材仕口接合部の曲げモーメントと層の復元力の評価方法」に詳細に示しているので、参照いただきたい。

「設計資料－4」では、以下の仕様について、仕口接合部 1 カ所当たりの曲げモーメント－層間変形角関係を示している。

①通し貫（楔付き）
②雇いほぞ込み栓打ち（雇いほぞ胴栓止め）
③雇いほぞ車知栓打ち（雇い竿車知栓止め）
④小根ほぞ車知栓打ち（胴付小根ほぞ車知栓止め）
⑤小根ほぞ鼻栓打ち（胴付き小根ほぞ鼻栓止め）
⑥小根ほぞ込み栓打ち（胴付き小根ほぞ込み栓止め）
⑦小根ほぞ割り楔締め（胴付き小根ほぞ割り楔締め）

なお、仕口接合部の名称は地域や大工などによって違いがあるため、設計資料に掲載している図をもとに照合いただきたい。また、各仕様に応じて適用範囲と留意事項を記載しているので、適用にあたっては併せて注意していただきたい。

（現しの貫がある土塗り壁）

伝統構法木造建築物では、貫が土塗り壁の下地材としてではなく、壁の外に現しとなっていることがあり（写真 4.1）、伝統構法の意匠上の特徴のひとつと言える。このような貫は、外壁に限らず屋内の間仕切り壁にも見られ、貫厚の半分が現しとなっているものが多い。

写真 4.1　土塗り壁の外に現しとなっている貫

この場合、貫の厚みが 30mm 以上、高さが 115mm 以上であれば、貫の耐力を見込むことができ、土塗り壁（全面壁、小壁）の復元力に現しの貫の耐力を加算できる[4]。

4.7 大径柱の傾斜復元力

柱に作用する鉛直荷重が大きく、かつ柱幅の柱高さに対する比が大きい場合には、柱の傾斜復元力が水平抵抗として有効に働き、また層の初期剛性にも寄与する[5]～[10]。柱の傾斜復元力の求め方は、以下のとおりである。

(1) 柱の傾斜復元力 Q は、次式で求められる（図 4.11 を参照）。

$$0 \leqq \frac{x}{D_e} < \alpha \text{ のとき} \quad Q = \frac{\beta W}{\alpha H}x$$

$$\alpha \leqq \frac{x}{D_e} < 1-\beta \text{ のとき} \quad Q = \frac{\beta W D_e}{H} \quad\quad (4.29)$$

$$1-\beta \leqq \frac{x}{D_e} \text{ のとき} \quad Q = \frac{W D_e}{H}\left(1 - \frac{x}{D_e}\right)$$

ここで、Q は水平せん断力 [kN]、x は水平変位 [mm]、H は柱高さ [mm]、D_e は有効柱幅 [mm]、W は柱に作用する鉛直荷重 [kN]、α は弾性限界変位の有効幅に対する比、β は柱が剛な場合に対する低減率を表す。なお、実験等から得られる α、β の値は、$\alpha=0.1$〜0.2、$\beta=0.6$〜0.85 である。

(2) 有効柱幅 D_e は、柱頭の状況に応じて設定する。

【解説】

柱の傾斜復元力は、水平力を受けた柱が傾斜しても水平変位が柱幅よりも小さい場合に上部からの鉛直荷重により元に戻ろうとする復元力である（図 4.11）。水平変位が柱幅を超えると、上部からの鉛直荷重は柱を転倒させる力に逆転する。

柱が剛体である場合の復元力特性は、図 4.11 のグラフでは破線で示す右下がりの直線となる。現実には、柱の上下端で柱材または上下の部材でめりこみ変形が生じるため、復元力特性は原点を通る上に凸の曲線となる。図 4.11 のグラフは、その曲線を過去の実験等[5]～[10]に基づき近似的にマルチリニア形として表したものである。

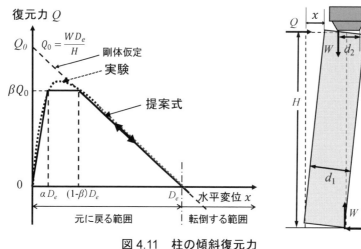

図 4.11　柱の傾斜復元力

(有効柱幅 D_e)

柱の傾斜復元力は柱幅に依存するため、有効柱幅 D_e は柱頭の状況に応じて以下のように設定する。

(1) 有効柱幅は $D_e=(d_1+d_2)/2$ で求められる。ここで、d_1 は柱下端の柱幅、d_2 は柱上端の状況に応じて設定される柱幅である（図 4.11）。
(2) 柱の上端に大斗がある場合には、有効柱幅を柱下端の柱幅と柱上端の大斗尻幅の平均とする。
(3) 柱の上端に土居盤（まくら盤）がある場合には、桁軸方向（土居盤の長辺方向）では柱の上端・下端とも柱幅とすることができ、有効柱幅は柱幅となる。桁直交方向（土居盤の短辺方向）では、土居盤尻幅が柱幅より小さい場合には、有効柱幅を柱下端の柱幅と柱上端の土居盤尻幅の平均とする。
(4) 柱上端の鉛直荷重が桁梁から直接伝達される場合には、桁梁軸方向では柱の上端・下端とも柱幅とすることができ、有効柱幅は柱幅となる一方、桁梁直交方向では、梁幅が柱幅より小さい場合には柱の上端では梁幅を採用するなど、方向によって柱幅のとり方が異なる。

【解説】

伝統軸組の振動台実験等[8)～10)]によると、柱頭・柱脚の柱端部のめりこみにより有効柱幅が減少し、最大耐力が低下するとともに、最大耐力時の変位が増大する傾向が見られた。これらを決めるパラメータが α、β である。α は弾性限界変位（初期剛性の降伏点変位）の有効柱幅に対する比を示し、実験結果では 0.1～0.2 である。また、β は柱が剛な場合の復元力に対する最大耐力の低下を示すパラメータで、実験結果では 0.6～0.85 程度で、多数回の繰り返し振動によって柱頭・柱脚の柱端部にめりこみが生じる場合には 0.6～0.7 程度、繰り返し振動をそれほど加えていない場合では 0.7 以上であった。この結果より、通常は安全側の評価として $\alpha=0.2$、$\beta=0.7$ を用いる。

(柱の傾斜復元力の取り扱いに関する留意点)

地震応答計算における柱の傾斜復元力の取り扱いに関する留意点を以下に示す。

(1) 柱の傾斜復元力は、図 4.11 に示すように履歴ループを描かない非線形弾性復元力特性であり、履歴減衰はないため、減衰評価からは除外しておく。一般の履歴型復元力とは異なるので注意を要する。
(2) 層の復元力の算定時には、柱ごとの傾斜復元力を足し合わせるが、柱幅によっては柱幅を超える変形では復元力が負となる柱が存在することがあり得る。その場合には負の復元力として加算する。
(3) 柱の傾斜復元力は、柱に作用する鉛直荷重の効果を含んでいる。一般の履歴型復元力においては、安全限界層間変形角を 1/30rad 以上に設定する場合には、「5.4 各階の復元力特性の評価」で示すように鉛直荷重による PΔ 効果の影響を層の復元力に反映させる必要があるが、柱の傾斜復元力については PΔ 効果の影響を反映させる必要はない。

【解説】

柱の傾斜復元力は、上記に示したような特性を有しているので、層の復元力の算定時には一般の履歴型復元力とは別に取り扱う。

また、傾斜復元力には履歴減衰がないため、地震応答計算では一般の履歴型復元力のように減衰を評価しない。地震応答計算の各ステップでは、傾斜復元力の等価剛性を一般の履歴型復元力の等価剛性に加算するのみで、減衰評価からは傾斜復元力は除外する。

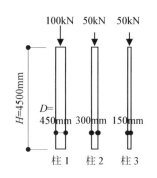
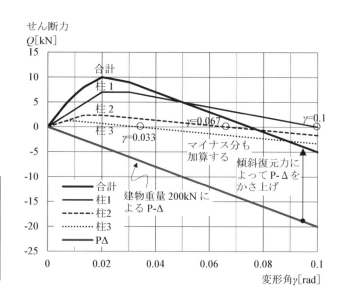

H=4500mm、α=0.2、β=0.7 とした

図 4.12　柱径が混在する場合の傾斜復元力と PΔ 効果

なお、傾斜復元力には鉛直荷重による PΔ 効果が復元力に含まれているので、さらに考慮する必要はない。

例えば、図 4.12 のように 3 種類の柱からなる建物では、すべての柱について傾斜復元力を考慮することで、建物全重量による PΔ 効果が加算されている。大口径の柱 1 についてのみ傾斜復元力を考慮すると、建物全重量のうち柱 1 が負担する 100kN 分の PΔ 効果は考慮されるが、残りの 100kN 分は考慮されないことに注意する。

一方、柱径が 150mm 以下の小さい柱の場合には、独立柱ではなく全面壁や小壁が取り付くことが多いため、傾斜復元力を考慮しないで全面壁や小壁を含む軸組として復元力を評価した後に、層の復元力として PΔ 効果の影響を反映させる。

したがって、層の復元力に柱の傾斜復元力と一般の履歴型復元力が混在する場合、一般の履歴型復元力には PΔ 効果の影響を層の復元力として反映させるので、その場合の鉛直荷重は柱の傾斜復元力が負担する重量を層の重量から差し引くことができる。

参考文献

1) 伝統的構法の設計法作成及び性能検証実験検討委員会「平成24年度事業報告書」
http://www.green-arch.or.jp/dentoh/report_2012.html
2) 山田耕司・中治弘行・長瀬正・鈴木祥之「伝統構法木造軸組における土塗り小壁の復元力評価法」『歴史都市防災論文集』Vol.11、立命館大学歴史都市防災研究所、ISSN: 1882-1766、2017年7月、pp.95-102
3) 中治弘行・長瀬正・山田耕司・鈴木祥之「実大実験に基づく土塗り小壁付木造軸組の復元力特性」『歴史都市防災論文集』Vol.11、立命館大学歴史都市防災研究所、ISSN: 1882-1766、2017年7月、pp.103-110
4) 中治弘行・鈴木祥之「顕しの貫がある土壁の復元力特性」『歴史都市防災論文集』Vol.9、2015年7月、pp.109-114
5) 坂靜雄「社寺骨組の力学的研究（第1部 柱の安定復原力)」『建築学会大会論文集』1941年4月、pp.252-258
6) Naohito Kawai 'Column Rocking Resistance in Japanese Traditional Timber Buildings', *Proc. of International Wood Engineering Conference*, Vol.1, 1996.10, pp.183-190
7) 文化庁文化財部建造物課「重要文化財（建造物）耐震基礎診断実施要領」平成13年4月10日文化財保護部建造物課長裁定、平成24年6月12日改正
8) 鈴木祥之・後藤正美・大下達哉・前野将輝「伝統木造軸組の柱傾斜復元力特性に関する実大静的・動的実験」『第11回日本地震工学シンポジウム論文集』2002年11月、pp.1361-1366
9) 鈴木祥之・前野将輝・西塔純人・北原昭男・後藤正美・須田達・大下達哉「伝統木造軸組の実大振動実験・静的水平力載荷実験」『日本建築学会構造系論文集』No.574、2003年12月、pp.135-142
10) 前野将輝・西塔純人・鈴木祥之「伝統木造軸組の実大実験による柱に加わる力の釣合関係と柱傾斜復元力特性の評価」『日本建築学会構造系論文集』第615号、2007年5月、pp.153-160

5章 地震応答計算

5.1 限界耐力計算に基づく近似応答計算

(1) 地震時の安全性の検証は、対象とする地震動に対して建築物の応答変形角が限界変形角のクライテリアを満足することを確認する。地震応答計算には、H12建告1457号の限界耐力計算に準じた近似応答計算を用いる。

(2) 近似応答計算には、大変形域における復元力特性の耐力低下を考慮して変形増分法を採用し、2階建て建築物の場合には各階の変形モードを適性に評価できる縮約計算とする。

【解説】

地震応答計算に用いる近似応答計算は限界耐力計算に基づくもので、図5.1および図5.2に示されるように、建築物を等価な1質点系に縮約して、検証用地震動に対する応答変形角を求め、地震動時の安全性を検討するものである。本マニュアルで用いる地震応答計算法は、H12建告1457号に示される限界耐力計算を基本として、建築物のモード形に対応させた変形増分計算や履歴減衰の評価法などにおいて伝統的構法木造建築物の特性を考慮して手法的に改良した方法であり、近似応答計算と称している。

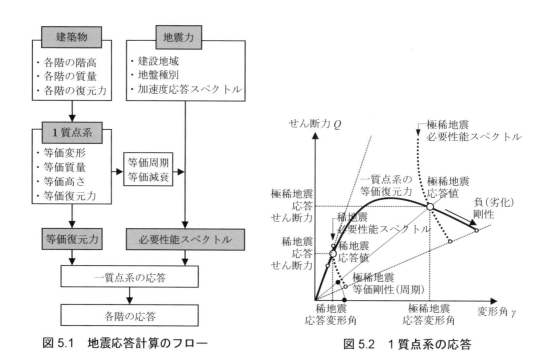

図5.1 地震応答計算のフロー　　図5.2 1質点系の応答

検証用地震動は、令82条の5第3号に定める地震力に相当するレベル（損傷限界検証用地震動、稀に発生する地震動）と同条第5号に定める地震力に相当するレベル（安全限界検証用地震動、極めて稀に発生する地震動）の2つとし、建築物重量および建築物の復元力特性を算定してモデ

ル化を行う。各層の建築物重量と復元力特性から各層の変形モードを仮定し、建築物を等価な固有周期と減衰特性を持つ1質点系に縮約して、等価な復元力を設定する。一方、地震力として規定される加速度応答スペクトルから、建築物の等価な固有周期と減衰特性に応じて必要性能スペクトルを計算する。このように縮約された建築物の復元力と地震力の必要性能スペクトルは、変形に対応して決まるので、変形を順次増分させて両者が一致する応答値を求める。一般的に、伝統的構法による木造建築物の復元力特性は塑性領域が長く、高い変形性能を有しており、また大変形時には剛性が負勾配となる耐力低下を示すことがある。そこで応答計算では、荷重増分ではなく変形増分による計算方法を用いる。

　平家建て建築物では縮約の必要はないが、2階建て建築物では等価な1質点系に縮約のために1、2階の変形モードを仮定する。通常は、1階の変形を基準として順次増分させて対応する2階変形を仮定することで等価な縮約モデルを設定して応答計算を行う。2階の変形を想定する方法としては、これまで参考文献3、4などで変形増分法が採用されているが、本マニュアルではさらに計算精度を改良した収斂計算法1および収斂計算法2の2つを提案する。また、1階に比べて2階の変形が大きい場合に、変形増分のステップを1階基準ではなく2階基準とすることで、2階先行降伏でも精度よく計算できる方法も示している。

　本マニュアルでは、柱脚の移動を拘束しない石場建ての場合においては、柱脚固定として上部建築物の応答計算を行う。なお、滑りによる上部応答の低減は行わない。柱脚の滑り量については、「7.3.1 水平・上下方向とも移動を拘束しない場合」にしたがって仕様規定的に規定値として設定するか、もしくは「5.7 石場建ての柱脚の滑り量」に示すように柱脚の滑りを計算で求める。

5.2 耐震設計のクライテリア

　「2.3.2 耐震性能の目標」で解説したように、新築建築物における耐震設計と既存建築物の耐震改修等における耐震診断・耐震補強設計では耐震性能の目標が異なるので、それぞれに対する耐震性能の目標と耐震設計のクライテリアを以下に示す。

1）新築建築物における耐震性能の目標と耐震設計のクライテリア

> (1) 損傷限界層間変形角は、稀に発生する地震動に対して構造耐力上主要な部分に耐力低下がなく、補修を要する損傷が生じない層間変形角として 1/120rad 以下とする。
> (2) 安全限界変形角は、極めて稀に発生する地震動に対して人命を保護するために倒壊・崩壊が生じず、修復可能な層間変形角として 1/30〜1/20rad 以下とする。また、建築物重量を支持する機能を損なうような柱の折損が生じない構造とする。

【解説】
　近似応答計算では、地震時の損傷限界層間変形角および安全限界層間変形角を適切に設定することが求められる。設計用入力地震動のレベルと構造体に対する要求性能を示したものが表 5.1 であり、この要求性能を満足するための設計のクライテリアをまとめたものが表 5.2 である。
　損傷限界層間変形角は、稀に発生する地震動に対して構造耐力上主要な部分に耐力低下がなく、補修を要する損傷が生じない層間変形角で、1/120rad 以下とする。設計においては、採用する構造要素などの変形性能と損傷に配慮が必要である。

一方、安全限界変形角については、限界耐力計算の規定として H12 建告 1457 号第 6 第 2 項により木造建築物においては極めて稀に発生する地震動に対して 1/30rad 以下と定められているが、ただし書きとして「特別な調査又は研究の結果に基づき安全限界変形に相当する変位が生じる建築物の各階が当該建築物に作用する荷重及び外力に耐えることが確かめられた場合にあっては、この限りでない」と記載されていることから、これまでの検討委員会による実験および調査に基づいて 1/30〜1/20rad 以下としている。なお、『建築物の構造関係技術基準解説書（2015 年版）』[1]の p.467 によると、木造の限界耐力計算における安全限界変形の設定には、変形能力の小さな耐力要素、柱頭柱脚等の接合部破壊、水平構面の破壊、柱の折損に関する検討が必要とされている。また、大変形領域では PΔ 効果を無視できないことから、PΔ 効果を考慮することも求められている。

本マニュアルでは、使用する構造要素に関しては、変形角 1/15rad まで顕著な損傷や急激な耐力低下がないことを構造要素実験で確認している。同様に、柱－横架材の仕口接合部についても、回転角 1/10rad まで顕著な損傷がなく、急激な曲げモーメント耐力の低下がないことを仕口接合部要素実験により確認している。また、大変形領域での PΔ 効果を設計用復元力の評価において考慮すること、柱の折損をはじめとする各部材の損傷を検討することも規定しており、大きな変形性能を担保できる構造要素、仕口接合部の仕様を使用することを条件として、1/20rad 以下としている。

表 5.2 に示すように、安全限界層間変形角としては代表層間変形角と最大層間変形角の 2 つを設定している。代表層間変形角は、捩れ変形を考慮しない近似応答計算により直接求まる質点系の応答として安全性を担保するための層間変形角であり、1/20rad 以下としている。一方、偏心等による捩れ振動によって最大となる鉛直構面の層間変形角においても損傷の程度を修復可能な範囲に留めるために上限を設定することが必要であり、その場合の変形角を最大層間変形角として実験結果に基づき 1/15rad 以下としている。

地震時の応答計算は近似応答計算であり、設計では計算結果を踏まえて損傷限界層間変形角および安全限界層間変形角について検討することが求められる。そのため、使用する構造要素や建築物各部の変形性能に十分な検証が必要であるが、必ずしも計算と設計とは一致しないものである。実際に設計された建築物の耐力や重量などの設計パラメータのバラツキや計算の精度を考慮すると、代表層間変形角や最大層間変形角は余裕を持って設定する必要がある。

表 5.1 設計用入力地震動のレベルと構造体に対する要求性能

要求性能		地震動の入力レベル	構造骨組の要求性能
損傷限界	損傷防止	中地震動：稀に発生する地震動。建設地において、建築物の存在期間中に 1 度以上遭遇することが想定される地震。	地震時に構造耐力上主要な部分の変形によって補修を要する損傷が生じない。
安全限界	人命保護	大地震動：極めて稀に発生する地震動。建設地において、建築物の構造安全性への影響度が最大級のレベルの地震。	地震時に各階の倒壊・崩壊が生じない、すなわち、人間が生存可能な空間を維持する。補修により再使用可能である。

表 5.2 設計のクライテリア

地震動レベル	変形	損傷の程度
稀に発生する地震動	損傷限界層間変形角 1/120rad 以下	構造耐力上主要な部分に耐力低下がなく、補修を要する損傷が生じない。
極めて稀に発生する地震動	安全限界層間変形角 代表層間変形角 1/20rad 以下 最大層間変形角 1/15rad 以下	修復可能な損傷。柱に折損を生じない。

2) 既存建築物の耐震性能の目標と耐震補強設計のクライテリア

(1) 損傷限界層間変形角は、稀に発生する地震動に対して構造耐力上主要な部分に耐力低下がなく、補修を要する損傷が生じない層間変形角として 1/120〜1/90rad 以下とする。
(2) 安全限界変形角は、極めて稀に発生する地震動に対して人命を保護するために倒壊・崩壊が生じず、修復可能な層間変形角として 1/20rad 以下とする。ただし、屋根の積雪荷重を考慮する場合には 1/15rad 以下とする。

【解説】

既存建築物の現地調査で、構造要素や柱−横架材の仕口接合部の仕様が不明である場合には、当該の構造要素や仕口接合部の耐力を無視する。また、調査で主要な部材の損傷や腐朽・蟻害などによる木部の損傷や劣化が発見された場合には、構造耐力上主要な部分については部材の交換や補修を行い、当該部材の当初の性能を確保できる状態に戻すことを前提としている。

既存建築物における耐震性能の目標は、新築建築物の場合と概ね同じだが、伝統的構法が高い変形性能を有しており、建築物全体および各構面の層間変形角が 1/15rad 以下であれば崩壊・倒壊の恐れがないことが実大振動台実験や構造要素実験等で確認されていることを踏まえて、耐震設計のクライテリアを設定している。

損傷限界層間変形角は、稀に発生する地震動に対して構造耐力上主要な部分に耐力低下がなく、補修を要する損傷が生じない層間変形角として 1/120rad 以下を原則とするが、過度な補強にならないように用いられている構造要素などの変形性能と損傷を考慮して 1/120〜1/90rad 内で設定する。

一方、安全限界層間変形角は、極めて稀に発生する地震動に対する層間変形角として 1/20rad 以下としており、建築物の用途や用いられている構造要素などの変形性能と損傷を考慮して 1/30〜1/20rad 内で設定する。なお、補強に使用する構造要素に関しては、変形角 1/15rad まで顕著な損傷や急激な耐力低下がないことを確認する。

大きな吹抜けや偏心がある場合、また建築物の平面形が整形でない場合においてはゾーニングによる検討を行うが、その際には建築物全体の安全限界層間変形角（代表層間変形角）を 1/20rad 以下、変形の大きな構面の最大層間変形角を 1/15rad 以下とする。なお、多雪区域において屋根の積雪荷重を考慮する場合には 1/15rad 以下とする。

5.3 準備計算
5.3.1 各階の重量

> 建築物各階の重量の算定においては、固定荷重、積載荷重ともに実況に応じて計算することを原則とする。

【解説】
　固定荷重は令84条の表に示す建築物各部の単位荷重の数値をもとに求めることができるが、伝統的構法木造建築物の軸組に関しては同表に示される単位荷重と差異がないかどうかを十分に検討する必要がある。また、積載荷重については、令85条の表に示す床面積当たりの数値に各部の面積を乗じて計算することができる。

　上部構造の地震応答計算では、建築物の重量を各層の重量に振り分けて計算を行うため、2階建て建築物の場合には2階部分の重量と1階部分の重量を求める必要がある。各層の重量は、図5.3に示すように、当該層の階高の1/2で分割し、上半分を当該階の重量、下半分を当該階の下階の重量に含めるものとして計算する。よって2階建て建築物の場合、2階の重量は2階階高の1/2から上部の重量、1階の重量は2階階高の1/2から下部と1階階高の1/2から上部の重量となり、1階階高の1/2から下部の重量は上部構造の応答計算の際には建築物の重量に含めない。また、1階の屋根のうち2階の階高の1/2を超える部分の重量については、地震時の荷重の流れに応じて設計者が適切に判断して計算する。

　石場建てで柱脚の水平方向の移動を拘束しない場合においては、柱脚の滑り量を求める際に、1階階高の1/2から下部の重量を1階床重量として計算する必要がある。この際、1層床重量には柱脚部まで（礎石の天端まで、土台がある場合は土台まで）の重量を含めることとする。

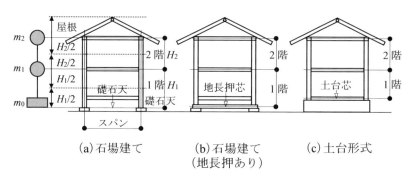

(a) 石場建て　　(b) 石場建て　　(c) 土台形式
　　　　　　　（地長押あり）

図5.3　各階質量と階高

　なお、多雪区域では、地震応答計算で積雪荷重を考慮しなければならないと規定されている。その際、積雪荷重は各階の固定荷重および積載荷重の和に加え、地震時の検討用重量とすることとなっている。積雪荷重と地震荷重との組み合わせについては、令82条の5に規定はないが、『建築物の構造関係技術基準解説書（2015年版）』[1]のp.67に示されている表2.5-1では、多雪区域の積雪荷重として「最大級の暴風時又は地震動時に、中程度の積雪荷重の35%に相当する荷重を算入」との記述がある。したがって、多雪区域では、地震動時の検討として固定荷重および積載荷重に積雪荷重の0.35倍を加えたものを重量として作用せん断力を算出することが求められる。

また、多雪区域での鉛直荷重の検討においては、本マニュアルでは大きな変形を想定しているため、大変形領域ではPΔ効果を加味して耐震性能を評価することとしている。具体的には、固定荷重および積載荷重に積雪荷重(短期積雪荷重に 0.35 を乗じた値)を加えた鉛直荷重によって生じるPΔ効果を復元力に考慮することが求められる。

5.3.2　各階の階高

> 各階の階高は、各階床重量を支持する横架材の中心レベルを基準として設定する。

【解説】
　構造モデルの階高は、前項の図 5.3 のように設定する。
　土台形式の場合の階高は、土台の中心から 1 階の桁あるいは梁の中心までを 1 階の階高とし、1 階の桁あるいは梁の中心から 2 階の桁あるいは梁の中心までを 2 階の階高とする。石場建て形式の場合は、礎石の天端から 1 階の桁あるいは梁の中心までを 1 階の階高とし、1 階の桁あるいは梁の中心から 2 階の桁あるいは梁の中心までを 2 階の階高とする。
　また、桁あるいは梁がけた行・張り間方向によって高さが異なる場合は、図 5.4 のように各レベルの平均的な高さを求めて、その平均レベル間を階高とする。

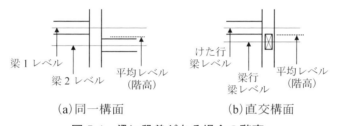

図 5.4　梁に段差がある場合の階高

5.4　各階の復元力特性の評価

> (1) 建築物の主たる水平荷重抵抗要素は、土塗りや板張りの全面壁(壁体のせん断抵抗)、垂れ壁や腰壁など小壁付き軸組(壁体のせん断抵抗および柱の曲げ抵抗)および柱ほぞ・差鴨居・足固め・貫(仕口接合部の木材のめりこみによる回転抵抗)とする。
> (2) 各要素の復元力を、本マニュアルに示される指定変形ステップごとに与えられる復元力データまたは計算式を用いて評価し、各階に属する要素の復元力を加算して、階の復元力特性とする。なお、復元力の加算では、必要に応じて偏心等による各鉛直構面の変形差を考慮する。

【解説】
　建築物の主たる水平荷重抵抗要素(水平力に対する抵抗要素)は、伝統的構法に特有の高い変形性能を生かすことができる構造要素として 4 章および「設計資料－4」に挙げた土塗りや板張りの全面壁、小壁(垂れ壁や腰壁など)付き軸組および柱ほぞ・差鴨居・足固め・貫とする。使用する各構造要素および柱・横架材の仕口接合部については、クライテリアで設定された変形性能を担保できる仕様であることを確認しなければならない。表 5.3 に本マニュアルで扱う各構造要素の復元力の計算法を示す。

表 5.3　各構造要素の復元力データとその計算方法

構造要素	復元力データ	復元力の計算法
土塗り全面壁	土壁の基準せん断応力度 τ_S, τ_B	アスペクト比（壁内法高さ/内法長さ）から曲げ破壊かせん断破壊かを判別して計算されるせん断応力度に、壁水平断面積を乗じる。
板張り全面壁	1P および 2P 板壁の復元力 (Q, γ)	板壁の仕様やアスペクトに応じてデータを選択。
土塗り小壁	土壁の基準せん断応力度 τ_S, τ_B	アスペクト比（壁内法高さ/内法長さ）から曲げ破壊かせん断破壊かを判別して計算されるせん断応力度に、壁水平断面積を乗じる。束で分割された小壁は、分割された壁ごとに計算して加算する。
柱ほぞ	長ほぞ1カ所当たりの復元力 (M, γ)	構面内のほぞ曲げモーメント耐力を加算して階高で除す。
仕口接合部	各柱・横架材接合部仕様に応じた復元力 (M, γ)	構面内の仕口モーメント耐力を加算して階高で除す。
柱の傾斜復元力	3折れ線の復元力	各柱について、負担荷重と柱幅、柱高さおよび変形、耐力に関するパラメータ α、β によって計算される復元力を全ての柱について加算する。
PΔ 効果	各階建築物重量 W_1, W_2 を用いる	各階建築物重量による PΔ 効果によって加算されるせん断力、1階 $\Delta Q_1 = (W_1+W_2)\gamma_1$、2階 $\Delta Q_2 = W_2\gamma_2$ を各階復元力からそれぞれ減じる。

ここで γ は変形角あるいは回転角、γ_1、γ_2 は1階および2階の変形角。本マニュアルでは、各復元力データは変形角あるいは回転角 1/480, 1/240, 1/120, 1/90, 1/60, 1/45, 1/30, 1/20, 1/15, 1/10rad の 10 ステップを基本として示している。

　実験で求められた復元力には鉛直荷重による PΔ 効果の影響が不可避だが、当然ながら実験での鉛直荷重の大きさが実際の建築物とは一致しないため、実験データは当該実験で作用した PΔ 効果を除去した形で整理されている。したがって、設計にあたっては、建築物重量による PΔ 効果を以下のように別途考慮しなければならない。

　図 5.5 に示す変形状態では、鉛直力 ΣW が変形角 γ で変形した部材で負担されるので、$\gamma \Sigma W$ のせん断力が見かけ上加算される。そのため、便法として、図 5.6 のように PΔ 効果による付加せん断力分をあらかじめ階の復元力から除去した復元力を用いる。このせん断力は変形角 γ に比例するので、変形が大きくなると無視できないことに注意する。

　なお、PΔ 効果による付加せん断力は負の復元力であるが、この PΔ 特性はループを描かない非線形弾性的な挙動を示して履歴減衰には寄与しないので、履歴減衰評価では逆に PΔ 効果を除いた計算が必要である。すなわち、後述の等価減衰定数の計算に用いるせん断力 Q_u や 1/120rad 変形時のせん断力 Q_y には PΔ 効果による補正を施さない復元力を用いる。このようにして PΔ 効果を除去して計算される等価減衰定数は PΔ 効果を含む復元力から計算される等価減衰定数より小さくなるが、その度合は Q_y が負担鉛直重量の 0.2 以上であれば 4%以下である。

また、PΔ効果によって便宜的に見かけ上の復元力は低下するが、外力が低減されるわけではなくPΔによる外力が加算されるので、構成部材・接合部などに必要な耐力を低減した復元力から計算することのないように留意する。

図 5.6 に示されるように、PΔ効果による付加せん断力は層間変形角に比例して大きくなるため、1/30～1/20rad の大変形を対象とする設計では復元力に PΔ効果を無視することはできない。

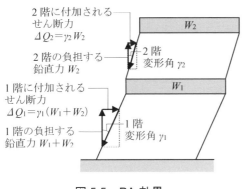

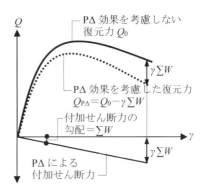

図 5.5 PΔ 効果　　　　　　　図 5.6 PΔ 効果を考慮した復元力

構造要素の検証実験によると、スパン、階高、接合部仕様、材料仕様などが結果に大きな影響を及ぼしているが、本マニュアルの「設計資料－4」に示した復元力データにおいては、これらの多岐にわたるパラメータを必ずしも網羅できていない。したがって、設計資料のデータを使用する際には、設計する構造要素が本マニュアルで示されたデータの試験体の仕様あるいは適用範囲と大きく相違していないことを確認する必要がある。

このように、構造要素の復元力特性は実験結果に基づいて設定することを基本としているが、上記以外にも実験あるいは解析によって構造的性能を確かめられれば、設計者の判断において用いることはできる。また、実験に基づいて設計用復元力特性のデータベースは、今後も継続的に整備がなされているので、適用範囲がさらに広がっていくことが期待される。

5.5　近似応答計算
5.5.1　平家の建築物

> 平家の建築物の応答は、建築物の復元力 $Q=Q(\gamma)$ と、対象とする地震動の加速度応答スペクトルに建築物の減衰を考慮して計算される必要性能スペクトル $Q_n=Q_n(\gamma)$ の交点として求められる。

【解説】

近似応答計算は等価線形化による応答計算であり、1 質点モデルへの縮約が行われるが、平家の建築物では縮約計算の必要はなく、必要性能スペクトルの計算によって、直接的に応答を求めることができる。

図 5.7 に示すように、平家モデルの質量を m、高さを H、変位を δ、剛性を k で表す。縮約モデルの記号を用いると、$M_u=m$、$H_e=H$、$\Delta_e=\delta$、$K_e=k$ である。この系が円振動数 ω（振動数を f、

周期を T とすると $\omega = 2\pi f = 2\pi/T$) で定常振動している状態では、変位と加速度の関係、

$$\ddot{\delta} = -\omega^2 \delta \tag{5.1}$$

を用いると、図 5.7 のつりあい式 $m\ddot{\delta} + k\delta = 0$ は次式となる。

$$-m\omega^2 \delta + k\delta = 0 \tag{5.2}$$

上式が $\delta \neq 0$ となる解を持つためには

$$k = m\omega^2 \tag{5.3}$$

あるいは、次項 2 階建ての場合の縮約モデルの記号を用いると、

$$K_e = M_u \omega^2 \tag{5.4}$$

固有周期 T_e は次式で表される。

$$T_e = 2\pi \sqrt{M_u / K_e} \tag{5.5}$$

減衰定数は $h = h_{eq} + h_0$ で与えられる。h_0 は弾性状態での減衰であり、告示スペクトルを用いる場合には 0.05、記録地震動のスペクトルを計算して用いる場合には $h = \mathrm{Max}(0.05, h_{eq})$ とする。h_{eq} は塑性化による上部構造の減衰で 1 サイクルの消費エネルギーを表す履歴面積とポテンシャルエネルギーの比として求められる。

塑性化による履歴減衰を等価減衰定数 h_{eq} に置き換えるにあたっては、以下に示す速度比例減衰による仕事量と減衰定数の関係を用いる。図 5.7 の 1 質点系モデルの応答 δ が定常状態にあって正弦波 $\delta = a \sin \omega t$ で表される場合、減衰係数を c として、減衰力は $c\dot{\delta} = ca\omega \cos \omega t$ となるので、変形 δ と減衰力 $c\dot{\delta}$ の関係は次式で表され、図 5.8(a) に示す楕円となる。

$$\left(\frac{\delta}{a}\right)^2 + \left(\frac{c\dot{\delta}}{ca\omega}\right)^2 = 1 \tag{5.6}$$

減衰力による 1 ループの仕事 ΔW は楕円の面積となるので、

$$\Delta W = \pi \cdot ca\omega \cdot a = \pi c \omega a^2 \tag{5.7}$$

したがって、

$$c = \frac{\Delta W}{\pi \omega a^2} \tag{5.8}$$

減衰係数 c と減衰定数 h の関係から、

$$h_{eq} = \frac{c}{2m\omega} = \frac{1}{2m\omega} \cdot \frac{\Delta W}{\pi \omega a^2} = \frac{\Delta W}{4\pi \cdot \frac{1}{2} m\omega^2 a^2} = \frac{\Delta W}{4\pi \cdot \frac{1}{2} k a^2} = \frac{\Delta W}{4\pi W} \tag{5.9}$$

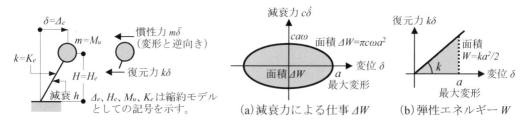

図 5.7　平家モデルの諸元とつりあい　　図 5.8　等価減衰計算の ΔW と W

ここで、W は最大変形時の弾性エネルギー（ポテンシャルエネルギー）であり、$W=ka^2/2$ で求めることができる（図 5.8(b)）。このように、(5.9)式によって粘性減衰による仕事 ΔW を減衰定数 h に関係づけることができる。塑性化履歴エネルギーについても、最大振幅での定常応答による仕事を ΔW に対応させることで、(5.9)式により等価な減衰定数 h_{eq} が求められる。

H12 建告 1457 号に示されている限界耐力計算では、図 5.9 のような剛性低下型バイリニア特性を想定して等価減衰定数を計算している。その方法では、図に示される平行四辺形の履歴面積 $\Delta W = 4(\mu - \sqrt{\mu})\delta_y Q_u$ がそのままでは過大であるため、γ または γ_1（$=2\gamma/\pi$）により下式のように低減されている。ここで、γ_1 は既往の実験結果に基づいて 0.2 または 0.25 とされており、木造では 0.2 が採用されるが、その詳細は不明である。

$$h_{eq告示} = \frac{\Delta W}{4\pi W} = \gamma \frac{4(\mu - \sqrt{\mu})\delta_y Q_u}{2\pi\mu\delta_y Q_u} = \gamma \frac{2}{\pi}\left(1 - \frac{1}{\sqrt{\mu}}\right) = \gamma_1 \left(1 - \frac{1}{\sqrt{\mu}}\right) \tag{5.10}$$

それに対して、本マニュアルでは、これまでの伝統的構法木造建築物などで採用されてきた図 5.10 のようなピーク指向型履歴復元力特性に基づいて、次式により計算することとしている。

$$h_{eqマニュアル} = \frac{\Delta W}{4\pi W} = \frac{\left(\mu - \frac{Q_u}{Q_y}\right)\delta_y Q_u}{2\pi\mu\delta_y Q_u} = \frac{1}{2\pi}\left(1 - \frac{Q_u}{\mu Q_y}\right) \tag{5.11}$$

本マニュアルの(5.11)式は、最大塑性率 μ と耐力比 Q_u/Q_y（最大変形時耐力/弾性限耐力）によるのに対し、告示の(5.10)式は、完全弾塑性復元力に基づいていることから最大塑性率 μ のみに依存している。本マニュアルの(5.11)式による計算結果（$Q_u/Q_y=1.0$、1.5、2.0 の場合）と告示の(5.10)式による計算結果（$\gamma_1=0.20$ とした場合）を比較したものが、図 5.11 である。ここで、Q_u/Q_y は図 5.12 に示すように復元力スケルトンの劣化の程度を表し、Q_u/Q_y が小さいほど劣化が大きくなり、分母の弾性エネルギー W が小さくなるので、等価減衰が大きく評価されることになる。図 5.11 より Q_u/Q_y が 1.5 程度であれば本マニュアルと告示の等価減衰は同等な評価となることがわかる。一般には Q_u/Q_y が 1.5 より大きくなることが多いため、本マニュアルの等価減衰定数は告示より小さく安全側に計算される。

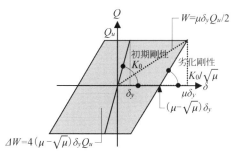

図 5.9　H12 建告 1457 号における履歴減衰の考え方

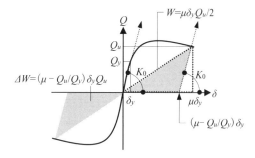

図 5.10　本マニュアルにおける等価減衰の考え方

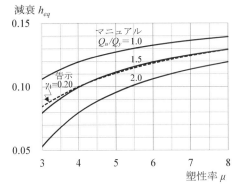
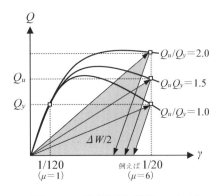

図 5.11　本マニュアルと告示の等価減衰の比較　　図 5.12　等価減衰計算の Q_u/Q_y

等価減衰定数は、図 5.10 においてグレーの 2 つの三角形で表されている履歴面積 ΔW に比例する。三角形の高さはせん断力 Q_u であり、底辺は変形 $\mu\delta_y - Q_u/K_0$ である。ここで、底辺の長さが除荷剛性 K_0 に影響され、K_0 が大きいほど ΔW は大きく計算される点に注意が必要である。そこで、本マニュアルでは、K_0 を本来の初期剛性ではなく、1/120 変形時の割線剛性としている。

建築物の減衰定数 h により、応答加速度の低減率 F_h が次式により求められる。

$$F_h = \frac{1.5}{1+10h} \tag{5.12}$$

上記の F_h を用いて、設計用の加速度応答スペクトルは下式で算出される。

$$S_A = Z \cdot S_0 \cdot G_S \cdot p \cdot q \cdot F_h \tag{5.13}$$

ここで、Z は地震地域係数、S_0 は各ステップの等価周期 T_e に対応する基盤地震動の加速度、G_s は地盤の増幅率、p および q は調整係数、F_h は各ステップの変形 Δ_e ごとに計算される減衰係数 h に対応する加速度低減率を表す。

p は階数による調整係数で、階数に応じて表 5.4 により求めることができる。限界耐力計算に用いる応答スペクトルを導く際には、図 5.13 に示されるように短周期で新耐震のスペクトルを $1.0/0.816 = 1.23$ 倍[2]することにより、ベースシアー係数スペクトルを応答スペクトルに換算している。しかしながら、1 自由度系（平家建て）の場合においては、ベースシアー係数スペクトルと応答スペクトルは同一であり、1.23 倍する必要がない。それを調整するための係数が p である。この調整は階数が増加するとともに徐々に必要がなくなるので 5 階以上では $p = 1.00$ となっている。この調整は限界耐力計算のスペクトルが一定となる周期 0.16 秒以上について行い、周期 0 秒では調整の必要がないため周期 0 秒と 0.16 秒の間は直線補間としている。なお、図 5.13 のように 1.23 倍の差があるのは短周期領域であるので、応答固有周期が 1 秒を超えている場合の調整係数による低減は過大となっていることに注意いただきたい。

一方、q は有効質量（次項(5.34)式で計算される等価 1 質点系の質量）に関する調整係数で、有効質量比（全質量に対する有効質量の比）が表 5.5 のように、0.75 未満の場合には $q = 0.75 \div$ 有効質量比とされている。地震力は有効質量に比例するが、有効質量が小さな場合でも地震力を大きく低減しないための措置として設定されているのが、この係数 q である。平家建てでは全質量と有効質量は等しいので $q = 1.0$ であり、2 階建てでも有効質量比が 0.75 未満になることはほとん

どないが、2階の質量が小さく2階が先行降伏する場合には有効質量比が0.75以下となることがある。

本マニュアルの近似応答計算では、変位（変形角 γ）を増分させてステップごとに仮の応答値（変形、せん断力）（γ_n, Q_n）を計算する。各ステップでの建築物の等価減衰に対応した加速度応答スペクトルをせん断力と変形の関係に変換したスペクトル（図5.14中の破線）と等価剛性の傾きを持つ直線との交点が各ステップでの仮の応答値となる。各ステップごとの仮の応答値を結んだ線（図5.14中の太い実線）を必要性能スペクトルと呼ぶ。この必要性能スペクトルと建築物の等価復元力の交点が真の応答値（γ_R, Q_R）となる。実際の計算では、図5.14に示すように、i ステップと $i+1$ ステップの間の交点として応答値が求められる。

表5.4　調整係数 p

階数	$T_e \leq 0.16$	$0.16 < T_e$
1	$1.00 - (0.20/0.16)T_e$	0.80
2	$1.00 - (0.15/0.16)T_e$	0.85

表5.5　調整係数 q

$M_u/\Sigma m < 0.75$	$0.75 \leq M_u/\Sigma m$
$0.75/(M_u/\Sigma m)$	1.0

M_u：有効質量　Σm：全質量

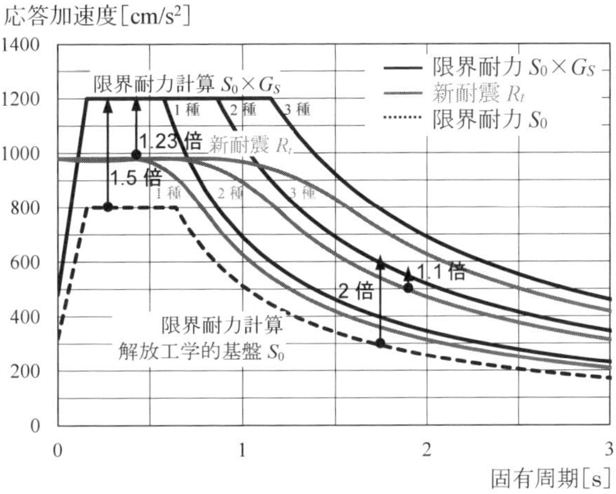

図5.13　新耐震と限界耐力計算のスペクトル

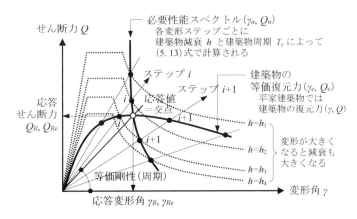

図5.14　1質点系の応答値

平家モデルの応答せん断力 Q_R、応答変形 δ_R、応答変形角 γ_R は、それぞれ次のように表すことができる。なお、2階建ての縮約1質点モデルでは応答せん断力を Q_{Re}、応答変形を Δ_{Re}、応答変形角を γ_{Re} とそれぞれ読み替える。

$$Q_R = M_u S_A \tag{5.14}$$

$$\delta_R = S_D = \left(\frac{T_e}{2\pi}\right)^2 S_A \tag{5.15}$$

$$\gamma_R = \frac{\delta_R}{H_e} \tag{5.16}$$

5.5.2 2階建ての建築物

> 2階建ての建築物では、1階および2階の変形モードを適切に考慮した縮約モデルを設定して、応答計算を行う。本マニュアルでは、計算精度の向上と2階先行降伏を含む設計に対応させることを目的として、従来の変形増分法1、2に代わって収斂計算法1、2を提案する。2階先行降伏モデルでは、さらに2階変形ステップを基準とした変形増分による応答計算法を採用する。

【解説】

2階建てモデルの限界耐力計算は、等価1質点系への縮約モデルを介して図5.15のようにまとめられる。木造2階建て建築物の近似応答計算では、2質点モデルを等価な1質点モデルへ縮約するために、変形増分各ステップごとに2質点モデルの変形モードの設定が必要となる。この変形モードの設定によって計算結果が大きく異なることがある。1、2階の復元力特性は通常1/120、1/60、1/40、1/30、1/20、1/15rad など共通の変形角で与えられる。1、2階が同じ変形角となるようなモードを図5.16に示すが、実際にはこのような変形にはならず、少なくとも同図の1次モードに近い形の変形となる。

なお本マニュアルでは、原則として、地震外力による変位およびせん断力応答を2階建てモデルでは δ_{R1}、δ_{R2} および Q_{R1}、Q_{R2}、縮約モデルでは Δ_{Re} および Q_{Re} で表し、地震外力の大きさを想定しない定常状態の応答、すなわち固有モード変位を u_1、u_2 で表している。固有モード u_1、u_2 は1次モードのみを扱い、u_1、u_2 の絶対値は必要でなく、モード比 u_2/u_1 でモード形を表すことができる。また、変形増分各ステップの建物変位を δ_1、δ_2 とする。δ_1、δ_2 は各ステップの1次モード形に対応するので、u_2/u_1 と δ_2/δ_1 は等しい。これら2階建てモデルの u_1、u_2 や δ_1、δ_2 および k_1、k_2、等価1質点モデルの M_u、K_e、H_e は計算ステップごとに決められる値である。復元力と必要性能スペクトルの交点 δ_{R1}、δ_{R2} は、稀に発生する地震、極めて稀に発生する地震の双方の場合について求める。

変形モードの設定法により、近似応答計算の応答結果は大きく変わる。表5.6に示すように、参考文献3、4で提案された方法を本マニュアルでは変形増分法1、変形増分法2と呼ぶことにする。いずれの方法も1、2階の変形モードは固有値計算による固有モードを基本としているが、固有値計算に用いる等価剛性の設定方法に違いがある。

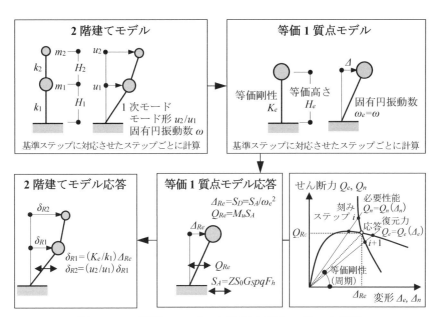

図 5.15 2 階建てモデルと等価 1 質点モデルの関係

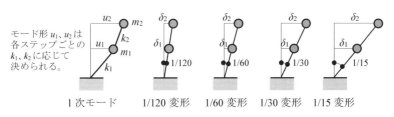

図 5.16 1、2 階変形モード

　もともと木造 2 階建て建築物の近似応答計算では手計算を前提としていたため、まず提案されたのが、繰り返し計算がなく計算量の少ない変形増分法 1 であった。しかしながら、この方法では、例えば 1/120 変形時の初期剛性によるモード形を全ステップの基本とするため、2 階変形を 1 階変形相当に見積もることになり、2 階の重量やせん断耐力が小さい場合などでは 2 階降伏先行となってしまい、時刻歴応答解析の結果と大きく食い違うことになる。そこで、各ステップごとに固有モードを計算する変形増分法 2 が考案された。

　固有モード→変位計算→等価剛性という計算の順序から考えると当然だが、変形増分法 2 の固有モードは当該ステップの等価剛性とは対応していない。それを厳密に対応させるためには、もう一度算出された等価剛性を用いた固有値計算を再度行う必要があり、結局のところ収束まで繰り返し計算を行わなければならない。そこで、固有モードと等価剛性が整合するように繰り返し固有値解析を行うことで変形増分法 2 をさらに改良した方法が、本マニュアルが提案する「収斂計算法」である。

表 5.6 近似応答計算の変形モード算出に関する 4 つの方法

方法	出典	固有値計算	変形モードの算出
変形増分法 1	2004 年「伝統構法を生かす木造耐震設計マニュアル」[3)]	初期剛性のみ	初期剛性に対する固有モードから最初のステップの 1、2 階変形を計算する。次ステップの 2 階変形は、前ステップの変形よりも大きい最も近傍の変位点の等価剛性を用いる。
変形増分法 2	2010 年「JSCA 関西レビュー委員会」[4)]	各ステップごと収斂計算はしない	2 階について、前ステップの変形よりも大きい最も近傍の変位点の等価剛性を用いて各ステップで固有値解析を行い、固有モードから 2 階変形を計算する。
収斂計算法 1	本マニュアル	各ステップごと収斂計算する	変形増分法 2 では 2 階剛性を前ステップの変形で決めるため、当該ステップでは剛性と変形が整合しない。収斂計算法では、各ステップごとに、2 階変形と等価剛性が整合するように、繰り返して固有値計算を行い、固有モードから 2 階変形を計算する。
収斂計算法 2	本マニュアル	各ステップごと収斂計算する	1 階変形の計算方法は収斂計算法 1 に同じ。減衰評価を縮約 1 質点系ではなく、1、2 階それぞれで行い、ひずみエネルギーで重み付けして減衰定数を求める。

1) 固有値計算

固有モード形から 2 階の変形を求めるためには固有値計算が必要となる。図 5.17 の質量 m_1、m_2、等価剛性 k_1、k_2 からなる 2 質点系が円振動数 ω で振動している状態では、変位 u_1、u_2 と加速度 $\ddot{u}_1$、$\ddot{u}_2$ の関係が、

$$\ddot{u}_1 = -\omega^2 u_1, \quad \ddot{u}_2 = -\omega^2 u_2 \tag{5.17}$$

であることから、つりあい式は図 5.18 を参照すると次式となる。

$$-m_1\omega^2 u_1 + k_1 u_1 - k_2(u_2 - u_1) = 0$$
$$-m_2\omega^2 u_2 + k_2(u_2 - u_1) = 0 \tag{5.18}$$

$u_1 \neq 0$ と考えてよいので、それぞれの式より

$$\frac{u_2}{u_1} = \frac{-m_1\omega^2 + k_1 + k_2}{k_2} = \frac{k_2}{-m_2\omega^2 + k_2} \tag{5.19}$$

この式から次の方程式が導かれる。

$$m_1 m_2 \omega^4 - (m_1 k_2 + m_2 k_1 + m_2 k_2)\omega^2 + k_1 k_2 = 0 \tag{5.20}$$

これは ω^2 に関する 2 次方程式であるから、ω^2 の根が 2 つ求められる。ここでは、1 次モードを対象としているので、小さい方を採用する。すなわち、

$$\omega^2 = \frac{m_1 k_2 + m_2 k_1 + m_2 k_2 - \sqrt{(m_1 k_2 + m_2 k_1 + m_2 k_2)^2 - 4 m_1 m_2 k_1 k_2}}{2 m_1 m_2} \tag{5.21}$$

このように外力の大きさに関わらないモデル(系)独自の特性である固有値を求める問題を固有値問題といい、式の形式から ω^2 を固有値、ω を固有円振動数 ($f = \omega/2\pi$ を固有振動数、$T = 2\pi/\omega$ を固有周期)、u_1 および u_2 を固有モードという。

高さは等価剛性で評価されているので、ここでは階高は登場しない。一般に建築物の変形が大きくなると、等価剛性が低下して建築物は柔らかくなるのでω^2は減少する。ω^2が減少すると、(5.19)式の第2式よりu_2/u_1は1に近づくので、2階の変形u_2-u_1は小さくなる。なお$m_2=0$の場合には、(5.20)式から$\omega^2=k_1/m_1$、(5.19)式の第2式より$u_2/u_1=1$となるので、平家建築物の場合に等しくなる。

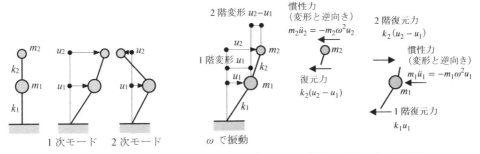

図 5.17　2質点モデル　　　　図 5.18　2質点モデルのつりあい

2) 収束計算法1および2による2階の変形の計算

表 5.6 に示しているように、変形増分法1では固有モードを固定し、また変形増分法2では前ステップの固有モードで次ステップの変形モードを予測しているため、仮定した固有モードと計算結果の変形モードは一致しない。そこで本マニュアルでは、同表の収束計算法1として、変形モードと固有値を整合させる方法を提案する。さらに収束計算法2は、収束計算法1のように1、2階の変形を繰り返し計算で整合させることに加えて、減衰評価も縮約系ではなく1、2階それぞれで計算するものである。収束計算法1、2は以下のように定式化される。

1階の変形モードu_1は基準ステップ(例えば1/480、1/240、1/120、1/90‥‥1/20、1/15、1/10 rad の10ステップ)で与える。2階の変形モードu_2は、以下のように各ステップごとに固有値解析を行い、図5.19に示す1次の固有値ω^2および固有モード比u_2/u_1を求めて計算する。

各ステップの1階の変形は、

$$\delta_1 = \gamma_1 H_1 \tag{5.22}$$

ここで、γ_1は基準ステップに応じて増分させる。2階層間変形モードは、

$$\delta_2 - \delta_1 = \gamma_2 H_2 \tag{5.23}$$

各階の等価剛性k_1、k_2は各階の復元力Q_1、Q_2と全変形δ_1、δ_2から

$$k_1 = \frac{Q_1}{\delta_1},\quad k_2 = \frac{Q_2}{\delta_2 - \delta_1} \tag{5.24}$$

固有値ω^2、固有モード比u_2/u_1は(5.21)式および(5.19)式で計算できるので、2階の変形の初期値は、

$$\delta_2 - \delta_1 = \delta_1 \left(\frac{u_2}{u_1} - 1\right) \tag{5.25}$$

すなわち$\delta_2=\delta_1(u_2/u_1)$であり、この$\delta_2$から$\gamma_2=(\delta_2-\delta_1)/H_2$が決まるため、2階復元力$Q_2=Q_2(\gamma_2)$から図5.20のように$\gamma_2$に対応する$Q_2$を求め、新しい等価剛性が$k_2{}^*=Q_2/(\delta_2-\delta_1)$で算定できる。

この新しい剛性を用いてさらに固有値解析を行うと、(5.19)式のモード形から新しい2階変形が(5.25)式により計算できる。したがって、図5.21に示すような繰り返し計算を行うことで、基準ステップで与えられる1階の変形に対応した2階の変形が得られる。

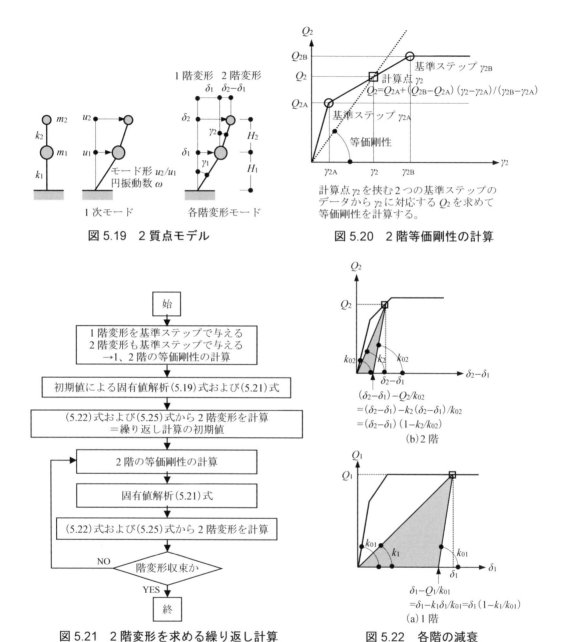

図5.19　2質点モデル

図5.20　2階等価剛性の計算

図5.21　2階変形を求める繰り返し計算

図5.22　各階の減衰

3）収束計算法2による減衰の計算

減衰は変形モードに影響を与えない(応答結果には影響を与える)ので、2階の変形が収束した後に計算する。従来は縮約1質点モデルで減衰を計算していたが、ここでは各階ごとに計算し、モードエネルギーで重み付けすることにより、モード減衰として縮約モデルの減衰を評価する。

図 5.22 より、1 階の減衰定数 h_1 は、

$$h_1 = \frac{\Delta W}{4\pi W} + 0.05 = \frac{\left(1 - \frac{k_1}{k_{01}}\right)\delta_1 Q_1}{2\pi \delta_1 Q_1} + 0.05 = \frac{1}{2\pi}\left(1 - \frac{k_1}{k_{01}}\right) + 0.05 \tag{5.26}$$

ここで、k_1 は等価剛性、k_{01} は弾性剛性を表す。同様に 2 階についても、

$$h_2 = \frac{1}{2\pi}\left(1 - \frac{k_2}{k_{02}}\right) + 0.05 \tag{5.27}$$

第 1 項は履歴減衰で、その最大値は $1/2\pi = 0.159$ である。

h_1、h_2 をひずみエネルギーで重み付けして、縮約系の減衰定数 h を次式で計算する。

$$h = \frac{\frac{1}{2}k_1\delta_1^2 h_1 + \frac{1}{2}k_2(\delta_2 - \delta_1)^2 h_2}{\frac{1}{2}k_1\delta_1^2 + \frac{1}{2}k_2(\delta_2 - \delta_1)^2} = \frac{k_1\delta_1^2 h_1 + k_2(\delta_2 - \delta_1)^2 h_2}{k_1\delta_1^2 + k_2(\delta_2 - \delta_1)^2} \tag{5.28}$$

(5.26)式および(5.27)式で明らかなように、履歴減衰の大きさは初期(弾性)剛性 k_{01}、k_{02} に依存する。すなわち、初期剛性が大きいほど履歴減衰は大きくなる。また、(5.28)式からわかるように、縮約系の減衰定数 h については変形の大きな降伏階の減衰定数が大きく影響し、h_1 と h_2 のどちらかが支配的となる。そのため、縮約系から減衰を直接計算するこれまでの方法では、初期剛性の設定や 1、2 階の寄与度合いについて論理的な明解さに欠けるきらいがあった。対して、収斂計算法 2 のように各階ごとに減衰を計算する場合には、1/120 剛性を初期剛性とすればよい。

収斂計算法 1 などの縮約系から直接に計算された減衰(減衰 1)と、収斂計算法 2 のように階ごとに重み付けして計算された減衰(減衰2)を比較すると、1 階降伏モデルでは(減衰2)＞(減衰1)、2 階降伏モデルでは(減衰 2)＜(減衰 1)、同時降伏モデルでは(減衰 2)＝(減衰 1)となることが多いが、両者の差は小さい。

4）等価な 1 質点系への置換（縮約）

各ステップの 1、2 階の変位 δ_1、δ_2 を用いて等価な 1 質点系へ置換するプロセスは、従来の計算法と同じである。まず、等価 1 質点系の質量 M_u と変形 Δ_e は、2 質点系の質量 m_1、m_2 および変位 δ_1、δ_2 との間に

$$M_u \Delta_e = m_1 \delta_1 + m_2 \delta_2 \tag{5.29}$$

という関係が成立するように決定するのが自然であろう。すなわち、2 質点系の各階の変位を質量で重みづけすることにより、等価 1 質点系の変位が求められる。

次に、2 質点系と等価 1 質点系の変形状態の運動エネルギーが等しいことから、

$$\frac{1}{2}M_u\dot{\Delta}_e^2 = \frac{1}{2}m_1\dot{\delta}_1^2 + \frac{1}{2}m_2\dot{\delta}_2^2 \tag{5.30}$$

ここで、・は速度を表す。両者は同じ振動数 ω で振動しているので、以下の関係が成り立つ。

$$\dot{\Delta}_e = \omega \Delta_e, \quad \dot{\delta}_1 = \omega \delta_1, \quad \dot{\delta}_2 = \omega \delta_2 \tag{5.31}$$

(5.30)式に(5.31)式を代入し、整理すると、

$$M_u \Delta_e^2 = m_1 \delta_1^2 + m_2 \delta_2^2 \tag{5.32}$$

(5.29)式と(5.32)式の辺々を割り算して、

$$\varDelta_e = \frac{m_1\delta_1^2 + m_2\delta_2^2}{m_1\delta_1 + m_2\delta_2} \tag{5.33}$$

(5.29)式より、

$$M_u = \frac{m_1\delta_1 + m_2\delta_2}{\varDelta_e} = \frac{(m_1\delta_1 + m_2\delta_2)^2}{m_1\delta_1^2 + m_2\delta_2^2} \tag{5.34}$$

2質点系と等価1質点系の基礎に対する転倒モーメントが等しくなるような等価1質点系の高さを等価高さ H_e とすると、次式の関係式が成り立つ。

$$M_u\ddot{\varDelta}_e H_e = m_1\ddot{\delta}_1 H_1 + m_2\ddot{\delta}_2(H_1 + H_2) \tag{5.35}$$

・・は加速度を表す。ここでも振動数 ω を用いて、

$$\ddot{\varDelta}_e = -\omega^2\varDelta_e, \quad \ddot{\delta}_1 = -\omega^2\delta_1, \quad \ddot{\delta}_2 = -\omega^2\delta_2 \tag{5.36}$$

という関係が成立するので、H_e は下式により求めることができる。

$$H_e = \frac{m_1\delta_1 H_1 + m_2\delta_2(H_1 + H_2)}{M_u\varDelta_e} = \frac{m_1\delta_1 H_1 + m_2\delta_2(H_1 + H_2)}{m_1\delta_1 + m_2\delta_2} \tag{5.37}$$

各ステップの変位 δ_1、δ_2 はモード形 u_1、u_2 と相似とするので、(5.19)式より、

$$\frac{\delta_2}{\delta_1} = \frac{u_2}{u_1} = \frac{-m_1\omega^2 + k_1 + k_2}{k_2} = \frac{k_2}{-m_2\omega^2 + k_2} \tag{5.38}$$

これと(5.29)式から、

$$M_u\varDelta_e = m_1\delta_1 + m_2\frac{(k_1 + k_2) - m_1\omega^2}{k_2}\delta_1 \tag{5.39}$$

すなわち、

$$\delta_1 = \frac{k_2 M_u \varDelta_e}{m_1 k_2 + m_2 k_1 + m_2 k_2 - m_1 m_2 \omega^2} \tag{5.40}$$

(5.20)式を変形し、代入すると、

$$\delta_1 = \frac{k_2\omega^2 M_u \varDelta_e}{k_1 k_2} = \frac{\omega^2 M_u \varDelta_e}{k_1} = \frac{K_e}{k_1}\varDelta_e \tag{5.41}$$

したがって、各ステップにおいて2質点系の1階せん断力 $Q_1 = k_1\delta_1$ と、対応する縮約1質点系モードのせん断力 $Q_e = K_e\varDelta_e$ は等しい。これより

$$K_e = \frac{Q_1}{\varDelta_e} = \frac{k_1 u_1}{(m_1 u_1 + m_2 u_2)/M_u} = M_u\frac{k_1 u_1}{m_1 u_1 + m_2 u_2} \tag{5.42}$$

ここで、各ステップにおいて、2質点系の等価剛性 k_1、k_2 や変形 u_1、u_2 と固有値 ω の間には、(5.19)式および(5.20)式が成り立つので、

$$K_e = M_u\frac{k_1 u_1}{m_1 u_1 + m_2 u_2} = M_u\frac{k_1 k_2}{m_1 k_2 + m_2 k_1 + m_2 k_2 - m_1 m_2 \omega^2} = M_u\omega^2 \tag{5.43}$$

これは、質量 M_u、剛性 $K_e = Q_1/\varDelta_e$ で与えられる等価1質点系の固有値が、もとの2質点系の固有値と等しいことを意味している。すなわち、等価固有周期は次式で表される。

$$T_e = 2\pi\sqrt{M_u/K_e} \tag{5.44}$$

5）各階の応答値の算出

　縮約1質点系の稀に発生する地震（稀地震）および極稀に発生する地震（極稀地震）時の応答値は、図5.14に示すように必要性能スペクトルと建築物の復元力の交点として与えられる。一般に交点は刻みステップの計算点とは一致しないため、交点の応答値計算には2直線の交点計算の作業が必要となる。対応するステップでの等価剛性の対応から、図5.23のように交点計算に用いる復元力と地震スペクトルの線分の両端は同じ計算ステップ（図では稀地震はステップ2-3間、極稀地震は7-8間）となるので、交点計算は大きな手間ではない。

　なお、図5.23(b)の復元力初期ステップ1、2、3が同一の初期勾配上に並ぶと、原点と各復元力ステップ1、2、3を結ぶ直線と地震外力スペクトル曲線の交点が区別できなくなる。したがって、計算精度の向上から復元力ステップを再分割する場合でも初期剛性部分は分割しない。

　縮約1質点系の応答変位 $\varDelta_{Re}$ から2階建てモデルの応答変位 δ_{R1}、δ_{R2} を求める。(5.41)式から、

$$\delta_{R1} = \frac{K_e}{k_1}\varDelta_{Re} \tag{5.45}$$

2階応答 δ_{R2} は、モード形から

$$\delta_{R2} = \frac{u_2}{u_1}\delta_{R1} \tag{5.46}$$

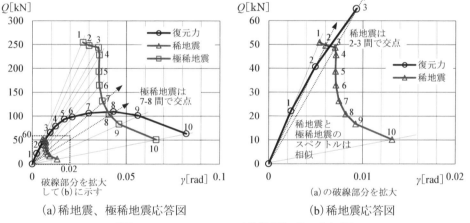

(a) 稀地震、極稀地震応答図　　　　(b) 稀地震応答図

番号 1、2、3、……、7、8、9、10 は計算変形ステップ（1階）
1/480、1/240、1/120、……、1/30、1/20、1/15、1/10rad に対応

図5.23　近似応答計算による応答図例

　1階変形 δ_{R1}、2階変形 $\delta_{R2}-\delta_{R1}$ から、各階の階高さ H_1、H_2 を用いて、変形角は1階 $\gamma_{R1}=\delta_{R1}/H_1$、2階 $\gamma_{R2}=(\delta_{R2}-\delta_{R1})/H_2$ と計算される。

　ここで、下式により算定されるパラメータ u_h を導入する。

$$u_h = \frac{\left(\frac{\delta_2}{\delta_1}-1\right)(H_e-H_1)}{H_2}+1 \tag{5.47}$$

(5.37)式より、

$$H_e - H_1 = \frac{m_1\delta_1 H_1 + m_2\delta_2(H_1 + H_2)}{m_1\delta_1 + m_2\delta_2} - H_1 = \frac{m_2\delta_2 H_2}{m_1\delta_1 + m_2\delta_2} \tag{5.48}$$

上式を(5.47)式に代入して、

$$u_h = \left(\frac{\delta_2}{\delta_1} - 1\right)\frac{m_2\delta_2}{m_1\delta_1 + m_2\delta_2} + 1 = \frac{(\delta_2 - \delta_1)m_2\delta_2}{\delta_1(m_1\delta_1 + m_2\delta_2)} + 1 = \frac{m_1\delta_1^2 + m_2\delta_2^2}{\delta_1(m_1\delta_1 + m_2\delta_2)} = \frac{\varDelta_e}{\delta_1} \tag{5.49}$$

すなわち、u_h は縮約された等価1質点系の変位と元の2質点系モデルの1階変位の比を表す。したがって、1、2階の応答変位は、u_h を用いて下式で表すこともできる。

$$\delta_{R1} = \frac{\varDelta_{Re}}{u_h} \tag{5.50}$$

$$\delta_{R2} = \frac{\delta_2}{\delta_1}\delta_{R1} = \frac{\delta_2}{\delta_1}\frac{\varDelta_{Re}}{u_h} \tag{5.51}$$

6) 2階変形を基準ステップとする計算法

2階建てモデルの限界耐力計算に基づく近似応答計算では、(5.52)式により求められる限界せん断力係数比 R_{CO} とせん断力係数比 C_2/C_b との大小関係により、1階降伏（$C_2/C_b > R_{CO}$）、2階降伏（$C_2/C_b < R_{CO}$）、同時降伏（$C_2/C_b = R_{CO}$）の3つの場合に分けることができ、各計算ステップにおける1階および2階の変形の対応関係は図5.24のように考えることができる。

$$R_{CO} = \frac{(1 + R_W)(1 + R_H)}{1 + R_W + R_W R_H} \tag{5.52}$$

ここで、R_W、R_H はそれぞれ1階に対する2階の重量比（$= W_2/W_1$）、階高比（$= H_2/H_1$）を表す。なお、限界せん断力係数比 R_{CO} の詳細については、「設計資料-2」を参照していただきたい。

これまでの計算方法では1階の変形を基準ステップとして2階の変形を求める方法がとられており、いずれの計算法も1階が先行降伏する場合では精度よく計算できているが、2階が先行降伏する場合には変形の小さな1階を基準とした従来の計算法では計算精度が問題となることがある。そこで、2階が先行降伏する場合では、基準ステップを1階ではなく変形の大きな2階で設定する。

固有モード比 $u_2/u_1 = \delta_2/\delta_1$ と2階の変形 $\delta_2 - \delta_1$ から、1階の変形 δ_1 は次式で表される。

$$\delta_1 = \frac{\delta_2 - \delta_1}{u_2/u_1 - 1} \tag{5.53}$$

2階の変形 $\delta_2 - \delta_1$ は基準ステップで設定されたまま変化しないため、固有値計算による u_2/u_1 から新しい1階変形 δ_1 が計算される。この変形に対応する1階等価剛性を計算し、再度固有値計算を行い、その前後で1階変形が一致するまで繰り返す。2階の変形 $\delta_2 - \delta_1$ を基準ステップとする計算法のフローと各ステップで1階の変形に対応する等価剛性計算は、図5.25のようにまとめられる。

2階を基準ステップとする計算例は「設計資料-2」を参照されたい。

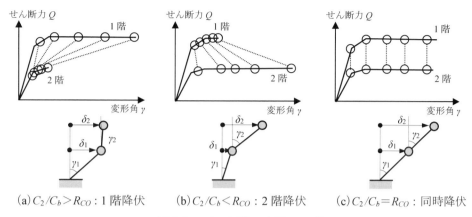

(a) $C_2/C_b > R_{CO}$: 1階降伏 (b) $C_2/C_b < R_{CO}$: 2階降伏 (c) $C_2/C_b = R_{CO}$: 同時降伏

図 5.24　1、2階の変形モード

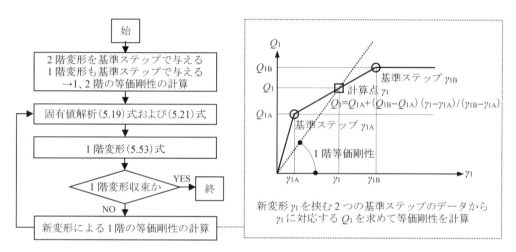

図 5.25　2階先行降伏の場合（2階を基準ステップとする計算）における
1階変形を求める繰り返し計算フローと1階等価剛性の計算

5.5.3　ゾーニングによる検討

> 部分2階建て建築物、平面形が整形でない建築物、平面形が細長い建築物、大きな吹抜け等による床開口を有する建築物などは、整形な形にゾーンニングを行って取り出した各ゾーンについてそれぞれ応答計算を行い、クライテリアを満足させる。

【解説】

　近似応答計算は等価1質点系モデルを用いた計算法であるため、鉛直構面の配置や平面および立面が整形でない場合、水平構面による地震力の伝達が期待できない場合などでは、地震力の配分、偏心で生じる捩れによる変形の増幅などを適正に評価できない。そこで、建築物の全体モデルに加えて、建築物を整形な部分にゾーニングした各部分モデルについても応答がクライテリアを満足することを確認することとする。

　もともと一体に接続されている部分を仮想的に分断するゾーニングモデルでは、接続部分の境

界条件として地震力の伝達はゼロと考えるため、変形が整合しない。この変形差を小さくするには、各部分間で負担地震力と剛性耐力の比を合わせるなどの工夫を要することに注意する。

1) 部分2階建ての場合

図 5.26 のように、部分 2 階建て建築物で 1.5m を超える平家部分（下屋）を有する場合には、以下のようにゾーニングを行った上で計算する。

・全鉛直構面の復元力を単純加算し、建築物全体①の応答計算を行う。
・建築物を 2 階建て部分②と 2 つの下屋部分③④の 3 つにゾーニングする。
・2 階建て部分②の応答計算に用いる建築物重量は、耐力要素までの境界部分の 1/2 を加えて $0.5L_1+L_2+0.5L_3$ とする。
・下屋部分③④の応答計算に用いる建築物重量は、耐力要素までの境界部分の 2/3 を加えて、下屋1③では $(2/3)L_1$、下屋2④では $(2/3)L_3+L_4$ とする。ここで 1/2 ではなく 2/3 としているのは、下屋の応答を過小評価しないためである。
・建築物全体①と 2 階建て部分②および 2 つの下屋部分③④の応答結果がすべてクライテリアを満足することを確認する。

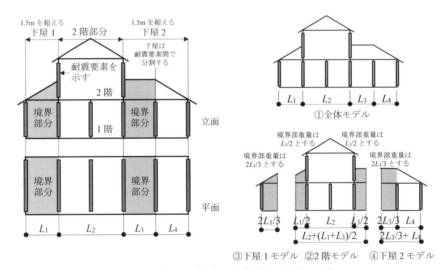

図 5.26 部分 2 階建て建築物の計算モデル

2) 極端に平面形が細長い場合

図 5.27 のように、長辺長さが短辺長さの 4 倍を超える細長い平面形を有する建築物では、構造要素の配置によっては鉛直構面間の変形差が大きくなりやすい。建築物全体を一体的に扱うことが難しい場合には、以下のようにゾーニングを行った上で計算する。

・全鉛直構面の復元力を単純加算し、建築物全体①の応答計算を行う。
・建築物の中央に最も近い鉛直構面を含む 2 つのゾーンに分けて、部分モデル1②、部分モデル2③それぞれで応答計算を行う。
・建築物全体①と部分モデル②③の応答結果がすべてクライテリアを満足することを確認する。

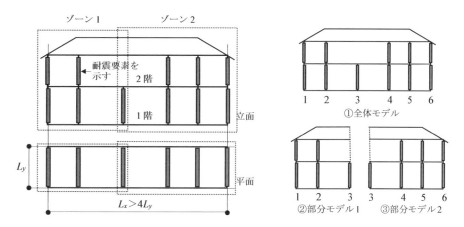

図 5.27 極端に細長い平面を有する建築物の計算モデル

3) 不整形な平面形の場合

建築物の平面形状に関する整形条件は、H12 建告 2009 号の第 4 二号ハに辺長比が 4 以下と規定されているほか、免震告示技術解説書[5]に大きな張出しや吹抜けを制限する条件が記載されている（図 5.28）。大きな張出しなどによる不整形な平面については、ゾーニングを行うか、耐震要素の配置や地震力の伝達に注意する。

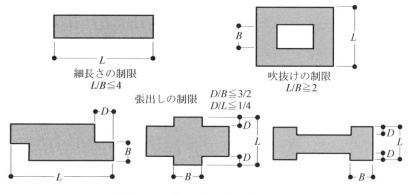

図 5.28 整形と見なせる平面形

4) 吹抜け等による床開口を有する場合

大きな吹抜け等による床開口によって水平構面が地震力を伝達できない場合は、ゾーニングを行い、各ゾーンでクライテリアを満足することを確認する。床開口による地震力の伝達については、「7.2.4 水平構面（床面および屋根面）」を参照いただきたい。

5.6 偏心率

(1) 偏心率は、稀に発生する地震動および極めて稀に発生する地震動の 2 段階で 0.15 以下となることを確認する。
(2) 稀に発生する地震動時の検討では、当該方向および直交方向とも損傷限界層間変形角時の等

価剛性を用いた偏心率を求める。
(3) 極めて稀に発生する地震動時の検討では、当該方向を安全限界層間変形角時（1/30～1/20rad など）、直交方向を 1/90rad 変形時の等価剛性とした偏心率を求める。
(4) 偏心率が 0.15 を超える場合は、剛床とみなした場合の偏心および水平床構面の変形の 2 つを考慮して割り増した最大変形角が、稀に発生する地震動に対しては損傷限界層間変形角以下、極めて稀に発生する地震動に対しては 1/15rad 以下であることをそれぞれ確認する。
(5) 柱脚の滑りを許容する場合は、偏心率を 0.15 以下とする。

【解説】

　限界耐力計算に基づく近似応答計算は、建築物の 1 次モード形を用いた等価 1 質点系のスペクトル応答計算であるため、偏心による捩れ変形や 2 次モードを扱うことはできない。したがって、偏心の大きい場合では、立体モデルによる地震応答解析を行うことが基本となる。

　さらに、伝統的構法による床組では、剛床ではなく床の変形を考慮に入れた計算が求められる。厳密には、偏心の計算に用いる剛性は、地震動の大きさや捩れ変形に対応させて鉛直構面ごとに評価しなければならないことに加え、床構面の非線形特性を考慮する必要があるなど極めて複雑な扱いとなるが、本マニュアルでは偏心による捩れ振動による変形の増大について簡易的に扱い、偏心率を計算することで検討する。なお、偏心率は、現行の耐震規定では稀に発生する地震動に対して確認することが求められているが、捩れ変形を伴う大破・倒壊の危険性がある極めて稀に発生する地震動に対しても確認する。

　稀に発生する地震動時における偏心率の計算に用いる剛性は、当該方向および直交方向とも損傷限界層間変形角時の等価剛性とする。一方、極めて稀に発生する地震動時の検討では、当該方向を安全限界層間変形角時（1/20rad 以下）、直交方向を 1/90rad 変形時の等価剛性とする。

　なお、これまでの時刻歴応答解析の結果によると、偏心率が 0.15 以下であれば、一般に極めて稀に発生する地震動に対しては捩れ振動による変形の増大が抑制されることがわかっており、偏心率が 0.15 以下の場合では偏心による詳細な検討は省略できることとしている。

　偏心率が 0.15 を超える場合には、「設計資料－3」で説明しているように、偏心による変形の増大と床構面が剛でないことによる変形の割増しの 2 つを考慮した最大変形が、稀に発生する地震動時では損傷限界層間変形角以下、極めて稀に発生する地震動時では 1/15rad 以下であることを確認する。

　剛床とみなした偏心による端部変位の増大率は、

$$\frac{\delta_s}{\delta_m} = 1 + \frac{L}{e}R_e^2 = 1 + \frac{L}{r_e}R_e \tag{5.54}$$

ここで、δ_s は偏心を考慮した変位、δ_m は偏心を無視した変位、L は計算する構面の剛心からの距離、e は偏心距離、r_e は弾力半径、R_e は偏心率を表し、計算する方向に対応した数値とする（図 5.29）。

　次に、床仕様による割増しを考慮した変位 δ_s^* は水平構面の仕様に応じて、下式により計算する。

$$\frac{\delta_s^*}{\delta_s} = 1 + 0.5R_e（標準仕様の床），\ 1 + 0.75R_e（標準仕様でない床） \tag{5.55}$$

ここで、標準的な床の仕様は「7.2.4　水平構面」による。一方、標準仕様ではない床の扱いは

「設計資料−3」によるが、過度に柔らかい床は想定していないので注意を要する。偏心による割増しと床仕様による割増しは、図 5.30 の通りである。

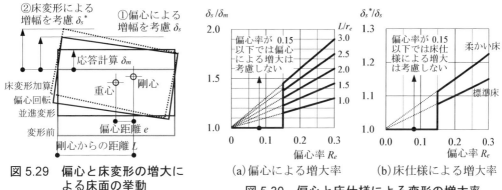

図 5.29 偏心と床変形の増大による床面の挙動

(a) 偏心による増大率
(b) 床仕様による増大率

図 5.30 偏心と床仕様による変形の増大率

床変形による鉛直構面の変形の増減は地震力の移動による変形であるので、必ずしも偏心率に依存するものではない。例えば、図 5.31 のように重量と剛性で計算される偏心率がゼロであっても、重量または剛性の差によって地震力の移動が生じる場合には床変形によって各通りの変形が増減する。図 5.30(b) はいくつかの解析結果からまとめられたものであるが、図 5.31 のようなケースは含まれていないため、床剛性が小さい場合には地震力の配分に伴う床変形による局部的な変形を別途考慮する必要がある。

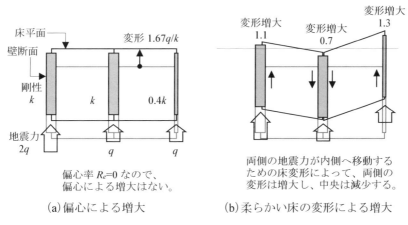

(a) 偏心による増大
(b) 柔らかい床の変形による増大

図 5.31 偏心がない場合の床変形による局部的な建物変形の増大

5.7 石場建ての柱脚の滑り量

極めて稀に発生する地震動に対する柱脚の滑り量は 20cm とするか、滑りを考慮した近似応答計算を用いて算出する。

【解説】

石場建ての柱脚の滑りを考慮した近似応答計算では、滑りによる減衰効果を考慮した上部構造の応答計算も含んでいる。しかしながら、滑りに関係する種々のパラメータの不確定性やバラツキを勘案して、本マニュアルでは上部構造の設計は柱脚固定で行うこととしている。

極めて稀に発生する地震に対する柱脚の滑り量は、仕様規定の 20cm とするか、柱脚の滑りを考慮した近似応答計算（「設計資料－2」を参照）により算出するかのいずれかとする。

実大振動台実験や3次元立体地震応答解析などによると、稀に発生する地震動に対して石場建ての柱脚はほとんど滑らないことがわかっている。また、極めて稀に発生する地震動に対する柱脚の滑り量は、最大で 20cm 以下であった。

簡単のため基部(建物1階下半分から柱脚まで)質量を無視すると、上部建物質量 m が滑り抵抗 μmg を与える。この滑り抵抗が上部建物の復元力抵抗より小さい時に滑りが生じ、変位一定則（図5.32、「設計資料－2」参照）を用いると、柱脚の滑り量 x_s は、

$$x_s = \frac{g\alpha}{\omega^2} - \frac{g\mu}{\omega^2} = \frac{S_A}{\omega^2} - \frac{\mu mg}{m\omega^2} = S_D - \frac{Q_s}{k} \tag{5.56}$$

ここで、S_A は入力地震動の加速度応答スペクトル、S_D は変位応答スペクトル、μ は柱脚と礎石の摩擦係数、ω は滑りを考慮した円振動数、$Q_s = \mu mg$ は滑り出し時の建物せん断力、k は建物の等価剛性をそれぞれ表している（図5.33）。

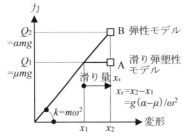
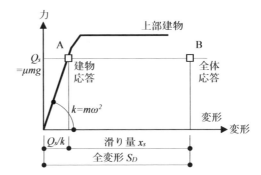

図5.32　変位一定則　　　　　図5.33　変位一定則による滑り量の計算

極めて稀に発生する地震動の加速度応答スペクトル $S_A = S_0 \cdot G_s \cdot F_h \cdot p \cdot q \cdot Z$ を、$S_0 \,[\mathrm{cm/s^2}] = 512/T$（$T \geq 0.64$ 秒）、$G_s = 2.025$（第2種地盤 $T \geq 0.864$ 秒）、$F_h = 1.5/(1+10h_e) = 0.75$（安全側に $h_e = 0.1$ と仮定）、$p = 0.85$、$q = 1.0$、$Z = 1.0$ を用いて計算すると、

$$S_A \,[\mathrm{cm/s^2}] = 512/T_t \times 2.025 \times 0.75 \times 0.85 \times 1.0 \times 1.0 = 661/T_t$$

となる。ここで、T_t は滑りを考慮した周期で $T_t \geq 0.864$ 秒である。S_A の計算結果より、変位スペクトル $S_D \,[\mathrm{cm}]$ は、

$$S_D \,[\mathrm{cm}] = S_A / \omega_t^2 = S_A \times T_t^2/(2\pi)^2 = 661/T_t \times T_t^2/(2\pi)^2 = 16.7 T_t$$

一方、建物変形 x_1 は、滑り出し時の上部建物等価周期 T_e を用いて、

$$x_1 \,[\mathrm{cm}] = Q_s/k = \mu g/\omega_e^2 = 980\mu \times T_e^2/(2\pi)^2 = 24.8\mu T_e^2$$

したがって、滑り量 x_s は、

$$x_s \,[\mathrm{cm}] = 16.7 T_t - 24.8\mu T_e^2$$

ここで、摩擦係数をばらつきを考慮した最小値 $\mu = 0.36$、滑りを考慮した周期を $T_t = 1.4$ 秒、滑

り出し時の建物等価周期を $T_e=0.7$ 秒とすると、滑り量は

$$x_s = 16.7 \times 1.4 - 24.8 \times 0.36 \times 0.7^2 = 23 - 4 = 19\text{cm}$$

と求められる。ここからも、最大滑り量を 20cm と設定している。

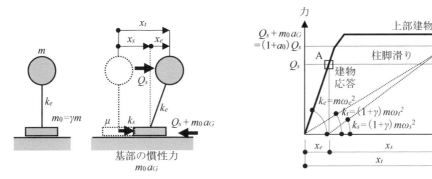

図 5.34　m_0 を考慮した基礎滑りモデル　　図 5.35　柱脚滑りモデルの応答

より詳細な滑り量を求める際には、柱脚の滑りを考慮した近似応答計算を用いる。図 5.34 のように、基部(建物 1 階下半分から柱脚まで)質量 m_0 による慣性力 $m_0 a_G$ を考慮して、下式により、周期調整係数 r^*、滑りを考慮した周期 T_t、減衰 h_t を評価した近似応答計算を行うことができる(詳細については「設計資料 2」参照)。

$$r^* = \sqrt{\frac{1+\gamma}{1+\alpha_0} + \left(\frac{T_s}{T_e}\right)^2}, \quad T_t = r^* T_e, \quad h_t = \frac{(1+\gamma)}{(1+\alpha_0)^2} \frac{h_e}{r^{*3}} + \frac{2\beta}{r^{*2}\pi}\left(\frac{T_s}{T_e}\right)^2 \tag{5.57}$$

ここで、α_0 は基部慣性力 $m_0 a_G$ の柱脚滑り出し時の上部建物せん断力 Q_s にする比 ($=m_0 a_G/Q_s$)、T_e, T_s は図 5.35 に示す ω_e, ω_s に対応する滑り出し時の建物周期、滑り等価周期をそれぞれ表している。また、h_e は上部建物の等価減衰定数、β は矩形摩擦ループ面積に対する滑りループ面積の比で表される滑りに関する減衰パラメータで、通常 0.25 とする。

参考文献

1) 国土交通省国土技術政策総合研究所・建築研究所監修『2015 年版 建築物の構造関係技術基準解説書』全国官報販売協同組合、2015 年
2) 石山祐二『耐震規定と構造動力学』三和書籍、2008 年、p.210
3) 木造軸組構法建築物の耐震設計マニュアル編集委員会『伝統構法を生かす木造耐震設計マニュアル—限界耐力計算による耐震設計・耐震補強設計法』学芸出版社、2004 年
4) JSCA 関西木造住宅レビュー委員会「木造限界耐力計算における 2 階建てモデルの変位増分解析と平家モデルについて—木造軸組の限界耐力計算による耐震性能評価の適用に関する注意」JSCA 関西ウェブページ、2010 年
   http://jscakansai.com/info/mokuzo_genkaitairyoku_keisan_2Fmodel_hiraya.pdf
5) 国土交通省住宅局建築指導課ほか『免震建築物の技術基準解説及び計算例とその解説』工学図書株式会社、2001 年、p.22

6章　風圧力に対する検討

6.1　風圧力に対する建築物の安全性の検討

> 建築物が令87条に規定する風圧力に対して安全であることを確認する。安全の確認方法は、建築物の各階、各方向に作用する風圧力が、各階、各方向において建築物が保有する最大のせん断耐力 Max(Q_{ui}) よりも小さいことを次式により確かめる。
>
> 　Max(Q_{ui}) ≧ 1.6P_{wi}
>
> 　　Max(Q_{ui})：各階、各方向における建築物が保有する最大のせん断耐力
>
> 　　P_{wi}：各階、各方向における暴風時の風圧力（令87条）

【解説】

　風圧力を受ける要素として壁面と屋根面を考え、令87条の規定に基づいて「3.4 風圧力」で示した計算式により各階、各方向について風圧力を算定する。

　風圧力＝速度圧 q × 風力係数 C_f × 見付面積

　計算で必要となる見付面積の範囲を図6.1、図6.2に示す。階高 H_1、H_2 の設定は「5.3.2 各階の階高」による。なお、見付面積には庇等により隠れた壁部分の面積も算入し、部分2階の場合もその見付面積にて計算する。

図6.1　妻面に作用する場合の壁の見付面積

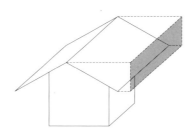

図6.2　屋根勾配面見付面積

6.2 建築物の水平移動の検討

> 柱脚を水平方向・上下方向とも拘束しない場合には、各方向の風圧力に対して建築物が水平移動しないことを次式により確認する。
>
> $F_u \geq 1.6 P_w$
>
> F_u：柱脚の摩擦力
>
> P_w：1階の下半分を含む暴風時の風圧力（令87条）

【解説】

柱脚の摩擦力 F_u [kN]は、次式により求められる。

$F_u = \mu \Sigma W_i$

μ：摩擦係数。安全係数 0.9 を乗じた $0.4 \times 0.9 = 0.36$ を用いる

ΣW_i：W_0 を含む柱脚レベルでの重量[kN]。W_0 は1階の階高の1/2から下部柱脚までの重量で、1階の床面積に $1.5 kN/m^2$ を乗じた略算値を用いてもよい

したがって、平屋建て、2階建てのそれぞれの場合における柱脚の摩擦力は下式で表される。各階の重量 W_1、W_2 の算定方法は「5.3.1 各階の重量」による。

・平家建ての場合：$F_u = \mu(W_1 + W_0)$

・2階建ての場合：$F_u = \mu(W_2 + W_1 + W_0)$

建築物の水平移動の有無の検討に用いる風圧力は、1階の下半分の部分の風圧力を加えたものにより検討を行う。その見付面積は、1階階高の中央から柱脚までの面積とする。柱脚のまわりに外壁がなく開放されている場合には、実情に応じた見付面積とする。なお、この1階下部の見付面積に乗ずる値として、地表面粗度区分に応じて表 6.1 に示す数値を用いてもよい。

表 6.1　1階基部に作用する最大級の単位風圧力 $C_f q$

地表面粗度区分	$C_f q$ [N/m²]
I	$3.06 V_0^2$
II	$2.06 V_0^2$
III	$1.39 V_0^2$
IV	$1.20 V_0^2$

V_0：H12 建告 1454 号第 2 による [m/s]

地表面粗度区分 I 〜 IV：H12 建告 1454 号第 1 第 2 項による

6.3 屋根ふき材の検討

> 屋根ふき材については、風圧力および地震力に対して構造耐力上安全であることを確認する。

【解説】

令 82 条の 4 に従い、屋根ふき材に作用する風圧力については、H12 建告 1458 号の規定に基づいて構造計算を行う。

なお、屋根ふき材の構造耐力上の安全性を確かめるための構造計算は、屋根ふき材のメーカーや各種団体などが発行している各種資料によることで計算を省略することができる（表6.2）。

表6.2　屋根ふき材の構造耐力上の安全性を確かめるための計算を省略するための資料

瓦屋根	瓦屋根標準設計・施工ガイドライン （社団法人全日本瓦工事業連盟他　発行）
スレート屋根	住宅屋根用化粧スレート葺き屋根耐風性能設計施工ガイドライン （NPO法人住宅外装テクニカルセンター　編）
鋼板屋根	鋼板製屋根構法標準 （社団法人日本金属屋根協会、社団法人日本鋼構造協会　発行）

7章 部材の検討

7.1 長期、短期ならびに最大級の荷重・外力に対する安全性の確認

> 長期、短期ならびに最大級の荷重・外力に対する安全性の確認として、固定荷重、積載荷重、積雪荷重の他に、風圧力、地震力に関する部材の検討を行う。

【解説】
　3章に示した荷重・外力の組み合わせにより建築物全体および個々の部材に生じる力に対して安全性の検討を行う。

1）固定荷重、積載荷重および積雪荷重
　固定荷重、積載荷重および積雪荷重に対しては、部材接合部に生じる応力は小さく、架構としての応力計算を含む建築物全体に対する検討は省略してよい。また、鉛直荷重に対しては、伝統的構法はこれまでの永年にわたる実績から倒壊・崩壊に至ることはなく、直接荷重が作用する部材の安全性および使用上支障が生じないこと（令82条第四号の規定、H12建告1459号）を確認すればよい。

2）地震力および風圧力
　地震力および風圧力に対しては、建築物全体および個々の部材に対する検討を行う。
　地震力については、5章に示した地震応答計算により安全性を検証する。
　一方、風圧力に対しては、建築物全体が転倒や倒壊・崩壊しないことを検討するとともに、柱脚の水平移動を拘束しない場合には柱脚が移動しないことを検討する（6章）。短期および最大級の風圧力と損傷限界時のせん断耐力および保有する最大のせん断耐力を比較し、せん断耐力が風圧力よりも大きいことが確認された場合には、建築物全体の安全性は5章の地震応答計算によって検討する、また柱脚の水平移動（滑り）は7.3節の柱脚の設計において地震時の検討を行うので、風圧力に対する建築物全体の安全性の検討、柱脚の水平移動の検討を省略できる。

7.2 個別部材の検討

> 長期、短期ならびに最大級の荷重・外力に対する個別部材の検討として、柱、横架材、小屋組部材、水平構面、接合部の検討を行う。

【解説】
　稀に発生する地震動および極めて稀に発生する地震動に対して、建築物の地上部分が倒壊・崩壊しないことは、5章に示した地震応答計算により確認できる。ここでは、建築物を構成する個別部材に対して、7.1節で定めた荷重・外力を用いて検討を行う。

7.2.1 柱

> (1) 長期、短期ならびに最大級の荷重・外力の3つのケースについて、柱に生じる軸力および曲げに対する柱の断面応力度の検討を行う。
> (2) 階段廻りや吹抜けに面する柱など水平構面がなく、柱支点間距離の長い柱では、風圧力により面外方向に生じる曲げモーメントについての検討も行わなければならない。ただし、控え壁のある場合は、壁土の亀裂、小舞の膨らみ、壁土の剥落が生じる可能性があるが、柱の折損を招いていないことが実験によって確かめられていることから検討の対象から除く。
> (3) 小壁（垂れ壁、腰壁）を含む軸組は、稀に発生する地震動時（損傷限界時）および極めて稀に発生する地震動時（安全限界時）に作用する水平力や層の変形から求めた曲げ応力により検討する。その場合の検討は断面欠損を考慮した実断面で検討する。
> (4) 柱脚の移動を拘束する場合の1階柱脚については、めりこみ応力度の検討に加え、引き抜きの検討も行う。
> (5) 上記の検討を行うために各柱の軸力の計算が必要となるが、木造建築物は柱の数が多く計算に多くの労力を要するため、同一の材種、寸法の柱であって全面壁、垂れ壁および腰壁が付いていない柱については計算を省略することができる。

【解説】

曲げに対する検討を省略できる柱については、柱径と座屈長さから求めた許容座屈荷重と柱の最大軸力を比較することで安全性の確認を行ってもよい。

1) 小壁（垂れ壁、腰壁）を含む軸組

小壁を含む軸組の柱に生じるせん断力は、柱の折損に対して安全側の検討とするために4章で求めたせん断力を割り増して検討する。(7.1)式に示すように最大のせん断力 Q_{cmax} は4章で求めた Q に1.2を乗じた数値とし、柱に生じる最大曲げモーメント M_{cmax} は、図7.1のように1本の柱が有効な場合は(7.2)式により得られる。

$$Q_{cmax} = 1.2Q \tag{7.1}$$

$$M_{cmax} = Q_{cmax}h_0 = 1.2Qh_0 \tag{7.2}$$

柱の曲げ強度 M_u を算定するにあたって、柱径を D とすると断面係数は $D^3/6$ であり、本マニュアルでは断面欠損を考慮して断面係数の有効率 α を乗じることとした。この断面係数の有効率 α は、日本建築防災協会の『2012年改訂版 木造住宅の耐震診断と補強方法』や文化庁の「重要文化財（建造物）耐震基礎診断実施要領」などでは0.75とされているが、原則として実況に応じて算定することとし、計算によらない場合は表7.1の数値を用いてもよい。

なお、表7.1の下は、四方差等において想定している断面形状を示している。灰色部は欠損部を示し、二方差（隣辺）においては、断面係数計算軸（断面を2等分する位置に仮定）に対して対称近似している。具体的には表7.1下の図において、上辺に接した欠損部の☒部分は欠損がないものとし、下辺に接している☒部分に欠損があるとみなして、断面係数を算定している。

表 7.1　断面係数の有効率 α

柱径 [mm]	差鴨居				薄鴨居			
	四方差	三方差	二方差 (対辺)	二方差 (隣辺)	四方差	三方差	二方差 (対辺)	二方差 (隣辺)
120	0.35	0.40	0.46	0.54	0.55	0.59	0.63	0.76
135	0.47	0.50	0.54	0.62	0.65	0.68	0.70	0.82
150	0.56	0.58	0.60	0.68	0.72	0.74	0.76	0.86
180	0.67	0.68	0.69	0.75	0.81	0.82	0.83	0.90
210	0.74	0.74	0.75	0.80	0.86	0.86	0.87	0.93
240	0.78	0.79	0.79	0.83	0.89	0.90	0.90	0.95
270	0.82	0.82	0.82	0.85	0.92	0.92	0.92	0.96
300	0.84	0.84	0.85	0.87	0.93	0.93	0.93	0.97

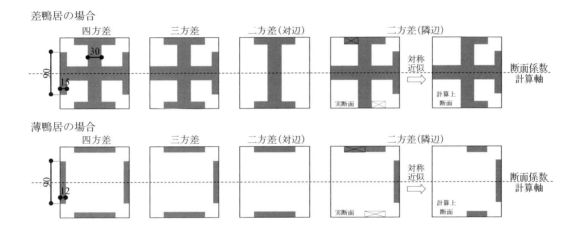

したがって、有効な柱の本数を n とすると、M_u は(7.3)式により求めることができる（F_b は使用木材の曲げに対する材料強度を表す）。小壁付きフレームの壁長、有効柱本数、小壁高さ、壁厚に対応した M_{cmax} よりも当該柱径の M_u が上回っていれば、柱に曲げ破壊は生じない。

$$M_u = \alpha F_b \frac{nD^3}{6} \tag{7.3}$$

小壁が取りつく柱の折損に対して、1本の柱が有効な場合、2本の柱が有効な場合を、それぞれ図 7.1、図 7.2 に示す。

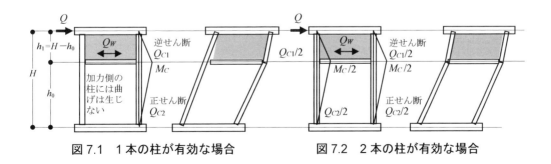

図 7.1　1本の柱が有効な場合　　図 7.2　2本の柱が有効な場合

2) 通し柱

通し柱では、図7.3に示すように柱が強制変形を受けて、部材角が柱の途中で変化する位置における折損を検討する。強制された部材角 R_1、R_2 による柱曲げモーメント M_C は、

$$M_C = \frac{3EI}{H}(R_1 - R_2) \tag{7.4}$$

となるので、近似応答計算により求められる安全限界時の変形角の差 $\Delta R = R_1 - R_2$ が、次式を満たすことを確認する。

$$\Delta R \leq \alpha \frac{2HF_b}{3DE} \tag{7.5}$$

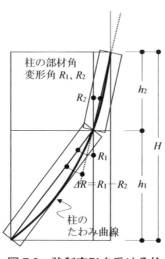

図7.3 強制変形を受ける柱

ここで、α は断面係数の有効率、H は対象部分の全高さ $H = h_1 + h_2$、D は柱せい、F_b は木材の曲げに対する材料強度、E はヤング係数を表す。なお、損傷限界時には、(7.5)式中の材料強度 F_b を短期許容応力度 $2/3F_b$ に置き換えて適用する。

7.2.2 横架材

(1) 横架材では長期荷重に対する検討を行う。また、水平力により短期（地震時は損傷限界および安全限界の水平力により検定）の鉛直付加軸力が加わる柱が横架材上部に設けられている場合も同様に検討する。その際、鉛直付加軸力は復元力特性の上限値によって算出する。

(2) ほぞやあご、蟻、根太彫りなどの欠き込みについては、断面性能の評価で適切に反映させる。また、横架材と柱の接合部（仕口）には接合のための欠き込みの他に、ほぞ（あるいは雇いほぞ）差しのための加工による断面欠損があることを考慮して検討する。

(3) 横架材の引張側（下部分）に切り欠きがある場合には、断面係数を低減して、曲げ応力度を検討する。参考として、日本建築学会『木質構造設計規準・同解説』では有効断面係数の算定式として $Z_e = 0.45 \times$ 正味断面係数 Z_0 が示されている。

(4) 柱－横架材仕口においては、「設計資料－4」で示す仕口接合部のように、損傷限界時に損傷がなく、安全限界時に大きな損傷がない接合部とした場合には、仕口接合部の検討を省略できる。

(5) 外部に面した耐風梁は、長期荷重に加え、短期、最大級の風圧力に対する安全性の検討を行う。

(6) 横架材のうち梁については、令82条第四号に基づいて建築物の使用上の支障が起こらないことを検討する。その検討方法はH12建告1459号に定められており、固定荷重および積載荷重によって梁に生じるたわみの最大値を求め、当該部材の有効長さの1/250以下であることを確認する。その際の積載荷重には、令85条に示されている地震用積載荷重を用いる。また計算にあたっては、長期間の荷重による木材の変形の増大を調整する係数（変形増大係数）として2.0をたわみの最大値に乗じる。なお、H12建告第1459号の第一の規定により、$D/l > 1/12$（D：梁のせい、l：梁の有効長さ）の場合には検討を省略できる。

(7) 同スパン・同寸法の部材がある場合は、最も不利な（受ける荷重が最も大きい）部材について検討し、他の部材の検討を省略してもよい。

【解説】

横架材の検定については、計算を行わずスパン表を用いる方法もある。(財)日本住宅・木材技術センターが発行する『木造軸組工法住宅の横架材及び基礎のスパン表』の他、都道府県がスパン表を公開している場合もある。

7.2.3　小屋組部材

(1) 小屋組部材では長期荷重、積雪荷重、風圧力について検討を行う。個々の部材の検討は、短期および最大級の積雪荷重・風圧力の大きさと、長期荷重の大きさを、それぞれに対応する材料の短期許容応力度または材料強度と長期許容応力度の比を比較することによって安全を確認することができれば、積雪荷重や風圧力についての応力計算および断面の検討を省略できる。

(2) 小屋梁については、建築物の使用上の支障が起こらないことを検討する。計算にあたっては、長期間の荷重による木材の変形の増大を調整する係数（変形増大係数）として2.0をたわみの最大値に乗じる。なお、H12建告第1459号の第一の規定により、$D/l > 1/12$（D：梁のせい、l：梁の有効長さ）の場合には検討を省略できる。

(3) 屋根が軽い場合には、風圧力に注意を要する。特に軒垂木や小屋束には負圧力によって浮き上がり力が生じることがあるため、計算によって確かめ、必要な補強を行わなければならない。

【解説】

垂木、母屋、小屋梁等の小屋組部材については、横架材の検討に準じて検討を行う。小屋組では部材が傾斜していることが多いため、荷重のかかり方を考慮した上で検討を行う必要がある。また、伝統的構法木造建築物では軒やけらばを大きく張り出すことが多いため、片持ち部分につ

いては連続梁としての検討や風圧力に対する検討には注意を要する。特に、軒やけらばの出が大きいほど吹き上げ荷重は大きくなることに留意する。屋根ふき材の検討に関しては、「6章　風圧力に対する検討」を参照いただきたい。

7.2.4　水平構面（床面および屋根面）

　水平構面の安全性の検討については、本来は隣接する鉛直構面間の水平変位の差に対して水平構面が損傷せず変形に追随できることを確認すればよいが、水平構面の水平変位の差（応答変形角）は近似応答計算により算定することが難しいため、以下のように水平構面に作用するせん断力が水平構面のせん断耐力以下であることを確認する方法を採用する。

7.2.4.1　水平構面の安全性の検討

(1) 水平構面の検討は、(2)に示す場合を除いて水平構面を次の標準仕様とする場合は省略または簡略化することができる。
　①床の標準仕様
　　・幅 120mm 以上、厚さ 30mm 以上のスギ、ヒノキ、マツ材等を使用する。
　　・釘は N90（板厚 30mm の場合）および N125（板厚 38mm 以上の場合）を使用し、各根太または梁に1カ所あたり2本以上を脳天打ちする。
　　・釘の縁あきは 25mm とし、間隔は 70mm 以上とする。
　　・根太または梁の間隔は、板厚 30mm の場合には 500mm 以下とする。
　②屋根の標準仕様
　　・野地板（最上階の屋根）は厚さ 15mm 以上とする。
　　・釘は N50 を使用し、各垂木または梁に1カ所あたり2本以上を脳天打ちする。
　　・釘の縁あきは 25mm とし、間隔は 70mm 以上とする。
　③部分2階の下屋部分の屋根の標準仕様
　　・野地板および釘は、最上階の屋根と同等以上の性能とする。
　　・母屋を受ける位置には必ず柱または束柱を設ける。
　　・母屋と柱の仕口接合部には込み栓を設ける。
　④1階床については柱脚の仕様にかかわらず、床が標準仕様であれば検討を省略できる。

(2) 水平構面が標準仕様であっても、床開口がある場合、下屋部分が大きな地震力を負担する場合、水平構面の両側の鉛直構面の耐力差が大きい場合などは、「7.2.4.2 水平構面の安全性の検討方法」により検討を行う。大きな床開口によって地震力を伝達できない場合は、「5.5.3 ゾーニングによる検討」によりゾーニングを行って検討する。

【解説】
1）水平構面の標準仕様

　水平構面は要素実験により変形角 1/10rad まで変形性能が確認されており、水平構面の安全性が問題になる可能性は極めて低い。このような変形性能が確認できない構造用合板の床は、本マニュアルでは使用しないことを明記している。

上記の(2)に示す場合を除けば、標準仕様とした場合の床の安全性は、実大振動台実験や3次元立体モデルによる時刻歴解析から確認されている[1]。また、時刻歴解析によると床剛性を大きくすると柱脚の滑り量が大きくなる結果が得られており、標準仕様程度の剛性と耐力を持つ床では滑り量が小さく最も適切であると考えられる。

2）1階床の検討

1階床については柱脚の仕様に応じて次のように扱う。

①水平方向・上下方向とも移動を拘束しない場合

石場建て形式の場合には、原則として床を標準仕様とすれば水平構面の検討を要しないが、「7.3.1 水平・上下方向とも移動を拘束しない場合」に示すように、柱脚の移動に伴う安全性検討が必要である。

②水平方向・上下方向とも移動を拘束する場合および水平方向のみ移動を拘束する場合

土台形式などの場合、柱脚の水平移動が拘束され1階床は変形しないため、検討の必要はない。水平方向のみ移動を拘束する場合には、「7.3.2 水平方向の移動を拘束し、上下方向の移動を拘束しない場合」に示すように柱脚の浮き上がりに留意する必要がある。

3）2階床の検討

2階床を標準仕様とした場合には、部屋の大きさ（畳数）に応じた剛性とせん断耐力の一覧表（表7.3）の値を用いて算定することができる。

4）下屋部分の屋根の検討

下屋部分の屋根は2階床と高さのレベルが異なるなど、水平力の流れが複雑であるため、後述する評価式に基づいて算定することを原則とする。なお、標準仕様の場合における剛性とせん断耐力の算定例を表7.4（切妻屋根、4寸勾配の場合）および表7.5（片流れ屋根、5寸勾配の場合）に示しているので、この値から推定することも可能である。

5）床開口がある場合

床開口の位置、大きさ、床仕様および床開口がある水平構面の両側の鉛直構面の耐力によっては、残りの床を介して移動するせん断力が大きくなる可能性がある。床開口の最大長さが建築物の短辺方向（下屋部分を含む）長さの40%以下であれば、床開口は地震力の伝達ができることを実大振動台実験や3次元立体モデルによる時刻歴解析から確認されている[1]。床開口を挟む鉛直構面のせん断耐力が大きい場合や両側の鉛直構面のせん断耐力の差が大きい場合には、2階床構面の安全性の検討を行う。

床開口により残った床が標準仕様である場合には、部屋の大きさ（畳数）に応じた剛性とせん断耐力の一覧表（表7.3）の値を用いて算定することができる。

6）大きな床開口によって地震力を伝達できない場合

大きな吹抜け空間等によって地震力を伝達できない場合は、5章の「5.5.3 ゾーニングによる検討」に示されるようにゾーニングを行い、それぞれのゾーンでの地震応答計算の結果、安全限界時層間変形角がクライテリアを満足することを確認する。

7.2.4.2 水平構面の安全性の検討方法
1）水平構面の安全性の検討方法（床面・屋根面の検討）

> 水平構面に作用するせん断力（水平構面を介して鉛直構面に移行するせん断力）が、水平構面のせん断耐力以下であることを確認する。
>
> 極めて稀に発生する地震動時に水平構面に取り付く鉛直構面に直接作用する水平力（鉛直構面が負担する重量に見合う水平力）を Q、鉛直構面の負担せん断力を Q_u とすると、水平構面を介して鉛直構面に移行するせん断力は $Q_u - Q$ となる。ここで、鉛直構面の負担せん断力 Q_u は、最大値として検討対象の水平構面に取り付く両側の鉛直構面のせん断力（1階の安全限界層間変形角時）のうち大きい方のせん断力とする。
>
> 極めて稀に発生する地震動時に水平構面に取り付く鉛直構面に直接作用する水平力（鉛直構面が負担する重量に見合う水平力）Q は次式で求めることができる。
>
> $$Q = W C_b \tag{7.6}$$
>
> W：鉛直構面が負担する重量
> C_b：1層のせん断力係数
>
> 水平構面のせん断耐力は、水平構面の面内せん断耐力と水平構面を支持する柱－横架材仕口接合部の水平構面周り（弱軸曲げ）のモーメントから得られるせん断耐力の和として求めることができるので、水平構面のせん断耐力は、次式により求められる。
>
> $$Q_{su} = Q_{su1} + Q_{su2} \tag{7.7}$$
>
> Q_{su}：水平構面のせん断耐力
> Q_{su1}：変形角 1/30rad 時の釘のせん断抵抗によるせん断耐力
> Q_{su2}：変形角 1/30rad 時の水平構面周りの柱－横架材仕口接合部のモーメントによるせん断耐力
>
> 以上から、水平構面の安全性は、次式で確認する。
>
> $$Q_{su} \geqq Q_u - Q \tag{7.8}$$

【解説】
　水平構面の安全性を検討する際には、水平構面は 1/10rad まで変形能力を有することが実験で確認されているが、鉛直構面間の変形差を小さくするために、水平構面のクライテリアとして変形角を 1/30rad 以下とする。
　柱－横架材仕口接合部の水平構面周りのモーメントは、実験あるいは解析により評価する。

2）水平構面のせん断耐力および剛性の算定方法
①床の場合
　釘の許容せん断耐力から(7.9)～(7.12)式により算定する（図 7.4、7.5）。

$$\Delta P_{aF} = \frac{M_{aF}}{L_x L_y} \tag{7.9}$$

$$M_{aF} = P_{na} d N \tag{7.10}$$

$$N = \left(\frac{L_x}{p} + 1\right)\left(\frac{L_y}{w}\right) \tag{7.11}$$

$$\Delta K_F = \frac{K_{F\theta}}{L_x L_y} \tag{7.12}$$

$$K_{F\theta} = \frac{1}{2}\alpha k_n d^2 N \tag{7.13}$$

ΔP_{aF}：床の単位長さあたりのせん断耐力

L_x：X方向スパン

L_y：Y方向スパン

M_{aF}：面内せん断方向の許容モーメント

P_{na}：釘の許容せん断耐力

d：釘外々間の距離

N：板と床梁または根太の接合点数

p：根太ピッチ

w：板幅

ΔK_F：床の単位長さあたりのせん断剛性

$K_{F\theta}$：床面全体の回転剛性

α：床水平構面全体の面内せん断変形に対する床板と根太の釘接合点間の回転による床面
全体の見かけのせん断変形の割合

・床板直張りと床板＋落とし込み根太の場合：$\alpha=1.0$

・床板＋転ばし根太の場合：$\alpha=0.9$（根太－桁接合部の変形が生じるため）

k_n：床板－根太および野地板－垂木間の釘接合部1本当たりの初期剛性

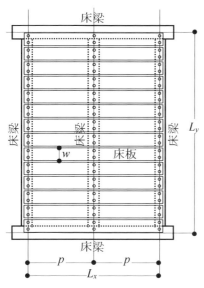

図7.4　記号の定義
（床の図と記号の関係を示す）

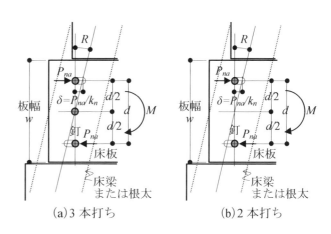

(a) 3本打ち　　(b) 2本打ち

$$M = P_{na}d, \quad R = \frac{\delta}{d/2} = \frac{2P_{na}}{k_n d}, \quad K_R = \frac{M}{R} = \frac{1}{2}k_n d^2$$

図7.5　釘接合点の挙動

表7.2 釘の許容せん断耐力および初期剛性の一覧表

床板・野地板	梁・桁・根太・垂木	釘の種類	初期剛性 k_n [kN/m]	せん断耐力 P_{na} [kN]
スギ／厚み15mm	スギ	N45	837.8	0.44
スギ／厚み24mm	スギ	N75	689.1	0.67
スギ／厚み30mm	スギ	N90	1251.1	0.80
スギ／厚み38mm	スギ	N125	1332.6	1.07
スギ／厚み24mm	ベイマツ	N75	786.6	0.97
スギ／厚み30mm	ベイマツ	N90	1066	1.06
スギ／厚み38mm	ベイマツ	N125	1492.9	1.39
ヒノキ／厚み30mm	スギ	N90	1668.7	0.94
ヒノキ／厚み30mm	ベイマツ	N90	1786.5	1.39

　床を「床板：スギ板／30mm×120mm×1820mm／本実加工、釘：N90×2本（1カ所当たり）、釘間の距離70mm、根太間隔455mm」の標準仕様とした場合について、部屋の大きさ（畳数）を想定した上で釘のせん断抵抗のみを考慮して算定した単位長さ当たりのせん断耐力および剛性の一覧を表7.3に示す。床を同様の仕様とした場合には、表7.3の数値を用いることができる。

表7.3 畳数ごとのせん断耐力および剛性の一覧表

部屋の大きさ（畳数）	L_x [m]	L_y [m]	ΔP_{aF} [kN/m]	ΔK_F [kN/rad/m]
4畳半	2.73	2.73	1.21	66.2
6畳	2.73	3.64	1.17	63.9
8畳	3.64	3.64	1.18	64.5
10畳	4.55	3.64	1.16	63.3
12畳	4.55	4.55	1.13	61.9

②屋根の場合

　床面と計算方法は同じだが、勾配がある点が異なっているため、その点を考慮した算定式となっている。

$$\Delta P_{aF} = \frac{M_{aF}\cos\theta}{L_x L_y} \tag{7.14}$$

$$M_{aF} = P_{na}dN \tag{7.15}$$

$$N = \left(\frac{L_x}{p}+1\right)\left(\frac{L_y}{w\cos\theta}\right) \tag{7.16}$$

$$\Delta K_F = \frac{K_{F\theta}}{L_x L_y} \tag{7.17}$$

$$K_{F\theta} = \frac{1}{2}\alpha k_n d^2 N\cos\theta \tag{7.18}$$

ΔP_{aF}：屋根の単位長さ（投影長さ）あたりのせん断耐力

L_x：X方向スパン

L_y：Y方向スパン

M_{aF}：面内せん断方向の許容モーメント

P_{na}：釘の許容せん断耐力

d：釘外々間の距離

N：野地板と垂木の接合点数

$\cos\theta$：勾配屋根の補正係数

p：垂木ピッチ

w：板幅

ΔK_F：屋根の単位長さあたりのせん断剛性

$K_{F\theta}$：屋根面全体の回転剛性

k_n：床板－根太・野地板－垂木間の釘接合部1本当たりの初期剛性

α：屋根面全体の面内せん断変形に対する野地板と垂木の釘接合点間の回転による床板面全体の見かけのせん断変形の割合、

・板＋転ばし垂木の場合：$\alpha=0.9$（垂木－桁接合部の変形が生じるため）

　屋根を「野地板：スギ板／15mm×120mm×1820mm、釘：N45×2本（1カ所当たり）、釘外々間の距離70mm、垂木間隔455mm」の標準仕様とした場合について、釘のせん断抵抗のみを考慮して算定した単位長さ当たりのせん断耐力および剛性を表7.4（切妻屋根、4寸勾配）および表7.5（片流れ屋根、5寸勾配）に示す（屋根勾配直交方向のスパンをL_xとし、L_yは一定（7.28mまたは0.91m）として算定）。

表7.4 切妻屋根のせん断耐力および剛性（4寸勾配）

L_x [m]	L_y [m]	ΔP_{aF} [kN/m]	ΔK_F [kN/rad/m]
0.91	7.28	0.59	35.2
1.82	7.28	0.59	35.2
2.73	7.28	0.56	33.7
3.64	7.28	0.57	34.1

表7.5 片流れ屋根のせん断耐力および剛性（5寸勾配）

L_x [m]	L_y [m]	ΔP_{aF} [kN/m]	ΔK_F [kN/rad/m]
1.82	0.91	0.80	47.9
3.64	0.91	0.77	46.4
5.46	0.91	0.77	45.9
7.28	0.91	0.76	45.6
9.10	0.91	0.76	45.5
10.92	0.91	0.76	45.4
12.74	0.91	0.76	45.7

なお、表 7.5 の算定条件は切妻屋根の場合と同様であるが、表中には屋根勾配に平行な方向のせん断耐力を示している。また 5 寸勾配の場合、垂木の本数は 4 寸勾配と同じであり、ΔP_{aF} は 4 寸勾配より若干小さくなる。したがって、4 寸勾配の場合にも表 7.5 の算定結果を用いてもよい。
③表 7.4、7.5 の条件と異なる場合（スパン・庇の出が異なる場合）
　個々のケースに応じて(7.14)〜(7.18)式に表 7.2 の釘データを用いて算定する。
3）柱・横架材の仕口接合部の水平構面周りのせん断耐力
　伝統的構法では、水平構面を支持する柱－横架材仕口接合部の水平構面周り（横架材の弱軸曲げ）のモーメント抵抗が期待できる。水平構面のせん断耐力は、床・屋根による水平構面のせん断耐力 Q_{su1} に柱－横架材仕口接合部のモーメントから得られるせん断耐力を加算することができる。

　柱－横架材の仕口接合部における水平構面周りの実験結果から仕口接合部 1 カ所当たりのモーメントと回転角の関係を図 7.6、表 7.6 に示す。これらの図表で、柱 150mm 角の実験結果は参考文献 1 の「2. 設計法部会」「2.3.2(4)3）水平構面」p.275 から引用した。柱 120mm 角については参考文献 3 および 4 を参照した。実験で用いた床軸組試験体および柱－横架材仕口接合部の詳細を図 7.7 に示す。両者とも、床軸組は 2730mm×3640mm、柱に接合する横架材は 120mm×270mm である。

　図 7.6、表 7.6 から、水平構面の変形のクライテリアである 1/30rad を超えて 1/10rad においてもモーメント抵抗を確保しており、柱－横架材の仕口接合部は十分な変形性能が担保されていることがわかる。

表 7.6　柱－横架材の仕口接合部 1 カ所あたりのモーメントと回転角の関係（水平構面周り）

柱径	変形角 [rad]	1/300	1/30	1/15	1/10
120mm	モーメント [kNm]	0.27	1.61	2.32	2.59
150mm		0.63	1.99	2.84	3.28

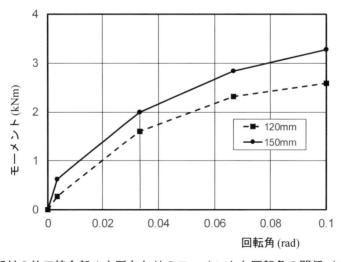

図 7.6　柱－横架材の仕口接合部 1 カ所あたりのモーメントと回転角の関係（水平構面周り）

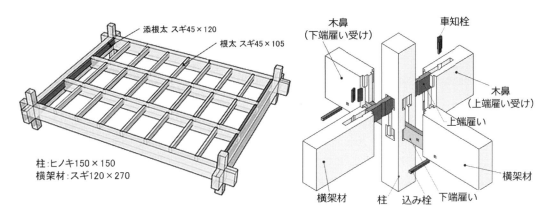

図7.7　床軸組の試験体と柱－横架材仕口接合部の詳細（雇いほぞ）

　図7.7の床軸組試験体では、柱－横架材の仕口接合部は4カ所であるので、軸組試験体の総モーメントは図7.8のように、表7.6、図7.6に示されるモーメントMの4倍となり、柱－横架材仕口接合部の水平構面周りのせん断耐力は、$Q=4M/L$となる。

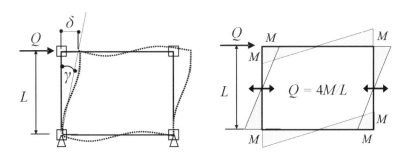

図7.8　床軸組の柱－横架材仕口接合部によるせん断耐力

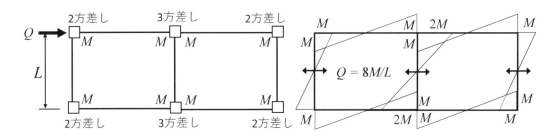

図7.9　連続する水平構面の柱－横架材仕口接合部によるせん断耐力

　図7.9のように連続する水平構面で各柱に接続する横架材仕口接合部が同じ仕口仕様として水平構面周りのモーメントをMとすれば、柱－横架材仕口接合部によるせん断耐力は、$Q=8M/L$となる。このように、水平構面の柱－横架材仕口接合部によるせん断耐力は、仕口接合部のモーメントの総和をスパンで割ることによって得られる。

　ただし、柱－横架材仕口接合部の損傷や柱の割裂や折損など重大な損傷を避けるために、水平

構面の床仕様や柱－横架材仕口接合部の仕様については、以下のように規定する。
1) 床仕様については、構造用合板など剛な床仕様の場合には柱－横架材仕口接合部が破損する可能性があるので、標準床仕様以下の床剛性の床仕様とする。
2) 柱－横架材仕口接合部の仕様については、柱両側の2方差しや3方差し、4方差しが可能な仕口仕様とし、かつ柱に込み栓で留めつけない仕様とする。「設計資料－4」の「4.5.2 柱－横架材の仕口接合部の復元力」で示した仕口仕様では、楔付き通し貫、雇いほぞ込み栓打ち（雇いほぞ胴栓留め）、雇いほぞ車知栓打ち（雇い竿車知栓留め）などである。

以上、柱に桁や梁が接合される柱－横架材仕口接合部の水平構面周りのモーメント抵抗が水平構面のせん断耐力に寄与することを示したが、柱－横架材仕口接合部の実験では水平構面周りに実験を行うのは一般的でなく、各種の柱－横架材仕口接合部の水平構面周りの実験データ等は未整備である。柱を介さずに桁に梁が直接、接合されるような横架材－横架材仕口接合部の水平構面周りのモーメント抵抗による水平構面のせん断耐力への寄与も考えられるが、同様に実験データ等は未整備であるので、ここでは考慮しない。

今後、各種の柱－横架材仕口接合部や横架材－横架材仕口接合部の水平構面周りの実験が行われ、設計用データの整備されることが望まれる。また、これらの仕口接合部水平構面周りのモーメントによるせん断耐力は、めりこみを考慮した解析によって算出することが可能と考えられるので、解析手法の開発が望まれる。

7.2.5 接合部

(1) 接合部の検討が必要な箇所は柱－横架材の仕口、横架材間の継手とする。
(2) 接合部は伝統的構法木造建築物の変形性能を発揮できる仕様とし、設定したクライテリアを確保する以前の早期破壊をしてはならない。

【解説】
接合部の検討が必要な個所としては、柱－横架材の仕口、横架材間の継手が挙げられる。伝統的構法木造建築物は高い変形性能を有しているが、その変形性能を発揮するためには接合部の早期破壊を避けなければならない。なお、各種仕口接合部の詳細については「設計資料－4」を、継ぎ手・仕口の実験データについては伝統的構法データベース[2]を参照いただきたい。

7.2.5.1 柱頭・柱脚の接合部

柱頭・柱脚の接合部では、損傷限界時、安全限界時に生じる引張力、曲げモーメントが、それぞれ短期許容応力度以下、終局耐力以下であることを確認する。

【解説】
柱頭・柱脚の接合部に生じる引張力の計算方法としては、N値計算法に準拠した方法、ラーメン置換モデルによる計算法、剛梁モデルによる計算法等が考えられる。これらの計算方法の詳細については、日本住宅・木材技術センター発行の『木造軸組工法住宅の許容応力度設計（2017年

版)』等が参考となる。計算の際には、耐力壁・小壁・貫等により生じる付加軸力を加味する必要があることに注意を要する。なお、浮き上がりを許容する場合の設計については、後述の 7.3.1 項および 7.3.2 項による。

一方、曲げに関しては、曲げ抵抗要素を構造耐力として加算する場合には検討を要するが、実験結果により明らかにされている架構自体の構造耐力を加算する場合では検討は不要である。

検討に用いる終局耐力については、実験結果による他、『木質構造接合部設計マニュアル』（日本建築学会）により算出することも可能である。

7.2.5.2 横架材の継手

(1) 鉛直荷重時に生じるせん断力が長期許容耐力以下であることを確認する。原則として、曲げを負担しないように設計する。
(2) 損傷限界時、安全限界時に生じる引張力が、それぞれ短期許容耐力、終局耐力以下であることを確認する。

【解説】
1) 鉛直荷重時

梁の継手は、曲げモーメントの影響を受けない仕様とし、大きな曲げモーメントが生じない位置に設ける。

2) 損傷限界時、安全限界時

損傷限界時、安全限界時については引張力の検討を要する。外周の梁の継手では水平荷重時に生じる引張力を上回る耐力が必要となるため、安定的に大きな耐力が期待できる継手を選択する。構造計算により横架材に生じる引張力を算出する場合には、水平構面を連続梁と仮定し、水平構面に生じるせん断力から水平構面に生じるモーメントを求め、横架材間の距離で除することにより引張力を求めることができる。計算方法については『木造軸組工法住宅の許容応力度設計 (2017年版)』等が参考となる。

検討に用いる終局耐力については、柱頭・柱脚の接合部と同様、実験結果による他、『木質構造接合部設計マニュアル』により算出することも可能である。

なお、追掛け大栓継ぎもしくは金輪継ぎによる場合または表 7.7 の条件を満足する場合には、検討を省略することができる。

7.2.5.3 柱－横架材の仕口

(1) 鉛直荷重時によって生じるせん断力が長期許容耐力以下であることを確認する。
(2) 損傷限界時、安全限界時に生じる引張力が、それぞれ短期許容耐力、終局耐力以下であることを確認する。

【解説】
1) 鉛直荷重時

柱－横架材の仕口では、横架材端部の位置において鉛直荷重時によって生じるせん断力が長期

許容耐力以下であることを確認する。計算方法については『木造軸組構法住宅の許容応力度設計（2017年版）』等が参考となる。

2）損傷限界時、安全限界時

　損傷限界時、安全限界時には引張力の検討を要する。外周の柱－横架材の仕口については、水平荷重時に生じる引張力を上回る耐力が必要となるため、安定的に大きな耐力を期待できる仕口を選択する。計算方法については継手と同様である。終局耐力についても、実験結果による他、『木質構造接合部設計マニュアル』により算出することも可能である。例えば、表7.7の耐力を満足することを確かめる。

表7.7　水平構面の曲げによる横架材の引張

階高 [m]	長さ [m]	損傷限界時 [kN]	安全限界時 [kN]
2.5	3	1.13	1.88
	4	2.00	3.35
	5	3.13	5.23
	6	4.50	7.54
	7	6.13	10.26
	8	8.00	13.40
3.0	3	1.35	2.16
	4	2.40	3.84
	5	3.75	6.00
	6	5.40	8.64
	7	7.35	11.76
	8	9.60	15.36
3.5	3	1.58	2.52
	4	2.80	4.48
	5	4.38	7.00
	6	6.30	10.08
	7	8.58	13.72
	8	11.20	17.92

　表の数値は、水平構面の奥行を3.6m、長さを3～8mと想定して、地震時の建物重量を2.5kN/m^2、地震時層せん断力係数を0.3（損傷限界時）、0.67（安全限界時）、速度圧を1.2kN/m^2（損傷限界時）、1.92kN/m^2（安全限界時）、風力係数を1.2と仮定し、水平構面を単純梁と見なして、中央最大曲げモーメントにより横架材に生じる引張力を算出したものである。

7.3 柱脚の設計

柱脚部の仕様としては、①水平・上下方向とも柱脚の移動を拘束しない場合、②水平方向の移動を拘束し、上下方向の移動を拘束しない場合、③水平・上下方向とも移動を拘束する場合の3つがある。各仕様について設計上の注意点を示す。

7.3.1 水平・上下方向とも移動を拘束しない場合

(1)柱脚の形式には石場建て形式と土台形式がある。
(2)柱脚と基礎および土台と基礎の間には柱脚の移動を拘束する接合部材は設けない。

【解説】
1) **石場建て形式**

石場建て形式は、柱脚の移動を水平・上下方向ともを拘束しない仕様として柱脚を直接礎石上に設置する最も一般的な形式である(図7.10、写真2.1)。柱脚部に地長押、地貫を取り付ける形式を含む。地長押、地貫の設置位置は、耐久性を考慮して下端と基礎、礎石の間に10cm程度の間隔を確保する。

柱脚は礎石上に載っている状態であり、柱脚の滑りによる水平方向の移動が生じるかどうかを判定する必要がある。極めて稀に発生する地震動に対して移動が生じない場合には、柱脚と礎石の仕様により設計を行う。移動が生じる場合には、柱脚・礎石の仕様および移動量の検討を行い、礎石から柱脚が落下しないように礎石を設計する。

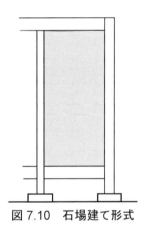

図7.10 石場建て形式

柱脚が浮き上がる可能性のある仕様であるが、滑り等による入力低減の効果が大きいことが実大振動台実験などによりわかっていることから浮き上がりによる復元力の低減は必要ない。

①柱脚の移動の判定

柱脚の滑りによる移動の有無は(7.19)式により判定することができる。(7.19)式を満足しない場合は柱脚の滑りによる移動が生じると判断する。

$$\frac{F_0}{Q_0} > 1 \tag{7.19}$$

$$F_0 = \mu \Sigma W \tag{7.20}$$

$$Q_0 = Q_1 + m_0 \alpha \tag{7.21}$$

F_0：柱脚部が有する摩擦力
Q_0：柱脚部に作用する最大せん断力
μ：柱脚と礎石の摩擦係数　（$\mu=0.36$を用いる）
ΣW：礎石に作用する建築物の重量
Q_1：1層に作用する最大せん断力
m_0：最下階の下半分の質量

α：1 階床レベル以下の最大応答加速度。以下を想定する。
・稀に発生する地震動の場合：$\alpha = 1.2 \times 0.1G$　（$G = 9.8\mathrm{m/s^2}$）
・極めて稀に発生する地震動の場合：$\alpha = 1.2 \times 0.4G$

　建築物の存在期間中に数度遭遇する可能性のある地震動時(稀に発生する地震動)及び極めて稀に発生する最大級の風圧力に対しては柱脚が移動しないことを確認する。
　石場建て形式での柱脚の移動の判定は、以下のように厳しくする。
・柱脚部が有する摩擦力 F_0 は、(7.20)式のように礎石に作用する建築物の重量（各階の固定荷重及び積載荷重の和）に摩擦係数 μ を乗じて計算する。その際に用いる建築物の重量 ΣW は、地震力に対する応答変形角を求める際に質点系にモデル化した重量とは異なり、最下階の下半分を含む総重量とする。
・柱脚と礎石の摩擦係数 μ は平均的に 0.4 であるが、ばらつきを加味して滑りを安全側に評価するために摩擦係数を $0.4 \times 0.9 = 0.36$ と小さくしている。
・地震力によって建築物の柱脚部に作用するせん断力 Q_0 は、(7.21)式のように1層に作用する最大せん断力 Q_1 と1階床レベル以下に作用する最大せん断力 $m_0 \alpha$ との和とする。後者の1階床レベル以下に作用する最大せん断力の計算に用いる最大応答加速度 α は、若干の増幅を考慮して入力地震動の最大加速度の 1.2 倍と大きめに評価する。なお前者の Q_1 については割増しの考慮は行わないが、復元力モデルはバラツキを考慮しているため生じうる最大値ではないことに注意して、余裕をもたせて(7.19)式を判定されたい。

②柱脚の移動に伴う留意点
　柱脚の移動を拘束しない仕様とする場合には、地震時に各柱脚がばらばらに挙動することを防止することが肝要であり、以下のような対策を行う。
・偏心による捩れ振動が大きくなると柱脚の滑りも大きくなるため、偏心率を 0.15 以下とする。
・柱脚がばらばらに動くことや柱脚の間隔が広がることを防止するために、足固め・地貫・地長押などを設けることで柱脚間を緊結する（写真 2.2 を参照）。
・1 階床は標準仕様と同等以上の水平剛性を持つ仕様とする。出入口の設置等に伴い 1 階床の一部が欠ける場合、その大きさは建物の短辺方向の長さの 30％以下とする。

③柱脚の折損に関する検討
　足固めより下部の柱については、足固め位置で柱に作用する応力を算定し、柱が損傷を受けないことを確認する。柱脚に作用するモーメント M_c は、柱脚の底部をピンとし、足固めなどの横架材の中心に水平力が生じるとして検討を行う（図 7.11）。各柱脚に作用する水平力は (7.23)式のように、摩擦係数 μ を 0.4 とする F_0 と Q_0 の小さい方のせん断力を分配率（各柱の曲げ剛性をすべての柱の曲げ剛性の総和で除した値）を乗じて求める。
　特に、下屋が有る場合には隅角部、外周部の柱脚については注意を要する。

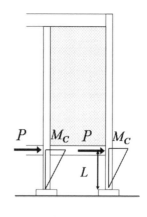

図 7.11　柱脚モーメント図

$$Mc = P \cdot L \tag{7.22}$$

$$P = k \frac{\min(Q_0, F_0)}{\sum EI} E'I' \tag{7.23}$$

M_c：柱脚に作用するモーメント　　　P：柱脚に作用する水平力
L：柱脚底部から足固め等の横架材までの距離
Q_0：柱脚部に作用する最大せん断力
F_0：摩擦係数を 0.40 とした場合の柱脚部が有する摩擦力
E：柱のヤング係数　　　　　　　　I：柱の断面二次モーメント
E'：検討する柱のヤング係数　　　　I'：検討する柱の断面二次モーメント
k：柱脚に作用する水平力の割増係数（隅角部は 4.4、外周部は 3.3、その他は 1.3 とする。ただし、当該柱脚がなくても、足固めなどにより軸力を支持できる場合には 1.3 とすることができる）

　柱脚に作用する水平力の割増係数 k は、平成 24 年度に検討委員会において実施した E ディフェンス震動台実験で伝統構法石場建て部分 2 階建て下屋付き試験体（試験体 No.5（地長押なし））による実験を詳細に検討した結果から、曲げ剛性に応じて割り振った曲げモーメントの対応関係による割増係数を提案した。同時に行った実験（試験体 No.6（地長押あり））から、②柱脚の移動に伴う留意点でも記したように外周部や主要な通りなどの柱脚部に地長押などを設けることは、柱脚の折損に対して有効であることがわかった。

④礎石に関する留意点
・柱脚の移動の判定により移動が生じる場合は、「5.7　石場建ての柱脚の滑り量」に示すように、柱脚の滑りを考慮した近似応答計算（「設計資料−2」を参照）により滑り量を計算するか、滑り量の計算を省略して仕様規定的に滑り量を 200mm とするかのいずれかとする。礎石については、柱芯が礎石端からはみ出さないように、移動量×2 以上の寸法を確保する。一方、柱脚の移動が生じない場合には、柱径+30mm 以上の寸法を確保する。
・礎石は柱脚からの圧縮力に対して壊れないものとする。また、原則として圧縮力のみを受けるものとし、曲げおよび引張が生じないように設置する。
・礎石の厚さについては、柱脚に浮き上がりや滑りが生じても割れない厚さとする。特に検討を行わない場合には 60mm 以上とする。
・礎石の表面に傾斜が生じないように設置する。また、礎石の天端から周囲の地面までの高さは、万一礎石から柱脚が脱落したとしても柱や接合部が破壊しない高さとする。特に検討を行わない場合には 100mm 以下とする。

2）土台形式
　礎石上に設けた土台に、長ほぞ込み栓打ちなどにより柱脚を緊結し、土台によって柱間が接続された柱脚形式である（図7.12）。土台は礎石上に載っている状態で移動を拘束せず、柱からの荷重は土台を介して礎石に伝達される。設計方法については石場建て形式に準ずる。

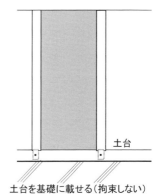

図 7.12　土台形式

7.3.2 水平方向の移動を拘束し、上下方向の移動を拘束しない場合

(1) 柱脚の形式には石場建て形式と土台形式がある。
(2) 柱脚の移動を水平方向に対して拘束し、上下方向に対して拘束しない仕様である。
(3) 基礎に対して水平方向の力を伝達し、柱の引抜き力を伝達しない仕様とする。
(4) 長期荷重、損傷限界時、安全限界時に生じる各応力の内、水平方向の力を基礎に伝達できることを確認する。

【解説】

図 7.13 のように、鋼製ダボなどにより水平方向の柱脚の移動を拘束し、上下方向では拘束しない仕様については、2016 年熊本地震において、以下のような現象が見られたことが報告されている。

・ダボに折れ曲がりや破断が生じた。
・ダボが挿入されている柱脚部で柱の割裂や破断が生じた。
・ダボを挿入していることで水平方向の移動が拘束されていると考えられていたが、実際には柱がダボから抜け出し、20～70cm 程度の水平移動が生じた。

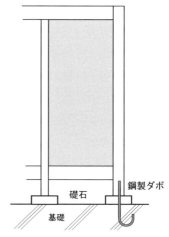

図 7.13 鋼製ダボを入れた石場建て形式

これらの報告から、以下のような留意点が挙げられる。

・ダボのかかり代を十分に確保する。
・ダボの耐力および剛性を十分に確保する。
・ダボ孔に対して端空き寸法を十分に確保する。
・柱脚部の耐力を十分に確保する。
・柱脚の浮き上がりによる耐力の低減や履歴減衰の除外等について検討を行う。

なお、柱脚の浮き上がり時の挙動や浮き上がり後の履歴復元力特性に関しては不明な点が多く、特に地震時の柱脚の最大浮き上がり量、柱がダボから抜け出した後の動的挙動については力学的に未解明であり、注意を要する。

参考として、写真 7.1 に示す石場建て形式の土壁試験体（2P 全面壁、足固め仕様、ダボなし）の実験結果を示す。柱脚を留め付けない場合の復元力を示した図 7.14 によると、ある変形角で柱脚が浮き上がり、その後は耐力が頭打ちとなり一定となることがわかる。また、柱脚が浮き上がった後には履歴ループを持たない非線形弾性復元力特性となっており、履歴減衰を見込めないため地震応答計算においては減衰評価から除外

写真 7.1 石場建て形式土壁試験体
（2P 全面壁、足固め仕様、ダボなし）

しておく必要がある。一方、図 7.15 は、同じ試験体で柱脚を留め付けて、浮き上がりを拘束した場合の復元力である。この場合には、通常の土壁と同様の復元力特性を示している。

なお、柱脚が浮き上がった後に復元力が頭打ちとなった際の耐力については、軸組に作用する水平力と鉛直載荷荷重とのモーメントの釣り合いによって概略的に算出することが可能だが、地震時の柱脚の最大浮き上がり量を算定することは難しい。

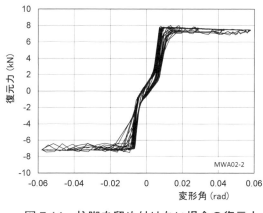
図 7.14　柱脚を留め付けない場合の復元力

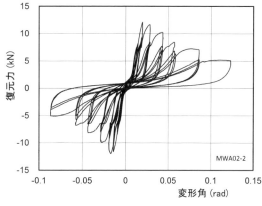
図 7.15　柱脚を留め付けた場合の復元力

7.3.3　水平・上下方向とも移動を拘束する場合

(1) 柱脚の形式には土台形式がある。
(2) 柱脚の移動を水平・上下方向に対して拘束し、基礎に水平・上下方向の力を伝達する仕様である。
(3) 長期、および最大級の荷重・外力により柱に生じる応力を基礎に伝達できることを確認する。

【解説】
　設計方法および計算方法については『木造軸組構法住宅の許容応力度設計 (2017 年版)』等が参考となる。

参考文献
1) 伝統的構法の設計法作成及び性能検証実験検討委員会「平成 24 年度事業報告書」
   http://www.green-arch.or.jp/dentoh/report_2012.html
2) 日本住宅・木材技術センター「伝統的構法データベース」
   http://www.denmoku-db.jp/
3) 山本和志・福森大造・鎌田輝男・鈴木祥之「伝統構法木造住宅における床版の耐力特性について　その 1」『日本建築学会中国支部研究報告集』30 巻、2007 年 3 月、pp.225-228
4) 福森大造・山本和志・鎌田輝男・鈴木祥之「伝統工法木造住宅における床組の耐力特性について　その 2」『日本建築学会中国支部研究報告集』30 巻、2007 年 3 月、pp. 229-232

8章　地盤および基礎の検討

8.1　地盤の調査結果と地盤の許容応力度の算定

(1) 基礎の設計にあたっては、H13国交告1113号に記載されている手法により地盤調査を実施する。
(2) 地盤の許容応力度はH13国交告1113号に基づいて求める。
(3) 長期荷重による基礎下地盤の接地圧が地盤の長期許容応力度以下であることを確認する。
(4) 損傷限界時の基礎下地盤の接地圧が地盤の短期許容応力度以下であることを確認する。

【解説】
　地盤調査の手法および地盤の許容応力度を求める方法は、H13国交告1113号に定められている。主な地盤調査方法としてはスウェーデン式サウンディング試験、標準貫入試験などがあり、地盤の支持力を直接確認する方法としては平板載荷試験などがある。
　スウェーデン式サウンディング試験の結果をもとに地盤の許容応力度を求める際には、以下の場合に建築物に有害な損傷・変形および沈下が生じないことを確認することが同告示で求められているので留意する必要がある。
　①基礎底より2m以内の地盤で荷重が1kN以下で自沈する層が存在する。
　②基礎底より2mを超え5m以内の地盤で荷重が500N以下で自沈する層が存在する。
　また、同告示による式ではN_{sw}が0でも地盤の長期許容応力度は$q_a=30.0\mathrm{kN/m^2}$となるが、その場合には沈下に対する検討が必要となるので注意しなければならない。

8.2　軟弱地盤対策と液状化対策

(1) 軟弱地盤は不同沈下を引き起こし建築物の使用上・構造耐力上の損傷をもたらす可能性があるため、十分な対策を行う。
(2) 地盤調査に基づきG_sを算出する場合は、「液状化しないこと」「液状化の程度が軽微であること」または「液状化による危険度が低いこと」を確認する。この条件を満足しない場合は、適切な液状化対策を実施することが必要になる。

【解説】
　軟弱地盤は不同沈下を引き起こし建物に障害をもたらすことがあり、耐震設計以前の問題として対策を講じることが求められる。また、軟弱地盤で粘性が低く地下水位が高い場合には、地盤が液状化する可能性もある。表8.1に『小規模建築物基礎設計指針』（日本建築学会）に掲載されている不同沈下対策を示す。
　限界耐力計算においては、H12建告1457号第10第1項に基づき地盤種別によりG_sを算出する場合には、液状化発生の有無に関わらず適用が可能であるが、基礎の支持力などの地下部分の設計においては液状化の発生を考慮する必要がある。H12建告1457号第10第2項により地盤調査に基づきG_sを算出する場合は、最大加速度150gal以上に対して「液状化しないこと」、最大加速

度 350gal 以上に対して「液状化しないこと」「液状化の程度が軽微であること」または「液状化による危険度が低いこと」を前提としていることに注意を要する（『2020 年版 建築物の構造関係技術基準解説書』7.3.2 項参照）。

　液状化判定については、『建築基礎構造設計指針』、『小規模建築物基礎設計指針』による手法が挙げられるが、調査費や適用限界の問題が指摘される。また、液状化対策についても個々の宅地で対策を行うには工事費の問題がある。行政と連携した広域的な液状化対策は地域防災力の向上にもつながる[6)] [7)]。表 8.1 の不同沈下対策は、同時に液状化対策ともなるので参考とされたい。

表 8.1　不同沈下対策

				説明	図
直接基礎 ＋ 地盤補強	基礎スラブ／布基礎またはべた基礎	地盤改良	浅層混合処理工法	支持力の増加および沈下量の低減を目的として、建物周囲を含め、基礎スラブまたは基礎フーチング直下を全面的にセメント系固化材と原位置土を撹拌混合して薄層状に改良する。改良深さは、基礎スラブ直下 2m 以浅である。固化材の添加方式には、粉体状とスラリー状があり、混合方式にもそれぞれ原位置混合方式と事前混合方式がある。	浅層混合処理地盤
			深層混合処理工法	支持力の増加および沈下量の低減を目的として、円形断面を有する柱状改良体を、基礎スラブまたは基礎フーチング直下に杭のように配置する。撹拌混合方式には機械式撹拌や噴射ジェット式撹拌などがあり、スラリー状の固化材を用いた機械式撹拌混合工法が多用されている。撹拌装置や撹拌方法の違いによって多くの工法がある。	柱状改良体
		小口径杭	小口径鋼管杭	支持力は基礎フーチングで確保し、沈下量の低減を目的として、鋼管杭を回転貫入または圧入によって設置する工法である。	小口径鋼管杭

（出典：日本建築学会『小規模建築物基礎設計指針』2008 年）

8.3　基礎の設計と注意点

(1) 基礎の形式に応じた接地圧による地盤の応力度等を算出し、長期許容応力度、短期許容応力度以下であることを確認する。
(2) 基礎形式は建築物の荷重、地盤の支持力、沈下（即時沈下および粘性土の圧密沈下）の性状等を勘案し選定する。

【解説】

　建物の基礎形式として、独立基礎、べた基礎、布基礎、杭基礎などが挙げられる。それぞれの基礎の具体的な設計方法については、参考文献等に詳細に述べられているので参考にするとよい。また、基礎をべた基礎とすることは、不同沈下対策に有効で、かつ噴砂現象による 1 階床等の被

害を防ぐことができるので、液状化対策の一つの現実的で有効な方法と考えられる。

また、写真 8.1 に示すように、擁壁が被害を受け、上部の建築物が倒壊する事例も見られる。したがって、擁壁の設計・施工にも十分に留意する必要がある。

写真 8.1　2016 年の熊本地震において擁壁が被害を受け建築物が倒壊した事例

参考文献

1) 日本建築学会『建築基礎構造設計指針』2019 年
2) 日本建築学会『小規模建築物基礎設計指針』2008 年
3) 日本建築学会『小規模建築物を対象とした地盤・基礎—建築技術者のためのガイドブック』2014 年
4) (財)日本住宅・木材技術センター『木造軸組工法住宅の許容応力度設計(2017 年版)』2017 年
5) 国土交通省国土技術政策総合研究所・建築研究所監修『2020 年版 建築物の構造関係技術基準解説書』全国官報販売協同組合、2020 年
6) 国土交通省都市局都市安全課『市街地液状化対策推進ガイダンス』2014 年策定、2019 年改定
7) 国土交通省都市局都市安全課『リスクコミュニケーションを取るための液状化ハザードマップ作成の手引き』2021 年

9章　新築建築物の耐震設計の事例

9.1　総2階建て町家住宅の耐震設計例
9.1.1　建築物の概要と設計方針
1）建築物の概要

　町家住宅として代表的な京町家を新築事例として取り上げる。平成28年に行われた調査によれば、京町家は約4万棟残存しているとされているが、年々減少している。本事例は、京町家の保存・継承を目的として、新たに京都市内に京町家を新築することを意図して計画された京町家形式の石場建て木造総2階建ての住宅である。建築物の概要を表9.1-1に、立面図および構造要素配置平面図を図9.1-1、9.1-2に、構造要素配置立面図を図9.1-3、9.1-4にそれぞれ示す。

表 9.1-1　建築物の概要

名　　称	新築京町家
建設地	京都府京都市
用　途	住宅
構造規模	木造総2階建て、石場建て
面　積	1階 79.02m^2、2階 68.63m^2、延床 147.7m^2
高　さ	1階高さ 2.750m、2階高さ 2.300m、軒高さ 5.550m、最高高さ 7.926m 構造階高：1階 3.220m／2階 2.330m
地　域	積雪：一般、基準風速：32m/s、地域係数：1.0
地　盤	地盤種別：第2種、地耐力：長期 30kN/m^2
基　礎	基礎：べた基礎、礎石：400mm 角

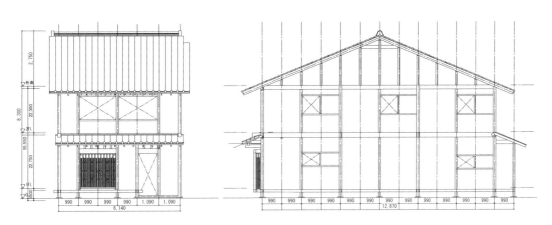

図 9.1-1　立面図

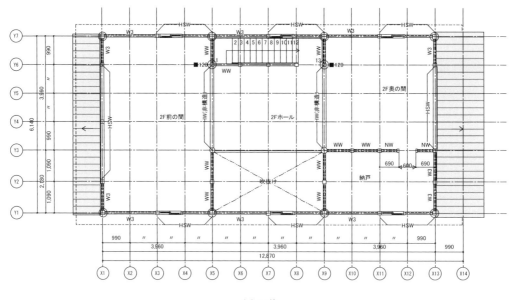

(a) 2階

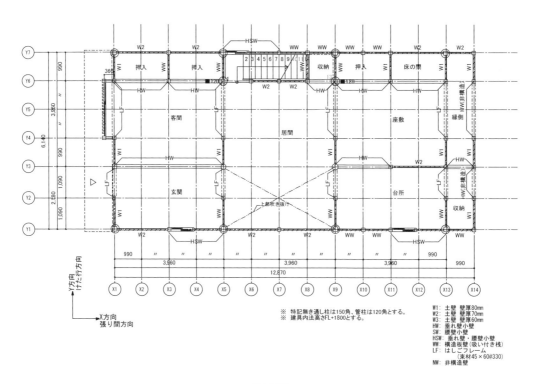

(b) 1階

図 9.1-2 構造要素配置平面図

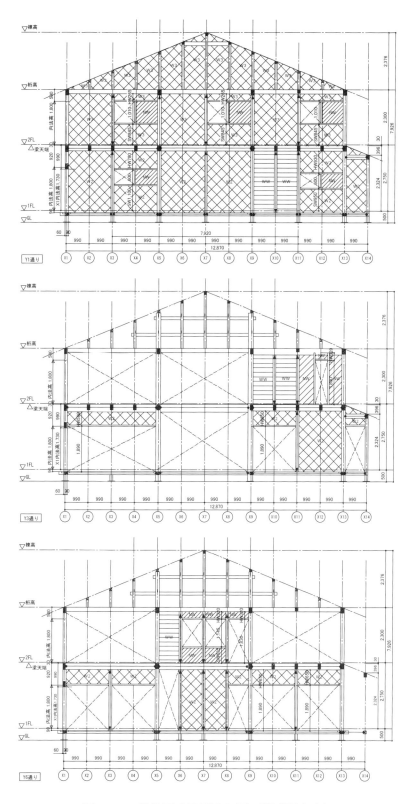

図 9.1-3 構造要素配置立面図（張り間方向）

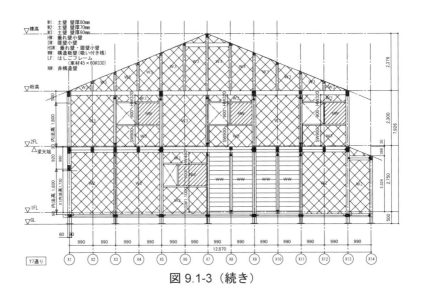

図 9.1-3（続き）

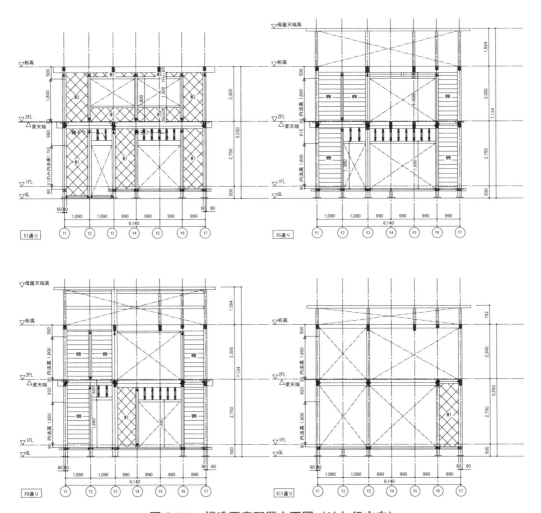

図 9.1-4　構造要素配置立面図（けた行方向）

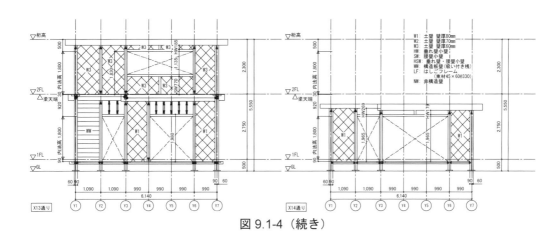

図 9.1-4（続き）

2）構造上の特徴と構造設計方針

本事例は2階建てであり、X13～X14通りにかけて下屋を有するが、下屋スパンが1.5m以下であるため本体部分と一体として扱う。

本事例のけた行方向は開口が大きくとられており、全面壁が比較的少ない。構造要素としては、全面壁や垂れ壁に加え、柱梁接合部のモーメント抵抗やはしご型フレームも主要な構造要素となっており、1階の最大耐力を建築物重量で除した値は、0.57を確保している。一方、1階の張り間方向については、全面壁が主要な構造要素となり、けた行方向の1.23倍の耐力を有している。

2階の構造要素についても張り間方向とけた行方向で耐力は異なり、建築計画上から全面壁の多い張り間方向がけた行方向の1.2倍近い耐力を有している。

古い京町家ではY1～Y3間は通り庭となっているが、近年、現存する京町家では通り庭部分を台所などに改修する事例が多く、本事例でも台所が設けられている。通り庭の吹抜け空間はX5～X9間のみである。X5～X9間では、吹抜けと階段による床開口があり、開口率は50%を超えており、7章「7.2.4 水平構面（床面および屋根面）」にしたがって検討する。

柱脚は、石場建て形式で柱脚の移動を水平・上下方向ともを拘束しない仕様とする。

3）構造計算方針

地震応答計算では、5章5.5節で解説した4つの計算法のうち、収斂計算法2の近似応答計算法を採用する。

地震力は、地盤種別を第2種地盤として、稀に発生する地震動および極めて稀に発生する地震動に対する地表面の加速度応答スペクトルをH12建告1457号第10に基づく簡略法により算定する。近似応答計算では、これらの加速度応答スペクトルを計算ステップごとに計算する。

石場建てであるので、柱脚の移動の判定を行うとともに柱脚の移動量を柱脚の移動を考慮した近似応答計算（設計資料－2）により求めて、柱脚が礎石から落下しないことを確認する。その際、1階床重量に作用する加速度や柱と礎石間の摩擦係数のばらつきを考慮して計算する。

9.1.2 設計用荷重

1）固定荷重

固定荷重を表9.1-2に示す。

表 9.1-2 固定荷重 [N/m²]

屋根（勾配0.4）		ケラバ		軒の出		2階床		1階床	
瓦葺	500	瓦葺	500	瓦葺	500	床板 $t=30$	120	床板 $t=30$	120
アスファルトルーフィング	10	アスファルトルーフィング	10	アスファルトルーフィング	10	根太 45×105@455	50	根太 45×105@455	50
野地板	115	野地板	115	野地板	115	床梁	230	床梁	230
垂木 45×60@364	31	垂木 45×60@364	31	垂木 45×60@364	31			大引	100
母屋 105×105@990	40	母屋 105×105@990	40						
小屋束・貫・梁	110								
合計	806	合計	696	合計	656	合計	400	合計	500

土壁・小屋裏壁		腰壁・垂壁		板壁	
土壁 $t=60$	707	土壁 $t=60$	707	板壁 $t=30$ 両面張り	400
土壁 $t=70$	825	土壁 $t=70$	825		
土壁 $t=80$	942	土壁 $t=80$	942		

2）積載荷重

積載荷重を表 9.1-3 に示す。地震力算出用の積載荷重には、住宅の居室として 600N/m² を用いる。

表 9.1-3 積載荷重 [N/m²]

階	部位	固定	床・小梁用		架構用		地震力用	
			積載	合計	積載	合計	積載	合計
R	屋根	806	0	806	0	806	0	806
	ケラバ	696	0	696	0	696	0	696
	軒の出	656	0	656	0	656	0	656
2	床・階段	400	1800	2200	1300	1700	600	1000
1	床・階段	500	1800	2300	1300	1800	600	1100

3）積雪荷重

本事例では積雪荷重は支配的でないものとして省略する。

4）風圧力

3 章 3.4 節により求めた風圧力によって建築物の損傷や倒壊・崩壊が生じないことを 3 章 3.6 節にしたがって検討する。また、風圧力によって建築物の移動が生じないことを確認する。

9.1.3 建築物重量の算定

地震力算定用の建築物重量を表 9.1-4 に示す。

表 9.1-4 地震力算定用建築物重量

	重量	質量	階高	面積	単位重量
	[kN]	[t]	[m]	[m²]	[kN/m²]
2階	130.1	13.27	2.33	68.63	1.89
1階	197.7	20.16	3.24	79.02	2.5
小計	327.8	33.42	5.55	147.65	2.22
m_0	137.4	14	—	79.02	1.75
総計	465.2	47.41	—	147.65	3.15
$R_W=130.1/197.7=0.66$、$R_H=2.33/3.24=0.72$					

m_0：礎石の天端から 1 階の下半分までの質量

1 階重量：1 階の上半分から 2 階の下半分までの重量

2 階重量：2 階の上半分から屋根までの重量

9.1.4　地震応答計算

1）耐震設計のクライテリア

損傷限界層間変形角は、稀に発生する地震動時の代表層間変形角とし、構造耐力上主要な部分に耐力低下がなく、補修を要する損傷が生じない層間変形角 1/120rad とする。

安全限界層間変形角は、代表層間変形角と最大層間変形角の2つを設定する。極めて稀に発生する地震動に対して安全性を担保するためのクライテリアとして、代表層間変形角が 1/20rad 以下であることを確認する。さらに、偏心や床構面剛性を考慮して増大させた変形角、ゾーニングによる部分建物の層間変形角に対しては、実験や時刻歴応答解析により大破・倒壊・崩壊が生じないことが保証されている 1/15rad 以下であることを確認する。

以上の耐震設計のクライテリアを表 9.1-5 にまとめる。

表 9.1-5　耐震設計のクライテリア

	稀に発生する地震動	極めて稀に発生する地震動
代表層間変形角	1/120rad 以下	1/20rad 以下
偏心および床構面剛性を考慮した最大層間変形角 ゾーニングによる部分建物の代表層間変形角	—	1/15rad 以下

2）構造要素の種類と配置

主な構造要素は、柱の長ほぞ、土壁、板壁、小壁（垂壁、腰壁）、足固め等の横架材である。仕口は主に雇いほぞ差しとし、柱を貫通させている。構造要素の平面配置および立面配置を図 9.1-2 〜図 9.1-4 に示す。

3）復元力特性の算定

復元力特性の算定は、「設計資料－4」に示す計算方法およびデータに基づく。なお、計算に用いる階高さは直交梁との高さの差を無視して設定する。また、左右の梁の梁せいが異なる場合にはそれぞれの梁芯の平均の高さを採用する。

(a)全面土壁

全面土壁の耐力はアスペクト比（高さ／幅）に依存する。「設計資料－4」では任意の壁高さと壁長さに対する変形角とせん断応力度の算定方法が規定されているので、せん断応力度に壁水平断面積（壁厚×壁長さ）を乗じてせん断耐力を計算する。

(b)全面板壁

「設計資料－4」に示す吸付き桟板壁を用いる。板厚さ 3cm 両面張り、幅 1P、内法高さ 2.6m の板壁耐力は、1/10 変形時には 10.8kN まで単調に増加する。

(c)小壁付き軸組

小壁の復元力は、小壁高さ、幅、束の本数に依存する。「設計資料－4」では、全面壁と同様に、任意の高さと長さの小壁についてせん断応力度の計算法が示されている。ここで、壁長さに関しては束の有無を考慮する必要がある。せん断応力度に壁水平断面積（壁厚×壁長さ）を乗じることでせん断耐力を求めることができる。

小壁付き軸組は、小壁を挟む柱間の横架材の仕口等によって、(a)柱1本のみ、(b)柱2本が抵抗する場合、(c)小壁の両側に全面壁が連続する場合、小壁が垂れ壁および腰壁の併用型である場合、(d)両側に全面壁がない場合、(e)両側に全面壁が連続する場合などがあり、場合に応じた小壁付き軸組の耐力の計算は、9.2節の「図9.2-11 小壁付き軸組の変形と耐力計算式」に示されているので参照する。特に小壁と全面壁が連続する場合においては、柱の曲げ変形が拘束されるため、柱の曲げ剛性は柱断面により算定される数値を100倍した数値を用いる。

①垂れ壁付き軸組

垂れ壁付き軸組の復元力は、小壁の復元力と柱の曲げ変形を組み合わせて定式化されており、個別に計算する。

②垂れ壁・腰壁付き軸組

上記と同様、柱の曲げ変形と組み合わせて垂れ壁および腰壁で拘束された中柱の復元力の計算式といくつかのパラメータに関する計算結果が各種設計資料に示されている。本事例では、個別に計算する。

(d)柱端部の長ほぞ差し仕口接合部

長ほぞ（3cm×9cm、深さ12cm）仕口1カ所あたりの強軸方向における復元力特性（曲げモーメント－回転角関係）を「設計資料－4」に示している。曲げモーメントを柱長さでなく階高さで割ることによって、柱回転角を層間変形角に置き換えることができる。なお、長ほぞの弱軸方向の復元力は算定しない。また、差し鴨居に接合している長ほぞ仕口も算入する。

(e)柱と横架材の仕口接合部

柱と横架材の仕口として曲げ抵抗する部材は貫、差し鴨居、足固めとし、「設計資料－4」では通し貫、雇いほぞ込み栓打ち、雇いほぞ竿車知栓打ち、小根ほぞ車知栓打ち、小根ほぞ鼻栓打ち、小根ほぞ込み栓打ち、小根ほぞ割り楔締めの7つの場合に関する設計用復元力のデータが示されている。ここで、横架材1本当たりではなく、仕口接合部1カ所当たりの復元力の数値が示されている。柱の両側に横架材が接続される場合には仕口接合部は2カ所となる点に注意を要する。

層に含まれるすべての仕口曲げモーメントを加算し、階高さで割ることよって層のせん断力が求められる。小屋梁の曲げ耐力は2階に、足固めは1階に算入するが、通し柱の2階床横架材仕口の曲げ耐力については上下1階、2階へ等配分する。

①雇いほぞ込み栓打ち

梁幅、栓径と本数、雇いほぞのせいと幅、込み栓のへりあきなどについて適用範囲が規定されており、「設計資料－4」では梁せい150、180、210、240、270、300mmごとに復元力を示している。本事例では、けた行方向(Y方向)の柱桁接合部に用いている。

②雇いほぞ車知栓打ち

梁幅、車知栓の厚さと幅、雇いほぞのせいと幅、目違いほぞや襟輪の深さなどについて適用範囲が規定されており、「設計資料－4」では梁せい150、180、210、240、270、300mmごとに復元力を示している。本事例では、張り間方向(X方向)の柱梁接合部に用いている。

(f)はしご型フレーム

はしご型フレームは、柱間に水平に架けられた上下の弦材に数本の鉛直の束を接合してはしご状に組み立てた木製梁で、束と弦材はほぞ差しで接合し、込み栓を打つことで、弦材と束の接合

部で生じるめりこみや摩擦により耐力を発揮する（詳細は「設計資料－4」を参照）。本事例では、束断面を 45mm×60mm とし、330mm 間隔で配置した。

これらを踏まえ、張り間方向の復元力をまとめたものが表 9.1-6 および図 9.1-5、けた行方向の復元力をまとめたものが表 9.1-7 および図 9.1-6 である。

表 9.1-6　張り間方向の復元力

				せん断力(kN)										
(張り間方向)		変形角	rad	0	1/480	1/240	1/120	1/90	1/60	1/45	1/30	1/20	1/15	1/10
				0	0.002	0.004	0.008	0.011	0.017	0.022	0.033	0.050	0.067	0.100
2層	Y1通り			0	14.21	25.81	41.89	48.11	52.89	54.34	55.19	51.92	44.81	34.16
	Y2通り			0	0.00	0.00	0.00	0.00	0.00	0.00	0.00	0.00	0.00	0.00
	Y3通り			0	3.98	6.57	10.03	11.41	14.52	16.67	20.63	26.30	30.02	30.13
	Y4通り			0	0.00	0.00	0.00	0.00	0.00	0.00	0.00	0.00	0.00	0.00
	Y5通り			0	0.00	0.00	0.00	0.00	0.00	0.00	0.00	0.00	0.00	0.00
	Y6通り			0	2.44	4.10	6.27	7.29	9.19	10.64	12.90	15.85	17.64	17.69
	Y7通り			0	14.21	25.81	41.89	48.11	52.89	54.34	55.19	51.92	44.81	34.16
	合計			0	34.84	62.29	100.08	114.92	129.48	135.99	143.91	145.98	137.28	116.13
	PΔ効果			0	-0.27	-0.54	-1.08	-1.45	-2.17	-2.89	-4.34	-6.51	-8.67	-13.01
	合計(PΔ効果を加味)			0	34.57	61.74	98.99	113.47	127.31	133.10	139.57	139.48	128.61	103.12
1層	Y1通り			0	21.48	38.01	61.15	69.87	79.48	83.93	89.14	93.60	91.79	72.14
	Y2通り			0	0.00	0.00	0.00	0.00	0.00	0.00	0.00	0.00	0.00	0.00
	Y3通り			0	7.83	14.19	22.74	25.95	29.00	30.47	31.28	30.79	28.73	22.26
	Y4通り			0	0.00	0.00	0.00	0.00	0.00	0.00	0.00	0.00	0.00	0.00
	Y5通り			0	0.00	0.00	0.00	0.00	0.00	0.00	0.00	0.00	0.00	0.00
	Y6通り			0	5.99	10.98	17.99	21.76	26.11	28.39	30.45	31.23	30.16	24.86
	Y7通り			0	22.62	39.65	63.24	72.10	81.81	85.92	91.67	98.40	98.92	86.19
	合計			0	57.93	102.82	165.12	189.68	216.40	228.72	242.55	254.03	249.59	205.44
	PΔ効果			0	-0.68	-1.37	-2.73	-3.64	-5.46	-7.28	-10.93	-16.39	-21.85	-32.78
	合計(PΔ効果を加味)			0	57.24	101.46	162.39	186.04	210.94	221.43	231.62	237.64	227.74	172.67

				せん断力(kN)										
(張り間方向)		変形角	rad	0	1/480	1/240	1/120	1/90	1/60	1/45	1/30	1/20	1/15	1/10
				0	0.002	0.004	0.008	0.011	0.017	0.022	0.033	0.050	0.067	0.100
2層	①全土壁			0	21.38	38.49	61.30	68.43	69.85	66.29	59.88	51.32	41.34	24.24
	②土壁小壁			0	3.70	7.14	13.29	16.78	22.61	26.80	32.42	32.76	27.94	23.73
	③柱端部の仕口（長ほぞ）			0	2.75	4.96	7.71	9.92	12.12	14.32	15.97	16.53	16.53	16.53
	④横架材の仕口			0	3.46	6.23	9.35	10.33	12.14	13.56	16.00	18.11	19.03	19.05
	⑤板壁			0	3.55	5.47	8.43	9.46	12.76	15.02	19.63	27.26	32.45	32.59
	⑥はしごフレーム			0	0.00	0.00	0.00	0.00	0.00	0.00	0.00	0.00	0.00	0.00
	合計			0	34.84	62.29	100.08	114.92	129.48	135.99	143.91	145.98	137.28	116.13
	PΔ効果			0	-0.27	-0.54	-1.08	-1.45	-2.17	-2.89	-4.34	-6.51	-8.67	-13.01
	合計(PΔ効果を加味)			0	34.57	61.74	98.99	113.47	127.31	133.10	139.57	139.48	128.61	103.12
1層	①全土壁			0	32.22	58.21	93.42	105.61	109.63	104.37	95.01	82.33	67.08	39.64
	②土壁小壁			0	6.02	11.58	21.30	26.82	34.84	40.45	43.04	41.25	36.01	18.94
	③柱端部の仕口（長ほぞ）			0	1.94	3.50	5.45	7.00	8.56	10.11	11.28	11.67	11.67	11.67
	④横架材の仕口			0	9.45	16.76	25.30	28.17	33.59	38.74	47.41	55.18	59.12	59.14
	⑤板壁			0	8.28	12.77	19.66	22.08	29.77	35.05	45.81	63.60	75.71	76.05
	⑥はしごフレーム			0	0.00	0.00	0.00	0.00	0.00	0.00	0.00	0.00	0.00	0.00
	合計			0	57.93	102.82	165.12	189.68	216.40	228.72	242.55	254.03	249.59	205.44
	PΔ効果			0	-0.68	-1.37	-2.73	-3.64	-5.46	-7.28	-10.93	-16.39	-21.85	-32.78
	合計(PΔ効果を加味)			0	57.24	101.46	162.39	186.04	210.94	221.43	231.62	237.64	227.74	172.67

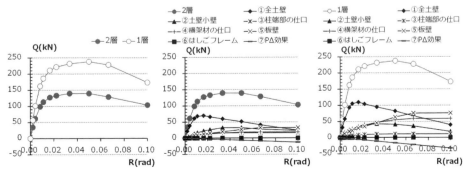

図 9.1-5　張り間方向の復元力

表 9.1-7 けた行方向の復元力

				せん断力(kN)									
	(けた行き方向)	変形角	rad	0	1/480	1/240	1/120	1/90	1/60	1/45	1/30	1/20	1/15	1/10
				0	0.002	0.004	0.008	0.011	0.017	0.022	0.033	0.050	0.067	0.100
2層	X1通り			0	3.79	7.00	11.71	14.54	17.67	19.00	20.28	20.41	19.09	15.93
	X2通り			0	0.00	0.00	0.00	0.00	0.00	0.00	0.00	0.00	0.00	0.00
	X3通り			0	0.00	0.00	0.00	0.00	0.00	0.00	0.00	0.00	0.00	0.00
	X4通り			0	0.00	0.00	0.00	0.00	0.00	0.00	0.00	0.00	0.00	0.00
	X5通り			0	4.71	7.56	11.60	13.19	17.21	20.09	25.45	33.59	39.01	39.17
	X6通り			0	0.00	0.00	0.00	0.00	0.00	0.00	0.00	0.00	0.00	0.00
	X7通り			0	0.00	0.00	0.00	0.00	0.00	0.00	0.00	0.00	0.00	0.00
	X8通り			0	0.00	0.00	0.00	0.00	0.00	0.00	0.00	0.00	0.00	0.00
	X9通り			0	4.48	7.13	10.96	12.49	16.38	19.13	24.31	32.28	37.64	37.79
	X10通り			0	0.00	0.00	0.00	0.00	0.00	0.00	0.00	0.00	0.00	0.00
	X11通り			0	0.53	0.93	1.42	1.59	1.91	2.22	2.75	3.24	3.50	3.69
	X12通り			0	0.00	0.00	0.00	0.00	0.00	0.00	0.00	0.00	0.00	0.00
	X13通り			0	4.59	8.51	14.25	17.71	21.19	22.20	23.15	22.79	20.87	16.61
	X14通り			0	0.00	0.00	0.00	0.00	0.00	0.00	0.00	0.00	0.00	0.00
	合計			0	18.09	31.13	49.94	59.53	74.36	82.65	95.94	112.32	120.11	113.18
	PΔ効果			0	-0.27	-0.54	-1.08	-1.45	-2.17	-2.89	-4.34	-6.51	-8.67	-13.01
	合計(PΔ効果を加味)			0	17.82	30.59	48.86	58.08	72.20	79.76	91.61	105.81	111.44	100.17
1層	X1通り			0	5.38	9.54	15.62	18.87	23.10	25.18	28.85	32.65	34.22	32.15
	X2通り			0	0.00	0.00	0.00	0.00	0.00	0.00	0.00	0.00	0.00	0.00
	X3通り			0	1.18	1.82	2.81	3.15	4.25	5.01	6.54	9.09	10.82	10.86
	X4通り			0	0.00	0.00	0.00	0.00	0.00	0.00	0.00	0.00	0.00	0.00
	X5通り			0	4.42	7.37	11.57	13.34	17.32	20.66	26.95	34.59	39.52	41.12
	X6通り			0	0.00	0.00	0.00	0.00	0.00	0.00	0.00	0.00	0.00	0.00
	X7通り			0	0.00	0.00	0.00	0.00	0.00	0.00	0.00	0.00	0.00	0.00
	X8通り			0	1.18	1.82	2.81	3.15	4.25	5.01	6.54	9.09	10.82	10.86
	X9通り			0	5.50	9.36	14.95	17.60	22.17	25.11	30.60	37.38	41.40	40.97
	X10通り			0	0.00	0.00	0.00	0.00	0.00	0.00	0.00	0.00	0.00	0.00
	X11通り			0	2.41	4.37	7.07	8.40	9.92	10.49	11.48	12.19	12.14	10.70
	X12通り			0	0.00	0.00	0.00	0.00	0.00	0.00	0.00	0.00	0.00	0.00
	X13通り			0	5.70	10.12	16.49	19.87	24.28	26.50	30.34	34.26	35.86	33.78
	X14通り			0	5.18	9.53	15.83	19.44	22.86	23.35	23.94	23.78	22.33	17.42
	合計			0	30.95	53.93	87.12	103.83	128.17	141.31	165.25	193.02	207.11	197.87
	PΔ効果			0	-0.68	-1.37	-2.73	-3.64	-5.46	-7.28	-10.93	-16.39	-21.85	-32.78
	合計(PΔ効果を加味)			0	30.27	52.57	84.39	100.19	122.71	134.02	154.32	176.64	185.26	165.09

				せん断力(kN)									
	(けた行き方向)	変形角	rad	0	1/480	1/240	1/120	1/90	1/60	1/45	1/30	1/20	1/15	1/10
				0	0.002	0.004	0.008	0.011	0.017	0.022	0.033	0.050	0.067	0.100
2層	①全土壁			0	4.73	8.82	15.12	18.90	22.05	21.42	20.48	18.90	16.38	10.08
	②土壁小壁			0	0.82	1.61	3.03	3.87	5.36	6.41	7.66	7.87	6.83	5.68
	③柱端部の仕口（長ほぞ）			0	2.54	4.58	7.12	9.15	11.19	13.22	14.75	15.25	15.25	15.25
	④横架材の仕口			0	2.90	5.19	7.82	8.68	10.25	11.55	13.80	15.78	16.76	16.97
	⑤板壁			0	7.10	10.94	16.85	18.93	25.52	30.05	39.26	54.52	64.89	65.18
	⑥はしごフレーム			0	0.00	0.00	0.00	0.00	0.00	0.00	0.00	0.00	0.00	0.00
	合計			0	18.09	31.13	49.94	59.53	74.36	82.65	95.94	112.32	120.11	113.18
	PΔ効果			0	-0.27	-0.54	-1.08	-1.45	-2.17	-2.89	-4.34	-6.51	-8.67	-13.01
	合計(PΔ効果を加味)			0	17.82	30.59	48.86	58.08	72.20	79.76	91.61	105.81	111.44	100.17
1層	①全土壁			0	10.81	20.18	34.60	43.25	50.46	49.01	46.85	43.25	37.48	23.07
	②土壁小壁			0	0.00	0.00	0.00	0.00	0.00	0.00	0.00	0.00	0.00	0.00
	③柱端部の仕口（長ほぞ）			0	1.46	2.63	4.08	5.25	6.42	7.59	8.46	8.75	8.75	8.75
	④横架材の仕口			0	8.21	14.52	21.95	24.47	29.23	33.79	41.51	48.44	52.04	52.21
	⑤板壁			0	9.46	14.59	22.47	25.24	34.03	40.06	52.35	72.69	86.52	86.91
	⑥はしごフレーム			0	1.00	2.01	4.02	5.63	8.04	10.85	16.08	19.90	22.31	26.93
	合計			0	30.95	53.93	87.12	103.83	128.17	141.31	165.25	193.02	207.11	197.87
	PΔ効果			0	-0.68	-1.37	-2.73	-3.64	-5.46	-7.28	-10.93	-16.39	-21.85	-32.78
	合計(PΔ効果を加味)			0	30.27	52.57	84.39	100.19	122.71	134.02	154.32	176.64	185.26	165.09

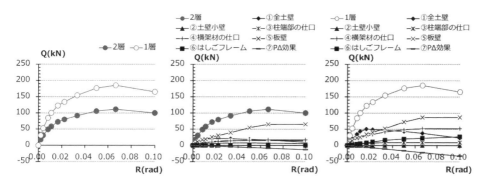

図 9.1-6　けた行方向の復元力

せん断力係数比 C_2/C_b と限界せん断力係数比 R_{CO} との比較から、$C_2/C_b=1.48$(張り間方向) $C_2/C_b=1.51$（けた行方向）、$R_{CO}=1.34$ となるため、降伏形は各方向ともに 1 層先行降伏と想定される。

4）地震応答計算結果

収斂計算法 2 による近似応答計算の結果を図 9.1-7（張り間方向）、図 9.1-8（けた行方向）に示す。本計算では、履歴減衰の下限値を 0.05 とし、計算（5 章中 (5.26)式、(5.27)式）に用いる初期剛性 k_{01}、k_{02} は 1/480 時の剛性とし、(5.26)式、(5.27)式の各式右辺の第二項の＋0.05 を用いずに安全限界近傍での減衰を低めに評価している。

地震応答計算結果は、図 9.1-7、図 9.1-8 に示すように稀に発生する地震動時の代表層間変形角が 1/120rad 以下、極めて稀に発生する地震動時の代表層間変形角が 1/20rad 以下であり、各方向、各階ともに耐震設計のクライテリアを満足していることを確認した。

極めて稀に発生する地震動に対しては、柱脚部で滑動が生じる恐れがあるため、柱脚の移動の判定（7 章 7.3.1 項参照）を行う。

柱脚の滑りの判定においては、実験からは柱底面と礎石間の摩擦係数を 0.4、また極めて稀に発生する地震動時に 1 階床レベルに作用する加速度を 0.4G と想定しているが、滑り量を安全側（大きめ）に評価するために、摩擦係数を 0.4×0.9＝0.36、1 階床加速度を 0.4G×1.2＝0.48G とする。

○柱脚部が有する摩擦力　$F_0=\mu \Sigma W=0.36\times465.2=167.5$kN
○柱脚部に作用する最大せん断力
・張り間方向：$Q_0=Q_1+m_0\alpha=239.0+14.00\times0.48\times9.8=304.9$kN
・けた行方向：$Q_0=Q_1+m_0\alpha=172.9+14.00\times0.48\times9.8=238.9$kN

したがって両方向とも $F_0<Q_0$ となるので、柱脚の滑りによる移動が生じると判断する。

柱脚の滑り量を同様の摩擦係数、1 階床加速度を用いて、「設計資料－2」の柱脚の滑りを考慮した近似応答計算に従って計算する。柱脚の滑り量はけた行方向 18.0cm、張り間方向 18.1cm で、各方向ともに柱脚の滑り量が礎石の大きさによる移動可能量 20cm 以内であることを確認した。

以上から、礎石の寸法は、滑り量の 2 倍以上とし、400mm 角とする。

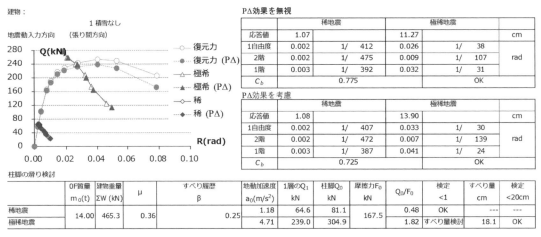

図 9.1-7　張り間方向応答計算結果

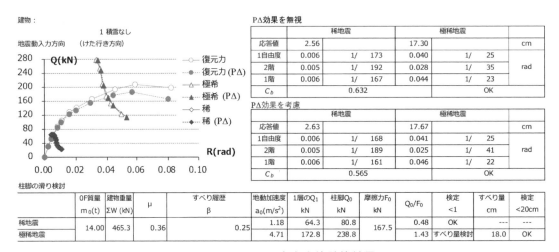

図 9.1-8　けた行方向応答計算結果

5）偏心率の算定

　稀に発生する地震動に対する剛心位置の算定においては、加力方向 1/120rad、加力直交方向 1/120rad 時の耐力をもとに求めた割線剛性（浮き上がりのない場合）を用いた。当該変形に応じた剛性により偏心率を算定し、偏心率が 0.15 を超える 1 階張り間方向については応答増幅率（1.23）を乗じた応答変形角が 1/161×1.23＝1/131 でクライテリア 1/120 以内に収まることを確認した（表9.1-8）。

表 9.1-8　偏心率の算定（加力方向 1/120rad、加力直交方向 1/120rad 時）

階	方向	剛性 K [kN/m]	重心 g [m]	剛心 l [m]	偏心距離 e [m]	捩り剛性 K_R [kN・m]	弾力半径 r_e [m]	偏心率 R_e
2階	張り間 X	2605.6	5.940	6.329	-0.39	53170	6.076	0.06
	けた行 Y	5221.3	3.336	3.111	0.22	96187	4.292	0.05
1階	張り間 X	3801.8	6.435	7.560	-1.13	84027	6.051	<u>0.19</u>
	けた行 Y	7205.3	3.070	3.213	-0.14	139220	4.396	0.03

また、極めて稀に発生する地震動に対しては、耐震性能のクライテリアを1/20rad以下としたため、加力方向1/20rad、加力直交方向1/90rad時の各層、各方向において偏心率が0.15以内に収まることを確認した（表9.1-9）。なお、2階重心は柱脚部、1階重心は足固め天端位置における軸力をもとに計算している。

表9.1-9　偏心率の算定（加力方向1/20rad、加力直交方向1/90rad時）

階	方向	剛性 K [kN/m]	重心 g [m]	剛心 l [m]	偏心距離 e [m]	捩り剛性 K_R [kN·m]	弾力半径 r_e [m]	偏心率 R_e
2階	張り間 X	976.7	5.940	6.157	-0.22	15897	7.364	0.03
	けた行 Y	1269.4	3.336	3.135	0.20	58359	6.780	0.03
1階	張り間 X	1403.8	6.435	6.982	-0.55	28492	7.353	0.07
	けた行 Y	1847.5	3.070	3.276	-0.21	90103	6.984	0.03

6）床開口がある場合の水平構面の検討

　本事例は、図9.1-9に示すようにX5～X9間で吹抜け（Y1～Y3）と階段室（Y6～Y7）があり、床開口を有しているため、7章7.2.4項に示す水平構面の安全性の検討を行い、水平構面を介して伝達されるせん断力が水平構面のせん断耐力以下であることを確認する。本事例における床の開口率は（短辺方向）で（2180+980）/6140=51.5%である。

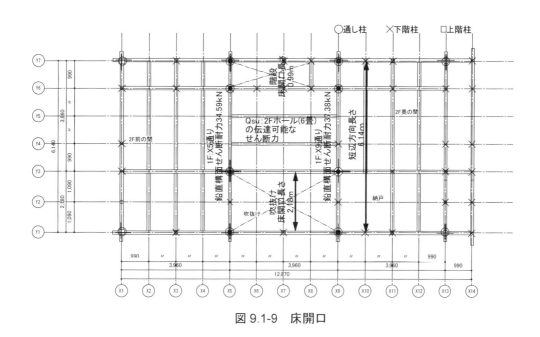

図9.1-9　床開口

　床の仕様は、標準仕様（床板：スギ板／30mm×120mm×1820mm／本実加工、釘：N90×2本（1カ所当たり）、釘間の距離70mm、根太間隔455mm）とし、柱と横架材の仕口形状は図7.7と同様とする。

床開口の両側に位置する鉛直構面の層間変形角 1/20rad におけるせん断耐力は、表 9.1-7 より X5 通り 34.59kN、X9 通り 37.38kN であり、検討に用いる Q_u は 37.38kN とする。

Q の算定に用いる建物重量 W は、X5 通りが負担する建物重量として表 9.1-4 の地震力算定用建築物重量により求める。$W=(1.89+2.50)[\mathrm{kN/m^2}] \times (3.96 \times 2.97)[\mathrm{m^2}]=51.63\mathrm{kN}$ より、安全限界時の応答層せん断力係数 $C_b=0.565$ のとき $Q=29.17\mathrm{kN}$ となる。

2 階床構面が伝達できるせん断耐力 Q_{su1} は、表 7.3 より $Q_{su1}=1.17 \times 2.73=3.19\mathrm{kN}$ となる。

柱と横架材仕口接合部の水平構面周りのモーメント（1/30rad 時）は、表 7.6 より 2 方差しの仕口 1 カ所当たり、柱の径に応じて 120mm 角柱：$M_{120}=1.61\mathrm{kNm}$、150mm 角柱：$M_{150}=1.99\mathrm{kNm}$ とする。X5、X9 通りの仕口接合部のうち Y1、Y3、Y6、Y7 通りの柱横架材仕口接合部をモーメント抵抗に寄与する。Y4 および Y5 通りについては柱に桁や梁が接合される柱横架材仕口ではないため算入しない。

Y3、Y6 通りについては 4 方差となるため、仕口に生じるモーメントは表 7.6 の 2 倍とする。Y3 通りの丸柱についてはデータがないため、M_{120} の値を用いる。

柱－横架材仕口接合部に水平力が生じた場合のモーメント分布は図 9.1-10 となり、せん断耐力 Q_{su2} は $Q_{su2}=2 \times (2 \times 1.99+4 \times 1.61)/3.96=5.26\mathrm{kN}$ となる。

以上より、$Q_u-Q=37.38-29.17=8.21\mathrm{kN}$ に対し、$Q_{su}=Q_{su1}+Q_{su2}=8.45\mathrm{kN}$ となり、$Q_{su}=8.45\mathrm{kN} > Q_u-Q=8.21\mathrm{kN}$ を満足するため、水平構面の安全性能は問題ないと判断でき、ゾーニング等の検討は省略する。

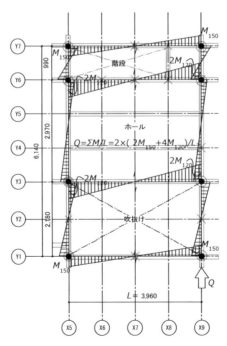

図 9.1-10　水平構面の仕口接合部によるせん断耐力

7）風圧力の検討

風圧力による建築物の安全性については、3 章 3.6 節および 6 章 6.1 節にしたがって、建築物の

各階、各方向に作用する風圧力が、各階、各方向において建築物が保有するせん断耐力よりも小さいことを確認する。稀に発生する暴風に対しては、短期に生じる風圧力 W が損傷限界時のせん断耐力よりも小さいことを確認する。極めて稀に発生する最大級の暴風に対する風圧力 $1.6W$ が保有する最大のせん断耐力よりも小さいことを確認する。

風圧力による建築物の水平移動については、6 章 6.2 節により各方向の風圧力に対して建築物が水平移動しないことを確認する。暴風時の風圧力 $1.6W$ と柱脚部が有する摩擦力 F_u とを比較し、摩擦力が風圧力よりも大きいことを確認する。ここで、摩擦係数 μ は、安全係数 0.9 を乗じて $0.4 \times 0.9 = 0.36$ を用いる。

風圧力の算定結果を表 9.1-10 に示す。建築物のせん断耐力は表 9.1-6 および表 9.1-7 による。

表 9.1-10　風圧力の算定

速度圧 q [N/m²]	方向	階	部位	風力係数 C_f	見付面積 [m²]	風圧力 W [kN]		1.6×風圧力 $1.6W$ [kN]		
地表面粗度区分Ⅲ $V_0=32\text{m/s}$ $G_f=2.5$ $E_r=0.74$ $E=1.37$ $q=836\text{N/m}^2$	張り間 X	2階	屋根	0.64	20.0	10.7	14.3	17.1	22.9	66.8 $C_b=0.23$
			外壁	1.2	3.6	3.6		5.8		
		1階	屋根	0.64	3.3	1.8	15.8	2.8	25.3	
			外壁	1.2	14.0	14.0		22.5		
		基礎	外壁	1.2	11.6	11.6	—	18.6	—	
	けた行 Y	2階	屋根	0.64	0.0	0.0	27.0	0.0	43.2	138.7 $C_b=0.48$
			外壁	1.2	26.9	27.0		43.2		
		1階	屋根	0.64	0.0	0.0	35.0	0.0	56.0	
			外壁	1.2	34.9	35.0		56.0		
		基礎	外壁	1.2	24.6	24.7	—	39.5	—	

- 稀に発生する暴風時の検討
    - 張り間方向 2F：$Q_{1/120}=98.99\text{kN}>W=14.3\text{kN}$　　　　　　　　OK
    - 張り間方向 1F：$Q_{1/120}=162.39\text{kN}>W=14.3+15.8=30.1\text{kN}$　　OK
    - けた行方向 2F：$Q_{1/120}=48.86\text{kN}>W=27.0\text{kN}$　　　　　　　　OK
    - けた行方向 1F：$Q_{1/120}=84.39\text{kN}>W=27.0+35.0=62.0\text{kN}$　　OK

    損傷限界時のせん断耐力 $Q_{1/120}$ が風圧力 W 以上であることを確認した。

- 極めて稀に発生する最大級の暴風時の検討
    - 張り間方向 2F：$Q_{\max}=139.57\text{kN}>1.6W=22.9\text{kN}$　　　　　　　OK
    - 張り間方向 1F：$Q_{\max}=237.64\text{kN}>1.6W=22.9+25.3=48.2\text{kN}$　OK
    - けた行方向 2F：$Q_{\max}=111.44\text{kN}>1.6W=43.2\text{kN}$　　　　　　　OK
    - けた行方向 1F：$Q_{\max}=185.26\text{kN}>1.6W=43.2+56.0=99.2\text{kN}$　OK

    保有する最大のせん断耐力 $Q_{\max}$ が風圧力 $1.6W$ 以上であることを確認した。

- 建築物の水平移動の検討

    極めて稀に発生する最大級の暴風時において、基礎部分を含めた建築物に作用する風圧力は、張り間方向：66.8kN、けた行方向：138.7kN であり、ともに柱脚部が有する摩擦力 $F_u=\mu\Sigma W=0.36\times465.2=167.5\text{kN}$ 以下であるので、柱脚の水平移動は生じないことを確認した。

9.2 下屋付き部分2階建て住宅
9.2.1 構造設計概要
1) 建築物の概要

本事例は部分2階を有する木造2階建ての住宅で、伝統的構法の設計法作成及び性能検証実験検討委員会が2012年9月に実施したEディフェンスによる加振試験で用いたNo.5石場建て試験体を基本とするモデルである。建築物の概要を表9.2-1に、南立面図、断面図および平面図を図9.2-1、図9.2-2に、軸組図を図9.2-3、図9.2-4にそれぞれ示す。

表 9.2-1 建築物の概要

名　称	2012年Eディフェンス試験体No.5を基本とするモデル
建 設 地	兵庫県三木市
用　途	住宅
規　模	地上2階
面　積	1階 82.8m^2、2階 36.4m^2、延床 119.2m^2
高　さ	1階高さ 2.995m、2階高さ 2.400m、軒高さ 6.075m、最高高さ 7.510m 構造階高：1階 3.465m、2階 2.43m
地　域	積雪：一般、基準風速：34m/s、地震地域係数：1.0
地　盤	地盤：2種、地耐力：長期 30kN/m^2
基　礎	基礎：べた基礎、礎石 400mm 角

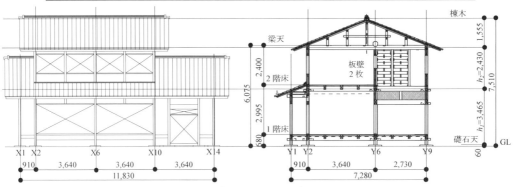

図 9.2-1 南立面図および断面図

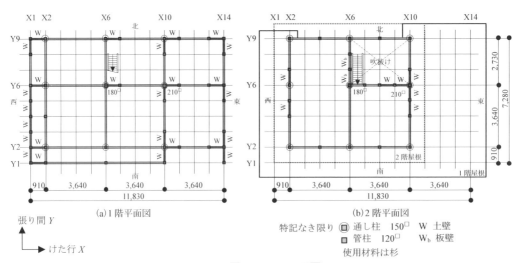

図 9.2-2 平面図

図 9.2-3　けた行方向軸組

図 9.2-4　張り間方向軸組

2）構造設計方針と構造上の特徴

本事例は部分2階建てであり、東・西面と南面の合計3方に下屋を有している。このうち、張り間方向西側X1～X2通り間およびけた行方向南側Y1～Y2通り間では下屋のスパンが1.5m以下であるので、本体部分と一体として扱う。一方、張り間方向東側X10～X14通り間では下屋のスパンが3.64mと1.5mを超えるので、ゾーニングにより下屋部分を別建物として別途応答計算を行う。

なお、張り間方向西側X1～X2通り間は本体と一体とするが、X1通りの構造要素への地震力伝達に関しては下屋屋根架構の確認を行う。

本事例のけた行方向は開口が大きくとられ、全面壁が比較的少ないため、構造要素としては柱梁接合部のモーメント抵抗や垂れ壁付き柱が全面壁を補っており、1階最大耐力はせん断力係数で0.38を確保している。一方、1階張り間方向では、全面壁が主要な構造要素となり、けた行方向の1.14倍の耐力を有している。

2階の構造要素についても張り間方向とけた行方向の耐力は大きく異なっており、建築計画上から全面壁の多い張り間方向はけた行方向の1.26倍の耐力を有している。なお、張り間方向2階X6通りのY6～Y9通り間では両面張りの板壁を配置している。

また、本事例は図9.2-5に示すように2階北東角に吹抜けを有している。床開口部の最大長さ3.64mは短辺長さ7.28mの50％（＞40％）と大きく、さらに床開口を挟む鉛直構面のせん断耐力も5kN/m（＞3.5kN/m）と大きい。特に下屋と本体の境界部であるX10通りの架構が問題となるので、ゾーニングによる分離モデルの限界耐力計算を行う。

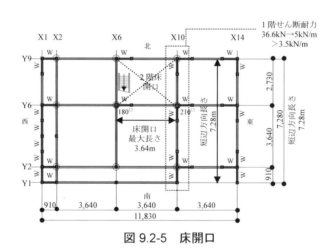

図 9.2-5　床開口

3）構造計算方針

各柱の柱軸力は、柱支配面積の床荷重分布により略算する。

上部構造の地震応答計算は、柱脚固定モデルの限界耐力計算に基づく近似計算法である収斂計算法2を採用する。また、柱脚の滑り量については、柱脚の滑りを考慮した近似応答計算を用いて、1階床重量に作用する加速度や柱脚と礎石間の摩擦係数のばらつきを考慮して計算する。

9.2.2 設計用荷重
1）固定荷重
固定荷重を表 9.2-2 に示す。

表 9.2-2 固定荷重表 [N/m²]

屋根（勾配0.45）		ケラバ		軒の出		2階床		1階床	
瓦葺	570	瓦葺	570	瓦葺	570	床板㋐30	120	床板㋐30	120
アスファルトルーフィング	14	アスファルトルーフィング	14	アスファルトルーフィング	14	根太 45×105@455	50	根太 45×105@455	50
野地板㋐15	66	野地板㋐15	66	野地板㋐15	66	床梁	250	床梁	250
垂木 45×90@364	55	垂木 45×90@364	55	垂木 45×90@364	55			大引	100
母屋 120×120@910	65	母屋 120×120@910	65						
小屋束・貫・梁	270								
合計	1040	合計	770	合計	705	合計	420	合計	520

土壁・小屋裏壁		腰壁・垂れ壁		板壁	
土壁㋐60,75	630,790	土壁㋐60	630	板壁㋐30 両面貼	290

2）積載荷重
積載荷重を表 9.2-3 に示す。

表 9.2-3 積載荷重表 [N/m²]

階	部位	固定	床・小梁用		架構用		地震用	
			積載	合計	積載	合計	積載	合計
R	屋根	1040	0	1040	0	1040	0	1040
	ケラバ	770	0	770	0	770	0	770
	軒の出	705	0	705	0	705	0	705
2	床・階段	420	1800	2220	1300	1720	600	1020
1	床・階段	520	1800	2320	1300	1820	600	1120

3）積雪荷重
本事例では積雪荷重は支配的でないものとして省略する。

4）風圧力
風圧力の算定結果を表 9.2-4 にまとめる。本事例では 1.6 倍の風圧力に対しても地震力が上回り、また柱脚の滑りに対しても問題とならない大きさである。

表 9.2-4 風圧力の算定

速度圧 q	方向	階	部位	風力係数 C_f	見付面積 [m²]	風圧力 [kN]		1.6×風圧力 [kN]	
地表面粗度区分Ⅲ $V_0=34$m/s $G_f=2.5$ $E_r=0.74$ $E=1.37$ $q=842$N/m²	X	2階	外壁	1.2	12.7	14.8	38.7 / 53.3	61.9	85.5 $C_b=0.21$ [*2]
		1階	外壁		20.4	23.8			
		基礎	外壁		12.6	14.8	—	—	
	Y	2階	屋根	0.65 [*1]	17.5	11.1	58.8 / 87.9	94.2	132.5 $C_b=0.33$
			外壁	1.2	8.9	10.3			
		1階	屋根	0.64	8.1	5.1			
			外壁	1.2	29.3	34.3			
		基礎	外壁	1.2	24.0	29.1	—	—	

[*1] 屋根勾配 21.8 度より 0.2×21.8/30+0.5=0.65
[*2] 建物総重量 W=404.2kN

5）地震力

地震力は H12 建告 1457 号による。地盤は第 2 種地盤とし、表層地盤による加速度の増幅率 Gs は H12 建告 1457 号第 10 第 1 項の略算法による。

9.2.3 柱軸力および建築物重量の算定

固定荷重および積載荷重による柱軸力の算定結果を図 9.2-6 に、地震用建物重量を表 9.2-5 にまとめる。

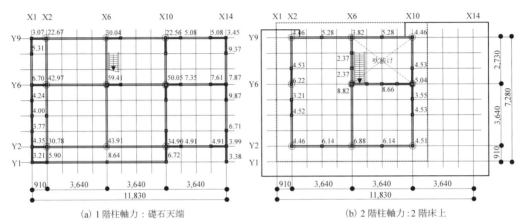

(a) 1 階柱軸力：礎石天端　　　　　　　　(b) 2 階柱軸力：2 階床上

図 9.2-6　柱軸力 [kN]

表 9.2-5　地震用建物重量

階	重量 [kN]	質量 [t]	階高 [m]	面積 [m²]	単位重量 [kN/m²]
2 階	91.3	9.32	2.4	36.4	2.51
1 階	193.5	19.74	3.5	82.8	2.34
小計	284.8	29.06	5.9	119.2	2.39
基礎	119.4	12.18	—	82.8	1.44
総計	404.2	41.24	—	119.2	3.39

$R_W = 91.3/193.5 = 0.47$、$R_H = 2.43/3.465 = 0.70$

9.2.4　地震応答計算

1）耐震設計クライテリア

損傷限界変形角は、代表層間変形角すなわち 2 質点系近似応答計算モデルによる稀に発生する地震時の応答層間変形角とし、地震時に構造安全性の維持に支障のある損傷が生じない層間変形角 1/120rad とする。

一方、安全限界変形角は、代表層間変形角と最大層間変形角の 2 つを設定する。極めて稀に発生する地震に対して安全性を担保するために、近似応答計算により直接求められる応答変形角が 1/20rad 以下であることを確認する。さらに、偏心や床構面剛性を考慮して増大させた変形角、ゾーニングによる部分建物の変形角に対しては、実験により保証されている 1/15rad 以下であることを確認する。

以上の耐震性能の目標を表 9.2-6 にまとめる。

表 9.2-6 耐震性能の目標

	稀に 発生する地震動	極めて稀に 発生する地震動
近似応答計算による代表層間変形角	1/120rad 以下	1/20rad 以下
偏心および床構面剛性を考慮した 最大層間変形角 ゾーニングによる部分建物の 代表層間変形角	—	1/15rad 以下

2) 構造要素の種類と配置

主な構造要素は、柱の長ほぞ、土壁、板壁、小壁(垂れ壁、腰壁)、足固め等の横架材である。仕口は主に雇いほぞ差しとし、柱を貫通させている。構造要素の平面配置を図 9.2-7 に、立面配置を図 9.2-8 および図 9.2-9 に示す。

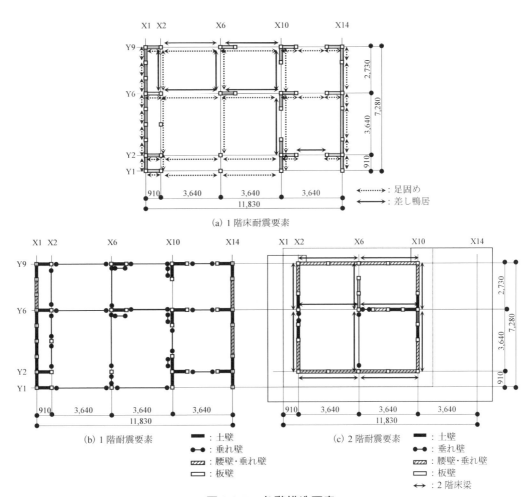

図 9.2-7 各階構造要素

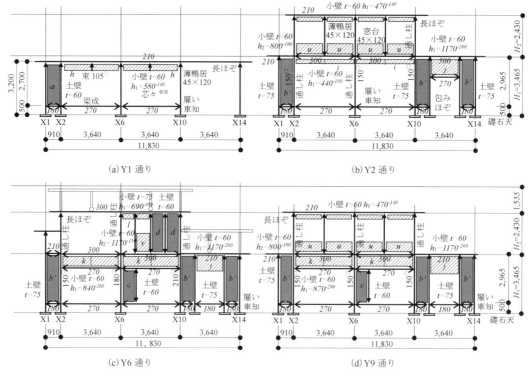

図 9.2-8 けた行方向構造要素(1/200)

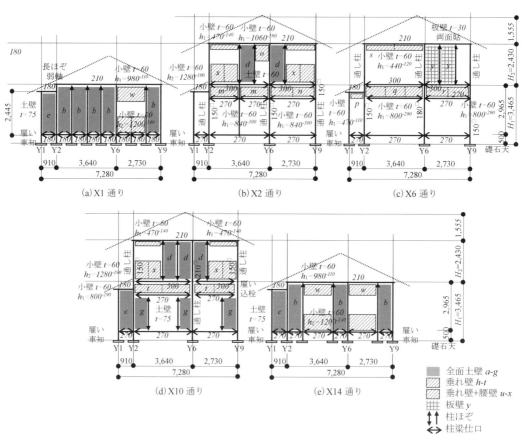

図 9.2-9 張り間方向構造要素(1/200)

3）復元力特性の算定

　復元力特性の算定は「設計資料－4」に示す計算方法およびデータに基づく。なお、計算に用いる階高さは直交梁との高さの差を無視して設定する。また、左右の梁の梁せいが異なる場合にはそれぞれの梁芯の平均の高さを採用する。

(a) 全面土壁

　全面土壁の耐力はアスペクト比（高さ／幅）に依存する。「設計資料－4」では任意の壁高さと任意の壁長さに対する変形角とせん断応力度の算定方法が規定されているので、せん断応力度に壁水平断面積（壁厚×壁長さ）を乗じてせん断耐力を計算する。

　なお、石場建ての場合には、図9.2-10に示すように、階高さ H_1 に対応した耐力 Q は壁耐力 Q_W から $(H_B/H_0)Q$ だけ減じたものとして求められる。すなわち、垂れ壁付き柱の計算と同じく $Q = Q_W - (H_B/H_0)Q$ より $Q = (H_0/H_1)Q_W$ と表される。足固め部の柱の曲げ変形によって剛性も低下するが、その影響は小さいと考えられるので、ここでは特に考慮しない。したがって、石場建ての全面壁については高さ比 H_0/H_1 による耐力補正を行う。

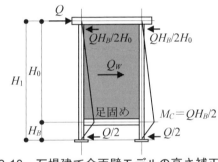

図9.2-10　石場建て全面壁モデルの高さ補正

(b) 全面板壁

　本事例と同様の仕様の板壁の加力実験結果によると、厚さ3cmの板材を両面張りとした、幅1P、内法高さ2.6mの吸い付き桟タイプの板壁の耐力は1/10rad変形時で14kN（260kN/m^2）まで単調に増加する。なお計算に用いた板壁復元力は旧版によるもので設計資料4.3 板壁に示される復元力とは異なる。今後は設計資料4.3の復元力によることとされたい。

(c) 小壁付き柱

　小壁の復元力は小壁の高さおよび幅、束の本数に依存する。「設計資料－4」では、全面壁と同様に、任意の高さと長さの小壁に対するせん断応力度の計算法が示されている。壁長さについては、束の有無を考慮する必要があることに注意を要する。せん断応力度に壁水平断面積（壁厚×壁長さ）を乗じることでせん断耐力を求めることができる。なお、高さ300mm未満または壁厚50mm未満の小壁については、その耐力は無視する。

　場合に応じた小壁付き柱の耐力の計算式を図9.2-11に示す。特に小壁と全面壁が連続する場合においては、柱の曲げ変形が拘束されるため、この場合のエクセルシートを用いた計算では、表9.2-7、表9.2-8のように柱剛性に100倍した数値を用いている。

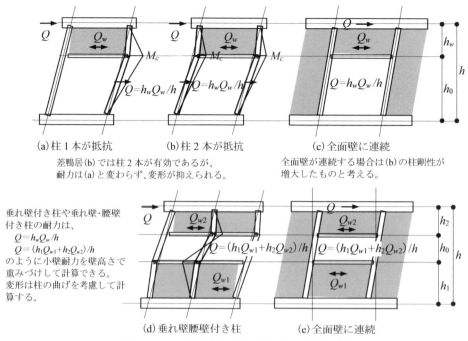

図 9.2-11　小壁付き柱の変形と耐力計算式

①垂れ壁付き柱

　垂れ壁付き柱の復元力は、小壁の復元力と柱の曲げ変形を組み合わせて定式化されており、いくつかのパラメータに関する既存のデータを使うこともできる。本事例では、表 9.2-7 のエクセルシートにより個別に計算する。

②垂れ壁・腰壁付き柱

　上記と同様、柱の曲げ変形と組み合わせて垂れ壁および腰壁で拘束された中柱の復元力の計算式といくつかのパラメータに関する計算結果が各種設計資料として示されており、それらを用いることができる。本事例では、表 9.2-8 のエクセルシートにより個別に計算する。

　なお、石場建ての小壁付き柱については、図 9.2-10 の全面壁の場合と同様、図 9.2-12 のように足固め上で計算された小壁耐力 Q_K を高さ比 H_0/H_1 で補正する。

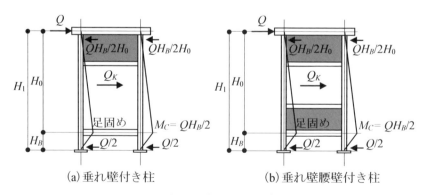

図 9.2-12　石場建て小壁付き柱モデルの高さ補正

(d) 柱端長ほぞ仕口

　長ほぞ（3cm×9cm、深さ12cm）仕口1カ所あたりの強軸方向における復元力特性（曲げモーメント－回転角関係）を「設計資料－4」に示している。曲げモーメントを柱長さでなく階高さで割ることによって、柱回転角を層間変形角に置き換えることができる。なお、弱軸方向の強度は算定しない。また、差し鴨居に接合している長ほぞ仕口も算入する。

(e) 柱と横架材仕口

　柱と横架材の仕口として曲げ抵抗する部材は貫、差し鴨居、足固めとし、「設計資料－4」では通し貫、雇いほぞ込み栓打ち、雇いほぞ車知栓打ち、小根ほぞ車知栓打ち、小根ほぞ鼻栓打ち、小根ほぞ込み栓打ち、小根ほぞ割り楔締めの7つの場合に関する復元力特性（曲げモーメント－回転角関係）の実験データを示している。ここで、梁1本両端の曲げモーメント和として数値が示されている場合には、1カ所あたりの数値はその1/2となる点に注意を要する。層に含まれるすべての仕口曲げ耐力を加算し、階高さで割ることよって層のせん断力が求められる。2階天井梁曲げ耐力は2階に、足固めは1階に算入するが、通し柱の2階床梁仕口の曲げ耐力については上下1、2階へ等配分する。

①雇いほぞ込み栓打ち

　梁幅、栓径と本数、雇いほぞのせいと幅、込み栓のへりあきなどについて適用範囲が規定されており、「設計資料－4」では梁せい15、18、21、24、27、30cmごとに復元力が示されている。本事例では、Y方向（張り間方向）2階の柱梁接合部に用いられている。

②雇いほぞ車知栓打ち

　梁幅、車知栓の厚さと幅、雇いほぞのせいと幅、目違いほぞや胴付の深さなどについて適用範囲が規定されており、「設計資料－4」では梁せい15、18、21、24、27、30cmごとに復元力が示されている。本事例では、X方向（けた行方向）やY方向1階の柱梁接合部に用いられている。

　以上の各要素における計算の詳細を、X方向・Y方向の方向別にそれぞれ表9.2-9、表9.2-10に示す。また、架構別あるいは要素別に集計された復元力については、表9.2-11、表9.2-12に示している。

これらを踏まえ、X方向の復元力をまとめたものが表9.2-13および図9.2-13、Y方向の復元力をまとめたものが表9.2-14および図9.2-14である。

表 9.2-7 垂れ壁付き柱の計算

垂れ壁付き柱の計算 (垂れ壁内の柱変形考慮)

スパン L	182	cm
垂れ t_h	6	cm
垂れ h_1	117	cm
壁高補正	26	cm
束本数	0	本
束成	10	cm
小壁高 h_W	91	cm
小壁 l_W	170	cm
囲み形状比	0.54	

▼選択 入力

参照する樹種

	樹種	F_b kN/cm²	E kN/cm²
	スギ	2.22	686
	ヒノキ	2.67	882
	ケヤキ	2.94	1,176

			柱	スギ	12		柱本数	100	本				
			D	cm			F_b	2.22	kN/cm²				
			Z_e	21600	cm³		E	686	kN/cm²				
			h_0	179.5	cm		I	172800	cm⁴				
			階高 H	296.5	cm		M_c	479.5	kNm				

■参照する土壁データ

γ_0	rad	0.000	1/480	1/240	1/120	1/90	1/60	1/45	1/30	1/20	1/15	1/10	
τ_B	Q/tL kN/m²	0	15	28	48	60	70	68	65	60	52	32	
τ_S		0	30	54	86	96	98	93	84	72	58	34	

■計算表

せん断応力度	勾配	kN/m²/rad	-	12,526	10,856	8,351	4,498	360	-900	-810	-720	-840	-720	
	判定			曲げ	曲げ	曲げ	せん断	せん断	せん断	せん断	せん断	せん断	せん断	
垂壁	γ_W	rad	0.000	0.002	0.004	0.008	0.011	0.017	0.022	0.033	0.050	0.067	0.100	
	δ_W	cm	0.00	2.66	4.97	8.52	9.79	10.00	9.49	8.57	7.34	5.92	3.47	
柱	Q	kN	0.00	0.62	1.24	2.47	3.29	4.94	6.59	9.88	14.83	19.77	29.65	
	δ_C	cm	0.00	1.05	1.96	3.36	3.86	3.94	3.74	3.38	2.90	2.33	1.37	
柱折損	M	kNm	0.0	0.03	0.05	0.09	0.10	0.11	0.10	0.09	0.08	0.06	0.04	
	判定			1.9	3.5	6.0	6.9	7.1	6.7	6.1	5.2	4.2	2.5	
全体	δ	cm	0.00	0.65	1.29	2.56	3.40	5.05	6.69	9.97	14.90	19.83	29.69	
	γ	rad	0.000	0.002	0.004	0.009	0.011	0.017	0.023	0.034	0.050	0.067	0.100	
	Q	kN	0.00	1.05	1.96	3.36	3.86	3.94	3.74	3.38	2.90	2.33	1.37	

■補間(復元力の重ね合わせのため、所定の変形角データに補間する)

計算結果	Q	kN	0.00	1.05	1.96	3.26	3.80	3.94	3.76	3.39	2.91	2.34	1.37	
	γ	rad	0.000	0.002	0.004	0.008	0.011	0.017	0.022	0.033	0.050	0.067	0.100	
	ΔK	kN/rad		482	420	326	178	14	-36	-33	-29	-34	-29	
	指定変形角													
補間結果	γ	rad	0.000	0.002	0.004	0.008	0.011	0.017	0.022	0.033	0.050	0.067	0.100	
	補間 Q	kN	0.00	1.00	1.89	3.26	3.80	3.94	3.76	3.39	2.91	2.34	1.37	

表 9.2-8 垂れ壁・腰壁付き柱の計算

垂れ壁・腰壁付き柱の計算 (垂れ壁・腰壁内の柱変形考慮)

		垂れ壁	腰壁		
スパン l	t_W	182	182	cm	
		6	6		
垂れ腰高 h_2		47	128	cm	
壁高補正		14	19	cm	
束本数		0	1	本	
束高さ		10	10	cm	
小壁 l_W		33	109	cm	
小壁 h_W		170	80		
壁小形状比		0.19	0.73		

▼選択 入力

柱	柱本数	樹種		
D	12	100	2.22	スギ
Z_e	21600	F_b	686	ヒノキ 2.67 882
h_0	68	E	172800	ケヤキ 2.94 1,176
階高 H	243	I	479.5	
たわみ係数	0.00098	M_c	0.00141	A_4 0.00251
A_1		A_2	A_3	

■参照する土壁データ

γ_0	rad	0	1/480	1/240	1/120	1/90	1/60	1/45	1/30	1/20	1/15	1/10	
		0.000	0.002	0.004	0.008	0.011	0.017	0.022	0.033	0.050	0.067	0.100	
τ_B	kN/m²	0	15	28	48	60	70	68	65	60	52	32	
τ_S	kN/m²	0	30	54	86	96	98	93	84	72	58	34	

■計算表

旧γ_{W2}	rad	0	1/480	1/240	1/120	1/90	1/60	1/45	1/30	1/20	1/15	1/10	
		0.000	0.002	0.004	0.008	0.011	0.017	0.022	0.033	0.050	0.067	0.100	
垂壁 $\tau = Q/L$	kN/m²	0	9	18	30	38	44	43	41	38	33	20	
せん断応力度	判定	-	曲げ	曲げ	曲げ	曲げ	曲げ	曲げ	曲げ	曲げ	曲げ	曲げ	
	勾配		4,542	3,937	3,028	2,725	1,136	-227	-170	-189	-303	-379	
γ_{W1}	rad	0.0000	0.0021	0.0042	0.0083	0.0111	0.0167	0.0222	0.0333	0.0500	0.0667	0.1000	
Q_{W1}	kN	0.00	0.97	1.80	3.09	3.86	4.50	4.38	4.18	3.86	3.35	2.06	
垂壁 Σ_1		0	13	25	51	68	135	135	201	302	402	602	
γ_0	rad	0.000	0.002	0.004	0.008	0.011	0.017	0.022	0.033	0.050	0.067	0.100	
腰壁 $\tau = Q/L$	kN/m²	0	30	54	86	96	98	93	84	72	58	34	
せん断応力度	判定	-	せん断	せん断	せん断	せん断	せん断	せん断	せん断	せん断	せん断	せん断	
	勾配		14,400	11,520	7,680	3,600	-900	-720	-810	-720	-840	-720	
新γ_{W2}	rad	0.000	0.002	0.004	0.008	0.011	0.016	0.022	0.033	0.050	0.066	0.100	
Σ_{1+2}		0.000	0.002	0.004	0.008	0.011	0.016	0.022	0.033	0.050	0.066	0.100	
全体 Q_{W2}	kN	0.00	28	53	84	95	98	93	84	72	58	34	
		0.00	2.74	5.04	8.04	9.10	9.40	8.95	8.08	6.93	5.58	3.27	
Σ_2		0	13	25	51	68	101	135	201	302	402	602	
柱 Q	kN	0.000	0.002	0.004	0.008	0.011	0.016	0.022	0.033	0.050	0.067	0.100	
		0.00	1.63	3.00	4.83	5.54	5.82	5.56	5.07	4.40	3.59	2.12	
曲げ M	kNm	0	0	0	0	0	0	0	0	0	0	0	
垂腰 M	kNm	0.0	-1	-1	-1	-1	-1	-1	-1	-1	-1	-1.5	
判定		0.0	1.4	2.6	4.1	4.6	4.6	4.3	3.9	3.2	2.6		
全体 δ	cm	0	0.49	0.98	1.98	2.65	4.00	5.36	8.06	12.12	16.18	24.29	
γ	rad	0.000	0.002	0.004	0.008	0.011	0.016	0.022	0.033	0.050	0.067	0.100	
ΔK	kN/m²/rad		805	678	445	258	50	-46	-44	-40	-48	-44	

指定変形角

■補間 (復元力の重ね合わせのため、所定の変形角データに補間する)

補間 Q	kN	0.00	1/480	1/240	1/120	1/90	1/60	1/45	1/30	1/20	1/15	1/10	
計算結果	rad	0.000	0.002	0.004	0.008	0.011	0.016	0.022	0.033	0.050	0.067	0.100	
	kN	0.00	1.63	3.00	4.83	5.54	5.82	5.56	5.07	4.40	3.59	2.12	
補間 Q	kN	0.00	1/480	1/240	1/120	1/90	1/60	1/45	1/30	1/20	1/15	1/10	
補間結果	rad	0.00	0.002	0.004	0.008	0.011	0.017	0.022	0.033	0.050	0.067	0.100	
	kN	0.00	1.67	3.05	4.88	5.55	5.81	5.56	5.06	4.39	3.58	2.12	

エクセルでの繰り返し計算の方法

→垂れ壁を基準変形させて $\Sigma_1=\Sigma_2$ を満足させる腰壁変形を以下のような繰り返し計算で求めます。$h_1=h_2$ の場合は減衰する繰り返し計算不要。

γ_{W2} の初期値は γ_0 を引用します。そのためエクセルの作業としては、左クリックして γ_{W2} の着色セルをドラッグで選択します。右クリックで「コピー」を選んで、旧 γ_{W2} の着色セルの先頭位置でドラッグ選択して貼り付けると「値」としま

"仮に定垂壁変形(旧)γ_{W2} が計算結果の変形に等しくなるまで次のように繰り返し計算を行います。

① 初期値は γ_0 を引用します。
② 新 γ_{W2} の着色セルをドラッグ選んで、旧 γ_{W2} の先頭位置でドラッグ選択して形式を選択して貼り付けます → 「値」とします。
③ こうすると第 2 回目の初期値に対する計算結果が新 γ_{W2} になります。
④ 次にキーボードの F4 キーを押すと同じ操作が繰り返し実行できます。
⑤ F4 キーを繰り返し押すことで上のグラフの(復元力)が変わります。ここで計算終了となります。あるいは旧 γ_{W2} と新 γ_{W2} の値が一致します。

小壁データが 1/10 まで用意されていても計算される全体変形はより小さくなることに注意。

表 9.2-9　X方向各要素の計算内容

X方向　全面土壁　　計算は別途

通り	階	組合せ	Q kN									
			1/480	1/240	1/120	1/90	1/60	1/45	1/30	1/20	1/15	1/10
Y1	1	a	0.61	1.14	1.96	2.44	2.85	2.77	2.65	2.44	2.12	1.30
Y2	1	$3b'$	2.27	4.25	7.28	9.10	10.62	10.31	9.86	9.10	7.89	4.85
Y6	1	$3b'+c$	2.99	5.57	9.55	11.94	13.93	13.53	12.94	11.94	10.35	6.34
Y9	1	$3b'+c$	2.99	5.57	9.55	11.94	13.93	13.53	12.94	11.94	10.35	6.34
Y6	2	$2d$	1.62	3.03	5.19	6.49	7.57	7.36	7.03	6.49	5.50	3.22

X方向　垂れ壁付き柱　　計算は別途

通り	階	記号	Q kN									
			1/480	1/240	1/120	1/90	1/60	1/45	1/30	1/20	1/15	1/10
Y1	1	$2h$	0.21	0.43	0.86	1.14	1.69	2.20	3.22	4.33	3.98	2.76
Y2	1	$2i$	0.43	0.80	1.37	1.71	2.01	1.95	1.87	1.72	1.49	0.92
Y2	1	j	0.86	1.61	2.79	3.25	3.37	3.21	2.90	2.49	2.00	1.17
Y6	1	$2k$	1.36	2.56	4.43	5.56	6.62	6.54	6.25	5.77	5.01	2.98
Y6	1	j	0.86	1.61	2.79	3.25	3.37	3.21	2.90	2.49	2.00	1.17
Y9	1	$2k$	1.36	2.56	4.43	5.56	6.62	6.54	6.25	5.77	5.01	2.98
Y9	1	j	0.86	1.61	2.79	3.25	3.37	3.21	2.90	2.49	2.00	1.17
Y6	2	l	0.24	0.46	0.83	1.03	1.25	1.26	1.13	0.96	0.78	0.46

X方向　垂れ壁腰壁付き柱　　計算は別途

通り	階	記号	Q kN									
			1/480	1/240	1/120	1/90	1/60	1/45	1/30	1/20	1/15	1/10
Y2	2	$4u$	2.06	3.96	7.24	8.92	11.07	12.46	13.46	12.95	11.13	6.75
Y9	2	$4u$	2.06	3.96	7.24	8.92	11.07	12.46	13.46	12.95	11.13	6.75
Y6	2	v	0.97	1.84	2.91	3.33	3.51	3.41	3.08	2.63	2.12	1.24

X方向　柱長ほぞ

M kNm									
1/480	1/240	1/120	1/90	1/60	1/45	1/30	1/20	1/15	1/10
0.25	0.45	0.70	0.90	1.10	1.30	1.45	1.50	1.50	1.50

通り	階	階h m	個数	Q kN									
				1/480	1/240	1/120	1/90	1/60	1/45	1/30	1/20	1/15	1/10
Y1	1	3.2	7	0.55	0.98	1.53	1.97	2.41	2.84	3.17	3.28	3.28	3.28
Y2	1	3.465	4	0.29	0.52	0.81	1.04	1.27	1.50	1.67	1.73	1.73	1.73
Y2	1	5.895	3	0.13	0.23	0.36	0.46	0.56	0.66	0.74	0.76	0.76	0.76
Y2	2	5.895	3	0.13	0.23	0.36	0.46	0.56	0.66	0.74	0.76	0.76	0.76
Y2	2	2.43	4	0.41	0.74	1.15	1.48	1.81	2.14	2.39	2.47	2.47	2.47
Y6	1	3.465	5	0.36	0.65	1.01	1.30	1.59	1.88	2.09	2.16	2.16	2.16
Y6	1	5.895	4	0.17	0.31	0.47	0.61	0.75	0.88	0.98	1.02	1.02	1.02
Y6	2	5.895	4	0.17	0.31	0.47	0.61	0.75	0.88	0.98	1.02	1.02	1.02
Y6	2	2.43	6	0.62	1.11	1.73	2.22	2.72	3.21	3.58	3.70	3.70	3.70
Y9	1	3.465	6	0.43	0.78	1.21	1.56	1.90	2.25	2.51	2.60	2.60	2.60
Y9	1	5.895	3	0.13	0.23	0.36	0.46	0.56	0.66	0.74	0.76	0.76	0.76
Y9	2	5.895	3	0.13	0.23	0.36	0.46	0.56	0.66	0.74	0.76	0.76	0.76
Y9	2	2.43	4	0.41	0.74	1.15	1.48	1.81	2.14	2.39	2.47	2.47	2.47

X方向　雇いほぞ車知打ち

	梁成	M kNm									
		1/480	1/240	1/120	1/90	1/60	1/45	1/30	1/20	1/15	1/10
両端2箇所のデータ	180	0.57	0.93	1.47	1.70	2.10	2.50	3.27	4.00	4.50	4.53
	270	1.45	2.65	3.95	4.35	5.05	5.50	6.30	6.95	7.10	7.10
	300	1.80	3.30	4.90	5.40	6.20	6.50	7.20	7.70	8.00	8.00

通り	階	階h m	梁成 cm	個数	Q kN									
					1/480	1/240	1/120	1/90	1/60	1/45	1/30	1/20	1/15	1/10
Y1	1	3.465	180	1	0.16	0.27	0.42	0.49	0.61	0.72	0.94	1.15	1.30	1.31
Y1	1	3.465	270	2	0.84	1.53	2.28	2.51	2.91	3.17	3.64	4.01	4.10	4.10
Y2	1	3.465	180	3	0.49	0.81	1.27	1.47	1.82	2.15	2.83	3.46	3.90	3.92
Y2	1	3.465	270	3	1.26	2.29	3.42	3.77	4.37	4.76	5.45	6.02	6.15	6.15
Y2	1	3.465	300	1	0.52	0.95	1.41	1.56	1.79	1.88	2.08	2.22	2.31	2.31
Y2	2	2.43	300	1	0.74	1.36	2.02	2.22	2.55	2.67	2.96	3.17	3.29	3.29
Y6	1	3.465	180	4	0.66	1.07	1.70	1.96	2.42	2.89	3.77	4.62	5.19	5.23
Y6	1	3.465	270	4	1.67	3.06	4.56	5.02	5.83	6.35	7.27	8.02	8.20	8.20
Y6	1	3.465	300	1	0.52	0.95	1.41	1.56	1.79	1.88	2.08	2.22	2.31	2.31
Y6	2	2.43	300	1	0.74	1.36	2.02	2.22	2.55	2.67	2.96	3.17	3.29	3.29
Y9	1	3.465	180	4	0.66	1.07	1.70	1.96	2.42	2.89	3.77	4.62	5.19	5.23
Y9	1	3.465	270	4	1.67	3.06	4.56	5.02	5.83	6.35	7.27	8.02	8.20	8.20
Y9	1	3.465	300	1	0.52	0.95	1.41	1.56	1.79	1.88	2.08	2.22	2.31	2.31
Y9	2	2.43	300	1	0.74	1.36	2.02	2.22	2.55	2.67	2.96	3.17	3.29	3.29

PΔ

階	Σ重量	1/480	1/240	1/120	1/90	1/60	1/45	1/30	1/20	1/15	1/10
		0.0021	0.0042	0.0083	0.0111	0.0167	0.0222	0.0333	0.05	0.0667	0.1
1	284.76	-0.59	-1.19	-2.37	-3.16	-4.75	-6.33	-9.49	-14.24	-18.98	-28.48
2	91.31	-0.19	-0.38	-0.76	-1.01	-1.52	-2.03	-3.04	-4.57	-6.09	-9.13

表 9.2-10 Y方向各要素の計算内容

Y方向　全面土壁　　計算は別途

通り	階	組合せ	Q kN									
			1/480	1/240	1/120	1/90	1/60	1/45	1/30	1/20	1/15	1/10
X1	1	$5b+e$	4.08	7.62	13.06	16.32	19.04	18.50	17.68	16.32	14.15	8.65
X10	1	$e+3g$	3.42	6.39	10.95	13.69	15.97	15.52	14.83	13.69	11.72	6.90
X14	1	$3b+e$	2.78	5.19	8.91	11.13	12.99	12.62	12.06	11.13	9.65	5.88
X2	2	$2d$	1.62	3.03	5.19	6.49	7.57	7.36	7.03	6.49	5.50	3.22
X10	2	$3d$	2.43	4.54	7.79	9.74	11.36	11.03	10.55	9.74	8.25	4.83

Y方向　全面板壁

			Q kN									
			1/480	1/240	1/120	1/90	1/60	1/45	1/30	1/20	1/15	1/10
		1P	1.53	2.40	3.77	4.59	5.93	6.96	8.97	11.62	13.55	14.06

通り	階	枚数	Q kN									
			1/480	1/240	1/120	1/90	1/60	1/45	1/30	1/20	1/15	1/10
X6	2	2	3.06	4.80	7.54	9.18	11.86	13.92	17.94	23.24	27.10	28.12

Y方向　垂れ壁付き柱

通り	階	記号	Q kN									
			1/480	1/240	1/120	1/90	1/60	1/45	1/30	1/20	1/15	1/10
X2	1	$2m+n$	0.72	1.43	2.82	3.71	5.28	6.71	7.87	6.99	5.77	3.30
X6	1	p	0.12	0.23	0.42	0.54	0.71	0.71	0.64	0.55	0.44	0.26
X6	1	q	1.00	1.88	3.24	4.06	4.45	4.25	3.84	3.29	2.65	1.55
X6	1	r	0.16	0.32	0.60	0.75	0.99	1.03	0.93	0.80	0.65	0.38
X10	1	$2t$	1.28	2.31	3.70	4.16	4.26	4.05	3.66	3.13	2.53	1.48
X2	2	o	0.59	1.07	1.71	1.91	1.95	1.85	1.67	1.43	1.15	0.68
X6	2	s	0.14	0.28	0.54	0.69	0.98	1.19	1.25	1.16	1.03	0.65

Y方向　垂れ壁腰壁付き柱　　計算は別途

通り	階	記号	Q kN									
			1/480	1/240	1/120	1/90	1/60	1/45	1/30	1/20	1/15	1/10
X1	1	w	1.79	3.26	5.35	6.16	6.29	5.97	5.39	4.62	3.72	2.18
X14	1	$2w$	3.58	6.53	10.69	12.32	12.58	11.94	10.78	9.24	7.44	4.36
X2	2	$2x$	3.34	6.11	9.75	11.10	11.62	11.11	10.12	8.78	7.16	4.24
X10	2	$2x$	3.34	6.11	9.75	11.10	11.62	11.11	10.12	8.78	7.16	4.24

Y方向　柱長ほぞ

M kNm									
1/480	1/240	1/120	1/90	1/60	1/45	1/30	1/20	1/15	1/10
0.25	0.45	0.70	0.90	1.10	1.30	1.45	1.50	1.50	1.50

通り	階	階h m	個数	Q kN									
				1/480	1/240	1/120	1/90	1/60	1/45	1/30	1/20	1/15	1/10
X1	1	3.465	4	0.29	0.52	0.81	1.04	1.27	1.50	1.67	1.73	1.73	1.73
X2	2	2.43	6	0.62	1.11	1.73	2.22	2.72	3.21	3.58	3.70	3.70	3.70
X6	2	2.43	4	0.41	0.74	1.15	1.48	1.81	2.14	2.39	2.47	2.47	2.47
X10	1	3.465	6	0.43	0.78	1.21	1.56	1.90	2.25	2.51	2.60	2.60	2.60
X10	2	2.43	6	0.62	1.11	1.73	2.22	2.72	3.21	3.58	3.70	3.70	3.70
X14	1	3.465	3	0.22	0.39	0.61	0.78	0.95	1.13	1.26	1.30	1.30	1.30

Y方向　雇いほぞ込栓打ち

	梁成	M kNm									
		1/480	1/240	1/120	1/90	1/60	1/45	1/30	1/20	1/15	1/10
両端2箇所のデータ	180	0.17	0.33	0.53	0.68	1.00	1.27	1.70	2.33	2.77	2.70
	270	0.17	0.33	0.71	0.91	1.30	1.69	2.37	3.09	3.59	3.90
	300	0.17	0.33	0.77	0.99	1.40	1.83	2.60	3.35	3.87	4.30

雇い車知栓打ち

	梁成	M kNm									
		1/480	1/240	1/120	1/90	1/60	1/45	1/30	1/20	1/15	1/10
両端2箇所のデータ	180	0.58	0.94	1.48	1.70	2.10	2.50	3.28	4.00	4.50	4.50
	270	1.46	2.66	3.96	4.36	5.06	5.50	6.30	6.96	6.96	6.96

通り	階	階h m	梁成 cm	個数	Q kN									
					1/480	1/240	1/120	1/90	1/60	1/45	1/30	1/20	1/15	1/10
X1	1	3.465	180	8	1.34	2.17	3.42	3.92	4.85	5.77	7.57	9.24	10.39	10.39
X2	1	3.465	270	6	2.53	4.61	6.86	7.55	8.76	9.52	10.91	12.05	12.05	12.05
X2	1	3.465	300	1	0.05	0.10	0.22	0.29	0.40	0.53	0.75	0.97	1.12	1.24
X2	2	2.43	300	1	0.07	0.14	0.32	0.41	0.58	0.75	1.07	1.38	1.59	1.77
X6	1	3.465	270	5	2.11	3.84	5.71	6.29	7.30	7.94	9.09	10.04	10.04	10.04
X6	1	3.465	300	1	0.05	0.10	0.22	0.29	0.40	0.53	0.75	0.97	1.12	1.24
X6	2	2.43	300	1	0.07	0.14	0.32	0.41	0.58	0.75	1.07	1.38	1.59	1.77
X10	1	3.465	270	5	2.11	3.84	5.71	6.29	7.30	7.94	9.09	10.04	10.04	10.04
X10	1	3.465	300	1	0.05	0.10	0.22	0.29	0.40	0.53	0.75	0.97	1.12	1.24
X10	2	2.43	300	1	0.07	0.14	0.32	0.41	0.58	0.75	1.07	1.38	1.59	1.77
X14	1	3.465	270	6	2.53	4.61	6.86	7.55	8.76	9.52	10.91	12.05	12.05	12.05

PΔ

	階	Σ重量	1/480	1/240	1/120	1/90	1/60	1/45	1/30	1/20	1/15	1/10
			0.0021	0.0042	0.0083	0.0111	0.0167	0.0222	0.0333	0.05	0.0667	0.1
	1	284.76	-0.59	-1.19	-2.37	-3.16	-4.75	-6.33	-9.49	-14.24	-18.98	-28.48
	2	91.31	-0.19	-0.38	-0.76	-1.01	-1.52	-2.03	-3.04	-4.57	-6.09	-9.13

表 9.2-11　X方向各要素の集計

X方向　構面ごとの集計

階	通り	要素	1/480	1/240	1/120	1/90	1/60	1/45	1/30	1/20	1/15	1/10
			Q kN									
1	Y1	土壁	0.61	1.14	1.96	2.44	2.85	2.77	2.65	2.44	2.12	1.30
		板壁										
		垂れ壁	0.21	0.43	0.86	1.14	1.69	2.20	3.22	4.33	3.98	2.76
		垂腰壁										
		柱ほぞ	0.55	0.98	1.53	1.97	2.41	2.84	3.17	3.28	3.28	3.28
		梁仕口	1.00	1.80	2.70	3.00	3.52	3.90	4.58	5.17	5.40	5.41
		合計	2.37	4.35	7.05	8.55	10.47	11.71	13.62	15.23	14.77	12.75
	Y2	土壁	2.27	4.25	7.28	9.10	10.62	10.31	9.86	9.10	7.89	4.85
		板壁										
		垂れ壁	1.29	2.41	4.16	4.97	5.38	5.17	4.77	4.21	3.50	2.09
		垂腰壁										
		柱ほぞ	0.42	0.75	1.16	1.50	1.83	2.16	2.41	2.49	2.49	2.49
		梁仕口	2.27	4.05	6.11	6.80	7.98	8.80	10.36	11.70	12.35	12.38
		合計	6.25	11.46	18.71	22.36	25.80	26.45	27.40	27.51	26.23	21.82
	Y6	土壁	2.99	5.57	9.55	11.94	13.93	13.53	12.94	11.94	10.35	6.34
		板壁										
		垂れ壁	2.22	4.17	7.22	8.82	9.99	9.76	9.15	8.26	7.01	4.15
		垂腰壁										
		柱ほぞ	0.53	0.95	1.49	1.91	2.33	2.76	3.08	3.18	3.18	3.18
		梁仕口	2.85	5.09	7.67	8.54	10.04	11.11	13.13	14.86	15.70	15.73
		合計	8.59	15.78	25.93	31.21	36.30	37.16	38.29	38.24	36.24	29.41
	Y9	土壁	2.99	5.57	9.55	11.94	13.93	13.53	12.94	11.94	10.35	6.34
		板壁										
		垂れ壁	2.22	4.17	7.22	8.82	9.99	9.76	9.15	8.26	7.01	4.15
		垂腰壁										
		柱ほぞ	0.56	1.01	1.57	2.02	2.46	2.91	3.25	3.36	3.36	3.36
		梁仕口	2.85	5.09	7.67	8.54	10.04	11.11	13.13	14.86	15.70	15.73
		合計	8.62	15.84	26.02	31.31	36.43	37.31	38.46	38.42	36.42	29.59
	階合計		25.8	47.4	77.7	93.4	109.0	112.6	117.8	119.4	113.7	93.6
2	Y2	土壁										
		板壁										
		垂れ壁										
		垂腰壁	2.06	3.96	7.24	8.92	11.07	12.46	13.46	12.95	11.13	6.75
		柱ほぞ	0.54	0.97	1.51	1.94	2.37	2.80	3.12	3.23	3.23	3.23
		梁仕口	0.74	1.36	2.02	2.22	2.55	2.67	2.96	3.17	3.29	3.29
		合計	3.33	6.29	10.76	13.08	15.99	17.93	19.55	19.35	17.65	13.27
	Y6	土壁	1.62	3.03	5.19	6.49	7.57	7.36	7.03	6.49	5.50	3.22
		板壁										
		垂れ壁	0.24	0.46	0.83	1.03	1.25	1.26	1.13	0.96	0.78	0.46
		垂腰壁	0.97	1.84	2.91	3.33	3.51	3.41	3.08	2.63	2.12	1.24
		柱ほぞ	0.79	1.42	2.20	2.83	3.46	4.09	4.56	4.72	4.72	4.72
		梁仕口	0.74	1.36	2.02	2.22	2.55	2.67	2.96	3.17	3.29	3.29
		合計	4.35	8.10	13.15	15.91	18.35	18.79	18.77	17.97	16.41	12.93
	Y9	土壁										
		板壁										
		垂れ壁										
		垂腰壁	2.06	3.96	7.24	8.92	11.07	12.46	13.46	12.95	11.13	6.75
		柱ほぞ	0.54	0.97	1.51	1.94	2.37	2.80	3.12	3.23	3.23	3.23
		梁仕口	0.74	1.36	2.02	2.22	2.55	2.67	2.96	3.17	3.29	3.29
		合計	3.33	6.29	10.76	13.08	15.99	17.93	19.55	19.35	17.65	13.27
	階合計		11.0	20.7	34.7	42.1	50.3	54.7	57.9	56.7	51.7	39.5

X方向　要素ごとの集計

階	要素	通り	1/480	1/240	1/120	1/90	1/60	1/45	1/30	1/20	1/15	1/10
			Q kN									
1	土壁	Y1	0.61	1.14	1.96	2.44	2.85	2.77	2.65	2.44	2.12	1.30
		Y2	2.27	4.25	7.28	9.10	10.62	10.31	9.86	9.10	7.89	4.85
		Y6	2.99	5.57	9.55	11.94	13.93	13.53	12.94	11.94	10.35	6.34
		Y9	2.99	5.57	9.55	11.94	13.93	13.53	12.94	11.94	10.35	6.34
		合計	8.86	16.53	28.34	35.42	41.33	40.15	38.38	35.42	30.70	18.84
	板壁	Y1										
		Y2										
		Y6										
		Y9										
		合計										
	垂れ壁	Y1	0.21	0.43	0.86	1.14	1.69	2.20	3.22	4.33	3.98	2.76
		Y2	1.29	2.41	4.16	4.97	5.38	5.17	4.77	4.21	3.50	2.09
		Y6	2.22	4.17	7.22	8.82	9.99	9.76	9.15	8.26	7.01	4.15
		Y9	2.22	4.17	7.22	8.82	9.99	9.76	9.15	8.26	7.01	4.15
		合計	5.94	11.18	19.47	23.73	27.05	26.89	26.30	25.06	21.50	13.16
	垂腰壁	Y1										
		Y2										
		Y6										
		Y9										
		合計										
	柱ほぞ	Y1	0.55	0.98	1.53	1.97	2.41	2.84	3.17	3.28	3.28	3.28
		Y2	0.42	0.75	1.16	1.50	1.83	2.16	2.41	2.49	2.49	2.49
		Y6	0.53	0.95	1.49	1.91	2.33	2.76	3.08	3.18	3.18	3.18
		Y9	0.56	1.01	1.57	2.02	2.46	2.91	3.25	3.36	3.36	3.36
		合計	2.05	3.70	5.75	7.39	9.03	10.68	11.91	12.32	12.32	12.32
	梁仕口	Y1	1.00	1.80	2.70	3.00	3.52	3.90	4.58	5.17	5.40	5.41
		Y2	2.27	4.05	6.11	6.80	7.98	8.80	10.36	11.70	12.35	12.38
		Y6	2.85	5.09	7.67	8.54	10.04	11.11	13.13	14.86	15.70	15.73
		Y9	2.85	5.09	7.67	8.54	10.04	11.11	13.13	14.86	15.70	15.73
		合計	8.97	16.02	24.15	26.88	31.59	34.92	41.19	46.59	49.15	49.25
	階合計		25.8	47.4	77.7	93.4	109.0	112.6	117.8	119.4	113.7	93.6
2	土壁	Y2										
		Y6	1.62	3.03	5.19	6.49	7.57	7.36	7.03	6.49	5.50	3.22
		Y9										
		合計	1.62	3.03	5.19	6.49	7.57	7.36	7.03	6.49	5.50	3.22
	板壁	Y2										
		Y6										
		Y9										
		合計										
	垂れ壁	Y2										
		Y6	0.24	0.46	0.83	1.03	1.25	1.26	1.13	0.96	0.78	0.46
		Y9	0.00	0.00	0.00	0.00	0.00	0.00	0.00	0.00	0.00	0.00
		合計	0.24	0.46	0.83	1.03	1.25	1.26	1.13	0.96	0.78	0.46
	垂腰壁	Y2	2.06	3.96	7.24	8.92	11.07	12.46	13.46	12.95	11.13	6.75
		Y6	0.97	1.84	2.91	3.33	3.51	3.41	3.08	2.63	2.12	1.24
		Y9	2.06	3.96	7.24	8.92	11.07	12.46	13.46	12.95	11.13	6.75
		合計	5.08	9.76	17.39	21.18	25.65	28.32	30.00	28.52	24.37	14.74
	柱ほぞ	Y2	0.54	0.97	1.51	1.94	2.37	2.80	3.12	3.23	3.23	3.23
		Y6	0.79	1.42	2.20	2.83	3.46	4.09	4.56	4.72	4.72	4.72
		Y9	0.54	0.97	1.51	1.94	2.37	2.80	3.12	3.23	3.23	3.23
		合計	1.86	3.36	5.22	6.71	8.20	9.69	10.81	11.19	11.19	11.19
	梁仕口	Y2	0.74	1.36	2.02	2.22	2.55	2.67	2.96	3.17	3.29	3.29
		Y6	0.74	1.36	2.02	2.22	2.55	2.67	2.96	3.17	3.29	3.29
		Y9	0.74	1.36	2.02	2.22	2.55	2.67	2.96	3.17	3.29	3.29
		合計	2.22	4.07	6.05	6.67	7.65	8.02	8.89	9.51	9.88	9.88
	階合計		11.0	20.7	34.7	42.1	50.3	54.7	57.9	56.7	51.7	39.5

表 9.2-12　Y方向各要素の集計

Y方向　構面ごとの集計

階	通り	要素	Q kN 1/480	1/240	1/120	1/90	1/60	1/45	1/30	1/20	1/15	1/10
1	X1	土壁	4.08	7.62	13.06	16.32	19.04	18.50	17.68	16.32	14.15	8.65
		板壁										
		垂れ壁										
		垂腰壁	1.79	3.26	5.35	6.16	6.29	5.97	5.39	4.62	3.72	2.18
		柱ほぞ	0.29	0.52	0.81	1.04	1.27	1.50	1.67	1.73	1.73	1.73
		梁仕口	1.34	2.17	3.42	3.92	4.85	5.77	7.57	9.24	10.39	10.39
		合計	7.50	13.57	22.63	27.45	31.45	31.74	32.32	31.91	29.99	22.95
	X2	土壁										
		板壁										
		垂れ壁	0.72	1.43	2.82	3.71	5.28	6.71	7.87	6.99	5.77	3.30
		垂腰壁										
		柱ほぞ										
		梁仕口	2.58	4.70	7.08	7.84	9.17	10.05	11.66	13.02	13.17	13.29
		合計	3.29	6.13	9.90	11.54	14.45	16.76	19.52	20.01	18.94	16.59
	X6	土壁										
		板壁										
		垂れ壁	1.28	2.43	4.26	5.35	6.13	5.99	5.41	4.63	3.74	2.19
		垂腰壁										
		柱ほぞ	0.00	0.00	0.00	0.00	0.00	0.00	0.00	0.00	0.00	0.00
		梁仕口	2.16	3.93	5.94	6.58	7.71	8.46	9.84	11.01	11.16	11.28
		合計	3.44	6.36	10.20	11.92	13.84	14.46	15.25	15.64	14.90	13.47
	X10	土壁	3.42	6.39	10.95	13.69	15.97	15.52	14.83	13.69	11.72	6.90
		板壁										
		垂れ壁	1.28	2.31	3.70	4.16	4.26	4.05	3.66	3.13	2.53	1.48
		垂腰壁										
		柱ほぞ	0.43	0.78	1.21	1.56	1.90	2.25	2.51	2.60	2.60	2.60
		梁仕口	2.16	3.93	5.94	6.58	7.71	8.46	9.84	11.01	11.16	11.28
		合計	7.29	13.41	21.80	25.98	29.84	30.28	30.84	30.43	28.00	22.26
	X14	土壁	2.78	5.19	8.91	11.13	12.99	12.62	12.06	11.13	9.65	5.88
		板壁										
		垂れ壁										
		垂腰壁	3.58	6.53	10.69	12.32	12.58	11.94	10.78	9.24	7.44	4.36
		柱ほぞ	0.22	0.39	0.61	0.78	0.95	1.13	1.26	1.30	1.30	1.30
		梁仕口	2.53	4.61	6.86	7.55	8.76	9.52	10.91	12.05	12.05	12.05
		合計	9.11	16.72	27.06	31.78	35.28	35.20	35.00	33.72	30.44	23.59
	階合計		30.6	56.2	91.6	108.7	124.9	128.4	132.9	131.7	122.3	98.9
2	X2	土壁	1.62	3.03	5.19	6.49	7.57	7.36	7.03	6.49	5.50	3.22
		板壁										
		垂れ壁	0.59	1.07	1.71	1.91	1.95	1.85	1.67	1.43	1.15	0.68
		垂腰壁	3.34	6.11	9.75	11.10	11.62	11.11	10.12	8.78	7.16	4.24
		柱ほぞ	0.62	1.11	1.73	2.22	2.72	3.21	3.58	3.70	3.70	3.70
		梁仕口	0.07	0.14	0.32	0.41	0.58	0.75	1.07	1.38	1.59	1.77
		合計	6.24	11.45	18.69	22.13	24.44	24.28	23.48	21.78	19.11	13.61
	X6	土壁										
		板壁	3.06	4.80	7.54	9.18	11.86	13.92	17.94	23.24	27.10	28.12
		垂れ壁	0.14	0.28	0.54	0.69	0.98	1.19	1.25	1.16	1.03	0.65
		垂腰壁										
		柱ほぞ	0.41	0.74	1.15	1.48	1.81	2.14	2.39	2.47	2.47	2.47
		梁仕口	0.07	0.14	0.32	0.41	0.58	0.75	1.07	1.38	1.59	1.77
		合計	3.68	5.96	9.55	11.76	15.23	18.00	22.65	28.25	32.19	33.00
	X10	土壁	2.43	4.54	7.79	9.74	11.36	11.03	10.55	9.74	8.25	4.83
		板壁										
		垂れ壁										
		垂腰壁	3.34	6.11	9.75	11.10	11.62	11.11	10.12	8.78	7.16	4.24
		柱ほぞ	0.62	1.11	1.73	2.22	2.72	3.21	3.58	3.70	3.70	3.70
		梁仕口	0.07	0.14	0.32	0.41	0.58	0.75	1.07	1.38	1.59	1.77
		合計	6.46	11.90	19.58	23.47	26.28	26.11	25.32	23.60	20.71	14.55
	階合計		16.4	29.3	47.8	57.4	65.9	68.4	71.4	73.6	72.0	61.2

Y方向　要素ごとの集計

階	要素	通り	Q kN 1/480	1/240	1/120	1/90	1/60	1/45	1/30	1/20	1/15	1/10
1	土壁	X1	4.08	7.62	13.06	16.32	19.04	18.50	17.68	16.32	14.15	8.65
		X2										
		X6										
		X10	3.42	6.39	10.95	13.69	15.97	15.52	14.83	13.69	11.72	6.90
		X14	2.78	5.19	8.91	11.13	12.99	12.62	12.06	11.13	9.65	5.88
		合計	10.29	19.20	32.91	41.14	48.00	46.63	44.57	41.14	35.51	21.42
	板壁	X1										
		X2										
		X6										
		X10										
		X14										
		合計										
	垂れ壁	X1										
		X2	0.72	1.43	2.82	3.71	5.28	6.71	7.87	6.99	5.77	3.30
		X6	1.28	2.43	4.26	5.35	6.13	5.99	5.41	4.63	3.74	2.19
		X10	1.28	2.31	3.70	4.16	4.26	4.05	3.66	3.13	2.53	1.48
		X14										
		合計	3.28	6.17	10.73	13.21	15.68	16.75	16.94	14.76	12.03	6.97
	垂腰壁	X1	1.79	3.26	5.35	6.16	6.29	5.97	5.39	4.62	3.72	2.18
		X2										
		X6										
		X10										
		X14	3.58	6.53	10.69	12.32	12.58	11.94	10.78	9.24	7.44	4.36
		合計	5.38	9.79	16.04	18.48	18.87	17.90	16.17	13.86	11.17	6.55
	柱ほぞ	X1	0.29	0.52	0.81	1.04	1.27	1.50	1.67	1.73	1.73	1.73
		X2										
		X6	0.00	0.00	0.00	0.00	0.00	0.00	0.00	0.00	0.00	0.00
		X10	0.43	0.78	1.21	1.56	1.90	2.25	2.51	2.60	2.60	2.60
		X14	0.22	0.39	0.61	0.78	0.95	1.13	1.26	1.30	1.30	1.30
		合計	0.94	1.69	2.63	3.38	4.13	4.88	5.44	5.63	5.63	5.63
	梁仕口	X1	1.34	2.17	3.42	3.92	4.85	5.77	7.57	9.24	10.39	10.39
		X2	2.58	4.70	7.08	7.84	9.17	10.05	11.66	13.02	13.17	13.29
		X6	2.16	3.93	5.94	6.58	7.71	8.46	9.84	11.01	11.16	11.28
		X10	2.16	3.93	5.94	6.58	7.71	8.46	9.84	11.01	11.16	11.28
		X14	2.53	4.61	6.86	7.55	8.76	9.52	10.91	12.05	12.05	12.05
		合計	10.76	19.34	29.23	32.46	38.19	42.28	49.82	56.33	57.93	58.30
	階合計		30.6	56.2	91.6	108.7	124.9	128.4	132.9	131.7	122.3	98.9
2	土壁	X2	1.62	3.03	5.19	6.49	7.57	7.36	7.03	6.49	5.50	3.22
		X6										
		X10	2.43	4.54	7.79	9.74	11.36	11.03	10.55	9.74	8.25	4.83
		合計	4.06	7.57	12.98	16.23	18.93	18.39	17.58	16.23	13.75	8.06
	板壁	X2										
		X6	3.06	4.80	7.54	9.18	11.86	13.92	17.94	23.24	27.10	28.12
		X10										
		合計	3.06	4.8	7.54	9.18	11.86	13.92	17.94	23.24	27.1	28.12
	垂れ壁	X2	0.59	1.07	1.71	1.91	1.95	1.85	1.67	1.43	1.15	0.68
		X6	0.14	0.28	0.54	0.69	0.98	1.19	1.25	1.16	1.03	0.65
		X10										
		合計	0.73	1.35	2.24	2.59	2.93	3.04	2.92	2.59	2.18	1.32
	垂腰壁	X2	3.34	6.11	9.75	11.10	11.62	11.11	10.12	8.78	7.16	4.24
		X6										
		X10	3.34	6.11	9.75	11.10	11.62	11.11	10.12	8.78	7.16	4.24
		合計	6.68	12.22	19.50	22.21	23.25	22.22	20.25	17.56	14.33	8.47
	柱ほぞ	X2	0.62	1.11	1.73	2.22	2.72	3.21	3.58	3.70	3.70	3.70
		X6	0.41	0.74	1.15	1.48	1.81	2.14	2.39	2.47	2.47	2.47
		X10	0.62	1.11	1.73	2.22	2.72	3.21	3.58	3.70	3.70	3.70
		合計	1.65	2.96	4.61	5.93	7.24	8.56	9.55	9.88	9.88	9.88
	梁仕口	X2	0.07	0.14	0.32	0.41	0.58	0.75	1.07	1.38	1.59	1.77
		X6	0.07	0.14	0.32	0.41	0.58	0.75	1.07	1.38	1.59	1.77
		X10	0.07	0.14	0.32	0.41	0.58	0.75	1.07	1.38	1.59	1.77
		合計	0.21	0.41	0.95	1.22	1.73	2.26	3.21	4.14	4.78	5.31
	階合計		16.4	29.3	47.8	57.4	65.9	68.4	71.4	73.6	72.0	61.2

表 9.2-13 X方向の復元力

階	要素	Q[kN]									
		1/480	1/240	1/120	1/90	1/60	1/45	1/30	1/20	1/15	1/10
		0.0021	0.0042	0.0083	0.0111	0.0167	0.0222	0.0333	0.05	0.0667	0.1
1	土壁	8.86	16.53	28.34	35.42	41.33	40.15	38.38	35.42	30.70	18.84
	板壁										
	垂れ壁	5.94	11.18	19.47	23.73	27.05	26.89	26.30	25.06	21.50	13.16
	垂腰壁										
	柱ほぞ	2.05	3.70	5.75	7.39	9.03	10.68	11.91	12.32	12.32	12.32
	梁仕口	8.97	16.02	24.15	26.88	31.59	34.92	41.19	46.59	49.15	49.25
	PΔ	-0.59	-1.19	-2.37	-3.16	-4.75	-6.33	-9.49	-14.24	-18.98	-28.48
	合計	25.23	46.24	75.34	90.27	104.25	106.31	108.28	105.16	94.69	65.09
2	土壁	1.62	3.03	5.19	6.49	7.57	7.36	7.03	6.49	5.50	3.22
	板壁										
	垂れ壁	0.24	0.46	0.83	1.03	1.25	1.26	1.13	0.96	0.78	0.46
	垂腰壁	5.08	9.76	17.39	21.18	25.65	28.32	30.00	28.52	24.37	14.74
	柱ほぞ	0.42	0.76	1.19	1.53	1.87	2.21	2.46	2.54	2.54	2.54
	梁仕口	2.22	4.07	6.05	6.67	7.65	8.02	8.89	9.51	9.88	9.88
	PΔ	-0.19	-0.38	-0.76	-1.01	-1.52	-2.03	-3.04	-4.57	-6.09	-9.13
	合計	10.83	20.30	33.92	41.06	48.81	52.63	54.82	52.10	45.63	30.35

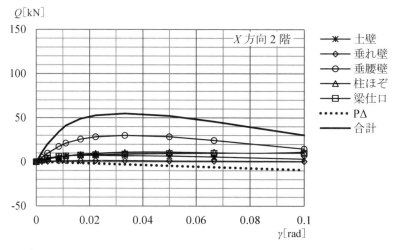

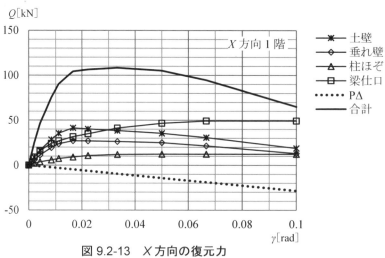

図 9.2-13 X方向の復元力

表 9.2-14　Y方向の復元力

階	要素	Q[kN]									
		1/480	1/240	1/120	1/90	1/60	1/45	1/30	1/20	1/15	1/10
		0.0021	0.0042	0.0083	0.0111	0.0167	0.0222	0.0333	0.05	0.0667	0.1
1	土壁	10.29	19.20	32.91	41.14	48.00	46.63	44.57	41.14	35.51	21.42
	板壁	0.00	0.00	0.00	0.00	0.00	0.00	0.00	0.00	0.00	0.00
	垂れ壁	3.28	6.17	10.78	13.21	15.68	16.75	16.94	14.76	12.03	6.97
	垂腰壁	5.38	9.79	16.04	18.48	18.87	17.90	16.17	13.86	11.17	6.55
	柱ほぞ	0.94	1.69	2.63	3.38	4.13	4.88	5.44	5.63	5.63	5.63
	梁仕口	10.76	19.34	29.23	32.46	38.19	42.28	49.82	56.33	57.93	58.30
	PΔ	-0.59	-1.19	-2.37	-3.16	-4.75	-6.33	-9.49	-14.24	-18.98	-28.48
	合計	30.04	55.01	89.22	105.51	120.11	122.11	123.45	117.48	103.29	70.38
2	土壁	4.06	7.57	12.98	16.23	18.93	18.39	17.58	16.23	13.75	8.06
	板壁	3.06	4.80	7.54	9.18	11.86	13.92	17.94	23.24	27.10	28.12
	垂れ壁	0.73	1.35	2.24	2.59	2.93	3.04	2.92	2.59	2.18	1.32
	垂腰壁	6.68	12.22	19.50	22.21	23.25	22.22	20.25	17.56	14.33	8.47
	柱ほぞ	1.65	2.96	4.61	5.93	7.24	8.56	9.55	9.88	9.88	9.88
	梁仕口	0.21	0.41	0.95	1.22	1.73	2.26	3.21	4.14	4.78	5.31
	PΔ	-0.19	-0.38	-0.76	-1.01	-1.52	-2.03	-3.04	-4.57	-6.09	-9.13
	合計	16.19	28.93	47.06	56.34	64.42	66.36	68.40	69.06	65.93	52.03

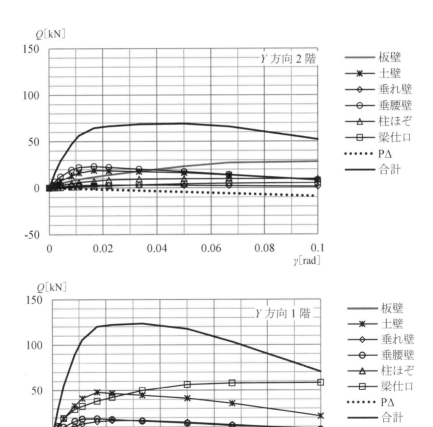

図 9.2-14　Y方向の復元力

せん断力係数比 C_2/C_b と限界せん断力係数比 R_{CO} との比較から、降伏形は表 9.2-15 のように想定される。ここでは少し幅を持たせて、$C_2/C_b<0.9R_{CO}$ を 2 階降伏、$0.9R_{CO}≦C_2/C_b≦1.1R_{CO}$ を同時降伏、$C_2/C_b>1.1R_{CO}$ を 1 階降伏として計算法や計算を刻む階を決定している。したがって、X 方向 1/120 耐力時では $0.9R_{CO}<C_2/C_b<1.1R_{CO}$ より同時降伏、X 方向 1/20 耐力時および Y 方向 1/120 耐力時、1/20 耐力時では 1 階先行降伏形となる。同時降伏の場合の収斂計算法は「設計資料 2」の 2.1.2.3 項による。

表 9.2-15　C_2/C_b と R_{CO} の比較

	重量	階高	X 方向 1/120 耐力		X 方向 1/20 耐力	
2 階	W_2＝91.3kN	H_2＝2.43m	Q_2＝33.9	C_2＝0.362	Q_2＝52.1	C_2＝0.571
1 階	W_1＝193.5kN	H_1＝3.465m	Q_1＝75.3	C_b＝0.263	Q_1＝105.2	C_b＝0.369
合計	284.8kN	5.895m	C_2/C_b＝1.38→同時降伏		C_2/C_b＝1.55→1 階降伏	
	$R_W=W_2/W_1=0.471$ $R_H=H_2/H_1=0.701$ $R_{CO}=(1+R_W)(1+R_H)/(1+R_W+R_WR_H)$ $=2.502/1.801=1.389$ $0.9R_{CO}=1.25$、$1.1R_{CO}=1.53$		Y 方向 1/120 耐力		Y 方向 1/20 耐力	
			Q_2＝47.1	C_2＝0.503	Q_2＝69.1	C_2＝0.757
			Q_1＝89.2	C_b＝0.311	Q_1＝117.5	C_b＝0.413
			C_2/C_b＝1.62→1 階降伏		C_2/C_b＝1.83→1 階降伏	

4）地震応答計算結果

5 章 5.5 節で解説した「変形増分法 1（旧マニュアル）」「変形増分法 2（JSCA）」「収斂計算法 1（本マニュアル）」「収斂計算法 2（本マニュアル）」の 4 つの計算法のうち、収斂計算法 2 による近似応答計算の結果を図 9.2-15（X 方向）、図 9.2-16（Y 方向）に示す。本計算では、履歴減衰の計算に使用する初期剛性は 1/120 としており、計算ステップ 1/120 以下では減衰定数を 0.05 としている。

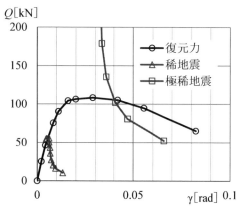

	稀地震	極稀地震
2 階	1/182	1/105
1 階	1/183	1/21

図 9.2-15　収斂法 2 による X 方向計算結果

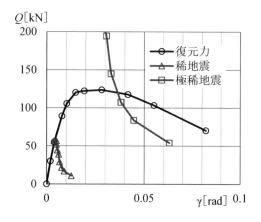

	稀地震	極稀地震
2 階	1/298	1/142
1 階	1/229	1/23

図 9.2-16　収斂法 2 による Y 方向計算結果

参考として、上記の4つの計算法による計算結果の比較を表9.2-16に示す。1階降伏となるY方向では変形増分法1を除く3つの計算法による結果は若干の差があるものの、1階降伏という性状に違いはない。しかし、同時降伏となるX方向では、従来の変形増分法1および変形増分法2では正しく計算できないことがわかる。

表9.2-16　4つの計算法による計算結果の比較

モデル	計算法	稀地震		極稀地震	
		2階変形	1階変形	2階変形	1階変形
X方向 （けた行）	変形増分法1	1/123	1/205	1/16	1/51
	変形増分法2	1/182	1/183	1/77	1/21
	収斂計算法1	1/182	1/183	1/106	1/20
	収斂計算法2	1/182	1/183	1/105	1/21
Y方向 （張り間）	変形増分法1	1/253	1/235	1/40	1/27
	変形増分法2	1/327	1/226	1/136	1/23
	収斂計算法1	1/298	1/229	1/143	1/23
	収斂計算法2	1/298	1/229	1/142	1/23

（柱脚の滑りの検討）

柱脚の滑りを考慮した限界耐力計算の結果を図9.2-17（X方向）、図9.2-18（Y方向）に示す。

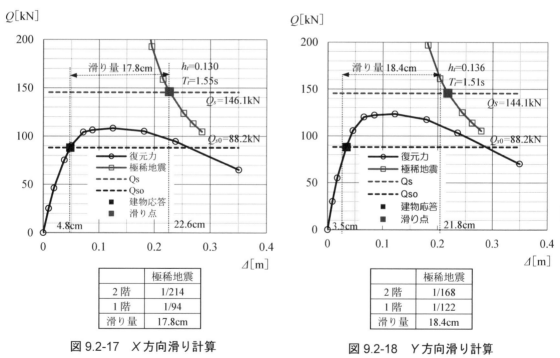

図9.2-17　X方向滑り計算　　　　図9.2-18　Y方向滑り計算

標準状態として柱底面と礎石間の摩擦係数を0.4、極めて稀に発生する地震動時に1階床レベルに作用する加速度を0.4Gと想定しているが、滑り量を安全側（大きめ）に評価するために、摩擦係数を0.4×0.9＝0.36、1階床（基礎）加速度を0.4G×1.2＝0.48Gとして次のように計算する。滑り減衰に関するパラメータβ＝0.25としている。

・柱脚滑りの判定（7 章 7.3.1 項参照）

柱脚部が有する摩擦力 $F_0=\mu\Sigma W=0.36\times(284.7+119.4)=145.5$kN

柱脚部に作用する最大せん断力

X 方向：$Q_0=Q_1+m_0\alpha=108.3+0.48\times119.4=165.6$kN

Y 方向：$Q_0=Q_1+m_0\alpha=123.5+0.48\times119.4=180.8$kN

したがって両方向とも $F_0<Q_0$ となるので、柱脚の滑りによる移動が生じると判断する。

・滑り計算に用いる滑りせん断力

滑りせん断力 Q_S=摩擦係数×（1、2 階重量+基礎重量）=$0.36\times(284.7+119.4)=145.5$kN

滑り時上部せん断力 $Q_{S0}=Q_S$-基礎加速度×基礎質量=$145.5-0.48\times119.4=88.2$kN

以上から、礎石は、7 章 7.3.1 項により 37cm（移動量×2）以上の寸法を確保する。

（ゾーニングによる検討）

本建物は部分 2 階建てであり、X10〜X14 の下屋部分の長さが 3.64m＞1.5m であるため、Y 方向の地震応答計算においては、図 9.2-19 に示すように 2 階部分と 1 階部分とに分割し、ゾーン別に計算を行う。表 9.2-17 にゾーン別建物重量を、図 9.2-20 にゾーン別建物復元力を示す。

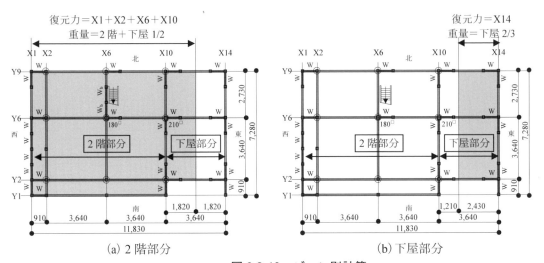

図 9.2-19　ゾーン別計算

表 9.2-17　ゾーン別建物重量

階	階高	重量		
		全体モデル	2 階モデル	下屋モデル
2 階	2.430m	91.3kN	91.3kN	—
1 階	3.465m	193.5kN	150.1kN	43.4kN
計	5.895m	284.8kN	241.4kN	43.4kN

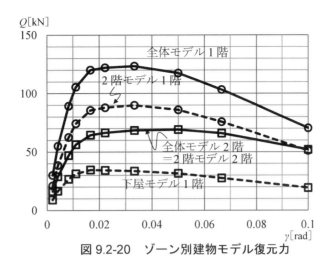

図 9.2-20　ゾーン別建物モデル復元力

　ゾーン別 2 階モデルにおける C_2/C_b と R_{CO} を比較したものが表 9.2-18 であり、稀地震動時、極稀地震動時とも 1 階降伏となる。また、収斂計算法 2 による近似応答計算の結果を図 9.2-21 に示す。

　ゾーン別モデルにおける最大変形は、2 階モデルの 1 階の変形角 1/22 であり、1/20 以下である。

表 9.2-18　ゾーン別 2 階モデルの C_2/C_b と R_{CO} の比較

	重量	階高	Y方向 1/120 耐力		Y方向 1/20 耐力	
2 階	W_2＝91.3kN	H_2＝2.43m	Q_2＝47.1	C_2＝0.516	Q_2＝69.1	C_2＝0.757
1 階	W_1＝150.1kN	H_1＝3.465m	Q_1＝62.5	C_b＝0.258	Q_1＝85.9	C_b＝0.356
合計	241.4kN	5.895m	C_2/C_b＝2.00→1 階降伏		C_2/C_b＝2.13→1 階降伏	
	$R_W=W_2/W_1=0.608$ $R_H=H_2/H_1=0.701$ $R_{CO}=(1+R_W)(1+R_H)/(1+R_W+R_WR_H)=2.74/2.03=1.35$ $0.9R_{CO}=1.21$、$1.1R_{CO}=1.48$					

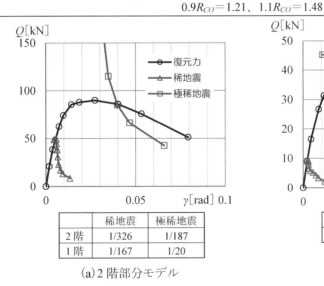

	稀地震	極稀地震
2 階	1/326	1/187
1 階	1/167	1/20

(a) 2 階部分モデル

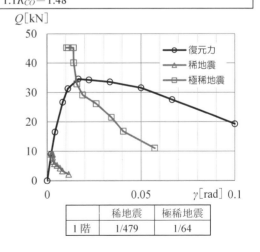

	稀地震	極稀地震
1 階	1/479	1/64

(b) 下屋部分モデル

図 9.2-21　ゾーン別モデルの応答計算結果

5）偏心率の算定

　柱軸力から計算される重心と、1/120 変形時および 1/20 変形時の等価剛性から計算される剛心の位置を図 9.2-22 に示す。これをもとに求められる偏心率を一覧にしたものが表 9.2-19 である。ここで、捩り剛性の計算に用いる計算方向と直交する方向の剛性については、計算方向 1/120 変形時では直交方向も 1/120 変形時、計算方向 1/20 変形時では直交方向は 1/90 変形時の等価剛性を用いている。

　表 9.2-19 によると、1/120 変形時の偏心率は 0.12、1/20 変形時の偏心率は 0.03 であり、何れも 0.15 以下に収まっている。

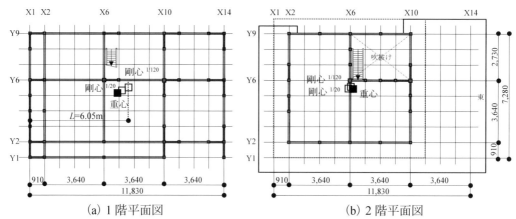

(a) 1 階平面図　　　　　　　　　　(b) 2 階平面図

図 9.2-22　重心および剛心位置

表 9.2-19　偏心率の計算

(a) 1/120 変形時

階	方向	剛性 K [kN/m]	重心 g [m]	剛心 l [m]	偏心距離 e [m]	捩り剛性 K_R [kN·m]	弾力半径 r_e [m]	偏心率 R_e
2 階	X	1713	4.67	4.62	0.05	35,901	4.58	0.03
	Y	2362	4.12	4.27	0.14	35,901	3.90	0.01
1 階	X	2691	5.40	6.05	0.65	93,281	5.89	0.07
	Y	3172	3.78	4.17	0.39	93,281	5.42	0.12

(b) 1/20 変形時

階	方向	剛性 K [kN/m]	重心 g [m]	剛心 l [m]	偏心距離 e [m]	捩り剛性 K_R [kN·m]	弾力半径 r_e [m]	偏心率 R_e
2 階	X	466.4	4.67	4.64	0.03	25,613	7.41	0.02
	Y	606.0	4.12	4.24	0.11	14,851	4.95	0.01
1 階	X	689.2	5.40	5.60	0.20	70,754	10.13	0.02
	Y	760.3	3.78	4.01	0.23	35,168	6.80	0.03

　一方、図 9.2-19 のようにゾーニングを行った 2 階モデルの 1 階部分における重心および 1/20 変形時（直交 X 方向は 1/90 変形時剛性）の剛心の位置を図 9.2-23 に示す。これをもとに計算した偏心率を示したものが表 9.2-20 である。全体モデルに比べて、ゾーニングモデルでは 1/20 変形時の偏心率が 0.03 から 0.17 へ増大しているので、変形の補正が必要となる。

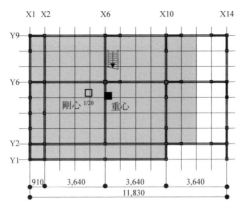

図 9.2-23　ゾーニング 2 階モデル 1 階部分の重心と剛心位置

表 9.2-20　ゾーニングモデルの 1/20 変形時の偏心率の計算

階	方向	剛性 K [kN/m]	重心 g [m]	剛心 l [m]	偏心距離 e [m]	捩り剛性 K_R [kN·m]	弾力半径 r_e [m]	偏心率 R_e
1 階	X	689.2	4.73	3.46	1.27	25,012	6.02	0.04
	Y	565.6	3.77	4.01	0.24	31,280	7.44	0.17

9.2.5　その他の検討

1) 通し柱の折損に関する検討

7 章に示した (7.5)式を用いて、通し柱の折損の検討を行う。

$$\Delta R \leqq \alpha \frac{2HF_b}{3DE}$$

1 階と 2 階の変形角の差 ΔR の最大値は、図 9.2-16 に示す Y 方向極稀地震時で

$$\Delta R = \frac{1}{23} - \frac{1}{142} = 0.0364$$

と求められる（図 9.2-24）。ここで 7 章 7.2.1 項のせん断力の割り増しに対応させて ΔR を 1.2 倍して $\Delta R = 1.2 \times 0.0364 = 0.0437$ とする。(7.5)式の右辺については、全高さ $H = 5895$mm、曲げ強度 $F_b = 22.2$N/mm^2、柱せい $D = 150$mm、ヤング係数 $E = 6860$N/mm^2、断面有効率 α は表 7.1 より $\alpha = 0.56$（柱径 150mm の四方差）とすると、

$$\alpha \frac{2HF_b}{3DE} = 0.56 \times \frac{2 \times 5895 \times 22.2}{3 \times 150 \times 6860} = 0.0474$$

となる。したがって、0.0437≦00474 と検討式を満足するので柱の折損は生じない。

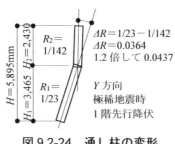

図 9.2-24 通し柱の変形

2）下屋部分屋根のせん断耐力の検討

下屋部分に対して負担軸力に相当する以上の地震力せん断耐力を期待することが多いが、この場合には負担重量による地震力以上のせん断力を下屋の屋根部分が伝達できることを確認する必要がある。

極稀地震動時の 1 階の最大変形は、図 9.2-15 および図 9.2-16 より両方向とも 1/20〜1/25 程度であるため、最大耐力となる 1/30 時について移行せん断力を計算すると、図 9.2-25 に示すように、X 方向極稀地震動に対しては Y1〜Y2 間の片流れ屋根で 7.2kN、Y 方向極稀地震に対しては X1〜X2 間の切妻屋根で 21.8kN、X10〜X14 間の切妻屋根で 21.4kN のせん断力をそれぞれ下屋部分へ伝達しなければならない。

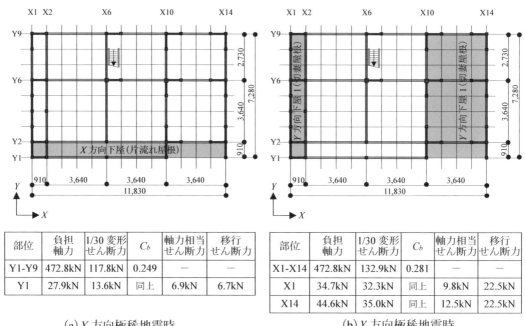

部位	負担軸力	1/30変形せん断力	C_b	軸力相当せん断力	移行せん断力
Y1-Y9	472.8kN	117.8kN	0.249	—	—
Y1	27.9kN	13.6kN	同上	6.9kN	6.7kN

部位	負担軸力	1/30変形せん断力	C_b	軸力相当せん断力	移行せん断力
X1-X14	472.8kN	132.9kN	0.281	—	—
X1	34.7kN	32.3kN	同上	9.8kN	22.5kN
X14	44.6kN	35.0kN	同上	12.5kN	22.5kN

（a）X 方向極稀地震時　　　　　　　　　　（b）Y 方向極稀地震時

図 9.2-25 下屋部分に伝達されるせん断力

X 方向の Y1 通り側の移行せん断力 6.7kN については、片流れ屋根に対して単位長さ当たり 6.7kN/11.83m＝0.57kN/m のせん断耐力が必要となる。7 章の表 7.5 に示す片流れ屋根（標準仕様）のせん断耐力 0.76kN/m を下回っており、伝達可能である。

　一方、Y 方向の X1 通り側の移行せん断力 22.5kN については、切妻屋根に対して単位長さ当たり 22.5kN/7.28m＝3.09kN/m のせん断耐力が、また Y 方向の X14 通り側の移行せん断力 22.5kN についても同様に 3.09kN/m のせん断耐力が必要となる。これらは 7 章表 7.4 に示した切妻屋根（標準仕様）のせん断耐力 0.59kN/m に対して大きく不足しており、何らかの対応が求められる。対処方法としては野地板の仕様の変更が考えられる。仕様変更後のせん断耐力を 7 章 7.2.4 項に示す計算法により求め、以下のように変更する。

- Y 方向の X1 通り側および X14 通り側
  野地板：スギ板 38mm×190mm×1820mm、釘 N125×2 本、釘間の距離 140mm（d＝140mm）、垂木間隔 250mm
  → 屋根勾配補正後のせん断耐力 3.25kN/m＞3.09kN/m　OK

10章　既存建築物の耐震診断・耐震補強設計の事例

10.1　現地での構造調査・耐久性調査の方法

10.1.1　現地調査の目的

現地調査は、構造詳細調査と耐久性調査の2種類からなる。その他に、意匠調査、歴史的な背景などが記された書誌をはじめとする資料収集も必要に応じて実施する。

1）構造詳細調査の目的

構造の調査は、建築物の耐震性能評価（耐震診断および耐震補強設計）に必要となる建築物の平面形状、階高・軒高等の断面形状を実測し、その構造的特徴とともに構造詳細を把握することを目的とする。また、建築物の重量算出に必要となる屋根葺き材の材質、小屋組・床組・軸組部材の各寸法、外装および内装の仕上げ材についても調査を行い、耐震診断および耐震補強設計の資料として図化する。なお、構造安全性上の問題や課題が見つかった場合には、その解決に必要な調査も行う。

2）耐久性調査の目的

建築物の耐久性調査（劣化調査）は、建築物の劣化状況や健全性を把握するために、主要な構造部材や下地材を中心に木部の生物劣化（腐朽および虫害）や損傷の現況を調査し、劣化診断を行い、部材等の修繕や更新に必要となる資料とともに将来の維持管理に役立つ資料を整備することを目的とする。

3）現地調査の流れ

現地調査は、①事前準備（装備と予備情報）、②本調査（準備・実施・片付け）、③結果の分析と取りまとめからなる。必要に応じて段階的に実施し、例えば耐久性調査では一次調査で建築物全体の状態の概要を把握し、二次調査で劣化部位を中心に詳細調査を行うといった形で進めることがある。

なお、耐久性調査では建築物の図面が事前に準備されていることが望ましいため、構造詳細調査を先行させて図面などを作成し、それらを耐久性調査で利用することで効率を上げることができる。また、構造詳細調査と耐久性調査は相互に関連するものの、実際の調査では調査者の視点がどちらかに偏りがちになるため、建築物の状況を包括的かつ正確に把握するためには両調査を別個に実施する、あるいは別の調査者が実施するほうが望ましく、費用対効果も大きくなる。

10.1.2　現地調査の準備

1）構造詳細調査の事前準備

①建築物の現況を把握するため、対象建築物の所有者に対して、築年数、修繕および改修の有無、間取りの変更の有無、過去の災害に対しての損傷状況と修復履歴などについて事前にヒアリングを行う。また、既存の図面（建築確認申請時の図面等、修繕および改修時の図面等）があれば入手しておく。

②調査に必要な用具を準備する。
　・方眼紙：A3判
　・画板：A3判用（ベニア合板で作成すると軽量で使いやすい）

- 筆記用具：3色ボールペン（柱位置、壁位置、寸法は色を変えて記載する）
- 計測器具：巻尺（5m程度計測できるもの）、レーザー距離計測計
- デジタルカメラ
- 懐中電灯（床下や小屋裏の調査では、ヘルメットに取り付け可能なヘッドランプがあれば便利）
- 下げ振り（柱の傾斜が著しい場合に必要）

2）耐久性調査の事前準備

①建築物の概要（所在地（気候と環境）、所有者・管理者の情報、間取り、築年数、構造や建築様式、水周り設備の状況、改築や生物劣化防除の履歴、現状で確認されている劣化や不具合など）に関する情報を入手しておく。

②事前の構造調査で作成された建築物の図面のほか、既存の図面があれば入手した上で、調査の計画を検討する。また、建築物だけでなく庭や周囲の状況についても把握しておく。

③床下や小屋裏への入口の確保、高所に上がるための脚立や足場の準備、養生などについて、所有者や管理者と打ち合わせの上、準備しておく。

④調査に必要な装備・用具を準備する。
- 床下や小屋裏に入るための服装（裾・袖口や首もとがしまった作業服、マスク、軍手、作業靴）。床下を這う場合には、膝や肘用のパッドがあれば楽に動くことができる。帽子はつばのないものか、作業服にフードがついていればこれを利用する。高所では安全帽（ヘルメット）や安全帯が必要
- 照明装置（手持ちのライトやヘッドライト（高輝度LEDなど明るいもの）、別途必要に応じて床下や小屋裏に設置するライトと延長コード）
- マイナスドライバー（突き刺し診断による劣化レベル評価用。取手に手持ちライトをテープで巻きつけておくと調査の時に便利）
- デジタルカメラ（小型の防塵・防水対策付のもの）
- 現場記入用図面、図面保持用のボード、筆記用具（3色ボールペンなど）
- ホルダー付きのチョーク（部材に識別記号や劣化状況を記入し、写真を撮影する。チョークを使用できない場合には、養生テープと油性マジックを用いる）

以上は床下などの作業しにくい場所に入る場合の装備で、道具類はなるべく身体に装着し、現場では両手が自由になるよう工夫する。道具類が多い場合には、手提げの袋や小型の道具入れに入れて持ち歩く。床下や小屋裏のほこりや付着物には、過去に施工された防腐剤や防蟻剤などを含めて有害なものもあるので、素肌を露出せずマスクを着用すること。

⑤上記に加えて下記の用具を準備し、適宜利用する。
- サンプル採取用のノミ、手鋸、カッターナイフなどの工具
- ビニール製の小袋やサンプル瓶
- 打診用ハンマー（文化財などでは使用が制限される）
- 小型の手鏡、ルーペ、双眼鏡、ファイバースコープなど（物陰の観察、微細部分の観察、高所の観察、構造内部の観察に用いる）
- 含水率計（二次調査に使用する器具だが、構造詳細調査でも使用する。腐朽などの劣化が疑われる箇所を中心に計測する）
- 脚立、養生用ビニールシート、足場板、大工道具や電動工具、掃除道具とゴミ袋

10.1.3 構造詳細調査

1) 実測調査

（外観調査）

建築物の外側から、以下を調べ、記録する。

- 屋根の形状、仕上げ、最高高さ（棟高さ）、勾配、軒の出寸法、けらばの出寸法
- 庇の形状、仕上げ、高さ、庇の出寸法
- 外壁の種類、仕上げ、劣化損傷の状態
- 基礎の形式（土台、石場建て）、材料、寸法
- 建築物周囲の状況

（室内調査）

①間取り

平面図を作成するための調査は、意匠的な間取りの寸法だけでなく、構造的な観点から主要な構造要素についても計測を行い、記録する。

- 間取りの名称、寸法
- けた行方向、張り間方向の通り名称
- 柱の配置と断面寸法、材種
- 全面壁の種類（土壁、板壁など）、配置、内法寸法（高さ、幅）、壁厚さ
- 小壁（垂れ壁、腰壁）の種類（土壁、板壁など）、配置、開口部の位置とともに、内法寸法（高さ、幅）、壁厚さ

なお、土壁（腰れ壁、垂壁も含む）は、天井裏（小屋裏）や床下位置で梁や足固めなどの横架材まで隙間なく施工がなされていない場合もあり、施工状況によっては構造要素になり得ないため、天井裏や床下での調査において壁の施工状況を把握することが必要であり、その調査結果を平面図に記載する。

②断面および軸組

建築物の耐震性能評価では、各層について構造要素に応じて復元力の評価を行うが、その資料となる断面図および軸組図を作成するために、軸組の構面ごとに主要構造要素である柱・横架材・壁などについて調査し、記録する。

- 階高、天井高、開口部の高さ、床高さ
- 柱の配置と断面寸法、材種
- 梁・桁・貫・差鴨居などの横架材の配置と断面寸法、材種
- 全面壁の種類（土壁、板壁など）、内法寸法（高さ、幅）、壁厚さ
- 小壁（垂れ壁、腰壁）の種類（土壁、板壁など）、内法寸法（高さ、幅）、壁厚さ
- 小壁に束がある場合には束の配置

（床下調査）

床下については、使用部材の断面寸法の計測とともに、腐朽や蟻害の有無についても調査を行う（10.1.4項を参照）。また、基礎の形状および部材の調査と同時に、地盤の状況、基礎の損傷の有無も確認する。床下の点検口がない場合には、建築物所有者の了解を得た上で畳・床板などの一部を撤去し、調査を行う。

- 地盤の状況
- 基礎の形式（土台、石場建て）、使用部材、寸法
- 基礎の亀裂・不陸などの損傷状況
- 足固め・土台・根がらみ・床束の寸法、材種
- 足固め・土台・根がらみ・柱脚などの腐朽状況、甲虫害・蟻害など劣化損傷状況

（小屋裏調査）

　小屋組のかけ方と使用部材について調査し、記録する。天井の点検口がない場合には、建築物所有者の了解を得た上で天井板などの一部を撤去し、調査を行う。

- 小屋組のかけ方、小屋梁などの寸法および材種
- 小屋組の構面ごとに使用部材の寸法、材種

　以上の項目を、表 10.1-1 に示す現地調査チェックリストに則して、不足が生じないように確認する。写真撮影が必要な部位を表 10.1-2 に示す。

表 10.1-2　写真撮影が必要な箇所

場所	注意事項	撮影枚数
外観	建物の形状がわかること	適宜
	屋根の形状がわかること	
	開口部の位置がわかること	
	軒裏の状況がわかること	
屋内	壁の位置がわかること	展開図のイメージで撮影
	垂れ壁(腰壁)の位置がわかること	
	開口部の位置がわかること	
	天井の仕上げがわかること	
	床の仕上げがわかること	
床下	床組の状態がわかること	適宜
	基礎の状態がわかること	
	壁の下端がわかること	
小屋裏	小屋組の状態がわかること	適宜
	壁(垂れ壁)の上端がわかること	
その他	構造安全性および耐久性に影響がある壁の亀裂・剥落、および構造材等に腐朽・蟻害などの損傷が発見された場合、記録する	適宜

表 10.1-1 現地構造調査チェックリストの例

現地構造調査チェックリスト												
調査員氏名			調査日時		平成　年　月　日							
建築時期	築		年									
修繕・改修記録	☐ 有		☐ 無		☐ 模様替え		☐ 修繕					
	☐ 工事時期											
	☐ その他											
平面図	柱		☐ 柱位置									
			☐ 断面寸法		mm ×		mm		樹種			
	壁	壁（全面壁）	☐ 壁の位置	材質	内法寸法	高さ	mm	幅	mm	厚さ	mm
		垂れ壁・腰壁（開口部）	☐ 垂れ壁位置	材質	内法寸法	高さ	mm	幅	mm	厚さ	mm
			☐ 腰壁位置	材質	内法寸法	高さ	mm	幅	mm	厚さ	mm
断面図	高さ		☐ 床高さ		mm							
			☐ 階高		mm							
			☐ 軒高		mm							
			☐ 最高高さ		mm							
			☐ 天井高		mm							
	仕上材		☐ 床仕上			下地材						
			☐ 外壁仕上材									
			☐ 内壁仕上材									
	屋根		☐ 屋根仕上			下地材						
			☐ 屋根勾配									
基礎	基礎型式		☐ 布基礎	材質								
			☐ 独立基礎	材質								
			☐ 石場建て	材質		礎石寸法						
床下	土台		☐ 有		☐ 無	樹種：			断面寸法		×	
	足固め		☐ 有		☐ 無	樹種：			断面寸法		×	
	大引き・根太		☐ 有		☐ 無	樹種：			断面寸法		×	
軸組			☐ 梁・桁			樹種：			断面寸法		×	
			☐ 差鴨居			樹種：			断面寸法		×	
仕口・継ぎ手			☐ 形式・形状		接合状況	☐	健全である		☐	支障有		
小屋組			☐ 小屋梁			樹種：			断面寸法		×	
			☐ 登り梁			樹種：			断面寸法		×	
屋根			☐ 形式・形状									
			☐ 軒の出寸法		mm	☐	けらばの出寸法		mm			
庇・下屋の有無			☐ 有		☐ 無し	出寸法		mm	構造			
建具	位置		形状				材種					
天井							材種					
建築物の健全度	軸組		☐ 支障無		☐ 支障有	場所：			状況			
	外壁		☐ 支障無		☐ 支障有	場所：			状況			
	内壁		☐ 支障無		☐ 支障有	場所：			状況			
	屋根葺き材		☐ 支障無		☐ 支障有	場所：						
	雨漏りの有無		☐ 無		☐ 有	場所：						

2）構造詳細調査データの整理
①実測調査図の作成

実測調査の野帳に基づき、以下の作図を行う。各図の縮尺は原則として 1/100 とする。

・各階平面図
・屋根伏図
・断面図
・軸組図（主要な構面すべて）

表 10.1-3　作成図面

	図面名称	記載内容	縮尺
1	平面図（構造要素配置図）	間取り(寸法、用途)	原則として 1/100 とする
		柱の位置・寸法、壁・小壁(垂れ壁、腰壁)の種類・位置・寸法・壁厚さ	
2	断面図	最高高さ、軒高、階高、床高	
		屋根勾配、軒およびけらばの出	
3	屋根伏図	屋根形状、屋根勾配、軒およびけらばの出	
		屋根葺き材の材種	
4	基礎伏図	耐震診断では不要であるが、耐震補強設計などの改修に必要になることがあるため作成しておくことが望ましい	
5	床伏図	軸組部材(柱、横架材)の位置・寸法・状態	
6	小屋伏図	壁・小壁(垂れ壁、腰壁)の種類・位置・寸法・壁厚さ・状態、開口部位置	
7	軸組図（けた行方向、張り間方向）	基礎形式(土台、石場建て)と材種・寸法	

②作成上の注意点

・CAD を用いて作図することが望ましい。
・調査時に撮影した写真については、通し番号を設けて撮影位置と撮影方向を平面図上に記載する。
・現地調査チェックリストに基づいて、作成した図の記載内容を確認する。
・構造安全性に影響を及ぼす、土壁の亀裂・剥落、構造材の割れ・腐朽・蟻害など重大な損傷がある場合には、平面図および軸組図に損傷の状態と位置を記載する。加えて、雨漏り跡がある場合についても同様に記載する。

以下に、平面図および軸組図の作図例を示す。

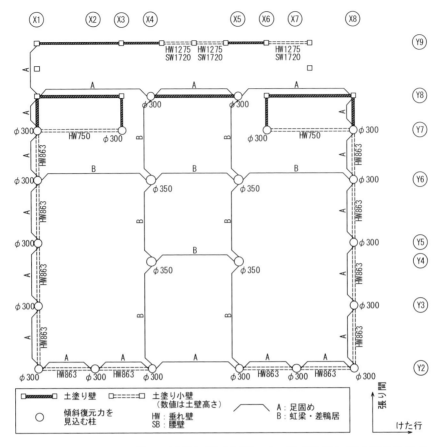

※HW は垂れ壁（土壁）で、数字は垂れ壁の高さを示す。
　SW は腰壁で、数字は垂壁の高さを示す。

図 10.1-1　平面図作図例

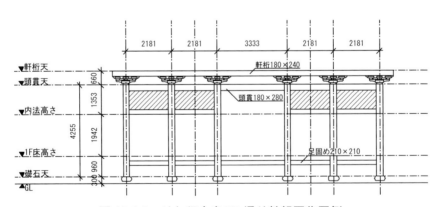

図 10.1-2　けた行方向 Y2 通り軸組図作図例

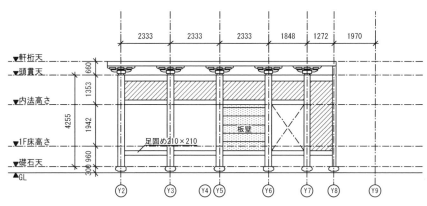

図 10.1-3　張り間方向 X8 通り軸組図作図例

10.1.4　耐久性調査
1) 耐久性調査の要領

耐久性に関する一次から三次までの劣化調査のうち、基本となる一次調査について解説する。なお、現場用の調査機器を用いた調査が中心となる二次調査や、採取サンプルの精密な分析を行う三次調査は専門家に委ねる。

①一次調査の目的

一次調査の目的は、明らかな劣化部位や劣化の可能性がある部位をもれなく抽出することであり、さらに劣化の種類、範囲や程度を大まかに判定することも求められる。加えて、劣化の今後の進み具合を予測することも求められる。

②劣化調査

調査においては、建築物外周・内側についてその構造・材料・仕様などに加えて、劣化症状の有無を確認しながら概観した上で、床下部分を中心に腐朽・蟻害・甲虫害の調査を行う。床下部分でシロアリの食害が確認された場合には、1 階上部構造への拡大の有無を調べる。さらに、小屋裏については雨漏りとそれに由来する劣化の有無を調べる。

調査では、訓練された検査者が、視診、触診、ハンマーによる打診やドライバーによる突き刺し診断などを行う。床下、天井裏、室内、外周について、主要な構造部材や下地材を中心に調査するが、主要な構造部材については原則としてすべて調査する。

閉鎖領域（大壁内、閉鎖基礎内など）や調査が困難な狭い領域については、周囲の症状から判定するしかないが、この領域について劣化の発生が疑われる場合には、所有者の了解のもとに部材の取り外しなどを行い、詳細調査を実施する。

③判定

判定結果は、図面に記録するとともに、部材にチョークでマーキングした上で写真撮影を行う（マーキング方法については後述）。この際、写真撮影した順番を図面に落とし込むなどして、写真と図面上の記録との関連づけを明確にしておくことに注意する。部材に直接チョークでマーキングできない場合には、養生テープや付箋などを貼り付け、判定結果を書きこむとよい。マーキングは、後日の確認や改修などの作業のために残すこともあるが、原則として調査終了の際に消去する。

判定では、劣化の有無だけでなく、調査領域について生物劣化が発生しやすい環境にあるかどうかの判定も行う。床下や室内の換気や通気の状態、床下および周囲土壌の湿気の状態、断熱材の使用状態、雨仕舞いの状況、建築物周囲の植栽とその管理状態といった項目についても評価を行い、記録する。

　また、改修やシロアリ防除などのメンテナンスの履歴、所有者や管理者が認識している症状などについても記録しておく。

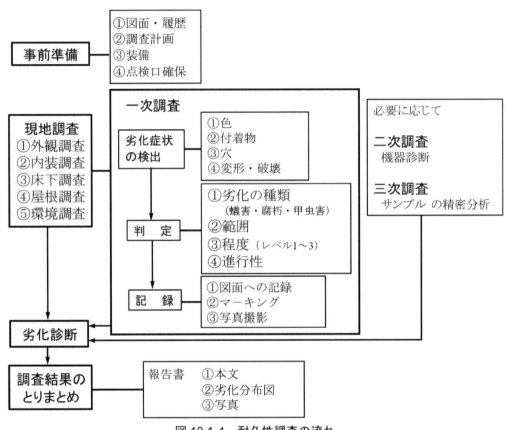

図 10.1-4　耐久性調査の流れ

2）視診における劣化症状の判定

　調査では、劣化に関連する以下の症状を検出し、劣化の有無・種類・範囲と程度を判定する。ここで「判定」とは、劣化症状が認められる部位について、腐朽、蟻害（シロアリ）、甲虫食害のいずれに該当するかを判断することを指す。

①部材の変色・シミ、触感

　生物劣化と関連して発生する材の変色やシミの原因は、水である（菌類による変色については付着物として後述する）。また、腐朽がある程度進行すると、材が褐色化あるいは白色化することもあるが、この場合には後述するような材の変形や割れなどの破壊、ささくれなどの表面性状の変化を伴う。塗料や保存剤、汚れなどと紛らわしい場合もあるので注意を要する。

　触感に関しては、まず表面が湿った感じがするかどうかの判定を行う。明らかに湿った感じが

する場合には、材が他の腐朽症状を示していないかについて確認する。また、指などで木材の表面を押してみたときの弾力を判定し、内部（表層近く）が空洞化していないかを確認する（虫害や腐朽が進んだ状態の場合で、内部が空洞化や脆弱化していると弾力がなくなる）。弾力の判定は、後述するハンマーによる打診やドライバーの突き刺し診断と併せて行う。

　木材表面の凹凸やささくれ、毛羽立ちなども劣化に伴って変化する。通常の部材では鋸挽きやかんな仕上げが施されているが、経年で見られる割れや反り・捩れとは異なる凹凸や性状の変化が認められる場合には注意深く診断する必要がある。

床束足元・土台下側・柱足元などで腐朽が発生していることが多い

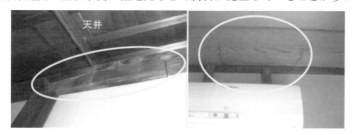

桁および天井板（雨漏りによるため小屋裏の調査が必要）

野地板や外壁、野地で腐朽が発生していることが多い

写真 10.1-1　部材の変色・シミの例

②部材の変形、破壊（割れ、せん断破壊、圧潰）

　蟻害によって木材内部が空洞化すると、部材が圧潰したり、折損したりする。また、腐朽が進行すると、変色だけでなく部材が崩落したり、割れたりする。割れは乾燥によっても発生するが、木材の腐朽（特に針葉樹材に頻発する褐色腐朽）においては、腐朽の終盤状態になると材が乾燥しはじめ、それとともに干割れが発生する現象が見られる。その場合、割れは繊維方向だけでなく繊維の直交方向にも発生する（腐朽によって空洞化した木材が乾燥するとともに大きく収縮し、消し炭のような状態になる）。それに対して、乾燥によって生じる収縮割れは繊維に沿って発生し、腐朽などで見られる変色のような材質の変化は伴わない。

蟻害の進行により圧潰した部材

腐朽により座屈した束材

写真 10.1-2　変形、破壊した部材の例

③部材接合部のずれ

　部材そのものの変形や破壊だけでなく、接合部分のずれなども調べる。蟻害などを起因とする部材の劣化により強度が低下すると、仕口部分で部材がずれたり傾斜したりすることで、結果として抜けや隙間が生じる場合がある。これらの現象は部材や構面の強度不足によっても生じるが、現象が局部的に発生している、劣化の他の症状も認められるなどを手がかりに判定を行う。

写真 10.1-3　劣化による部材の強度低下や欠損が引き起こす壁の膨張・割れ・崩落

④穴（虫害の識別）

　材の表面に発生している穴のうち、真円状の穴については甲虫類やハチ類による食害と関連づけて検討を行う。一方、小屋裏の部材（マツ材、ケヤキ材）、建築物の外周面に暴露している部材や床下の部材（クリ材、ケヤキ材）などの辺材（白太）に、直径が1mmから数mm程度の丸孔が複数個あいている場合には、概ね甲虫類（シバンムシ類、キクイムシ類、カミキリ類等）の食害と考えられる。

こういった昆虫による食害は、建築物の竣工後に外部から飛来してきた成虫が木材表面に産卵し、そこで孵化した幼虫が木材を食べることで発生する。その際、幼虫は脱皮を繰り返し、さなぎの時期を経て成虫になって材に穴をあけて脱出する。脱出の際に坑道に堆積していた虫粉（糞や齧りくず）が下方に落下・堆積することがある。これらの昆虫は乾燥した材料でも生息でき、被害は長年にわたって継続するが、食害領域は概ね辺材に留まる。

一方、カミキリ類の多くは水分を多く含む生材に発生し、乾燥状態では生息できない。しかしながら、乾燥不良の材料を用いて施工した場合には、竣工後に残存していた幼虫が成虫になって発生することがある。ただし、この場合には再発はない。また、虫害の履歴のある材料を用いて施工されていることもあるため、調査に際しては注意が必要である。

甲虫による食害（直径 1 ～数 mm の穴が多数表面に認められる）

クマバチによる穿孔（軒先などに見られ、直径 20mm 程度に達する）

シロアリの食害による穴（蟻道）や欠損

写真 10.1-4　昆虫の食害による穴の例

⑤付着物（腐朽菌菌糸関連、蟻道関連）

木材の表面についた付着物については、シロアリの食害および菌類による腐朽との関連で検討する必要がある。

床下において、布基礎、束石、部材の表面に土や砂粒状のもので数 mm 幅の道筋のようなものが形成されている場合には、シロアリの蟻道である可能性が高い。蟻道は土中のシロアリが餌となる木材を求めて床下空間に這い上がる際に部材の表面に形成するトンネル状の通路であり（塊状になっている場合には蟻土）、蟻道が確認された場合にはその部材および周囲の部材の内部が食害されていると考えられる。特に蟻道が床面まで達している場合には、床面に沿って水平面内に、さらには柱や壁の内部を食い上がって鉛直面内に食害領域が広がっていることが多いため、注意深く調べる必要がある。1 本の蟻道であっても、経過時間が長ければ上部構造は相当食害されている可能性がある。また、建築物の外周面でも日陰などでは蟻道が構築されることがある。断熱材の内部、土壁内の小舞竹なども食害を受けることがあるが、発見しにくい。

　シロアリは木材の表面に蟻道を構築しながら行動範囲を広げるか、木材内部を食害しながら行動範囲を広げるのが基本であり、材の隙間や割れ目などを巧みに利用しながら行動範囲を広げるため、部材の隙間や穴、割れ目などに土状のものが詰まっている場合には食害が内部で進行している可能性がある（甲虫類による食害と見誤りやすいが、これについては、食害のパターン、虫粉の性状、虫粉に混在しているものなどを手がかりに識別する）。

　また、羽アリが床下や小屋裏に発生した際には、部材や土壌に羽アリが落とした羽が付着していたり、羽アリが飛翔するための蟻土が外部に露出することがある。外壁側から観察する場合には、目地や隙間に詰まった土や穴のほか、上記の特徴を捉えることで蟻害を検出する。

シロアリのよる蟻道（材の表面に付着していると同時に内部を穿孔している）

部材の表面や隙間に形成されたシロアリの蟻道
写真 10.1-5　シロアリによる食害に関連する付着物

　一方、白い綿状もしくは膜状の付着物については、腐朽菌の菌糸と関連づけられる。それに対して、木材を腐朽させないカビ類の菌糸は様々な色をしている。カビ類の菌糸にも白いものもあるため、厳密な判定方法ではないが、現場では白い綿状・膜状の付着物であるか否かが木材腐朽菌識別の目安である。なお、多くの場合、材の変色や破壊、水分浸潤などの症状を伴っている。

写真 10.1.6 腐朽菌に関連する付着物

3) ハンマーによる打音診断

ハンマーによる打撃が許される場合には、打撃音の特徴から内部の空洞化を判定する。健全な材では比較的高い周波数でカンカン、コンコンといった音色がするのに対して、空洞のある材では低く、割れた感じあるいはうつろな感じの音色がする。ただし、空洞が相当大きい場合や表面近くにある場合でなければ検出しにくい。また、材の含水率が高い場合にも音色は低くなるが、この場合には腐朽を伴っていることも考えられる。さらに、接合部付近や材の支持状態によっても音色は変化するため、打音での精密な診断は難しい。

4) ドライバーによる突き刺し診断

中型のマイナスドライバーを材に突き刺して、その貫入の程度で木材の劣化度を判定する。ドライバーの先端のみが入り、断面欠損が3割以下の場合はレベル1、ドライバーが結構奥まで入り、断面欠損が3～7割程度の場合はレベル2、ドライバーが楽に奥まで入り、断面欠損が7割以上ある場合はレベル3として評価する。

写真 10.1.7 ドライバーの突き刺し診断と内部で発見されたシロアリ

5) マーキングの方法

部材に劣化の範囲を記した上で、甲虫による食害の場合はB、シロアリによる食害の場合はT、腐朽の場合はDとアルファベットで症状を表記し、その後にレベルの数字（1から3）を書き添える。さらに、劣化が進行性と判定される場合には、最後にPの文字を添えておく。

写真 10.1-8　マーキングの例

6) 建築物の構造・仕様と劣化との関連
①床下の構造・仕様と虫害・腐朽
- 伝統的木造建築物の床下の大半は土壌現しであり、シロアリが侵入しやすい状況にある。シロアリは多くの場合、土中から礎石の表面に蟻道を構築し、柱や床束の下端にたどり着き、そこを起点に食害を開始している。
- 床下が土壌現しになっている場合、木部が土壌の湿気の影響を受け、劣化しやすい。
- 低く閉じられた床下では通気や換気が不十分で、木部が劣化しやすい。
- 土壌からの浸潤水によって、柱・束・土台が下端部を中心に腐朽しやすい。
- 水周り設備や外壁の近傍では劣化が起きやすい。

②屋根や小屋裏の構造・仕様と虫害・腐朽
- 屋根部に発生する劣化は、主に雨漏りによる腐朽や、雨水浸潤部に発生したシロアリ食害のほか、シバンムシなど甲虫類による食害が多い。
- 床下からのシロアリ食害が小屋裏にまで達している場合がある。
- 妻面、破風尻や隅木周りは雨水が浸潤しやすく、劣化しやすい。
- 棟木は、漆喰部からの雨水の浸潤などで経年劣化していることが多い。

③壁の仕様と虫害・腐朽
- 土壁と柱などとの隙間からの水分の発生や虫の侵入によって、土壁の芯を構成している貫や小舞竹に腐朽や虫害（シロアリやシンクイムシ類）が発生している事例がある。
- 外壁や軒側から雨水浸潤によって芯材が腐朽している場合がある。
- 土壁が床下まで降りた状態で床下の土壌に接している場合には、シロアリ食害が発生しやすい。
- 土蔵などの大壁では、表層の漆喰の剥離や瓦屋根部からの雨水の浸潤によって壁芯材が劣化していることがある。

7) 材料や施工方法と劣化との関連
①構造用材の劣化症状
- 比較的耐久性が高いとされているヒノキ材については、劣化の発生頻度は比較的低い。
- ヒノキやスギについては特に辺材（白太）に劣化が多い。
- マツ、クリ、ケヤキでは、主に辺材（白太）に甲虫の食害や腐朽が発生しやすい。また、これらの材にもシロアリ食害は発生しうる。
- 心材（赤身）は劣化しにくい。

- 蟻害は、材料の割れや背割りなどの隙間、あるいは部材通しの隙間を伝って進行することが多い。
- かまどや囲炉裏、線香などの煙に長年さらされた部材は、甲虫類の食害が発生しにくい。

②施工方法と劣化との関連
- 伝統的な劣化対策として、銅板を用いて木材表面を被覆する方法がある。腐朽対策として一見有効と思われるが、表面の銅板と内部の木部との間隙に水分が浸潤したり、滞留したりする場合などでは腐朽抑制効果が発揮されていない場合がある。
- 水周りを中心とする改築の際に、土壌からのシロアリの侵入や結露などへの対策が不適切である場合などには劣化が発生していることがある。

8）建築物周囲環境と劣化との関連

①土壌
- 建築物周囲の土壌やその水分状態（乾燥状態）によっては、建築物への湿気や水分の浸入が阻止できず劣化しやすい環境になっている場合がある。また、降雨時に雨水が床下方向に流入してくる場合も同様である。
- 池、手水、流水のある側溝などが関連する水分浸潤も劣化の原因となる場合がある。

②周囲環境
- 建築物の近くに植栽が設けられている際、根元付近に発達したコロニーからのシロアリ侵入が起きやすい場合がある。また、植栽の落ち葉が雨樋を詰まらせて排水不良となり、溢れた水分が軒や壁を濡らして腐朽や虫害が発生することもある。
- 玄関、勝手口や縁側部、建築物周囲の塀などからのシロアリの侵入や水分の浸潤により腐朽が生じていることがある。

9）住まい方と劣化との関連

①日常の建築物の使い方と維持管理
- 近年では畳や床を上げての大掃除などの住まい手による維持管理の機会が減少し、早期での劣化の発見や処置が困難になりつつある。そのため、床下や小屋裏などの空間が物置状態や放置状態になっており、劣化の発生と進行に気づかないままであることが多い。
- 住まい手の劣化に対する知識や意識が十分でなく、劣化を過小評価した結果、劣化が甚大化していることがある。

②増築や改築に伴う劣化
- 農家や町屋などで、台所を中心に土間の床上げを行った結果、床下部分の換気や通気が阻害され、腐朽や虫害が発生している事例が見られる。また、それらの改修事例では床高さが低く、維持管理がしにくい点にも問題がある。
- 伝統的な木造建築物では、本来風呂やトイレなどの水周り設備は別棟に配置されていたが、時代とともにこれらの設備が家屋内に配置されるようになった。これに伴い、それらの設備を中心として周囲に腐朽や蟻害が発生しやすくなり、周囲にまで被害が拡大していることが多い。また、これらの設備では、大壁構造や閉鎖基礎が採用され、防水処理が施されているために被害が見えにくく、顕在化する頃にはかなり深刻な状況になっていることもある。

10.2 総2階建て町家住宅の耐震補強設計例
10.2.1 建築物の概要と設計方針
1) 建築物の概要

　本節では、木造総2階建ての町家型住宅で、意匠的・構造的な特徴として大きな吹抜けを有する建築物の耐震補強設計例を取り上げる。建設場所は岐阜県高山市で、垂直積雪量120cmの多雪区域に属しているため、積雪の有無による検討が必要である。また、中央部に大きな吹抜け空間を有しているので、耐震補強設計にあたってはゾーニングによる検討を行う。

　建築物の概要を表10.2-1に、断面図および平面図を図10.2-1、10.2-2に、張り間方向の軸組図を図10.2-3、10.2-4に、けた行方向の軸組図を図10.2-5、10.2-6にそれぞれ示す。

表 10.2-1　建築物の概要

名　　　称	総2階建て町家型住宅
建　設　地	岐阜県高山市
用　　　途	住宅
構造規模	地上2階、木造総2階建て、石場建て
面　　　積	1階：71.98m²、2階：51.57m²、延床：123.55m²
高　　　さ	1階高さ：2.350m、2階高さ：1.665m、軒高さ：4.000m、最高高さ：5.504m 構造階高：1階 2.350m／2階 1.665m
地　　　域	積雪：多雪区域（120cm）、基準風速：30m/s、地域係数：1.0
地　　　盤	地盤調査による
基　　　礎	基礎：べた基礎、礎石：200mm角

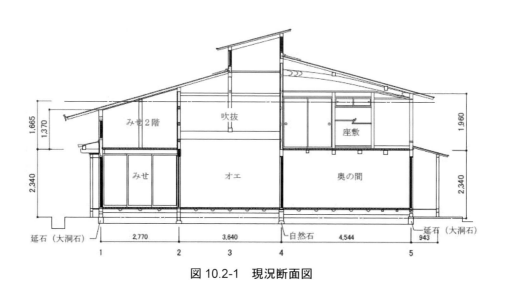

図 10.2-1　現況断面図

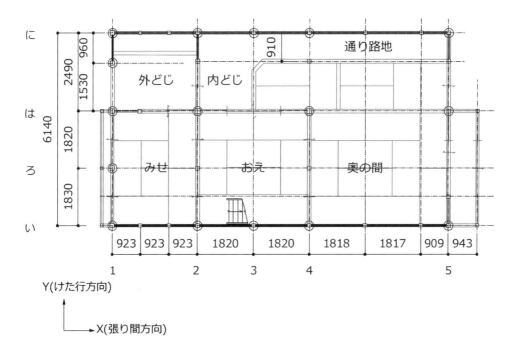

(a) 1 階

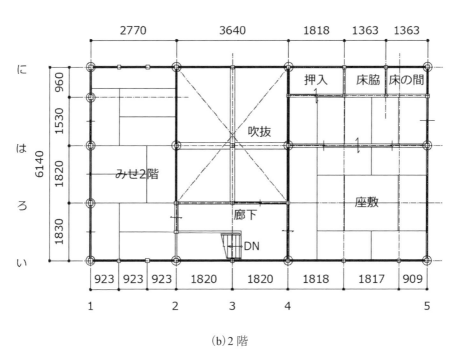

(b) 2 階

図 10.2-2　現況平面図

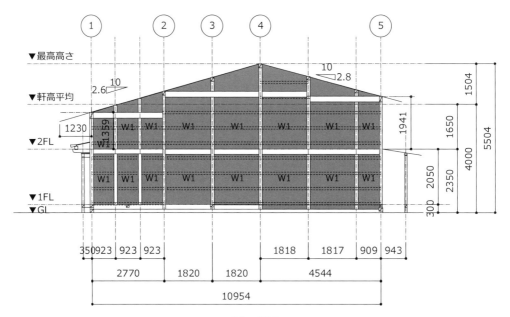

(a) い通り

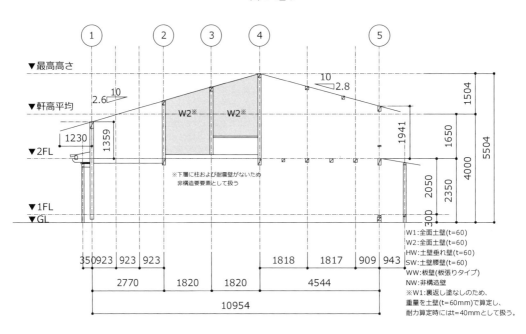

(b) ろ通り

図 10.2-3 現況軸組図（張り間方向／い通り、ろ通り）

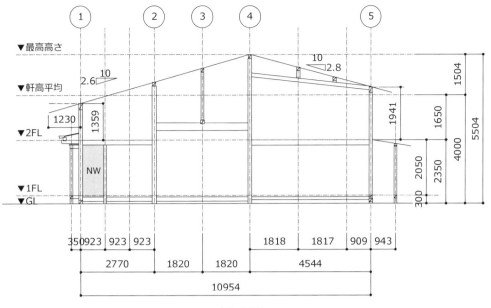

(a) は通り

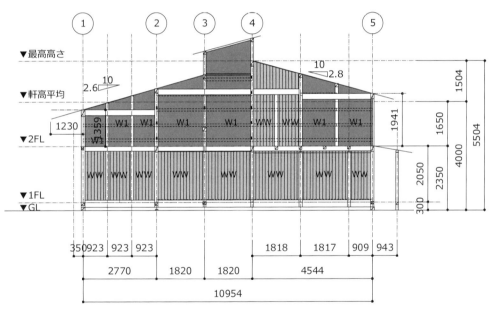

(b) に通り

図 10.2-4　現況軸組図（張り間方向／は通り、に通り）

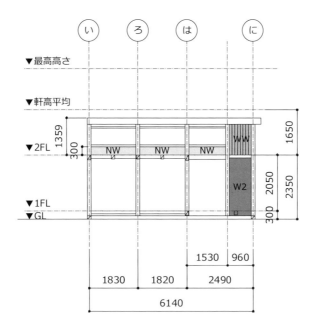

(a) 1 通り

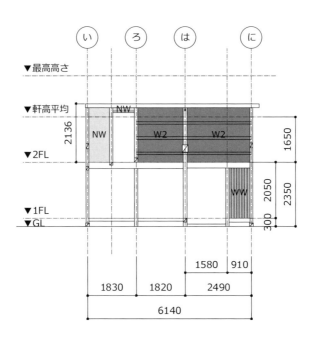

(b) 2 通り

図 10.2-5　現況軸組図（けた行方向／1 通り、2 通り）

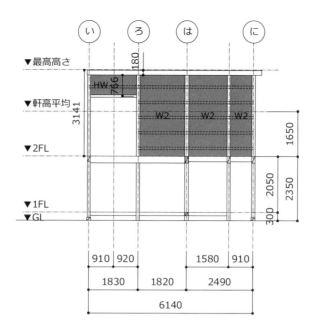

(a) 4 通り

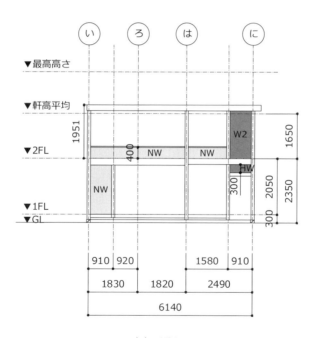

(b) 5 通り

図 10.2-6　現況軸組図（けた行方向／4 通り、5 通り）

2）構造上の特徴と耐震診断の方針

本事例は、張り間方向では両妻面に全面壁を有しているが、けた行方向では全面壁が少なく、特に1階部分の壁が少ないという町家型住宅の典型的な特徴を有している。

構造要素としては、全面土壁および全面板壁のほか、柱梁接合部のモーメント抵抗や垂れ壁付き柱とする。なお、張り間方向妻面（い通り、に通り）の土壁は厚さ60mmであるが、裏返し塗りが施されていないため、耐力算定時には厚さ40mmとして扱う。1階の最大耐力は張り間方向で、1階の最大耐力を建築物重量で除した値は0.26（積雪荷重考慮時）であり、耐力は低い。

また、図10.2-2に示すように、2階中央部に吹抜け（けた行方向3.64m×張り間方向4.31m）を有しており、床開口最大長さ4.31mは短辺長さ6.14mの70%と大きい。そのため、耐震補強設計時には吹抜け部分とその両側の3カ所にゾーニングを行って、それぞれに対して地震応答計算を行う。

なお、建設地は設計上の垂直積雪量が120cmの多雪区域であるため、積雪の有無による地震応答計算も行う。

3）耐震診断のクライテリア

稀に発生する地震動および極めて稀に発生する地震動に対して、5章および「設計資料－2」に基づいて地震応答計算を行い、各方向・各層の応答変形角の検討を行う。耐震性能の目標は耐震診断時および補強設計時ともに同等とする。稀に発生する地震動に対する損傷限界層間変形角は、地震時に構造耐力上主要な部分に耐力低下がなく、補修を要する損傷が生じない層間変形角である1/120rad以下とする。一方、極めて稀に発生する地震動に対しては、安全性を担保するために安全限界層間変形角を1/25rad以下（積雪時1/20rad以下）とする。また、構造要素の検証実験により変形角1/15radまで顕著な損傷、急激な曲げモーメントの低下が生じないことが確認されており、偏心や床構面剛性を考慮して増大させた変形角、ゾーニングによる部分の変形角に対しては1/20rad以下であることを確認する。

以上の耐震診断のクライテリアを表10.2-2にまとめる。

表10.2-2　耐震診断のクライテリア

	稀に発生する地震動	極めて稀に発生する地震動
地震応答計算による代表層間変形角	1/120rad以下	1/25rad以下 積雪時1/20rad以下
偏心および床構面剛性を考慮した最大層間変形角 ゾーニングによる部分の代表層間変形角	－	1/20rad以下

4）構造計算方針

上部構造の地震応答計算は、近似計算法の収斂計算法2を採用する。柱脚の滑り量については、1階床重量に作用する加速度や柱脚と礎石間の摩擦係数のばらつきを考慮して、近似応答計算により求める。

10.2.2 設計用荷重

以下に示す地震荷重、積載荷重および積雪荷重は、耐震診断時および耐震補強時ともに共通の数値を用いる。

1) 地震荷重

一般に住宅の場合、地盤の悪い場合を除けば、地盤調査を行うことはないが、地盤調査に基づいて表層地盤における加速度増幅率を精算法により計算する事例を示す。

稀に発生する地震動および極めて稀に発生する地震動に対する地表面の設計用地震動の加速度応答スペクトルをそれぞれ算定する。まず、稀に発生する地震動および極めて稀に発生する地震動に対する解放工学的基盤の加速度応答スペクトル（S_{0d}、S_{0s}）を求め、それに表層地盤による加速度の地盤増幅率等を掛け合わせることで、地表面の設計用地震動の加速度応答スペクトルを算定する。

建設地は、敷地近傍の地盤に傾斜はなく、近隣に傾斜地および崖もない条件のもと、地盤調査により表層地盤の加速度増幅率を表す数値 G_s は、平成 12 年建設省告示第 1457 号第 10 に基づき算定する。

表 10.2-3 に加速度増幅率の算定に使用する地盤モデルを示す。表中の換算 V_S' は、標準貫入試験による N 値を用いたせん断波速度の算定式として下式により求めた。

$$V_S' = 68.79 N^{0.171} H^{0.199} Y_g S_t \qquad (10.2\text{-}1)$$

ここで、H [m] は地表面からの深さである。また、Y_g は地質年代係数、S_t は土質に応じた係数で、それぞれ表 10.2-4、10.2-5 に示す。

表 10.2-3 地盤モデル

層	土質区分	工学的基盤の判定	層厚 d[m]	層中心深度 H[m]	深度 [m]	1次固有モード変位 u_i	密度 ρ[kN/m³]	N 値
1	砂礫	表層地盤	3.80	1.90	3.80	14.2	19.00	18.0
2	シルト混礫質	表層地盤	0.90	4.25	4.70	10.4	18.00	26.0
3	礫混砂質	表層地盤	0.45	4.93	5.15	9.5	17.50	32.0
4	礫質	表層地盤	3.35	6.83	8.50	9.1	19.00	21.0
5	岩盤	工学的基盤	5.71	11.36	14.21	5.7	19.00	67.0

層	Y_g	S_t	換算 V_S'[m/s]	せん断剛性 G_0[kN/m²]	質点質量 m_i[kN/m²]	質点間ばね K_i[kN/m³]	波動インピーダンス比 α
1	1.00	1.15	147.73	42285	36.1	11128	
2	1.00	1.09	173.93	55524	44.2	61693	0.897
3	1.00	1.14	193.95	67127	12.0	149172	0.922
4	1.00	1.15	195.63	74150	35.8	22134	0.913
5	1.30	1.45	432.00	361569	86.1	1052870	

表 10.2-4　地質年代係数 Y_g

	沖積層	洪積層
Y_g	1.000	1.303

表 10.2-5　土質に応じた係数 S_t

	粘土	砂			砂礫	礫
		細砂	中砂	粗砂		
S_t	1.000	1.086	1.066	1.135	1.153	1.448

『2015年版 建築物の構造関係技術基準解説書』によると、地盤の加速度増幅率 G_s は表10.2-6 に示す算定式により求められる。

表 10.2-6　地盤の加速度増幅率 G_s

固有周期	加速度増幅率 G_s
$T \leq 0.8T_2$	$G_s = G_{s2} \dfrac{T}{0.8T_2}$
$0.8T_2 < T \leq 0.8T_1$	$G_s = \dfrac{G_{s1} - G_{s2}}{0.8(T_1 - T_2)} T + G_{s2} - 0.8 \dfrac{G_{s1} - G_{s2}}{0.8(T_1 - T_2)} T_2$
$0.8T_1 < T \leq 1.2T_1$	$G_s = G_{s1}$
$1.2T_1 < T$	$G_s = \dfrac{G_{s1} - 1}{\dfrac{1}{1.2T_1} - 0.1} \cdot \dfrac{1}{T} + G_{s1} - \dfrac{G_{s1} - 1}{\dfrac{1}{1.2T_1} - 0.1} \cdot \dfrac{1}{1.2T_1}$

G_s の算定に必要となる表層地盤の1次卓越周期 T_1、2次卓越周期 T_2、1次卓越周期に対する増幅率 G_{s1}、2次卓越周期に対する増幅率 G_{s2} は、表10.2-3 に示す地盤データをもとに（10.2-2）～（10.2-6）式により求める。また、等価固有周期 T、等価せん断波速度 V_S は、それぞれ（10.2-2）式、（10.2-3）式により算定される。なお、地盤の非線形モデルには Hardin-Drnevich モデルを用い、地盤の剛性低下率、地盤ひずみおよび減衰定数を求めた。収斂回数は10回とし、収斂計算の計算経過を表10.2-7 に示す。1次固有周期 T_1 と1次固有モード変位 u_i は、多質点系せん断棒モデルの固有値解析（stodola法）により求めている。

$$T_1 = 4 \frac{(\sum H_i)^2}{\sum \sqrt{\dfrac{G_i}{\rho_i}} H_i} \tag{10.2-2}$$

$$V_S = \sqrt{\frac{G}{\rho}} \tag{10.2-3}$$

$$T_2 = \frac{T_1}{3} \tag{10.2-4}$$

$$G_{S1} = \frac{1}{1.57h + \alpha} \tag{10.2-5}$$

$$G_{S2} = \frac{1}{4.71h + \alpha} \tag{10.2-6}$$

表 10.2-7　収斂計算の計算経過

		収斂回数 [回]									
		1	2	3	4	5	6	7	8	9	10
表層地盤の1次卓越周期	$T_1[s]$	0.198	0.284	0.328	0.352	0.362	0.364	0.362	0.357	0.352	0.348
表層地盤の2次卓越周期	$T_2[s]$ = $T_1/3$	0.066	0.095	0.109	0.117	0.121	0.121	0.121	0.119	0.117	0.116
波動インピーダンス比	α	0.394	0.274	0.237	0.222	0.215	0.214	0.216	0.218	0.221	0.224
地盤の減衰定数	h	0.020	0.111	0.139	0.151	0.157	0.160	0.161	0.160	0.160	0.159
1次卓越周期に対する増幅率	G_{s1}	2.351	2.226	2.194	2.179	2.165	2.151	2.137	2.126	2.118	2.114
2次卓越周期に対する増幅率	G_{s2}	2.049	1.252	1.120	1.071	1.047	1.034	1.028	1.026	1.027	1.029

ただし、(10.2-5)式により求められる G_s が 1.23 を下回る場合には 1.23 とする。G_s の算定結果を図 10.2-7 に示す。

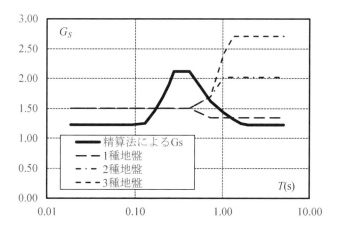

図 10.2-7　地盤の加速度増幅率 G_s

2）積載荷重

積載荷重を表 10.2-8 に示す。地震応答計算に用いる各部位の積載荷重は表中の地震用の数値を用いる。

表 10.2-8　積載荷重［N/m²］

階	部位	固定	床・小梁用		架構用		地震用	
			積載	合計	積載	合計	積載	合計
R	屋根	430	0	430	0	430	0	430
	ケラバ	330	0	330	0	330	0	330
	軒の出	330	0	330	0	330	0	330
2	床・階段	250	1800	2050	1300	1550	600	850
1	床・階段	350	1800	2150	1300	1650	600	950

3）積雪荷重

本事例は垂直積雪量 120cm の多雪区域に属しており、積雪荷重に関する検討も求められる。積雪荷重の算定結果を表 10.2-9 に示す。なお、地震時における積雪荷重は 0.35 倍とする。

表 10.2-9　積雪荷重［N/m²］

階	部位	積雪量 [cm]	単位重量 [N/cm/m²]	勾配係数	屋根投影面積 [m²]	積雪荷重 S[kN]	地震力用 $0.35S$[kN]
2	屋根（勾配0.26）	120	30	0.963	46.91	162.7	56.9
2	屋根（勾配0.28）	120	30	0.958	32.75	112.9	39.5
					2層合計	275.6	96.5
1	庇	120	30	0.963	2.74	9.5	3.3

10.2.3　耐震診断

1）構造要素の種類と配置

主な構造要素は、柱の長ほぞ、土壁、板壁、小壁（垂れ壁、腰壁）、足固め等の横架材である。仕口は主に雇いほぞ差しとし、柱を貫通させている。構造要素の平面配置を図 10.2-8 に、張り間方向の立面配置を図 10.2-9 および図 10.2-10、けた行方向の立面配置を図 10.2-11 および図 10.2-12 に示す。2階 2～4 通りの壁は他の土壁と同様の仕様とし、固定荷重に含めるが、下階に耐震要素がなく水平力の伝達が期待できないため、復元力特性における耐震要素には含めない。

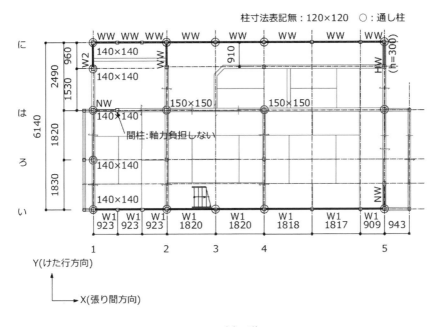

(a) 1 階

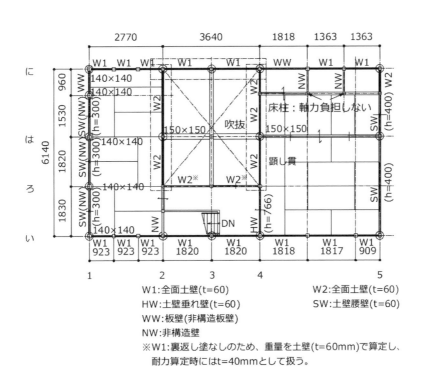

W1:全面土壁(t=60)　　　　W2:全面土壁(t=60)
HW:土壁垂れ壁(t=60)　　　SW:土壁腰壁(t=60)
WW:板壁(非構造板壁)
NW:非構造壁
※W1:裏返し塗なしのため、重量を土壁(t=60mm)で算定し、耐力算定時にはt=40mmとして扱う。

(b) 2 階

図 10.2-8　現況の構造要素平面配置図

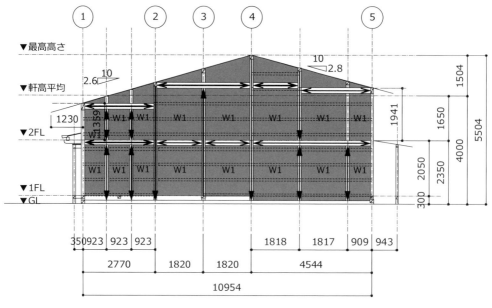

(a) い通り

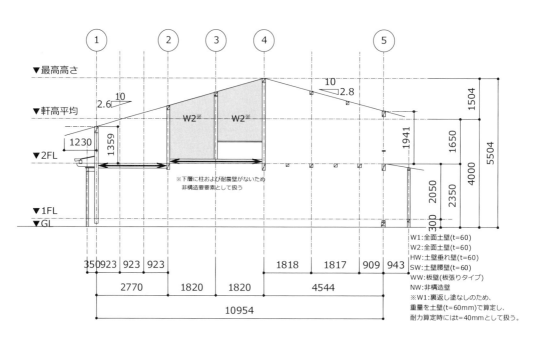

(b) ろ通り

図 10.2-9　構造要素立面配置図（張り間方向／い通り、ろ通り）

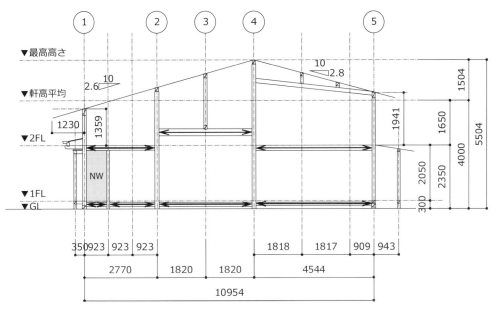

(a) は通り

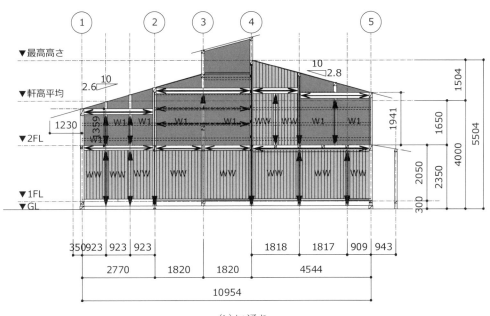

(b) に通り

図 10.2-10 現況の構造要素立面配置図(張り間方向/は通り、に通り)

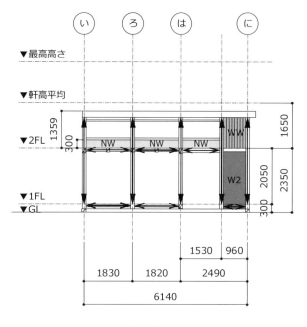

(a) 1通り

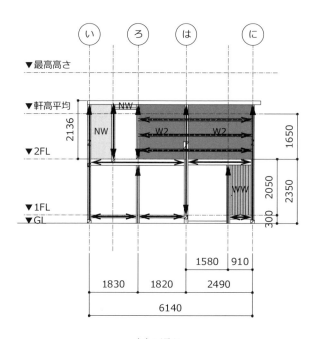

(b) 2通り

図 10.2-11 現況のけた行方向構造要素立面配置図（けた行方向／1通り、2通り）

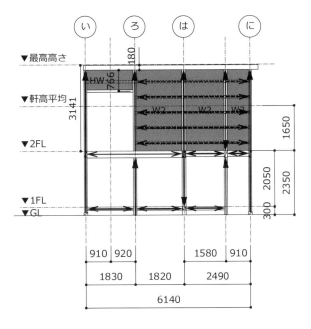

(a) 4通り

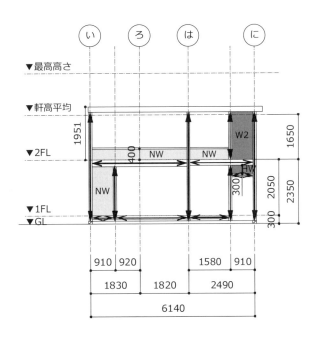

(b) 5通り

図 10.2-12　現況のけた行方向構造要素立面配置図（けた行方向／4通り、5通り）

2）建築物重量の算定

本事例は 2 階の天井高が張り間方向で異なるため、壁重量は図 10.2-13 に示すように各層へ振り分ける。また、2 階階高が通りにより異なるため、近似応答計算に用いる 2 層の高さには 2 階階高の平均値を用いる。

建物の単位重量については、日本建築学会荷重指針、令 84 条などに基づいて実況に応じて設定する。

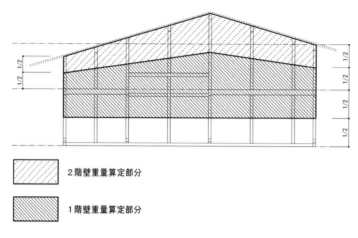

図 10.2-13　壁重量の振り分け

(a) 固定荷重

固定荷重を表 10.2-10 に示す。

表 10.2-10　固定荷重（耐震診断時）[N/m²]

屋根（勾配 0.26、0.28）		ケラバ		軒の出	
金属瓦棒葺	65	金属瓦棒葺	65	金属瓦棒葺	65
アスファルトルーフィング	10	アスファルトルーフィング	10	アスファルトルーフィング	10
野地板（板厚：15mm）	85	野地板（板厚：15mm）	85	野地板（板厚：15mm）	85
垂木 60×120@303	55	垂木 60×120@303	55	垂木 60×120@303	55
母屋 120×180@1820	115	母屋 120×180@1820	115		
小屋束・貫・梁	100				
合計	430	合計	330	合計	215

2 階床		1 階床	
床板（板厚：15mm）	70	床板（板厚：15mm）	70
根太 45×105@455	50	根太 45×105@455	50
床梁	130	床梁	130
		大引	100
合計	250	合計	350

土壁・小屋裏壁		腰壁・垂壁		板壁	
土壁（壁厚：60mm）	707	土壁（壁厚：60mm）	707	板壁（板厚 10mm）片面張り	200
軸組	150	軸組	150		
合計	857	合計	857	合計	200

(b) 建築物重量

現況の地震力算定用の建築物重量を表 10.2-11 に示す。

表 10.2-11　現況の地震力算定用建築物重量

階	$G+P$ 重量 [kN]	$G+P$ 質量 [t]	$G+P+0.35S$ 重量 [kN]	$G+P+0.35S$ 質量 [t]	階高 [m]	面積 [m²]	単位重量 [kN/m²] $G+P$	単位重量 [kN/m²] $G+P+0.35S$
2 階	72.34	7.38	168.81	17.21	1.655	51.6	1.40	3.27
1 階	108.50	11.06	111.82	11.40	2.35	72	1.51	1.55
小計	180.84	18.44	280.63	28.62	4.005	123.6	1.46	2.27
m_0	60.66	6.19	60.66	6.19	—	72	0.84	0.84
総計	241.50	24.63	341.29	34.80	—	123.6	1.95	2.76
$G+P$			$R_W=72.34/108.50=0.67$、$R_H=1.665/2.350=0.70$					
$G+P+0.35S$			$R_W=168.81/111.82=1.51$、$R_H=1.665/2.350=0.70$					

m_0：最下階の下半分の質量

3) 復元力特性の算定

復元力特性の算定は、「設計資料－4」に示す計算方法およびデータに基づく。

(a) 全面土壁

全面土壁の復元力は壁の長さと高さ、厚さに依存する。「設計資料－4」では任意の壁高さと壁長さに対する変形角とせん断応力度の算定方法が示されているので、せん断応力度に壁水平断面積（壁厚×壁長さ）を乗じてせん断耐力を計算する。

(b) 全面板壁（非構造板壁）

現況の板壁は板厚 10mm の片面張りのため、構造要素に含めない。

(c) 小壁

土塗り小壁の復元力は、小壁高さ、幅、束の本数に依存する。「設計資料－4」では、全面壁と同様に、任意の高さと長さの小壁についてせん断応力度の計算法が示されている。ここで、壁長さに関しては束の有無を考慮する必要がある。せん断応力度に壁水平断面積（壁厚×壁長さ）を乗じることでせん断耐力を求めることができる。

(d) 垂れ壁付き軸組

垂れ壁付き柱の復元力は、小壁の復元力と柱の曲げ変形を組み合わせて算定する。

(e) 柱端の長ほぞ仕口

長ほぞ（3cm×9cm、深さ 12cm）仕口 1 カ所あたりの強軸方向における復元力特性（曲げモーメントー回転角関係）を「設計資料－4」に示している。曲げモーメントを柱長さでなく階高さで割ることによって、柱回転角を層間変形角に置き換えることができる。なお、弱軸方向の強度は算定しない。また、差し鴨居に接合している長ほぞ仕口も算入する。

(f) 柱と横架材の仕口

柱と横架材の仕口として曲げ抵抗する部材は貫、差し鴨居、足固めとし、「設計資料－4」では通し貫、雇いほぞ込み栓打ち、雇いほぞ竿車知栓打ち、小根ほぞ車知栓打ち、小根ほぞ鼻栓打ち、

小根ほぞ込み栓打ち、小根ほぞ割り楔締めの7つの場合に関する復元力特性の実験データを示している。ここで、梁1本両端の曲げモーメント和として数値が示されている場合には、1カ所あたりの数値はその 1/2 となる点に注意を要する。層に含まれるすべての仕口曲げ耐力を加算し、階高で割ることよって層のせん断力が求められる。2階天井梁の曲げ耐力は2階に、足固めは1階に算入するが、通し柱の2階床梁仕口の曲げ耐力については上下1、2階へ等配分する。

（g）土壁貫（顕し貫）

2通り、4通りの全面土壁に用いられている顕し貫（板厚 30mm）は構造要素に含め、「設計資料－4」に基づいて端部に生じる曲げモーメントを求め、高さで除してせん断力を算定する。

以上を踏まえて集計された復元力特性をまとめたものが、表 10.2-12 および図 10.2-14（張り間方向）、けた行方向表 10.2-13 および図 10.2-15（けた行方向）である。

現況におけるせん断力係数比 C_2/C_b と限界せん断力係数比 R_{CO} との比較から、積雪荷重を考慮しない場合 C_2/C_b＝4.21（張り間方向）、C_2/C_b＝4.04（けた行方向）、R_{CO}＝1.33、積雪荷重を考慮する場合 C_2/C_b＝2.91（張り間方向）、C_2/C_b＝2.83（けた行方向）、R_{CO}＝1.20 となるため、降伏形は各方向ともに1層先行降伏と想定される。

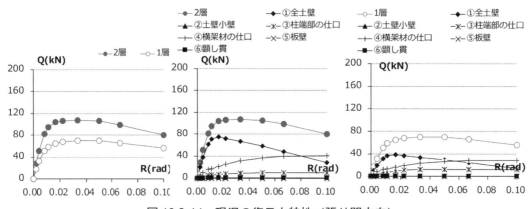

図 10.2-14　現況の復元力特性（張り間方向）

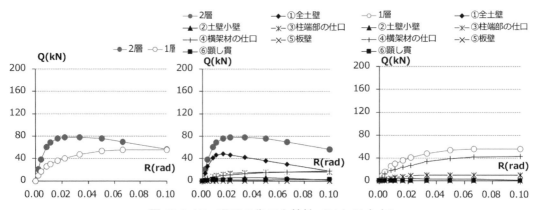

図 10.2-15　現況の復元力特性（けた行方向）

表 10.2-12 現況の復元力特性（張り間方向）

(a)通りごとの復元力特性

変形角 [rad]		0	1/480	1/240	1/120	1/90	1/60	1/45	1/30	1/20	1/15	1/10
		0	0.002	0.004	0.008	0.011	0.017	0.022	0.033	0.050	0.067	0.100
						せん断力 [kN]						
2層	い通り	0	14.09	25.31	40.54	46.62	50.77	51.13	51.18	49.54	45.72	36.28
	ろ通り	0	0.57	1.04	1.56	1.72	2.03	2.34	2.81	3.23	3.38	3.38
	は通り	0	0.83	1.51	2.26	2.49	2.94	3.39	4.07	4.68	4.90	4.90
	に通り	0	12.99	23.35	37.61	43.86	48.57	49.12	49.48	48.24	44.83	35.74
	合計	0	28.48	51.21	81.97	94.68	104.32	105.98	107.54	105.69	98.83	80.31
1層	い通り	0	13.17	23.88	38.26	44.10	47.65	47.39	45.92	42.76	37.83	27.90
	ろ通り	0	0.45	0.82	1.23	1.36	1.60	1.85	2.22	2.55	2.67	2.67
	は通り	0	2.13	3.80	5.73	6.36	7.60	8.83	10.83	12.64	13.51	13.51
	に通り	0	2.00	3.62	5.53	6.64	8.00	9.36	10.77	11.66	11.91	11.91
	合計	0	17.76	32.11	50.75	58.46	64.85	67.43	69.74	69.61	65.92	56.00

(b)架構および構造要素ごとの復元力特性

変形角 [rad]		0	1/480	1/240	1/120	1/90	1/60	1/45	1/30	1/20	1/15	1/10
		0	0.002	0.004	0.008	0.011	0.017	0.022	0.033	0.050	0.067	0.100
						せん断力 [kN]						
2層	①全土壁	0	20.79	37.78	61.42	70.92	75.61	72.33	66.64	58.70	48.63	29.06
	②土壁小壁	0	0.00	0.00	0.00	0.00	0.00	0.00	0.00	0.00	0.00	0.00
	③柱端部の仕口[*1]	0	1.60	2.87	4.47	5.75	7.02	8.30	9.26	9.58	9.58	9.58
	④横架材の仕口[*2]	0	5.97	10.36	15.86	17.79	21.43	25.08	31.34	37.06	40.24	41.21
	⑤板壁	0	0.00	0.00	0.00	0.00	0.00	0.00	0.00	0.00	0.00	0.00
	⑥顕し貫	0	0.13	0.19	0.22	0.23	0.25	0.27	0.30	0.35	0.39	0.46
	合計	0	28.48	51.21	81.97	94.68	104.32	105.98	107.54	105.69	98.83	80.31
1層	①全土壁	0	10.94	19.83	32.09	36.76	38.82	37.07	34.01	29.78	24.53	14.60
	②土壁小壁	0	0.00	0.00	0.00	0.00	0.00	0.00	0.00	0.00	0.00	0.00
	③柱端部の仕口[*1]	0	2.13	3.83	5.96	7.66	9.36	11.06	12.34	12.77	12.77	12.77
	④横架材の仕口[*2]	0	4.69	8.45	12.71	14.04	16.67	19.30	23.39	27.06	28.63	28.63
	⑤板壁	0	0.00	0.00	0.00	0.00	0.00	0.00	0.00	0.00	0.00	0.00
	⑥顕し貫	0	0.00	0.00	0.00	0.00	0.00	0.00	0.00	0.00	0.00	0.00
	合計	0	17.76	32.11	50.75	58.46	64.85	67.43	69.74	69.61	65.92	56.00

*1：長ほぞ
*2：通しほぞ車知栓打ち

表 10.2-13 現況の復元力特性（けた行方向）

(a) 通りごとの復元力特性

	変形角 [rad]	0	1/480	1/240	1/120	1/90	1/60	1/45	1/30	1/20	1/15	1/10
		0	0.002	0.004	0.008	0.011	0.017	0.022	0.033	0.050	0.067	0.100
2層	①通り	0	1.36	2.24	3.60	4.63	5.81	6.99	8.57	9.78	10.67	11.99
	②通り	0	8.10	14.51	22.75	25.62	26.89	26.53	25.35	23.27	20.36	15.27
	③通り	0	0.00	0.00	0.00	0.00	0.00	0.00	0.00	0.00	0.00	0.00
	④通り	0	9.46	17.00	26.79	29.80	32.20	31.92	30.86	29.00	25.54	17.91
	⑤通り	0	2.50	4.58	7.93	9.16	11.34	12.21	13.12	13.55	13.01	11.18
	合計	0	21.43	38.34	61.07	69.22	76.25	77.65	77.90	75.59	69.58	56.36
1層	①通り	0	2.72	4.80	7.71	9.33	11.22	12.43	14.24	15.63	16.19	15.80
	②通り	0	2.01	3.60	5.44	6.20	7.39	8.47	10.07	11.39	11.96	11.96
	③通り	0	0.00	0.00	0.00	0.00	0.00	0.00	0.00	0.00	0.00	0.00
	④通り	0	2.32	4.16	6.28	7.12	8.46	9.64	11.41	12.87	13.47	13.47
	⑤通り	0	2.33	4.15	6.35	7.38	8.87	10.26	12.16	13.67	14.30	14.32
	合計	0	9.39	16.71	25.78	30.02	35.95	40.80	47.88	53.55	55.91	55.55

(b) 架構および構造要素ごとの復元力特性

	変形角 [rad]	0	1/480	1/240	1/120	1/90	1/60	1/45	1/30	1/20	1/15	1/10
		0	0.002	0.004	0.008	0.011	0.017	0.022	0.033	0.050	0.067	0.100
2層	①全土壁	0	14.22	25.71	41.31	46.81	48.75	46.43	42.33	36.75	30.00	17.75
	②土壁小壁	0	1.18	2.20	4.15	3.68	5.03	5.34	5.59	5.86	5.12	2.18
	③柱端部の仕口*1	0	2.62	4.72	7.34	9.44	11.54	13.64	15.21	15.74	15.74	15.74
	④横架材の仕口*2	0	2.65	4.57	6.98	7.91	9.45	10.61	12.99	15.16	16.40	17.96
	⑤板壁	0	0.00	0.00	0.00	0.00	0.00	0.00	0.00	0.00	0.00	0.00
	⑥顕し貫	0	0.76	1.14	1.29	1.37	1.48	1.63	1.78	2.09	2.31	2.73
	合計	0	21.43	38.34	61.07	69.22	76.25	77.65	77.90	75.59	69.58	56.36
1層	①全土壁	0	0.86	1.61	2.76	3.46	4.03	3.92	3.74	3.46	3.00	1.84
	②土壁小壁	0	0.05	0.09	0.17	0.22	0.29	0.37	0.38	0.39	0.32	0.15
	③柱端部の仕口*1	0	1.70	3.06	4.77	6.13	7.49	8.85	9.87	10.21	10.21	10.21
	④横架材の仕口*2	0	6.78	11.94	18.08	20.22	24.13	27.66	33.89	39.49	42.38	43.34
	⑤板壁	0	0.00	0.00	0.00	0.00	0.00	0.00	0.00	0.00	0.00	0.00
	⑥顕し貫	0	0.00	0.00	0.00	0.00	0.00	0.00	0.00	0.00	0.00	0.00
	合計	0	9.39	16.71	25.78	30.02	35.95	40.80	47.88	53.55	55.91	55.55

*1：長ほぞ
*2：通しほぞ車知栓打ち

4）地震応答計算結果

収斂計算法2による地震応答計算の結果を図10.2-16（張り間方向）、けた行方向図10.2-17（けた行方向）に示す。ここで、計算ステップ1/120以下では縮約系の減衰定数を0.05としている。張り間方向、けた行方向ともに積雪の有無にかかわらずクライテリアを満足しておらず、補強が必要である。

柱脚の滑りについては、けた行方向では柱脚は滑らないが、張り間方向（積雪荷重なし）の場合に$F_0<Q_0$となるので、柱脚の滑り量を設計資料2にしたがって計算し、張り間方向（積雪荷重なし）の場合の柱脚の滑り量は8.5cmである。なお、耐震補強を行うので、柱脚の滑りについては耐震補強設計で詳細に検討する。

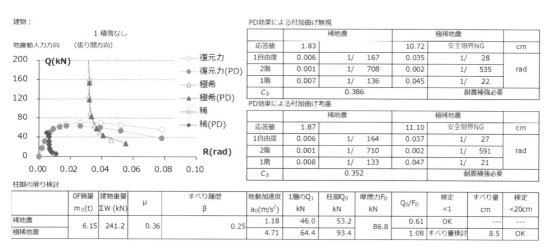

(a)積雪荷重なし

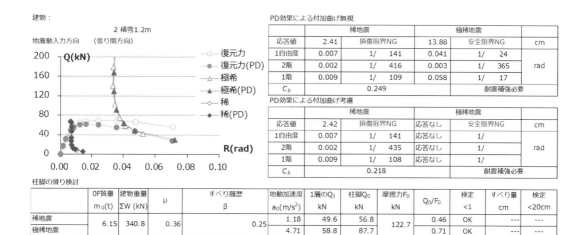

(b)積雪荷重あり（垂直積雪量120cm）

図 10.2-16 現況の地震応答計算結果（張り間方向）

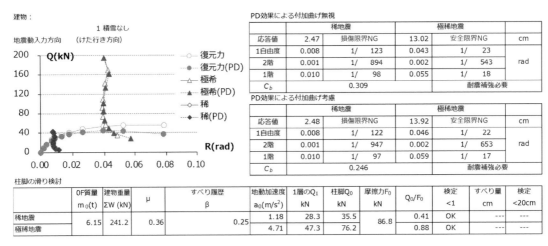

(a) 積雪荷重なし

(b) 積雪荷重あり（垂直積雪量120cm）

図 10.2-17　現況の地震応答計算結果（けた行方向）

5）風圧力

風圧力の算定結果を表 10.2-14 にまとめる。1.6 倍の風圧力が張り間方向の最大耐力（1 層：55.91kN）を上回っており、補強が必要である。

表 10.2-14　風圧力の算定

速度圧 Q	方向	階	部位	風力係数 C_f	見付面積 [m²]	風圧力 [kN]		1.6×風圧力 [kN]	
地表面粗度区分Ⅲ $V_0=30$m/s $G_f=2.5$ $E_r=0.69$ $E=1.19$ $q=645$N/m²	張り間 X	2 階	外壁	1.2	11.6	9.0	38.7	40.3	81.8
		1 階	外壁	1.2	38.4	29.7	51.2		
		基礎	外壁	1.2	16.1	12.4	—	—	
	けた行 Y	2 階	屋根	0.56	8.6	3.1	19.8	31.7	42.0
			外壁	1.2	1.9	1.5			
		1 階	屋根	0.56	10.7	3.8	26.2		
			外壁	1.2	14.7	11.4			
		基礎	外壁	1.2	8.3	6.4	—	—	

6）偏心率の算定

稀に発生する地震動に対する剛心位置の算定においては、加力方向 1/120rad、加力直交方向 1/120rad 時の耐力をもとに求めた割線剛性（浮き上がりのない場合）を用いた。変形増大率については当該変形に応じた剛性により偏心率を算定した。なお、2 階重心は柱脚部、1 階重心は足固め天端位置における軸力をもとに計算した。

表 10.2-15 に偏心率の算定結果を示す。1 階けた行方向の偏心率が 0.591 と 0.15 を大幅に上回っており、大きく偏心している。

表 10.2-15　偏心率の算定（耐震診断時／加力方向 1/120rad、加力直行方向 1/120 rad 時）

階	方向	剛性 K[kN/m]	重心 g[m]	剛心 l[m]	偏心距離 e[m]	捩り剛性 K_R[kN·m]	弾力半径 r_e[m]	偏心率 R_e
2 階	張り間 X	4206.4	5.654	5.252	0.40	35455.9	4.592	0.087
	けた行 Y	5589.4	2.641	2.946	−0.31	88701.7	3.984	0.077
1 階	張り間 X	1204.1	5.477	4.803	0.67	20607.5	5.162	0.131
	けた行 Y	2139.5	3.070	0.836	2.23	30544.4	3.778	0.591

一方、極めて稀に発生する地震動に対しては、耐震性能の目標を 1/25rad 以下としたため、加力方向 1/25rad、加力直交方向 1/90rad 時の各層・各方向について偏心率を確認した。なお、層間変形角 1/25rad の復元力特性は、1/30rad および 1/20rad の線形補間より求めている。表 10.2-16 にその計算結果を示す。1 階けた行方向の偏心率が 0.253 と 0.15 を上回っており、大きく偏心している。

表 10.2-16　偏心率の算定（耐震診断時／加力方向 1/25rad、加力直行方向 1/90rad 時）

階	方向	剛性 K[kN/m]	重心 g[m]	剛心 l[m]	偏心距離 e[m]	捩り剛性 K_R[kN·m]	弾力半径 r_e[m]	偏心率 R_e
2 階	張り間 X	1132.6	5.654	5.276	0.38	12671.0	7.212	0.052
	けた行 Y	1540.1	2.641	3.012	−0.37	40414.5	5.123	0.073
1 階	張り間 X	503.5	5.477	4.879	0.60	8822.6	6.132	0.098
	けた行 Y	682.3	3.070	1.562	1.51	24273.2	5.964	0.253

10.2.4　耐震補強設計
1）耐震補強設計の方針

　耐震診断で、張り間方向、けた行方向ともに積雪の有無にかかわらずクライテリアを満足していない、また、風圧力が張り間方向の最大耐力（1 層：55.91kN）を上回っており、補強が必要である。偏心率もけた行方向が 0.15 を超えている。

　以上を踏まえて、耐震補強設計においては、耐震要素の配置を見直し耐力を向上させるとともに偏心率の改善を図る。具体的には、下記 2 点の変更を行った。

- ・平面計画上不都合のない位置に耐力壁を追加し、1 階けた行方向の土壁厚さを 60mm から 70mm に変更する。
- ・耐力の期待できない板壁の仕様を変更し、耐力を見込める板壁に変更する。

2）構造要素の種類と配置

　構造要素の平面配置を図 10.2-18 に、張り間方向の立面配置を図 10.2-19、図 10.2-20、けた行方向の立面配置を図 10.2-21、図 10.2-22 に示す。

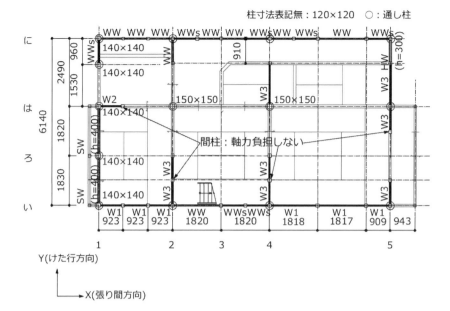

(a) 1階

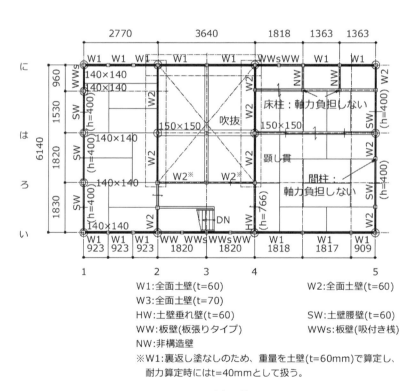

W1:全面土壁(t=60)　　　　　　　　W2:全面土壁(t=60)
W3:全面土壁(t=70)
HW:土壁垂れ壁(t=60)　　　　　　　SW:土壁腰壁(t=60)
WW:板壁(板張りタイプ)
WWs:板壁(吸付き桟)
NW:非構造壁
※W1:裏返し塗なしのため、重量を土壁(t=60mm)で算定し、
　　耐力算定時にはt=40mmとして扱う。

(b) 2階

図 10.2-18　耐震補強後の構造要素平面配置図

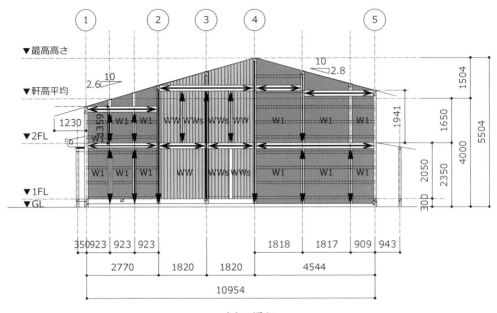

(a) い通り

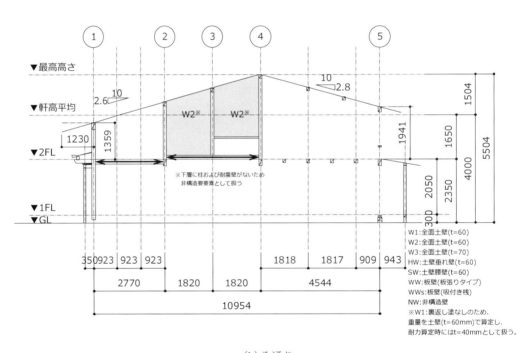

(b) ろ通り

図 10.2-19 耐震補強後の構造要素立面配置図（張り間方向／い通り、ろ通り）

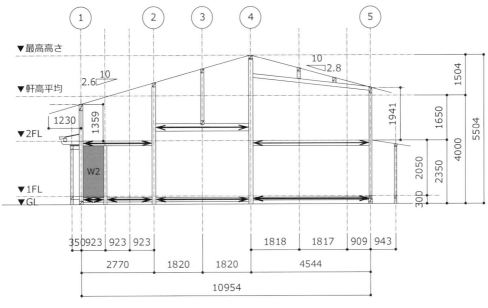

(a) は通り

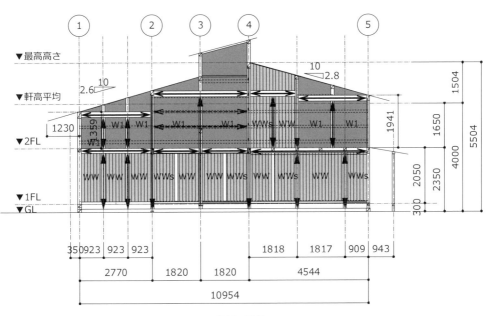

(b) に通り

図 10.2-20 耐震補強後の構造要素立面配置図（張り間方向／は通り、に通り）

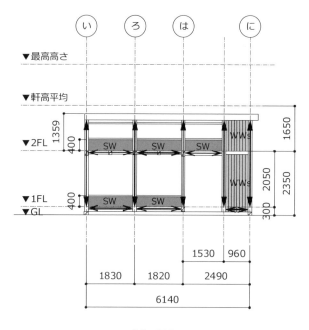

(a) 1通り

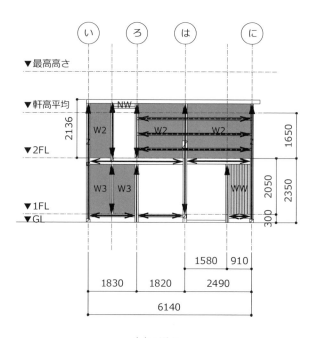

(b) 2通り

図 10.2-21 けた行方向耐震補強後の構造要素立面配置図（けた行方向／1通り、2通り）

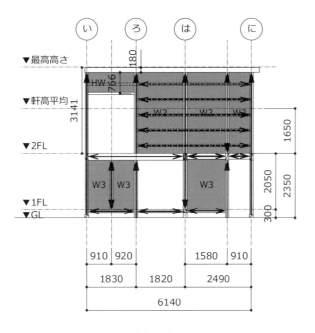

(a) 4通り

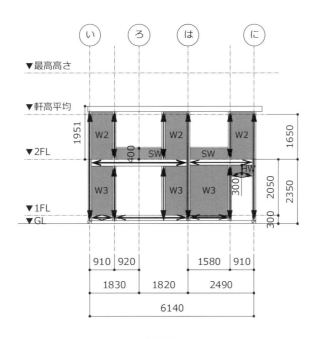

(b) 5通り

図 10.2-22　けた行方向耐震補強後の構造要素立面軸組図（けた行方向／4通り、5通り）

3) 建築物重量の算定

設計用荷重は、耐震診断時と同様に求めた。固定荷重に関しては仕様を変更した部分について後述の固定荷重を、積載荷重および積雪荷重は耐震診断時と 10.2.2 項の設計用荷重を用いた。

(a) 固定荷重

固定荷重を表 10.2-17 に示す。

表 10.2-17　固定荷重（耐震補強後）[N/m²]

屋根（勾配 0.26、0.28）		ケラバ		軒の出	
金属瓦棒葺	65	金属瓦棒葺	65	金属瓦棒葺	65
アスファルトルーフィング	10	アスファルトルーフィング	10	アスファルトルーフィング	10
野地板（板厚：15mm）	85	野地板（板厚：15mm）	85	野地板（板厚：15mm）	85
垂木 60×120@303	55	垂木 60×120@303	55	垂木 60×120@303	55
母屋 120×180@1820	115	母屋 120×180@1820	115		
小屋束・貫・梁	100				
合計	430	合計	330	合計	215

2 階床		1 階床	
床板（板厚：15mm）	70	床板（板厚：15mm）	70
根太 45×105@455	50	根太 45×105@455	50
床梁	130	床梁	130
		大引	100
合計	250	合計	350

土壁・小屋裏壁		腰壁・垂壁		板壁	
土壁（壁厚：60mm）	707	土壁（壁厚：60mm）	707	板張り板壁（板厚 30mm）	400
軸組	150	軸組	150		
合計	857	合計	857	合計	400
土壁（壁厚：70mm）	825			吸付き桟板壁（板厚 30mm）両面張り	400
軸組	150				
合計	975			合計	400

(b) 建築物重量

耐震補強後の地震力算定用の建築物重量を表 10.2-18 に示す。

表 10.2-18　地震力算定用建築物重量（耐震補強後）

階	$G+P$		$G+P+0.35S$		階高[m]	面積[m²]	単位重量[kN/m²]	
	重量[kN]	質量[t]	重量[kN]	質量[t]			$G+P$	$G+P+0.35S$
2 階	75.43	7.69	171.90	17.53	1.655	51.6	1.46	3.33
1 階	121.71	12.41	125.04	12.75	2.350	72.0	1.69	1.74
小計	197.14	20.10	296.94	30.27	4.005	123.6	1.60	2.40
m_0	69.96	7.13	69.96	7.13	―	72.0	0.97	0.97
総計	267.10	27.24	125.04	12.75	―	123.6	2.16	2.97
$G+P$			R_W＝75.43/121.71＝0.62、R_H＝1.665/2.350＝0.70					
$G+P+0.35S$			R_W＝171.90/125.04＝1.37、R_H＝1.665/2.350＝0.70					

m_0：最下階の下半分の質量

4）柱軸力の算定

　固定荷重および積載荷重による柱軸力の算定結果を図 10.2-23 に示す。柱軸力算定における各柱の床支配面積は、各柱間隔の 1/2 を辺長として算定する。2 階柱が負担する軸力は、直下に柱がある場合には直下の柱に伝達され、直下に柱が存在しない場合には 2 階床を構成する横架材を介して横架材両端の下階柱に伝達されるものとし、その負担割合は直上階の柱と下階柱までのスパンに応じて振り分ける。

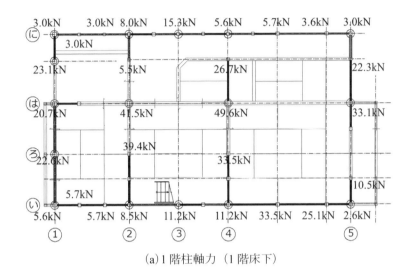

(a) 1 階柱軸力（1 階床下）

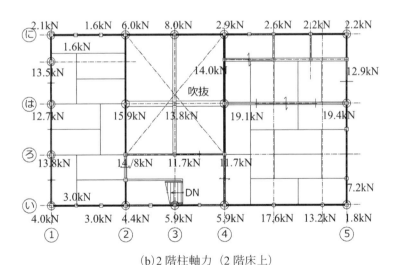

(b) 2 階柱軸力（2 階床上）

図 10.2-23　柱軸力分布図（耐震補強後）

5）復元力特性の算定

復元力特性の算定は、耐震診断と同様、「設計資料－4」に示す計算方法およびデータに基づく。新たに設ける構造要素の復元力特性は、下記のとおりである。

(a) 全面板壁（板張りタイプ板壁）

「設計資料－4」に示している板張りタイプの板壁の実験結果を用いる。1.5P の板壁については 1P および 2P の線形補間により復元力を求めた。

(b) 全面板壁（吸付き桟タイプ板壁）

「設計資料－4」に示している吸付き桟タイプの板壁の復元力特性を用いる。板厚さ 3cm 両面張りの、幅 1P・内法高さ 2.6m の板壁の耐力は、1/10 変形時には 10.8kN まで単調に増加する。

以上を踏まえて集計された復元力特性をまとめたものが、表 10.2-19 および図 10.2-24（張り間方向）、けた行方向表 10.2-20 および図 10.2-25（けた行方向）である。

補強後におけるせん断力係数比 C_2/C_b と限界せん断力係数比 R_{CO} との比較から、積雪荷重を考慮しない場合 C_2/C_b=2.44（張り間方向）、C_2/C_b=2.41（けた行方向）、R_{CO}=1.34、積雪荷重を考慮する場合 C_2/C_b=1.61（張り間方向）、C_2/C_b=1.59（けた行方向）、R_{CO}=1.21 となるため、降伏形は各方向ともに 1 層先行降伏と想定される。

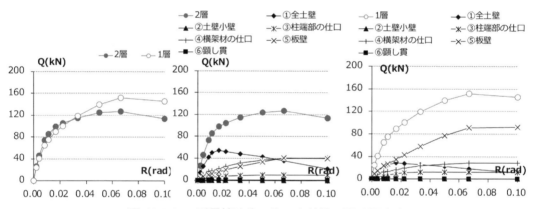

図 10.2-24　耐震補強後の復元力特性（張り間方向）

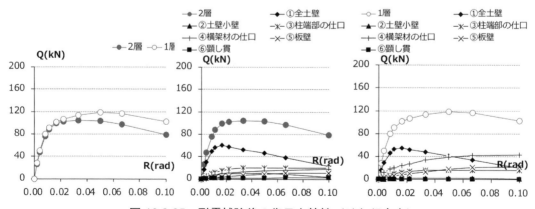

図 10.2-25　耐震補強後の復元力特性（けた行方向）

表 10.2-19 耐震補強後の復元力特性（張り間方向）

(a)通りごとの復元力特性

変形角 [rad]			せん断力 [kN]									
		0	1/480	1/240	1/120	1/90	1/60	1/45	1/30	1/20	1/15	1/10
		0	0.002	0.004	0.008	0.011	0.017	0.022	0.033	0.050	0.067	0.100
2層	い通り	0	12.61	21.87	34.94	40.49	46.83	50.22	56.05	61.93	64.50	58.26
	ろ通り	0	0.57	1.04	1.56	1.72	2.03	2.34	2.81	3.23	3.38	3.38
	は通り	0	0.83	1.51	2.26	2.49	2.94	3.39	4.07	4.68	4.90	4.90
	に通り	0	12.24	21.63	34.82	40.81	46.61	48.67	51.92	54.44	54.22	46.73
	合計	0	26.25	46.05	73.58	85.50	98.41	104.62	114.86	124.27	127.01	113.27
1層	い通り	0	11.81	20.48	32.86	37.99	43.72	46.17	49.93	54.39	55.80	50.41
	ろ通り	0	0.45	0.82	1.23	1.36	1.60	1.85	2.22	2.55	2.67	2.67
	は通り	0	2.96	5.35	8.39	9.68	11.47	12.60	14.43	15.96	16.39	15.28
	に通り	0	8.93	14.06	22.23	25.46	32.34	39.58	52.21	66.11	76.85	76.79
	合計	0	24.16	40.71	64.71	74.49	89.13	100.19	118.80	139.01	151.72	145.15

(b)架構および構造要素ごとの復元力特性

変形角 [rad]			せん断力 [kN]									
		0	1/480	1/240	1/120	1/90	1/60	1/45	1/30	1/20	1/15	1/10
		0	0.002	0.004	0.008	0.011	0.017	0.022	0.033	0.050	0.067	0.100
2層	①全土壁	0	14.24	25.99	42.65	49.96	54.21	52.02	48.30	42.98	35.97	21.64
	②土壁小壁	0	0.00	0.00	0.00	0.00	0.00	0.00	0.00	0.00	0.00	0.00
	③柱端部の仕口[*1]	0	1.60	2.87	4.47	5.75	7.02	8.30	9.26	9.58	9.58	9.58
	④横架材の仕口[*2]	0	5.97	10.36	15.86	17.79	21.43	25.08	31.34	37.06	40.24	41.21
	⑤板壁	0	4.32	6.63	10.39	11.77	15.49	18.94	25.65	34.30	40.84	40.39
	⑥顕し貫	0	0.13	0.19	0.22	0.23	0.25	0.27	0.30	0.35	0.39	0.46
	合計	0	26.25	46.05	73.58	85.50	98.41	104.62	114.86	124.27	127.01	113.27
1層	①全土壁	0	7.40	13.52	22.22	26.11	28.42	27.29	25.38	22.62	18.96	11.42
	②土壁小壁	0	0.00	0.00	0.00	0.00	0.00	0.00	0.00	0.00	0.00	0.00
	③柱端部の仕口[*1]	0	2.13	3.83	5.96	7.66	9.36	11.06	12.34	12.77	12.77	12.77
	④横架材の仕口[*2]	0	4.69	8.45	12.71	14.04	16.67	19.30	23.39	27.06	28.63	28.63
	⑤板壁	0	9.94	14.91	23.82	26.68	34.67	42.54	57.68	76.57	91.36	92.33
	⑥顕し貫	0	0.00	0.00	0.00	0.00	0.00	0.00	0.00	0.00	0.00	0.00
	合計	0	24.16	40.71	64.71	74.49	89.13	100.19	118.80	139.01	151.72	145.15

*1：長ほぞ
*2：通しほぞ車知栓打ち

表 10.2-20 耐震補強後の復元力特性（けた行方向）

(a)通りごとの復元力特性

			せん断力 [kN]									
	変形角 [rad]	0	1/480	1/240	1/120	1/90	1/60	1/45	1/30	1/20	1/15	1/10
		0	0.002	0.004	0.008	0.011	0.017	0.022	0.033	0.050	0.067	0.100
2層	①通り	0	3.23	5.38	8.82	10.81	13.92	16.53	19.74	23.52	25.28	24.74
	②通り	0	9.15	16.46	26.03	29.74	31.75	31.46	30.26	27.95	24.60	18.42
	③通り	0	0.00	0.00	0.00	0.00	0.00	0.00	0.00	0.00	0.00	0.00
	④通り	0	9.46	17.00	26.79	29.80	32.20	31.92	30.86	29.00	25.54	17.91
	⑤通り	0	4.65	8.56	14.61	17.56	21.24	22.30	23.19	23.18	21.76	17.75
	合計	0	26.50	47.40	76.24	87.91	99.11	102.22	104.06	103.64	97.19	78.83
1層	①通り	0	3.27	5.46	9.09	10.17	12.96	15.47	19.09	23.34	25.76	25.64
	②通り	0	7.36	12.91	20.16	22.80	25.60	27.05	29.23	31.61	32.12	29.09
	③通り	0	0.00	0.00	0.00	0.00	0.00	0.00	0.00	0.00	0.00	0.00
	④通り	0	9.70	17.44	27.40	30.85	32.92	33.17	33.02	31.72	29.02	23.38
	⑤通り	0	7.88	14.27	22.87	26.83	30.16	31.10	31.90	31.58	29.69	24.60
	合計	0	28.21	50.08	79.52	90.65	101.63	106.79	113.24	118.25	116.59	102.71

(b)架構および構造要素ごとの復元力特性

			せん断力 [kN]									
	変形角 [rad]	0	1/480	1/240	1/120	1/90	1/60	1/45	1/30	1/20	1/15	1/10
		0	0.002	0.004	0.008	0.011	0.017	0.022	0.033	0.050	0.067	0.100
2層	①全土壁	0	16.68	30.29	49.17	56.64	60.21	57.57	52.97	46.58	38.52	23.00
	②土壁小壁	0	1.86	3.52	6.55	6.70	8.89	9.88	10.22	10.51	8.92	4.07
	③柱端部の仕口[*1]	0	3.37	6.07	9.44	12.13	14.83	17.52	19.54	20.22	20.22	20.22
	④横架材の仕口[*2]	0	2.65	4.57	6.98	7.91	9.45	10.61	12.99	15.16	16.40	17.96
	⑤板壁	0	1.18	1.82	2.81	3.15	4.25	5.01	6.54	9.09	10.82	10.86
	⑥顕し貫	0	0.76	1.14	1.29	1.37	1.48	1.63	1.78	2.09	2.31	2.73
	合計	0	26.50	47.40	76.24	87.91	99.11	102.22	104.06	103.64	97.19	78.83
1層	①全土壁	0	16.02	28.97	46.57	52.80	55.02	52.41	47.79	41.51	33.91	20.07
	②土壁小壁	0	0.27	0.54	1.51	1.37	1.81	2.32	2.43	2.47	2.07	0.97
	③柱端部の仕口[*1]	0	2.77	4.98	7.74	9.96	12.17	14.38	16.04	16.60	16.60	16.60
	④横架材の仕口[*2]	0	6.78	11.94	18.08	20.22	24.13	27.66	33.89	39.49	42.38	43.34
	⑤板壁	0	2.37	3.65	5.62	6.31	8.51	10.02	13.09	18.17	21.63	21.73
	⑥顕し貫	0	0.00	0.00	0.00	0.00	0.00	0.00	0.00	0.00	0.00	0.00
	合計	0	28.21	50.08	79.52	90.65	101.63	106.79	113.24	118.25	116.59	102.71

[*1]：長ほぞ
[*2]：通しほぞ車知栓打ち

6）地震応答計算結果

収束計算法2による地震応答計算の結果を図10.2-26（張り間方向）、図10.2-27（けた行方向）に示す。ここで、計算ステップ1/120以下では縮約系の減衰定数を0.05としている。

張り間方向、けた行方向ともに積雪の有無にかかわらずクライテリアを満足している。

極めて稀に発生する地震動に対しては、柱脚部で滑動が生じる恐れがあるため、柱脚の移動の判定（7章7.3.1項参照）を行う。実験からは柱底面と礎石間の摩擦係数を0.4、また極めて稀に発生する地震動時に1階床レベルに作用する加速度を0.4Gと想定しているが、滑り量を安全側（大きめ）に評価するために、摩擦係数を$0.4 \times 0.9 = 0.36$、1階床加速度を$0.4G \times 1.2 = 0.48G$とする。

極めて稀に発生する地震動に対しては、柱脚部で滑動が生じる恐れがあるため、柱脚の滑りの判定を行う（7章7.3.1項を参照）。

・柱脚部が有する摩擦力　$F_0 = \mu \Sigma W = 0.36 \times 267.2 = 96.2$ kN（積雪なし）

$F_0 = \mu \Sigma W = 0.36 \times 366.8 = 132.1$ kN（積雪1.2m）

・柱脚部に作用する最大せん断力

張り間方向：$Q_0 = Q_1 + m_0 \alpha = 110.5 + 0.48 \times 9.8 \times 7.13 = 144.1$ kN（積雪なし）$> F_0$

$Q_0 = Q_1 + m_0 \alpha = 122.7 + 0.48 \times 9.8 \times 7.13 = 156.3$ kN（積雪1.2m）$> F_0$

けた行方向：$Q_0 = Q_1 + m_0 \alpha = 94.9 + 0.48 \times 9.8 \times 7.13 = 128.8$ kN（積雪なし）$> F_0$

$Q_0 = Q_1 + m_0 \alpha = 107.2 + 0.48 \times 9.8 \times 7.13 = 140.8$ kN（積雪1.2m）$> F_0$

したがって積雪の有無によらず両方向とも$F_0 < Q_0$となるので、柱脚の滑りによる移動が生じると判断し、柱脚すべり量の算定は「設計資料-2」にしたがって計算する。

滑り量は、けた行方向で8.9cm（積雪荷重なし）、7.3cm（積雪荷重あり）、張り間方向で8.9cm（積雪荷重なし）、6.4cm（積雪荷重あり）である。各方向の最大滑り量は8.9cmであるので、現況の礎石寸法200mm角の柱脚移動可能範囲10cm以内であることを確認した。

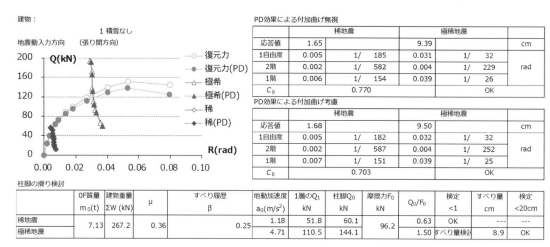

(a) 積雪荷重なし

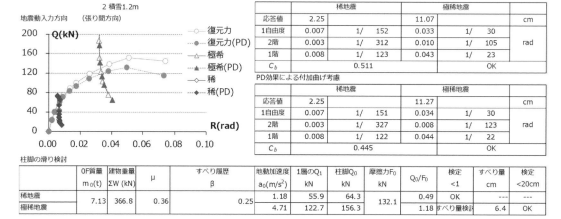

(b) 積雪荷重あり（垂直積雪量 120cm）

図 10.2-26　耐震補強後の地震応答計算結果（張り間方向）

(a) 積雪荷重なし

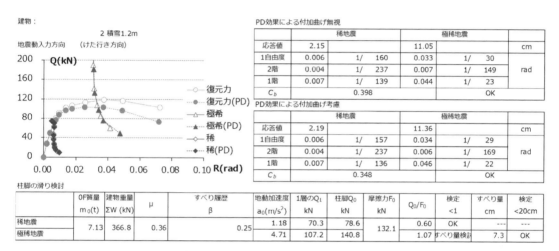

(b) 積雪荷重あり（垂直積雪量 120cm）

図 10.2-27　耐震補強後の地震応答計算結果（けた行方向）

7) 風圧力

表 10.2-14 から 1.6 倍の風圧力に対しても地震力が上回るので、風圧力の検討を省略する。

8) ゾーニングによる検討

本事例は 2 階に大きな吹抜け空間を有しており、地震力を伝達できない可能性がある。そこで、5 章の「5.5.3 ゾーニングによる検討」および 7 章の「7.2.4.1 水平構面の安全性の検討」によりゾーニングによる検討を行う。

2 通りおよび 4 通りを境界として平面を 3 つに分割するゾーニングを行い、それぞれのゾーンについて耐震性能を確認する。

積雪なしのけた行方向を対象として、ゾーン区分は、みせ側から「①〜②」ゾーン、「②〜④」ゾーン、奥側を「④〜⑤」ゾーンとする（図 10.2-28）。重量はスパン長さ比で全体重量を単純に割り振り、階高は「①〜②」ゾーン：①通りと②通りの平均、「②〜④」ゾーン：②通りと④通りの平均、「④〜⑤」ゾーン：④通りと⑤通りの平均とする。表 10.2-21 に各ゾーンの建物重量を、図 10.2-29 に各ゾーンの復元力特性を示す。

表 10.2-21 各ゾーンの建築物重量

階	階高 [m]	重量 [kN]		
		①〜②	②〜④	④〜⑤
2 階	1.655	19.08	25.07	31.29
1 階	2.350	30.78	40.44	50.49
計	4.005	49.85	65.51	81.78

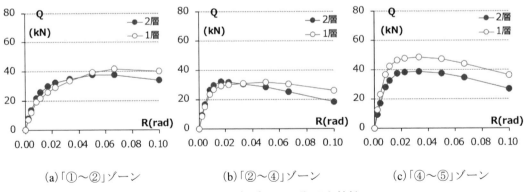

(a)「①〜②」ゾーン　　(b)「②〜④」ゾーン　　(c)「④〜⑤」ゾーン

図 10.2-29 各ゾーンの復元力特性

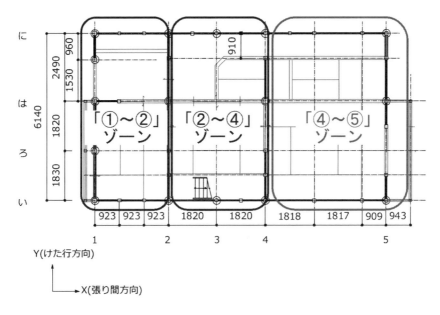

(a) 1 階

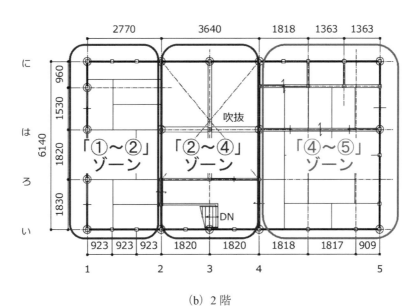

(b) 2 階

図 10.2-28 ゾーン区分

収斂計算法2による各ゾーンの地震応答計算結果をまとめたものが、図10.2-30 である。ゾーン別モデルの最大変形は、いずれもクライテリアを満足している。

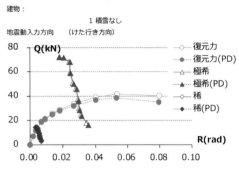

(a)「①～②」ゾーン

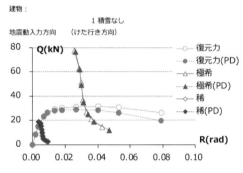

(b)「②～④」ゾーン

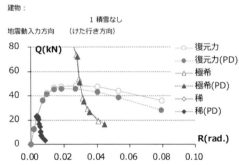

(c)「④～⑤」ゾーン

図 10.2-30　各ゾーンの地震応答計算結果

9) 偏心率の算定

　耐震診断時と同様に各層・各方向において偏心率の算定した結果を表 10.2-22（稀に発生する地震動）、表 10.2-23（極めて稀に発生する地震動）に示す。偏心率は、各層・各方向とも 0.15 以下であることを確認した。

表 10.2-22　偏心率の算定（耐震補強後／加力方向 1/120rad、加力直交方向 1/120rad 時）

階	方向	剛性 K[kN/m]	重心 g[m]	剛心 l[m]	偏心距離 e[m]	捩り剛性 K_R[kN・m]	弾力半径 r_e[m]	偏心率 R_e
2 階	張り間 X	5220.5	5.654	5.278	0.38	60619.9	4.553	0.083
	けた行 Y	5024.9	2.641	3.055	−0.41	110918.6	4.698	0.088
1 階	張り間 X	3742.1	5.477	6.062	−0.58	49326.6	4.489	0.130
	けた行 Y	3150.7	3.070	2.601	0.47	81022.6	5.071	0.092

表 10.2-23　偏心率の算定（耐震補強後／加力方向 1/25rad、加力直交方向 1/90rad 時）

階	方向	剛性 K[kN/m]	重心 g[m]	剛心 l[m]	偏心距離 e[m]	捩り剛性 K_R[kN・m]	弾力半径 r_e[m]	偏心率 R_e
2 階	張り間 X	1491.2	5.654	5.067	0.59	21871.4	6.524	0.090
	けた行 Y	1739.3	2.641	2.915	−0.27	58044.4	5.777	0.047
1 階	張り間 X	1216.8	5.477	5.552	−0.07	19208.5	5.854	0.013
	けた行 Y	1334.0	3.070	3.265	−0.19	59373.8	6.671	0.029

10.3 寺院建築物の耐震補強設計例
10.3.1 事例の概要と耐震診断方針
1）建築物の概要

本節では、伝統構法による社寺本堂の耐震補強設計例を示す。建築物の概要を表 10.3-1 に、平面図・断面図・軸組図を図 10.3-1〜10.3.5 にそれぞれ示す。

表 10.3-1　建築物の概要

用　途	社寺本堂
規　模	地上 1 階、木造石場建て
面　積	143m^2
高　さ	軒高さ：5.215m、最高高さ：9.258m、構造階高：4.255m
地　盤	2 種地盤

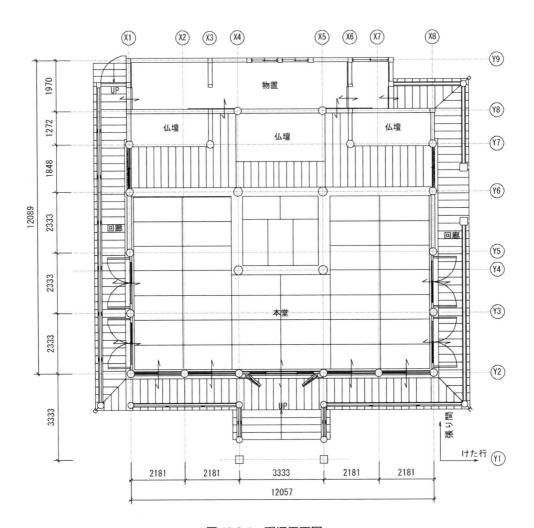

図 10.3-1　現況平面図

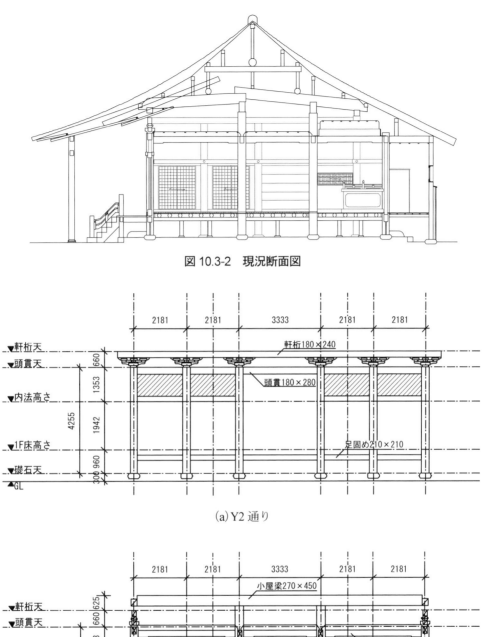

図 10.3-2 現況断面図

(a) Y2 通り

(b) Y6 通り

図 10.3-3 現況軸組図(けた行方向/Y2、Y6 通り)

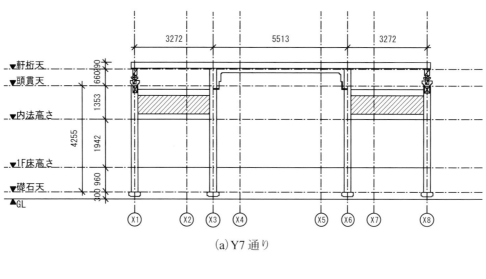

(a) Y7 通り

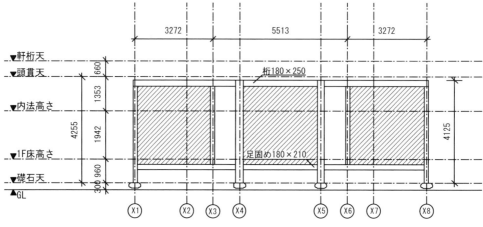

(b) Y8 通り

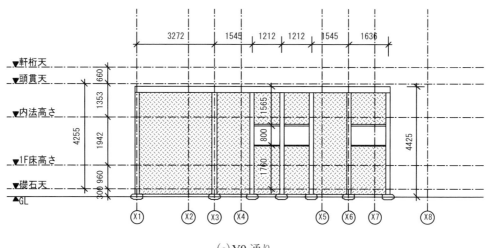

(c) Y9 通り

図 10.3-4　現況軸組図（けた行方向／Y7、Y8、Y9 通り）

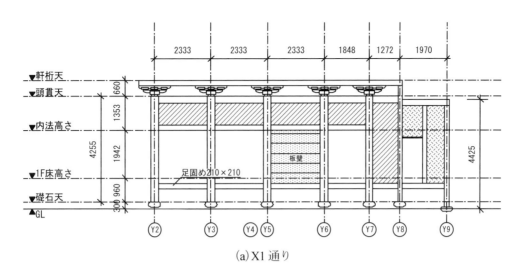

(a) X1 通り

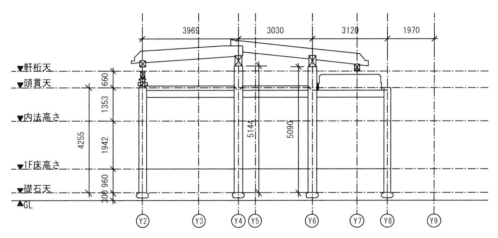

(b) X4、X5 通り

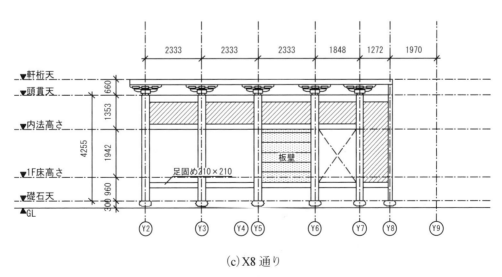

(c) X8 通り

図 10.3-5　現況軸組図（張り間方向／X1、X4、X5、X8 通り）

2）構造上の特徴と耐震診断の方針

平面形状は整形で、補強前の主な構造要素は土塗りの全面壁および垂れ壁である。けた行方向では、全面壁が建物背面にあたる Y8 および Y9 通りに集中しており、耐力偏心が非常に大きい。土塗り壁の厚さは 90mm または 60mm である。一方、張り間方向では対照的に、ほとんど偏心は見られない。軸組には φ350mm や φ300mm といった大径柱が用いられているため、柱の傾斜復元力を見込むことができる。また、屋根は葺き土を有する桟瓦葺きであり、屋根重量が大きい。

耐震診断にあたっては、土塗り壁、土塗り垂れ壁、柱－横架材（足固め、虹梁、差鴨居）接合部、柱ほぞ、柱傾斜復元力を構造要素として復元力特性の算定を行う。なお、X1、X8 通りの板壁は板厚が薄いため構造要素とはみなさない。図 10.3-6 に構造要素の配置図を示す。上部構造の地震応答計算は、近似応答計算による。

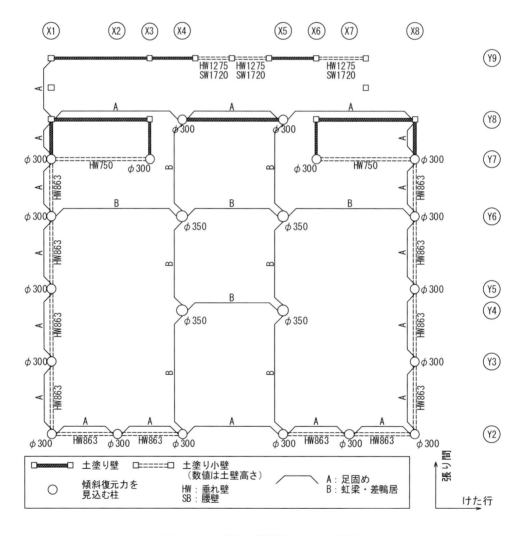

図 10.3-6　現況の構造要素平面配置図

3）耐震診断のクライテリア

　損傷限界変形角については、稀に発生する地震動に対して構造耐力上主要な部分に耐力低下がなく、補修を要する損傷が生じない層間変形角として 1/120rad 以下であることを確認する。

　一方、安全限界変形角については、極めて稀に発生する地震動に対して修復可能な損傷を受けるが、柱の折損や倒壊を生じない層間変形角として 1/25rad 以下とする。

10.3.2　建築物重量の算定（耐震診断時）

　各部位の単位荷重を表 10.3-2 に、地震力算定用建築物重量の計算結果を表 10.3-3 に示す。小屋組の重量は、材積と比重をもとに算定している。

表 10.3-2　単位荷重（耐震診断時）

部位		仕様		単位重量 [N/m^2]	採用重量 [N/m^2]	備考
屋根	棟瓦			980	980	単位 N/m
	屋根	屋根葺材	桟瓦	980	1080	葺き土あり
		母屋		100		
		小屋組		380	380	積算による
天井		格天井		250	250	
壁	土塗壁	土塗り壁	厚さ 90mm	1170	1170	軸組含む
		土塗り壁	厚さ 60mm	830	830	軸組含む
	板壁	板壁	厚さ 9mm	100	100	
	軸組			150	150	

表 10.3-3　現況の固定荷重と地震力算定用建築物重量

部位		単位荷重 [N/m^2]	面積 [m^2]	重量 [kN]
屋根	棟	980N/m	10.06m	9.9
	屋根	1080	260.4	281.3
	小屋組	380	260.4	98.9
天井	格天井	250	142.5	35.6
1階壁	土壁 90mm	1170	67.6	79.1
	土壁 60mm	830	31.9	26.5
	板壁	100	3.6	0.4
	軸組	150	82.9	12.4
地震力算定用建築物重量 [kN]				544.0

10.3.3 復元力特性の算定（耐震診断時）

復元力特性の算定は、「設計資料−4」に示す計算方法およびデータに基づく。

1）全面土塗り壁

設計資料に示すせん断応力度に、壁長さ（柱間内々寸法）および壁厚（90mm または 60mm）を乗じて求める。

2）土塗り小壁

Y9 通りに存在する腰壁および垂れ壁の鴨居端部の引張耐力は期待できないと考え、設計資料のうち1本の柱のみ有効な場合として算定する。Y9 通り以外の垂れ壁については、2本の柱が有効な場合として算定する。

3）柱ほぞ

設計資料に示す曲げモーメントを階高で除して求める。

4）横架材（足固め・虹梁）

設計資料の雇いほぞ車知栓打ちおよび小根ほぞ割り楔締めのデータ（梁せい210mm、240mm）を用いて算定する。

5）柱傾斜復元力

設計資料では、柱傾斜復元力−変位関係は図 10.3-7 のように提案されている。本事例では、パラメータ $\alpha=0.2$、$\beta=0.7$ とし、柱の有効径 D_e は柱径と大斗底幅の平均値を用いた。各柱の軸力は水平投影面積から案分して算定している。なお、PΔ 効果を算定する際には、建物重量から傾斜復元力を見込む柱の軸力の和を引いた重量を用いる。

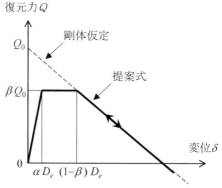

図 10.3-7 柱傾斜復元力−変位関係

算定した復元力特性を図 10.3-8、表 10.3-4 に示す。また、通りごとに整理した復元力特性を図 10.3-9、表 10.3-5 に示す。

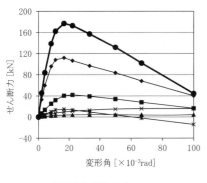
(a) けた行(X)方向

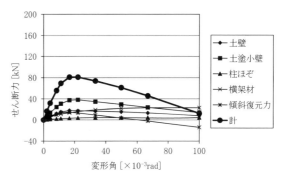
(b) 張り間(Y)方向

図 10.3-8　耐震診断時の各方向の復元力特性

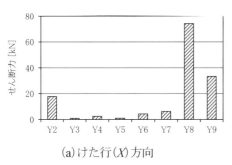
(a) けた行(X)方向

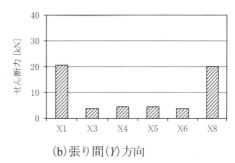
(b) 張り間(Y)方向

図 10.3-9　耐震診断時の通りごとの復元力（変形角 1/120rad 時）

表 10.3-4　耐震診断時の構造要素ごとの復元力特性

方向	要素	変形角 [rad]									
		1/480	1/240	1/120	1/90	1/60	1/45	1/30	1/20	1/15	1/10
けた行(X)方向	土壁	33.13	59.81	95.85	108.14	111.96	106.53	96.86	83.78	68.15	40.08
	土塗小壁	7.18	13.92	25.31	32.02	40.39	42.00	39.32	34.08	28.08	16.55
	柱ほぞ	0.76	1.37	2.14	2.75	3.36	3.97	4.43	4.58	4.58	4.58
	横架材	2.25	4.26	6.82	7.81	9.58	11.19	13.35	15.17	16.04	16.04
	傾斜復元力	2.58	5.18	10.35	13.80	15.00	13.54	9.60	3.68	-2.23	-14.06
	PΔ	-0.39	-0.79	-1.58	-2.10	-3.15	-4.20	-6.30	-9.46	-12.61	-18.91
	計	45.51	83.75	138.89	162.42	177.14	173.02	157.25	131.84	102.00	44.28
張り間(Y)方向	土壁	3.86	7.20	12.35	15.43	18.00	17.49	16.72	15.43	13.37	8.23
	土塗小壁	7.23	13.84	24.62	30.81	37.37	38.12	34.53	29.53	23.86	13.95
	柱ほぞ	0.00	0.00	0.00	0.00	0.00	0.00	0.00	0.00	0.00	0.00
	横架材	3.42	6.36	9.98	11.31	13.74	16.00	19.19	21.94	23.21	23.21
	傾斜復元力	2.58	5.18	10.35	13.80	15.00	13.54	9.60	3.68	-2.23	-14.06
	PΔ	-0.39	-0.79	-1.58	-2.10	-3.15	-4.20	-6.30	-9.46	-12.61	-18.91
	計	16.70	31.79	55.72	69.25	80.96	80.95	73.74	61.13	45.59	12.41

表 10.3-5 耐震診断時の通りごとの復元力特性

方向	構面	変形角 [rad]									
		1/480	1/240	1/120	1/90	1/60	1/45	1/30	1/20	1/15	1/10
けた行(X)方向	Y2	5.15	9.92	17.75	22.40	26.57	26.76	24.70	21.36	17.34	9.27
	Y3	0.24	0.47	0.95	1.26	1.34	1.19	0.83	0.28	−0.26	−1.34
	Y4	0.73	1.39	2.52	3.23	3.80	3.84	3.48	2.73	1.87	−0.04
	Y5	0.25	0.50	1.01	1.34	1.42	1.26	0.88	0.30	−0.27	−1.42
	Y6	1.33	2.51	4.32	5.26	6.03	6.18	5.98	5.28	4.24	1.72
	Y7	1.84	3.52	6.32	8.08	9.76	9.90	9.19	8.01	6.48	2.90
	Y8	25.72	46.43	74.18	83.17	85.57	81.92	74.83	64.92	53.14	32.52
	Y9	10.65	19.78	33.42	39.77	45.81	46.15	43.67	38.41	32.07	19.58
	計	45.91	84.54	140.46	164.52	180.29	177.22	163.55	141.30	114.61	63.19
張り間(Y)方向	X1	6.14	11.72	20.64	25.69	30.63	31.31	29.58	26.45	22.37	13.72
	X3	1.14	2.15	3.77	4.78	5.47	5.24	4.78	4.06	3.16	1.08
	X4	1.37	2.60	4.50	5.50	6.31	6.44	6.17	5.37	4.22	1.50
	X5	1.37	2.60	4.50	5.50	6.31	6.44	6.17	5.37	4.22	1.50
	X6	1.14	2.15	3.77	4.78	5.47	5.24	4.78	4.06	3.16	1.08
	X8	5.94	11.37	20.11	25.10	29.92	30.48	28.56	25.25	21.07	12.43
	計	17.09	32.58	57.29	71.36	84.11	85.15	80.04	70.58	58.20	31.32

10.3.4 地震応答計算（耐震診断時）

1）等価粘性減衰定数の算定

近似応答計算においては、1 層のせん断耐力と代表変位による復元力特性から履歴面積を用いて履歴減衰を等価粘性減衰定数として算定することになっている。等価粘性減衰定数 h_{eq} は次式により求める。

$$h_{eq} = \frac{\Delta W}{4\pi W}$$

ここで、ΔW は 1 サイクルの消費エネルギーを表しており、図 10.3-10 における三角形 OAB の面積×2 として求められる。一方、W はポテンシャルエネルギーを表し、三角形 OAC の面積に等しい。ただし、柱傾斜復元力および PΔ 効果は履歴ループを描かないため、等価粘性減衰定数の算定の際には柱傾斜復元力および PΔ 効果を除いた復元力特性を用いる。参考のため、表 10.3-6 に正しく算定した減衰定数 h_{eq} と柱傾斜復元力および PΔ 効果を含んだままの復元力特性を用いて算定した減衰定数 h'_{eq} の比較例として張り間方向の計算結果を示す。なお、本事例では ΔW を計算する際の除荷剛性は、1/480rad 時の初期剛性としている。

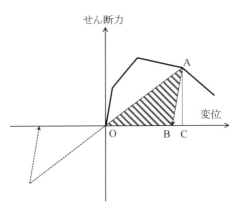

図 10.3-10　等価粘性減衰定数の算定

表 10.3-6　等価粘性減衰定数の比較

	計算ステップ									
	1/480	1/240	1/120	1/90	1/60	1/45	1/30	1/20	1/15	1/10
h_{eq}	0.050	0.063	0.085	0.095	0.119	0.140	0.165	0.183	0.193	0.203
h'_{eq}	0.050	0.058	0.076	0.085	0.113	0.137	0.165	0.185	0.196	0.207
h'_{eq}/h_{eq}	1.00	0.91	0.90	0.90	0.95	0.98	1.00	1.01	1.01	1.02

2）地震応答計算結果

　近似応答計算により求められた復元力特性と必要性能スペクトルを図 10.3-11 に示す。けた行方向および張り間方向の応答変形角は表 10.3-7 に示すように、耐震診断のクライテリア（稀に発生する地震動に対して 1/120rad 以下、極めて稀に発生する地震動に対して 1/25rad 以下）を満足していない。

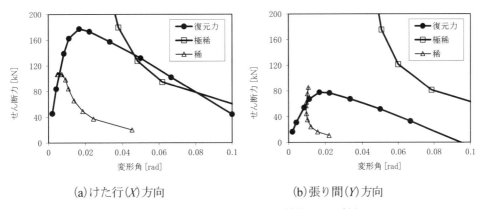

(a)けた行(X)方向　　　　　　　(b)張り間(Y)方向

図 10.3-11　耐震診断時の各方向の復元力特性と必要性能スペクトル

表10.3-7 耐震診断時の応答変形角

		稀に 発生する地震動	判定	極めて稀に 発生する地震	判定
補強前	けた行(X)方向	1/156	OK	1/22	NG
	張り間(Y)方向	1/104	NG	応答値なし	NG

10.3.5 偏心率の算定(耐震診断時)

補強前の偏心率の算定結果を表10.3-8〜10.3-10に示す。けた行方向で偏心が大きい。

表10.3-8 偏心率の算定(耐震診断時/両方向とも1/120rad時の割線剛性を用いる場合)

方向	重心 [m]	剛心 [m]	偏心距離 [m]	捩り剛性 [kN·m]	弾力半径 [m]	偏心率
けた行 X	6.029	5.970	0.059	3694.0	5.128	0.68
張り間 Y	6.045	9.530	3.486		8.030	0.01

表10.3-9 偏心率の算定(耐震診断時/けた行方向1/25rad+張り間方向1/90rad時の割線剛性を用いる場合)

方向	重心 [m]	剛心 [m]	偏心距離 [m]	捩り剛性 [kN·m]	弾力半径 [m]	偏心率
けた行 X	6.029	5.979	0.050	4460.3	5.370	0.50
張り間 Y	6.045	8.753	2.709		7.906	

表10.3-10 偏心率の算定(耐震診断時/張り間方向1/25rad+けた行方向1/90rad時の割線剛性を用いる場合)

方向	重心 [m]	剛心 [m]	偏心距離 [m]	捩り剛性 [kN·m]	弾力半径 [m]	偏心率
けた行 X	6.029	5.942	0.087	4598.3	5.287	
張り間 Y	6.045	8.830	2.786		7.765	0.01

稀に起こる地震動に対するけた行方向の偏心率が0.15を上回っているため、応答変形角の割増しを考慮した場合の算定結果を表10.3-11に示す。算定された変形角は1/69radと1/120radを超えており、耐震診断のクライテリアを満足していない。

表10.3-11 偏心率を考慮した応答変形角の割増し

応答変形角 [rad]	偏心率 R_e	$1+(L/r_e)R_e$	$1+0.5R_e$	割り増した変形角 [rad]
1/156	0.68	2.264	1.340	1/69

以上より、稀に発生する地震動および極めて稀に発生する地震動に対していずれの方向も耐震診断のクライテリアを満たしていないことが確認された。

10.3.6 耐震補強設計
1）耐震補強設計の方針

けた行方向では、Y8、Y9通りに比べて耐力が小さく、大きな偏心を生じさせていたY2通りの復元力を主として増大させる。張り間方向では、偏心の小さい状況を維持するようにできるだけ対称的に補強する。また、適宜足固めを新設し、柱脚の開きを防ぐ。

補強に用いる構造要素は、乾式土壁、はしご型フレーム、足固めである。補強後の軸組図を図10.3-12～10.3-14に、構造要素の配置図を図10.3-15に示す。

また、柱脚の仕様が石場建てであるため、柱脚の滑りを考慮した近似応答計算を行って礎石の寸法を決定する。

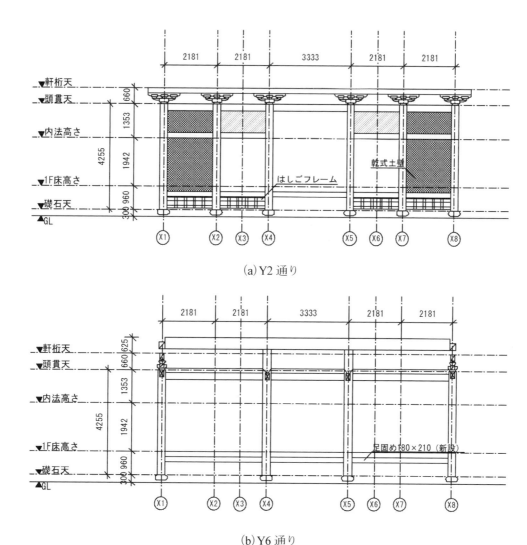

(a) Y2通り

(b) Y6通り

図 10.3-12　耐震補強後の軸組図（けた行方向／Y2、Y6通り）

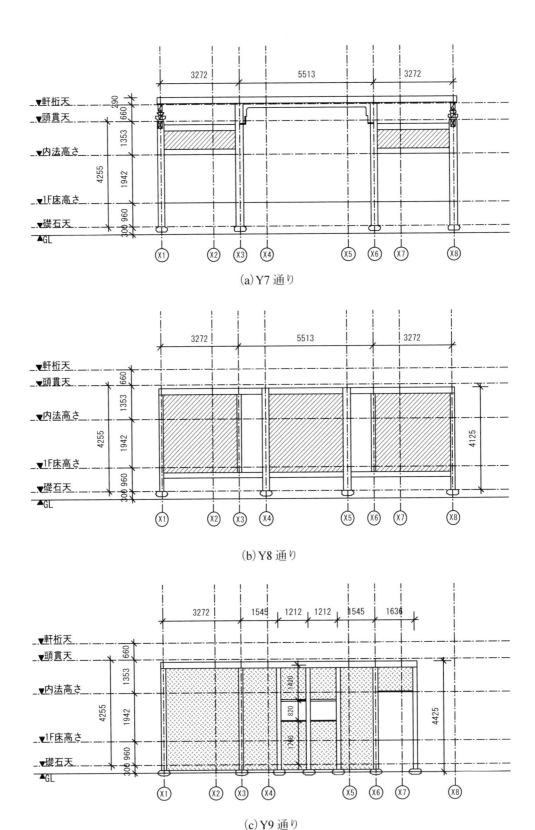

図 10.3-13 耐震補強後の軸組図（けた行方向／Y7、Y8、Y9 通り）

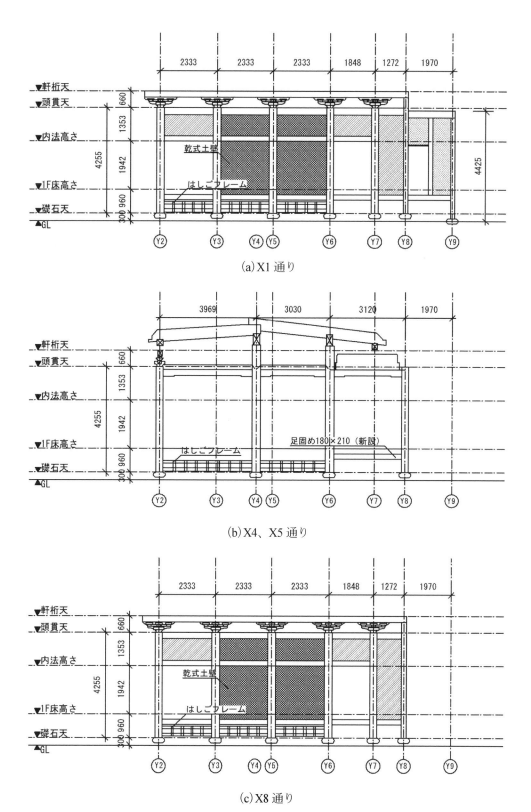

図 10.3-14　耐震補強後の軸組図（張り間方向／X1、X4、X5、X8 通り）

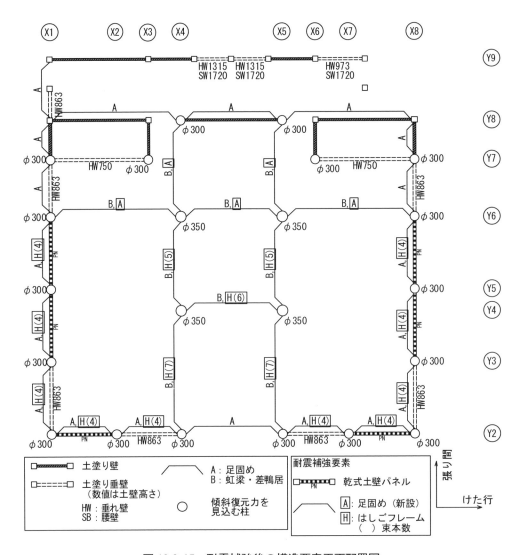

図 10.3-15　耐震補強後の構造要素平面配置図

2）耐震補強設計のクライテリア

耐震補強設計のクライテリアは、耐震診断時と同様、損傷限界変形角 1/120rad 以下、安全限界変形角 1/25rad 以下とする。

10.3.7 建築物重量の算定(耐震補強後)

各部位の単位荷重を表 10.3-12 に、地震力算定用の建築物重量の計算結果を表 10.3-13 に示す。桟瓦の葺き土を撤去することにより屋根重量が軽減され、建物全体の重量も 544.0kN から 449.2kN へと軽くなっている。

表 10.3-12 単位荷重(耐震補強後)

部位		仕様		単位重量 [N/m²]	採用重量 [N/m²]	備考
屋根	棟瓦			980	980	単位 N/m
	屋根	屋根葺材	桟瓦	640	740	葺き土なし
		母屋		100		
		小屋組		380	380	積算による
天井		格天井		250	250	
壁	土塗壁	土塗り壁	厚さ 90mm	1170	1170	軸組含む
		土塗り壁	厚さ 60mm	830	830	軸組含む
	乾式土壁	乾式土壁	片面張り $t=26$mm	160	410	
		仕上げ材		100		
		軸組		150		
	軸組			150	150	

表 10.3-13 耐震補強後の固定荷重と地震力算定用建築物重量

部位		単位荷重 [N/m²]	面積 [m²]	重量 [kN]
屋根	棟	980N/m	10.06m	9.9
	屋根	740	260.4	192.7
	小屋組	380	260.4	98.9
天井	格天井	250	142.5	35.6
1階壁	土壁 90mm	1170	52.4	61.3
	土壁 60mm	830	31.9	26.5
	乾式土壁	410	29.1	11.9
	軸組	150	82.9	12.4
地震力算定用建築物重量 [kN]				449.2

10.3.8 復元力特性の算定(耐震補強後)

復元力特性の算定は、「設計資料-4」に示す計算方法およびデータに基づく。

1) 全面土塗り壁、土塗り垂れ壁、柱ほぞ、横架材(足固め・虹梁)、柱傾斜復元力

耐震診断時と同様とする。

2）乾式土壁

参考文献1の実験結果から受材仕様2Pの乾式土壁（片面張り）の設計用復元力を評価し、表10.3-14に示す。表10.3-14に基づいて壁長さに比例するものとして算定する。

表10.3-14　受材仕様2P乾式土壁のせん断力

変形角［rad］		1/480	1/240	1/120	1/90	1/60	1/45	1/30	1/20	1/15	1/10
せん断力［kN］	2P片面張り		4.0	5.3	7.6	8.8	10.8	13.0	16.7	18.3	19.6	21

3）はしご型フレーム

束90×90mm、上下弦材120mm角として算定する。必要となる各特性値は、降伏ひずみ ε_y=0.025、無次元特性値 γH=4.0、降伏ひずみ比 η=3.4、塑性回転角倍率 C=7、仕口内側の摩擦係数 μ_1=0.6、仕口外側の摩擦係数 μ_2=0.4 とする。また、繊維直交方向のヤング係数は、ヒノキの繊維方向ヤング係数 11kN/mm^2 の1/50として220N/mm^{2}とした。

算定した各方向の復元力特性を表10.3-15、図10.3-16に示す。1/50rad以上の大変形域における復元力の劣化が、乾式土壁やはしご型フレームの設置によって改善されている。また、通りごとに整理した復元力特性を表10.3-16、図10.3-17に示す。

表10.3-15　耐震補強後の構造要素ごとの復元力特性

方向	構面	変形角［rad］									
		1/480	1/240	1/120	1/90	1/60	1/45	1/30	1/20	1/15	1/10
けた行(X)方向	土壁	33.13	59.81	95.85	108.14	111.96	106.53	96.86	83.78	68.15	40.08
	土塗小壁	5.38	10.46	19.15	24.21	30.97	32.58	30.83	26.82	22.21	13.12
	柱ほぞ	0.76	1.37	2.14	2.75	3.36	3.97	4.43	4.58	4.58	4.58
	横架材	2.25	4.26	6.82	7.81	9.58	11.19	13.35	15.17	16.04	16.04
	乾式土壁	9.59	12.70	18.21	21.09	25.88	31.16	40.02	43.86	46.98	50.33
	はしご	1.16	2.70	5.80	7.75	10.88	12.84	16.39	20.76	25.17	33.25
	傾斜復元力	2.05	4.10	8.20	10.93	11.89	10.73	7.61	2.92	-1.77	-11.14
	PΔ	-0.35	-0.70	-1.40	-1.87	-2.80	-3.73	-5.60	-8.40	-11.21	-16.81
	計	53.96	94.71	154.77	180.82	201.72	205.26	203.89	189.50	170.15	129.46
張り間(Y)方向	土壁	3.86	7.20	12.35	15.43	18.00	17.49	16.72	15.43	13.37	8.23
	土塗小壁	3.61	6.92	12.28	15.19	17.38	17.14	15.45	13.22	10.68	6.24
	柱ほぞ	0.00	0.00	0.00	0.00	0.00	0.00	0.00	0.00	0.00	0.00
	横架材	3.42	6.36	9.98	11.31	13.74	16.00	19.20	21.94	23.21	23.21
	乾式土壁	20.51	27.18	38.97	45.12	55.38	66.66	85.63	93.83	100.50	107.68
	はしご	2.52	5.89	12.66	16.91	23.74	28.02	35.77	45.30	54.91	72.54
	傾斜復元力	2.05	4.10	8.20	10.93	11.89	10.73	7.61	2.92	-1.77	-11.14
	PΔ	-0.35	-0.70	-1.40	-1.87	-2.80	-3.73	-5.60	-8.40	-11.21	-16.81
	計	35.62	56.96	93.04	113.03	137.33	152.31	174.78	184.24	189.69	189.95

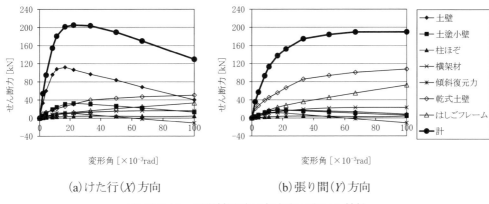

(a) けた行(X)方向　　(b) 張り間(Y)方向

図 10.3-16　耐震補強後の各方向の復元力特性

表 10.3-16　耐震補強後の通りごとの復元力特性

方向	構面	変形角 [rad]									
		1/480	1/240	1/120	1/90	1/60	1/45	1/30	1/20	1/15	1/10
けた行(X)方向	Y2	13.62	20.83	33.42	40.51	50.10	57.09	67.64	72.88	76.92	81.20
	Y3	0.19	0.37	0.75	1.00	1.05	0.94	0.65	0.22	−0.20	−1.06
	Y4	0.96	1.96	3.77	4.90	6.25	6.86	7.59	8.22	8.76	9.44
	Y5	0.20	0.40	0.80	1.06	1.12	1.00	0.69	0.24	−0.22	−1.13
	Y6	1.21	2.29	3.87	4.66	5.36	5.57	5.54	5.10	4.31	2.31
	Y7	1.78	3.41	6.10	7.78	9.44	9.62	8.99	7.94	6.54	3.22
	Y8	25.69	46.37	74.06	83.01	85.39	81.77	74.72	64.89	53.18	32.70
	Y9	10.65	19.78	33.42	39.77	45.81	46.15	43.67	38.41	32.07	19.58
	計	54.31	95.41	156.17	182.69	204.52	209.00	209.49	197.90	181.35	146.27
張り間(Y)方向	X1	15.10	23.09	36.67	44.07	53.62	60.59	71.41	76.40	79.87	82.48
	X3	1.10	2.07	3.63	4.59	5.27	5.06	4.66	4.02	3.20	1.29
	X4	1.88	3.83	7.18	9.09	11.52	12.79	14.63	16.50	18.02	20.26
	X5	1.88	3.83	7.18	9.09	11.52	12.79	14.63	16.50	18.02	20.26
	X6	1.10	2.07	3.63	4.59	5.27	5.06	4.66	4.02	3.20	1.29
	X8	14.91	22.75	36.15	43.48	52.92	59.77	70.39	75.21	78.58	81.19
	計	35.97	57.66	94.44	114.90	140.13	156.04	180.38	192.65	200.89	206.76

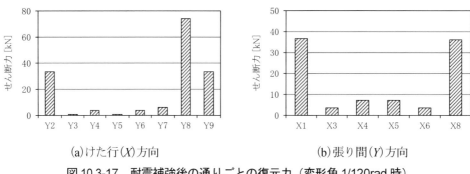

(a)けた行(X)方向　　　　　　　　(b)張り間(Y)方向

図 10.3-17　耐震補強後の通りごとの復元力（変形角 1/120rad 時）

10.3.9　地震応答計算（耐震補強後）

近似応答計算により求められた復元力特性と必要性能スペクトルを図 10.3-18 に示す。けた行方向および張り間方向の応答変形角は表 10.3-17 に示すように、耐震補強設計のクライテリアを満足していることが確認できた。

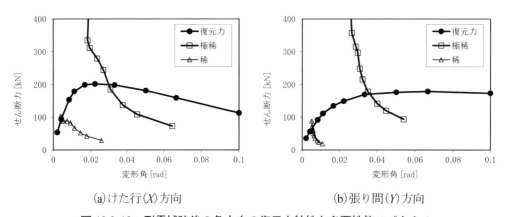

(a)けた行(X)方向　　　　　　　　(b)張り間(Y)方向

図 10.3-18　耐震補強後の各方向の復元力特性と必要性能スペクトル

表 10.3-17　耐震補強後の応答変形角

	稀に 発生する地震動	判定	極めて稀に 発生する地震動	判定
けた行（X）方向	1/234	OK	1/33	OK
張り間（Y）方向	1/175	OK	1/28	OK

10.3.10　柱脚の滑りを考慮した近似応答計算（耐震補強後）

積載荷重を含む基礎質量（1 階床質量）m_0 は 236.5kN である。極めて稀に発生する地震動に対して、摩擦係数 $\mu=0.36$、$a_G=0.48$、$\beta=0.25$ として計算した結果、柱脚の滑り量はけた行方向で 166mm、張り間方向で 154mm となった。礎石の平面寸法は、各方向とも滑り量の 2 倍以上として、400mm 角とする。

10.3.11　偏心率の算定（耐震補強後）

補強後の偏心率の算定結果を表 10.3-18～10.3-20 に示す。

表 10.3-18　偏心率の算定（耐震補強後／両方向とも 1/120rad 時の割線剛性を用いる場合）

方向	重心 [m]	剛心 [m]	偏心距離 [m]	捩り剛性 [kN·m]	弾力半径 [m]	偏心率
けた行 X	6.029	5.995	0.034	5873.3	6.133	0.32
張り間 Y	6.045	8.035	1.991		7.886	0.004

表 10.3-19　偏心率の算定（耐震補強後／けた行方向 1/25rad＋張り間方向 1/90rad 時の割線剛性を用いる場合）

方向	重心 [m]	剛心 [m]	偏心距離 [m]	捩り剛性 [kN·m]	弾力半径 [m]	偏心率
けた行 X	6.029	5.998	0.031	8576.7	6.470	0.10
張り間 Y	6.045	6.672	0.628		8.640	

表 10.3-20　偏心率の算定（耐震補強後／張り間方向 1/25rad＋けた行方向 1/90rad 時の割線剛性を用いる場合）

方向	重心 [m]	剛心 [m]	偏心距離 [m]	捩り剛性 [kN·m]	弾力半径 [m]	偏心率
けた行 X	6.029	5.993	0.035	9500.9	7.212	
張り間 Y	6.045	7.931	1.887		7.161	0.005

稀に起こる地震動に対するけた行方向の偏心率が 0.15 を上回っているため、応答変形角の割増しを考慮した場合の算定結果を表 10.3-21 に示す。割り増した変形角は 1/142 であり、損傷限界変形角 1/120 以下であることが確認できる。

表 10.3-21　偏心率を考慮した応答変形角の割増し

応答変形角 [rad]	偏心率 R_e	$1+(L/r_e)R_e$	$1+0.5\,R_e$	割り増した変形角 [rad]
1/234	0.32	1.419	1.160	1/142

参考文献

1) 杉山亮太・鈴木祥之・後藤正美・村上博「乾式土壁パネルを用いた木造軸組耐力壁の開発」『日本建築学会技術報告集』24 号、2006 年 12 月、pp. 125-130.

11章　チェックリスト

	項　目		チェック内容	留意事項
1	表紙目次	構造計算書表紙	□ 設計者の資格、登録番号、事務所・氏名の記載、押印	
		目次	□ 目次と頁の記載	
2	構造規模	階数、延べ面積	□ 階数：□（　　　）階≦2階 延べ面積：□（　　　）m²≦500m²	左記を標準とするが、「1.2 本マニュアルで扱う伝統的構法木造建築物」に該当するものであれば規模を制限しない
		高さ、軒高	□ 高さ：□（　　　）m≦13m 軒高：□（　　　）m≦9m	
3	方針	構造上の特徴	□ 構造上の特徴の記載	
		構造計算の方針	□ 構造計算方針の記載	
		準拠基準	□ 準拠基準、または図書名の記載	
4	使用材料	JIS等の表記	□ 使用建築（構造）材料名、JIS番号、JAS表記 他	
		材料強度、許容応力度等	□ 建築基準法施行令および告示の規定による	
		大臣認定、公的機関評価	□ 大臣認定書写し、公的機関評価書写し（別添を含む）	
		防腐、防蟻および防錆措置	□ 木材の防腐、防蟻および鋼材の防錆措置は基準法施行令の規定による	
		礎石の仕様	□ 礎石の種類：□花崗岩　□安山岩　□その他	その他の場合は強度、耐久性の検討が必要
			□ 石材の形状：□角石　□板石　□その他	その他の場合は柱脚が緊結されていることが必要
			□ 厚さ：（　　　）mm≧60mm □ 寸法：（　　　）mm×（　　　）mm	条件を満たさない場合、割れないことの検討が必要
5	特別な調査研究	復元力特性の根拠	□ □マニュアル　□その他	特別な調査または研究による場合は資料を添付
		計算の仮定と結果	□ 構造計算の仮定および計算結果の妥当性に関する検討内容を記載	実験等の仕様と対応することを確認
6	荷重外力	固定荷重	□ 固定荷重が計算、表示されている 　部位　｜　仕様　｜　単位荷重[N/m²] 　屋根　｜　　　　｜ 　外壁　｜　　　　｜ 　内壁　｜　　　　｜ 　床　　｜　　　　｜	
		積載荷重	□ 積載荷重が計算、表示されている 　　｜床用[N/m²]｜架構用[N/m²]｜地震用[N/m²] 2階｜ 1階｜	荷重指針、基準法施行令によらない場合は根拠に関する説明が必要
		特殊荷重 追加荷重	□ 特殊荷重、追加荷重（略図等が添付されているのが望ましい）を表示	
		積雪荷重	□ 積雪荷重（基準法施行細則等確認）を表示	
			□ 多雪区域の指定：□有　□無	多雪区域の場合は積雪時と非積雪時の検討が必要
			□ 最深積雪量：（　　　）cm □ 単位積雪重量：（　　　）N/m²/cm	
		風圧力	□ 地表面粗度区分：□Ⅰ　□Ⅱ　□Ⅲ　□Ⅳ □ 基準風速：（　　　）m/s □ 速度圧：（　　　）N/m²	
		地震力	□ 地震地域係数Z：□1.0　□0.9　□0.8　□0.7	
			□ 加速度応答スペクトル： □解放工学基盤告示スペクトル　□その他	新築の場合は告示スペクトルであることが必要
			□ 表層地盤加速度増幅率： □簡易法（第1種、第2種、第3種）　□精算法	地盤が液状化する場合等は精算法は不可
			□ 調整係数（p、q）：p（　　　）、q（　　　）	2階質量が小さく、2階先行降伏の場合はq値に注意
7	建物重量および柱軸力	柱軸力	□ 柱軸力の計算（長期、積雪、地震） □ 柱軸力図を添付	
		建物重量（地震用）	□ 　階　｜2階｜1階｜0階 　重量[kN]｜ 　面積当たり重量[kN/m²]｜	1階の面積当たり重量が住宅で2〜3 kN/m²、社寺で3〜5kN/m²

	項　目		チェック内容				留意事項
8	限界耐力計算	設計のクライテリア	□	稀に発生する地震動： 損傷限界層間変形角（　　）rad 以下			新築 1/120rad 以下、改修 1/90rad 以下であること
			□	極めて稀に発生する地震動： 安全限界層間変形角（　　）rad 以下			新築 1/30〜1/20rad 以下、改修 1/30〜1/15rad 以下であること
		復元力特性の算定	□	要素ごとの復元力特性の計算根拠を記載・添付			
			□	通りごとのせん断耐力の算定 を添付			
			□	浮き上がりを考慮し、復元力を算定			柱脚の移動（上下のみ）を許容する場合は浮き上がりを考慮
			□	PΔ効果を適切に考慮し、復元力を算定			
		構造高さの計算方法	□	柱脚形式（□土台形式　□石場建て形式）に応じた構造高さの算定			土台形式は土台芯、石場建て形式は礎石天からの高さ
		ゾーニング	□	建築物を2階建て部分と下屋部分に上下ゾーン分け			スパンが1.5mを超える下屋部分を有する場合
			□	平面的にゾーン分け			建築物の平面形が極端に細長い（長辺/短辺が4以上）場合
		偏心率	□	偏心率：□稀に発生する地震動（張り間方向／けた行方向　2階／1階）　□極めて稀に発生する地震動（張り間方向／けた行方向　2階／1階）			0.15を超える場合は、水平構面の剛性を考慮して変形量を検討
		近似応答計算	□	□1階先行降伏（$C_2/C_b>R_{C0}$）　□2階先行降伏（$C_2/C_b<R_{C0}$） □同時降伏（$C_2/C_b=R_{C0}$）			降伏形態により基準ステップ階を変える
			□	計算方法：□変位増分法1　□変位増分法2 　　　　　□収斂計算法1　□収斂計算法2			変位増分法は2階降伏形には対応しない
			□	履歴：□スリップのみ　□柱傾斜復元力　□ダンパー 　　　□その他			傾斜復元力は履歴減衰から除外
			□	層間変形角：□稀に発生する地震動（張り間方向／けた行方向　2階／1階）　□極めて稀に発生する地震動（張り間方向／けた行方向　2階／1階）			
9	風圧力	風圧力に対する検定	□	風圧力に対する上部構造の検討がなされている			
			□	柱脚移動（水平・上下）を拘束しない場合は風圧力で滑動しない			1階下半分の風荷重を考慮
10	部材の検定	柱の検定	□	柱の軸応力度、座屈の検定、曲げ検討等の柱材の検討			
			□	外周の柱等、風圧力により面外方向に生じる曲げモーメントについての検討			
			□	通し柱は応答変形角により生じる曲げ応力に対して、折損しないことの検討			
			□	小壁が取りつく柱は、小壁耐力のバラツキを考慮して1.2倍の曲げモーメントに対して折損を検討			
		横架材の検定	□	横架材の曲げやたわみの検討			
			□	水平力時に付加軸力が加わる陸立ち柱は、付加軸力を復元力特性の上限値によって算出			
			□	外部に面した耐風梁は長期、短期、最大級の風圧荷重に対して安全を検討			
			□	横架材引張側（下部分）に切り欠きがある場合は断面係数を低減して曲げ応力度を検討			
			□	浮き上がり力を生じる軒垂木や小屋束については負圧力に対して検討			
		水平構面の検定	□	屋根の仕様：□標準仕様　□その他			標準仕様でない場合は水平構面の計算が必要
			□	2階床の仕様：□標準仕様　□その他			
			□	下屋の仕様：□標準仕様　□その他			
		接合部の検定	□	横架材の仕口は鉛直荷重時に生じるせん断力に対して長期許容耐力以下であることを検討			
			□	損傷限界時、安全限界時に生じる引張力、曲げに対して、それぞれ短期許容以下、終局耐力以下であることを検討			
		柱脚の検定　□柱脚移動（水平・上下）を拘束しない場合	□	柱脚の移動の判定：□移動する　□移動しない			0層に生じる地震力を加算し、摩擦係数は0.36として検討
			□	1階床の仕様：□標準仕様　□その他			
			□	1階床の開口部： □建物の短辺方向幅の30％以下　□その他			
			□	柱脚の折損について検討			
			□	礎石の小径：□柱脚が移動（　　）≧400 mm 　　　　　　□移動しない（　　）≧柱径+30 mm			礎石の小径が400mm未満の場合、滑り量を計算
			□	礎石の天端から周囲の地面等の高さ （　　）≦100 mm			高さ>100mmの場合は落下による軸組の安全性を検討
		屋根葺き材の計算	□	屋根葺き材の風圧力に対する検討			
11	基礎の設計	基礎・地盤説明書	□	地盤調査報告書を添付			
		液状化	□	液状化の可能性：□有　□無			
		地盤許容応力度の計算	□	地盤の許容応力度の計算			
		基礎・地中梁の計算	□	基礎・地中梁の検討			

設計資料

設計資料－1　材料に関する規定

1.1　木材
1.1.1　木材の品質および防腐・防蟻措置

> (1) 構造耐力上主要な部分に使用する木材の品質については、令41条の規定による。
> (2) 木材の防腐・防蟻措置については、令49条の規定による。

【解説】

　構造耐力上主要な部分に使用する木材の品質に関する規定は、令41条に定められている。なお、条文中の「耐力上の欠点」とは使用に耐えられない欠点という意味であり、構造耐力上問題にならないような節等は本規定に抵触するものではない。

　また、構造耐力上主要な部分に用いる木材の防腐・防蟻措置については、最低限の基準が令49条に定められている。腐朽菌やシロアリは湿潤状態にある木材を好むため、構法上の工夫により木材を常に乾燥した状態に保つことが防腐・防蟻対策の基本となる。令49条2項では「構造耐力上主要な部分である柱、筋かいおよび土台のうち、地面から1m以内の部分には、有効な防腐措置を講ずる」ことと規定されているが、具体的な措置方法の一例としては、「住宅の品質確保の促進等に関する法律」の評価方法基準（H13国交告1347号）に示されている劣化対策に関する事項が参考になるだろう。

　木材の品質などを確認するにあたっては、日本農林規格（JAS）のほか、日本集成材工業協同組合による規格証票の添付などが行われている場合もあり、併せて参考にされたい。

1.1.2　木材の許容応力度および基準強度

> (1) 木材の繊維方向の許容応力度は、令89条の規定による。
> (2) 木材のめりこみの許容応力度、圧縮材の座屈の許容応力度は、H13国交告1024号の規定による。
> (3) 木材の基準強度は、H12建告1452号の規定による。
> (4) 木材のめりこみの基準強度は、H13国交告1024号の規定による。

【解説】

　令89条では、木材の基準強度から許容応力度を求める計算方法が規定されている。木材の基準強度については、H12建告1452号に樹種・区分・等級に応じて数値が示されている。

　建築材料としては、品質管理され、格付けされた日本農林規格に適合する構造用製材を用いることが望ましいが、市場に流通している木材の中には日本農林規格に定められていない無等級材があり、令41条に定める基準を満たしていれば材料として使用することができる。その場合には無等級材の基準強度を用いて構造計算を行うことになるが、無等級材の数値の根拠は旧製材の日本農林規格（S42農水告1842号）において1等に格付けされる木材の強度に基づいた数値であるため、これと同等以上の品質を有する材料について適用できる。

なお、無等級材のヤング係数に関しては建築基準法に規定されておらず、『木質構造設計規準・同解説―許容応力度・許容耐力設計法』（日本建築学会）に示されている数値を使用することができる。

木材に関連する法令を以下に示す。

令41条（木材）
構造耐力上主要な部分に使用する木材の品質は、節、腐れ、繊維の傾斜、丸身等による耐力上の欠点がないものでなければならない。

令49条（外壁内部等の防腐措置等）
1 木造の外壁のうち、鉄網モルタル塗その他軸組が腐りやすい構造である部分の下地には、防水紙その他これに類するものを使用しなければならない。
2 構造耐力上主要な部分である柱、筋かい及び土台のうち、地面から1m以内の部分には、有効な防腐措置を講ずるとともに、必要に応じて、しろありその他の虫による害を防ぐための措置を講じなければならない。

令89条（木材の繊維方向の許容応力度）
1 木材の繊維方向の許容応力度は、次の表の数値によらなければならない。ただし、第82条第一号から第三号までの規定によって積雪時の構造計算をするに当たっては、長期に生ずる力に対する許容応力度は同表の数値に1.3を乗じて得た数値と、短期に生ずる力に対する許容応力度は同表の数値に0.8を乗じて得た数値としなければならない。

長期に生ずる力に対する許容応力度 (単位 N/mm^2)				短期に生ずる力に対する許容応力度 (単位 N/mm^2)			
圧縮	引張り	曲げ	せん断	圧縮	引張り	曲げ	せん断
$\dfrac{1.1F_c}{3}$	$\dfrac{1.1F_t}{3}$	$\dfrac{1.1F_b}{3}$	$\dfrac{1.1F_s}{3}$	$\dfrac{2F_c}{3}$	$\dfrac{2F_t}{3}$	$\dfrac{2F_b}{3}$	$\dfrac{2F_s}{3}$
この表において、F_c、F_t、F_b及びF_sは、それぞれ木材の種類及び品質に応じて国土交通大臣が定める圧縮、引張り、曲げ及びせん断に対する基準強度（単位 N/mm^2）を表すものとする。							

2 かた木で特に品質優良なものをしゃち、込み栓の類に使用する場合においては、その許容応力度は、それぞれ前項の表の数値の2倍まで増大することができる。
3 基礎ぐい、水槽、浴室その他これらに類する常時湿潤状態にある部分に使用する場合においては、その許容応力度は、それぞれ前2項の規定による数値の70％に相当する数値としなければならない。

平成 13 年国土交通省告示 1024 号（木材のめりこみ、圧縮材の座屈の許容応力度）

第1　特殊な許容応力度

　木材のめりこみ及び木材の圧縮材（以下この号において単に「圧縮材」という。）の座屈の許容応力度は、次に掲げるものとする。

イ　木材のめりこみの許容応力度は、その繊維方向と加力方向とのなす角度に応じて次に掲げる数値（基礎ぐい、水槽、浴室その他これらに類する常時湿潤状態にある部分に使用する場合においては、当該数値の 70％に相当する数値）によらなければならない。ただし、建築基準法施行令（以下「令」という。）第 82 条第一号から第三号までの規定によって積雪時の構造計算をするに当たっては、長期に生ずる力に対する許容応力度は当該数値に 1.3 を乗じて得た数値と、短期に生ずる力に対する許容応力度は当該数値に 0.8 を乗じて得た数値としなければならない。

　(1) 10 度以下の場合　令第 89 条第 1 項の表に掲げる圧縮の許容応力度の数値
　(2) 10 度を超え、70 度未満の場合　(1) と (3) とに掲げる数値を直線的に補間した数値
　(3) 70 度以上 90 度以下の場合　次の表に掲げる数値

建築物の区分		長期に生じる力に対するめりこみの許容応力度（単位　N/mm²）		短期に生じる力に対するめりこみの許容応力度（単位　N/mm²）	
		積雪時	積雪時以外	積雪時	積雪時以外
(1)	土台その他これに類する横架材（当該部材のめりこみによって他の部材の応力に変化が生じない場合に限る。）	$\dfrac{1.5F_{cv}}{3}$	$\dfrac{1.5F_{cv}}{3}$	$\dfrac{2F_{cv}}{3}$	$\dfrac{2F_{cv}}{3}$
(2)	(1)項に掲げる場合以外の場合	$\dfrac{1.43F_{cv}}{3}$	$\dfrac{1.1F_{cv}}{3}$	$\dfrac{1.6F_{cv}}{3}$	$\dfrac{2F_{cv}}{3}$

この表において、F_{cv} は、木材の種類及び品質に応じて第 3 第一号に規定するめりこみに対する基準強度（単位　N/mm²）を表すものとする。

ロ　圧縮材の座屈の許容応力度は、その有効細長比（断面の最小二次率半径に対する座屈長さの比をいう。以下同じ。）に応じて、次の表の各式によって計算した数値（基礎ぐい、水槽、浴室その他これらに類する常時湿潤状態にある部分に使用する場合においては、当該数値の 70％に相当する数値）によらなければならない。ただし、令第 82 条第一号から第三号までの規定によって積雪時の構造計算をするに当たっては、長期に生ずる力に対する許容応力度は同表の数値に 1.3 を乗じて得た数値と、短期に生ずる力に対する許容応力度は同表の数値に 0.8 を乗じて得た数値としなければならない。

有効細長比	長期に生じる力に対する座屈の許容応力度（単位 N/mm²）	短期に生じる力に対する座屈の許容応力度（単位 N/mm²）
$\lambda \leq 30$ の場合	$\dfrac{1.1 F_c}{3}$	$\dfrac{2 F_c}{3}$
$30 < \lambda \leq 100$ の場合	$\dfrac{1.1}{3}(1.3 - 0.01\lambda) F_c$	$\dfrac{2}{3}(1.3 - 0.01\lambda) F_c$
$\lambda > 100$ の場合	$\dfrac{1.1}{3} \cdot \dfrac{3000}{\lambda^2} F_c$	$\dfrac{2}{3} \cdot \dfrac{3000}{\lambda^2} F_c$

この表において、λ及び F_c は、それぞれ次の数値を表すものとする。
λ　有効細長比
F_c　令第89条第1項の表に掲げる圧縮に対する基準強度（単位　N/mm²）

平成12年建設省告示1452号（木材の基準強度）

建築基準法施行令（昭和25年政令第338号）第89条第1項の規定に基づき、木材の基準強度 F_c、F_t、F_b 及び F_s を次のように定める。

建築基準法施行令第89条第1項に規定する木材の基準強度 F_c、F_t、F_b 及び F_s は、次の各号に掲げる木材の種類及び品質に応じて、それぞれ当該各号に掲げるところによるものとする。

一　製材の日本農林規格（平成19年農林水産省告示第1083号）に適合する構造用製材（ただし、円柱類にあってはすぎ、からまつ及びひのきに限る。）の目視等級区分によるもの　その樹種、区分及び等級に応じてそれぞれ次の表の数値とする。ただし、たる木、根太その他荷重を分散して負担する目的で並列して設けた部材（以下「並列材」という。）にあっては、曲げに対する基準強度 F_b の数値について、当該部材群に構造用合板又はこれと同等以上の面材をはる場合には1.25を、その他の場合には1.15を乗じた数値とすることができる。

樹種	区分	等級	基準強度（単位　N/mm²）			
			F_c	F_t	F_b	F_s
あかまつ	甲種構造材	1級	27.0	20.4	33.6	2.4
		2級	16.8	12.6	20.4	
		3級	11.4	9.0	14.4	
	乙種構造材	1級	27.0	16.2	26.4	
		2級	16.8	10.2	16.8	
		3級	11.4	7.2	11.4	
べいまつ	甲種構造材	1級	27.0	20.4	34.2	2.4
		2級	18.0	13.8	22.8	
		3級	13.8	10.8	17.4	
	乙種構造材	1級	27.0	16.2	27.0	
		2級	18.0	10.8	18.0	
		3級	13.8	8.4	13.8	

からまつ	甲種構造材	1級	23.4	18.0	29.4	2.1
		2級	20.4	15.6	25.8	
		3級	18.6	13.8	23.4	
	乙種構造材	1級	23.4	14.4	23.4	
		2級	20.4	12.6	20.4	
		3級	18.6	10.8	17.4	
ダフリカからまつ	甲種構造材	1級	28.8	21.6	36.0	2.1
		2級	25.2	18.6	31.2	
		3級	22.2	16.8	27.6	
	乙種構造材	1級	28.8	17.4	28.8	
		2級	25.5	15.0	25.2	
		3級	22.2	13.2	22.2	
ひば	甲種構造材	1級	28.2	21.0	34.8	2.1
		2級	27.6	21.0	34.8	
		3級	23.4	18.0	29.4	
	乙種構造材	1級	28.2	16.8	28.2	
		2級	27.6	16.8	27.6	
		3級	23.4	12.6	20.4	
ひのき	甲種構造材	1級	30.6	22.8	38.4	2.1
		2級	27.0	20.4	34.2	
		3級	23.4	17.4	28.8	
	乙種構造材	1級	30.6	18.6	30.6	
		2級	27.0	16.2	27.0	
		3級	23.4	13.8	23.4	
べいつが	甲種構造材	1級	21.0	15.6	26.4	2.1
		2級	21.0	15.6	26.4	
		3級	17.4	13.2	21.6	
	乙種構造材	1級	21.0	12.6	21.0	
		2級	21.0	12.6	21.0	
		3級	17.4	10.2	17.4	
えぞまつ及びとどまつ	甲種構造材	1級	27.0	20.4	34.2	1.8
		2級	22.8	17.4	28.2	
		3級	13.8	10.8	17.4	
	乙種構造材	1級	27.0	16.2	27.0	
		2級	22.8	13.8	22.8	
		3級	13.8	5.4	9.0	

樹種		等級				
すぎ	甲種構造材	1級	21.6	16.2	27.0	1.8
		2級	20.4	15.6	25.8	
		3級	18.0	13.8	22.2	
	乙種構造材	1級	21.6	13.2	21.6	
		2級	20.4	12.6	20.4	
		3級	18.0	10.8	18.0	

二 製材の日本農林規格に適合する構造用製材(ただし、円柱類にあってはすぎ、からまつ及びひのきに限る。)の機械等級区分によるもの その樹種及び等級に応じてそれぞれ次の表の数値とする。ただし、並列材にあっては、曲げに対する基準強度 F_b の数値について、当該部材群に構造用合板又はこれと同等以上の面材をはる場合には 1.15 を乗じた数値とすることができる。

樹種	等級	基準強度 (単位:N/mm^2)			
		F_c	F_t	F_b	F_s
あかまつ、べいまつ、ダフリカからまつ、べいつが、えぞまつ、及びとどまつ	E 70	9.6	7.2	12.0	樹種に応じ、前号の表の基準強度による。
	E 90	16.8	12.6	21.0	
	E110	24.6	18.6	30.6	
	E130	31.8	24.0	39.6	
	E150	39.0	29.4	48.6	
からまつ、ひのき、及びひば	E 50	11.4	8.4	13.8	
	E 70	18.0	13.2	22.2	
	E 90	24.6	18.6	30.6	
	E110	31.2	23.4	38.4	
	E130	37.8	28.2	46.8	
	E150	44.4	33.0	55.2	
すぎ	E 50	19.2	14.4	24.0	
	E 70	23.4	17.4	29.4	
	E 90	28.2	21.0	34.8	
	E110	32.4	24.6	40.8	
	E130	37.2	27.6	46.2	
	E150	41.4	31.2	51.6	

六 無等級材(日本農林規格に定められていない木材をいう。) その樹種に応じてそれぞれ次の表に掲げる数値とする。ただし、並列材にあっては、曲げに対する基準強度 F_b の数値について、当該部材群に構造用合板又はこれと同等以上の面材をはる場合には 1.25 を、その他の場合には 1.15 を乗じた数値とすることができる。

樹種		基準強度（単位　N/mm²）			
		F_c	F_t	F_b	F_s
針葉樹	あかまつ、くろまつ及びべいまつ	22.2	17.7	28.2	2.4
	からまつ、ひば、ひのき、べいひ及びべいひば	20.7	16.2	26.7	2.1
	つが及びべいつが	19.2	14.7	25.2	2.1
	もみ、えぞまつ、とどまつ、べにまつ、すぎ、べいすぎ及びスプルース	17.7	13.5	22.2	1.8
広葉樹	かし	27.0	24.0	38.4	4.2
	くり、なら、ぶな、けやき	21.0	18.0	29.4	3.0

平成 13 年国土交通省告示 1024 号（木材のめりこみの基準強度）

第 3　基準強度

一　第 1 第一号イ(3)に規定する木材のめりこみに対する基準強度 F_{cv} は、次に掲げる木材の種類に応じて、それぞれ次に掲げるものとする。

イ　製材の日本農林規格（平成 19 年農林水産省告示第 1083 号）に適合する構造用製材（ただし、円柱類にあってはすぎ、からまつ及びひのきに限る。）の目視等級区分若しくは機械等級区分によるもの又は無等級材（日本農林規格に定められていない木材をいう。）　その樹種に応じてそれぞれ次の表 1 に掲げる数値

表 1

樹種		基準強度（単位　N/mm²）
針葉樹	あかまつ、くろまつ及びべいまつ	9.0
	からまつ、ひば、ひのき、べいひ及びべいひば	7.8
	つが、べいつが、もみ、えぞまつ、とどまつ、べにまつ、すぎ、べいすぎ及びスプルース	6.0
広葉樹	かし	12.0
	くり、なら、ぶな及びけやき	10.8

1.2　礎石
1.2.1　使用石材の選定

(1) 礎石には、原則として天然の硬石もしくは準硬石を用いる。
(2) 石材は、吸水・透水性、強度、摩耗性、耐火性、耐候性、耐薬品性を考慮して選定する。

【解説】
　JIS A 5003 では、表1.1のように圧縮強さにより石材が硬石、準硬石、軟石に区分されており、硬石および準硬石の圧縮強さは通常使用される柱の圧縮耐力と比較して十分に大きいことがわかる。軟石には凝灰岩類と軽石（軟）、準硬石には砂岩が分類され、それ以外の岩石のほとんどは硬石として扱われている。本マニュアルでは、強度の観点から礎石には原則として硬石および準硬石を使用する。軟石については、強度が不十分なもの、また風雨などにより劣化が進みやすいものがあるため、使用する際には強度や耐久性等について十分な検討が必要となる。
　また、建築物を支持する部分である礎石には耐久性が求められるため、下記の6項目について考慮した上で使用する石材を選定する。なお、強度および下記条件を満足する石材には花崗岩、安山岩が挙げられ、特段の事情がない場合にはいずれかを使用するとよい。また、温泉地等の特殊な地域では、特に耐薬品性に優れた石材を選定する必要がある。

①吸水・透水性
　石材には水分を吸い込み、通す性質がある。一般には、軟石で吸水・透水性が高い傾向にあり、凝灰岩、砂岩が非常に高く、続いて石灰岩が高い。吸水・透水性の高い石材ほど汚れやすく、長時間吸水した状態（湿った状態）が続くとカビ等の原因にもなる。

②強度
　石材の強度は、圧縮強度、曲げ強度で表される。一般に、比重の大きな石ほど圧縮強度は大きく、圧縮強度は大きいものの曲げ強さは小さくなる傾向がある。また、同じ石種であっても、組成、含水率、石目の方向により強度は異なる。

③磨耗性
　石灰岩、砂岩、凝灰岩は、花崗岩に比べて数倍から数十倍、磨耗しやすい性質を持っている。磨耗しやすい石は傷つきやすいため、使用部位について注意が必要である。

④耐火性
　石種によっては火に弱いものがあり、花崗岩が最も火に弱い。また、500℃以上になると急激に強度が低下するものがあり、特に石英を多く含む石種はその性質が顕著となる。これに対して、安山岩、凝灰岩、砂岩は高温でも強度は低下しない。

⑤耐候性
　一般に、花崗岩、安山岩は耐候性に優れ、砂岩、凝灰石は劣る。吸水率の高い石種では、冬季の凍結により崩壊、剥離などが起きることがあり、注意を要する。

⑥耐薬品性
　花崗岩はアルカリに対しては強いが、酸には必ずしも強いとはいえない。石種によっては、外部での使用、施工時の酸洗いなどについて注意が必要である。

表 1.1 硬石、準硬石および軟石の区分（JIS A 5003）

種類	圧縮強さ	参考値	
		吸水率	見掛比重
硬石	4903 N/cm² （500kgf/cm²） 以上	5%未満	約 2.5〜2.7 g/cm²
準硬石	4903 N/cm² （500kgf/cm²） 未満 981 N/cm² （100kgf/cm²） 以上	5%以上 15%未満	約 2〜2.5 g/cm²
軟石	981 N/cm² （100kgf/cm²） 未満	15%以上	約 2 未満 g/cm²

1.2.2 石材の欠点と使用上の注意点

(1) 石材の欠点は、寸法の不正確、そり、き裂、むら、くされ、欠け、へこみとする。
(2) そり、き裂、くされ、欠けにより構造耐力上支障のあるものは礎石に使用してはならない。

【解説】
　石材の規格については、建築基準法に規定されておらず、JIS A 5003 に天然産の石材に関する規格が示されている。JIS A 5003 では、石材の欠点が下記のように定義されている。
　①そり：石材の表面および側面における曲がり
　②き裂：石材の表面および側面におけるひび割れ
　③むら：石材の表面の部分的な色調の不ぞろい
　④くされ：石材中の簡単に削り取れる程度の異質部分
　⑤欠け：石材のみえがかり面のりょう角部の小さい破砕
　⑥へこみ：石材の表面のくぼみ
　⑦はん点：石材の表面の部分的に生じたはん点状の色むら
　⑧穴：石材の表面および側面に現れた穴
　⑨しみ：石材の表面に他の材料の色の付いたもの
　これらの欠点のうち、そり、き裂、くされ、欠けにより構造耐力上支障のある石材は礎石に使用してはならない。それ以外の欠点に関しては、構造耐力上影響があると考えられる場合には適切に使用することが求められる。

1.2.3 石材の形状

(1) 礎石には、原則として角石、板石を用いる。ただし、柱脚が水平方向に移動しない場合等、礎石が平板である必要のない場合はこの限りでない。
(2) 厚さ 60mm 以上のものを用いる。

【解説】
　JIS A 5003 では、形状による石材の分類として角石、板石、間知石、割石が示されている。
　①角石：幅が厚さの 3 倍未満で、ある長さをもっている
　②板石：厚さが 150mm 未満で、かつ幅が厚さの 3 倍以上
　③間知石：面が原則としてほぼ方形に近いもので、控えは四方落としとし、面に直角に測った

控えの長さは、面の最小辺の 1.5 倍以上
④割石：面が原則としてほぼ方形に近いもので、控えは二方落としとし、面に直角に測った控えの長さは、面の最小辺の 1.2 倍以上

このうち、礎石として利用するものとしては、原則として角石、板石を用いる。また、礎石の厚さが薄い場合には柱脚部からの衝撃力などにより割れる恐れがあることから、本マニュアルでは厚さ 60mm 以上のものを使用することとしている。

表 1.2　角石の寸法（JIS A 5003）

種類	厚さ[cm]*	幅[cm]*	長さ[cm]
12 の 15	12	15	91、100、150
15 の 18	15	18	
15 の 21	15	21	
15 の 24	15	24	
15 の 30	15	30	
18 の 30	18	30	

＊ 厚さと幅では、長い方を幅とする。

表 1.3　板石の寸法（JIS A 5003）

幅[cm]	厚さ[cm]	長さ[cm]
30	8～12	30
40		40
40	10～15	90
45		
50		
55		
60		
65		

1.2.4　石材の仕上げ

柱脚の水平移動を拘束しない場合には、石材の仕上げをビシャン叩き程度とする。

【解説】
　柱脚の水平移動を拘束しない場合には、地震時に柱脚の水平移動が生じることがある。水平移動量等を検討する上では、柱脚と礎石、すなわち木材と石材の摩擦係数が重要となる。実大振動台実験等で得られた礎石と柱脚の見かけの動摩擦係数は 0.4 程度であり、石材は当該摩擦係数を確保できる仕上げとする必要がある。一方、石材の表面粗度については規格がない。そこで、本マニュアルでは、実大振動台実験の仕様が「6 枚ビシャン」によるビシャン叩きであったことからビシャン叩き程度としている。

1.3 その他
1.3.1 鋼材等
1.3.1.1 鋼材等の品質

構造用鋼材および鋳鋼、ボルト等については、H12建告1446号に定められた規格に適合するもの、もしくは国土交通大臣の認定を受けたものを用いる。

1.3.1.2 鋼材等の許容応力度および基準強度

(1)鋼材等の許容応力度は、令90条の規定による。
(2)鋼材等の基準強度は、H12建告2464号の規定による。

【解説】
　令90条において、鋼材等の基準強度から許容応力度を求める計算方法が規定されている。計算に用いる基準強度については、H12建告2464号に鋼材等の種類と品質に応じて数値が示されている。

1.3.2 コンクリート
1.3.2.1 コンクリートの品質

(1)コンクリートについては、H12建告1446号に定められた規格に適合するもの、もしくは国土交通大臣の認定を受けたものを用いる。
(2)コンクリートの材料については、令72条の規定による。
(3)コンクリートの強度については、令74条の規定による。
(4)コンクリートの養生については令75条、型枠については令76条の規定による。
(5)鉄筋コンクリートにおける鉄筋のかぶり厚さについては、令79条の規定による。

【解説】
　コンクリートは法37条に規定される指定建築材料であるため、H12建告1446号に定められた規格に適合するものを用いるか、国土交通大臣の認定を受けたものを使用する必要がある。
　コンクリートの調合、製造、運搬、打ち込み、養生、型枠、品質管理技術基準の詳細については、日本建築学会の『建築工事標準仕様書・同解説　JASS 5　鉄筋コンクリート工事』等に準拠する。

1.3.2.2 コンクリートの許容応力度

コンクリートの許容応力度は、令91条の規定による。

【解説】
　令91条において、コンクリートの設計基準強度から許容応力度を求める計算方法が規定されている。設計基準強度とは構造設計の際に基準とするコンクリートの圧縮強度で、日本建築学会の

『鉄筋コンクリート構造計算規準・同解説（2018）』（以下「RC 規準」と表記）では普通コンクリートで 18〜60N/mm^2 の範囲で 3 刻みで数値が設定されており、一般には 24 N/mm^2 が採用されている。

具体的な計算は『2015 年版 建築物の構造関係技術基準解説書』や RC 規準等に準拠して行われるのが一般的である。ただし、許容応力度のうち「引張り」と「せん断」に関しては建築基準法と RC 規準では計算式に相違があるため、RC 規準により検討する場合には許容応力度に関しても RC 規準に準拠する必要がある点に注意を要する。

設計資料－2　地震応答計算

　限界耐力計算に準じて各層の地震応答を近似的に求める計算法は5章であらましを解説している。ここでは、まず、1階または2階先行降伏や1階・2階同時降伏の判定条件やそれぞれに適した変形増分計算法をエクセルシートの例を示しながら説明する。次いで、3階建て建築物の地震応答計算の方法についても解説し、最後に、柱脚の滑りについて、限界耐力計算に準じた近似応答計算による滑り量計算の定式化を行い、実大振動実験結果との比較を示す。

2.1　2階建て建築物の地震応答計算
2.1.1　限界耐力比および限界せん断力係数比
　図2.1の2質点系モデルの縮約計算で用いた変形と固有値の関係式

$$\frac{\delta_2}{\delta_1} = \frac{(k_1 + k_2) - m_1\omega^2}{k_2} \tag{2.1}$$

を展開すると、次式が得られる。

$$k_2(\delta_2 - \delta_1) = k_1\delta_1 - m_1\delta_1\omega^2 \tag{2.2}$$

　したがって、Q_1とQ_2の関係は、

$$Q_2 = Q_1 - m_1\delta_1\omega^2 \tag{2.3}$$

となる。すなわち、1階せん断力は2階せん断力に1階の慣性力を加えたものとなる。
　ここでω^2は、

$$\omega^2 = \frac{K_e}{M_u} = \frac{K_e \Delta}{M_u \Delta} = \frac{Q_1}{m_1\delta_1 + m_2\delta_2} \tag{2.4}$$

と表されるので、Q_2とQ_1の比は次式となる。

$$\frac{Q_2}{Q_1} = 1 - \frac{m_1\delta_1}{m_1\delta_1 + m_2\delta_2} = \frac{m_2\delta_2}{m_1\delta_1 + m_2\delta_2} \tag{2.5}$$

　ここで、変形と変形角の関係

$$\delta_1 = \gamma_1 H_1, \quad \delta_2 = \gamma_1 H_1 + \gamma_2 H_2 \tag{2.6}$$

および、下式で定義される重量比R_W、階高比R_H、変形角比R_γ

$$R_W = \frac{W_2}{W_1} = \frac{m_2}{m_1}, \quad R_H = \frac{H_2}{H_1}, \quad R_\gamma = \frac{\gamma_2}{\gamma_1} \tag{2.7}$$

を用いると、(2.5)式は次式となる。

$$\frac{Q_2}{Q_1} = \frac{R_W(1 + R_\gamma R_H)}{1 + R_W(1 + R_\gamma R_H)} = 1 - \frac{1}{1 + R_W(1 + R_\gamma R_H)} \tag{2.8}$$

　さらに、せん断力Q_1、Q_2に代えて、せん断力係数$C_2 = Q_2/W_2$、$C_b = Q_1/(W_1 + W_2)$を用いると、

$$\frac{C_2}{C_b} = \frac{(1+R_w)(1+R_\gamma R_H)}{1 + R_W(1 + R_\gamma R_H)} = 1 + \frac{R_\gamma R_H}{1 + R_W(1 + R_\gamma R_H)} \tag{2.9}$$

　ここで、1階、2階の変形角が等しくなる$R_\gamma = 1$のときのQ_2/Q_1を限界耐力比R_Q、C_2/C_bを限界

せん断力係数比 R_{CO} と定義すると、それぞれ下式で表される。

$$R_Q = \frac{R_W + R_W R_H}{1 + R_W + R_W R_H} = \frac{1 + H_2/H_1}{1 + H_2/H_1 + W_1/W_2} \tag{2.10}$$

$$R_{CO} = \frac{(1 + R_w)(1 + R_H)}{1 + R_W + R_W R_H} \tag{2.11}$$

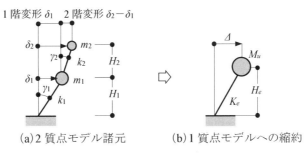

(a) 2質点モデル諸元　　(b) 1質点モデルへの縮約

図 2.1　質点モデル諸元

ここで、(2.10)式は JSCA 関西木造住宅レビュー委員会が示しているクロスポイント判別式[1]と一致する。2階建て木造建築物の1階と2階の変形の卓越度合い（どちらの変形が先に限界値となるか）は1階と2階の耐力比によって支配され、耐力比 $Q_2/Q_1 > R_Q$ あるいはせん断力係数比 $C_2/C_b > R_{CO}$ であれば1階が先行降伏し、$Q_2/Q_1 < R_Q$ あるいは $C_2/C_b < R_{CO}$ であれば2階が先行降伏する。また、$Q_2/Q_1 = R_Q$ あるいは $C_2/C_b = R_{CO}$ であれば、計算上では1階と2階が同時に降伏することになる。

2.1.2　収斂計算法
2.1.2.1　1階が先行降伏する場合：1階を基準ステップとする収斂計算法2

図 2.2 に示すような1階、2階とも耐力が劣化する2階建てモデルについて、収斂計算法2による近似応答計算の内容を表 2.1 に即して説明する。

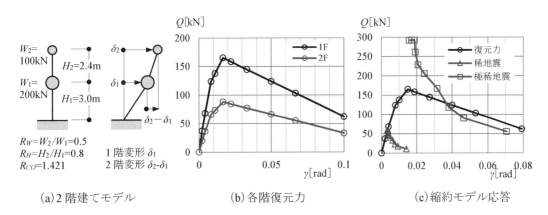

(a) 2階建てモデル　　(b) 各階復元力　　(c) 縮約モデル応答

図 2.2　1階先行降伏：収斂計算法2（1階基準ステップ）

表2.1　1階先行降伏：収斂計算法2（1階基準ステップ）

	A	B	C	D	E	F	G	H	I	J	K	L	M
1	収斂計算法2			1階基準									
2													
3	建物諸元	重量 W	質量 m	階高 H	$Q_{1/30}$	C_i	R_W	0.500		地域・地盤		g_v	2.025
4	階	kN	t	m	kN	-	R_H	0.800		地域 Z	1.0	T_v	0.864
5	2F	100	10.2	2.4	77.1	0.771	R_{CO}	1.421		地盤種別	2	T_{G1}	0.640
6	1F	200	20.4	3	144.6	0.482	C_2/C_b	1.600				T_{G2}	0.864
7	合計	300	30.6	5.40			降伏階	1階					
8													
9	復元力			1/480	1/240	1/120	1/90	1/60	1/45	1/30	1/20	1/15	1/10
10	γ	rad	0	0.0021	0.0042	0.0083	0.0111	0.0167	0.0222	0.0333	0.0500	0.0667	0.1000
11	Q_2	kN		19.8	36.3	66.1	73.4	88.1	84.4	77.1	66.1	55.1	33.0
12	Q_1	kN	0	37.2	68.1	123.9	137.7	165.2	158.3	144.6	123.9	103.3	62.0
13	K_{e2}	kN/m		3,965	3,634	3,304	2,753	2,203	1,583	964	551	344	138
14	$\Delta Q_2/\Delta \gamma_2$			7,930	7,137	2,643	2,643	-661	-661	-661	-661	-661	-661
15	K_{e1}	kN/m		5,947	5,452	4,956	4,130	3,304	2,375	1,446	826	516	207
16	ω^2	1/s²		158.1	144.9	131.8	109.8	87.8	63.1	38.4	22.0	13.7	5.5
17	u_2/u_1			1.686	1.686	1.686	1.686	1.686	1.686	1.686	1.686	1.686	1.686
18													
19	1質点系への縮約			1/480	1/240	1/120	1/90	1/60	1/45	1/30	1/20	1/15	1/10
20	1階刻み δ_1	m		0.006	0.013	0.025	0.033	0.050	0.067	0.100	0.150	0.200	0.300
21				繰り返し計算開始　初期値は $\delta_2-\delta_1=\delta_1(u_2/u_1-1)$									
22	$\delta_2-\delta_1$ 初期値	m		0.004	0.009	0.017	0.023	0.034	0.046	0.069	0.103	0.137	0.206
23	$\delta_2-\delta_1$	m	インプット	0.004	0.008	0.017	0.018	0.025	0.019	0.016	0.012	0.010	0.005
24	δ_2			0.011	0.021	0.042	0.051	0.075	0.085	0.116	0.162	0.210	0.305
25	$(\delta_2-\delta_1)/H_2$			0.0018	0.0035	0.0070	0.0075	0.0102	0.0077	0.0065	0.0052	0.0041	0.0022
26	K_{e2}*内挿	kN/m		3,965	3,698	3,368	3,343	2,898	3,330	3,398	3,506	3,643	3,925
27	K_{e1}*=K_{e1}	kN/m		5,947	5,452	4,956	4,130	3,304	2,375	1,446	826	516	207
28	ω^2*	1/s²		158.1	145.5	132.4	114.4	92.9	71.0	44.9	26.3	16.6	6.7
29	u_2/u_1*			1.686	1.671	1.669	1.537	1.486	1.278	1.156	1.083	1.049	1.018
30	$\delta_2-\delta_1$*	m	アウトプット	0.004	0.008	0.017	0.018	0.024	0.019	0.016	0.012	0.010	0.005
31				繰り返し計算終了									
32	階別の減衰	1階 h		0.050	0.050	0.050	0.077	0.103	0.133	0.163	0.183	0.193	0.203
33	戻り 1/120	2階 h		0.050	0.050	0.050	0.050	0.070	0.050	0.050	0.050	0.050	0.050
34	重みづけ h			0.050	0.050	0.050	0.072	0.097	0.125	0.157	0.179	0.190	0.202
35	M_u	t		28.6	28.7	28.7	29.3	29.4	30.2	30.5	30.6	30.6	30.6
36	Δ	m		0.008	0.016	0.033	0.041	0.060	0.074	0.106	0.154	0.203	0.302
37	$M_u/\Sigma m$			0.94	0.94	0.94	0.96	0.96	0.99	1.00	1.00	1.00	1.00
38	Q_e	kN	0	37.2	68.1	123.9	137.7	165.2	158.3	144.6	123.9	103.3	62.0
39	K_e	kN/m		4,527	4,176	3,799	3,349	2,732	2,142	1,367	803	508	205
40	T_e	s		0.50	0.52	0.55	0.59	0.65	0.75	0.94	1.23	1.54	2.43
41	ΔW 参考			0.00	0.00	0.00	0.67	2.81	5.10	9.78	15.08	18.19	17.69
42	W 参考			0.15	0.56	2.02	2.83	4.99	5.85	7.64	9.56	10.50	9.35
43	縮約 h 参考			0.050	0.050	0.050	0.069	0.095	0.119	0.152	0.176	0.188	0.201
44	F_h			1.00	1.00	1.00	0.87	0.76	0.67	0.58	0.54	0.52	0.50
45	H_e	m		4.10	4.09	4.09	4.04	4.02	3.94	3.88	3.84	3.83	3.81
46	γ_e	rad	0	0.0020	0.0040	0.0080	0.0102	0.0150	0.0188	0.0273	0.0402	0.0532	0.0792
47				1/499	1/251	1/125	1/98	1/67	1/53	1/37	1/25	1/19	1/13
48	Q_e-γ_e 勾配	kN/rad		18,549	15,616	13,999	6,263	5,670	-1,835	-1,624	-1,599	-1,590	-1,584
49	2階建て p			0.85	0.85	0.85	0.85	0.85	0.85	0.85	0.85	0.85	0.85
50	q			1.00	1.00	1.00	1.00	1.00	1.00	1.00	1.00	1.00	1.00
51	地盤 G_s			1.500	1.500	1.500	1.500	1.529	1.748	2.025	2.025	2.025	2.025
52													
53	稀地震			1/480	1/240	1/120	1/90	1/60	1/45	1/30	1/20	1/15	1/10
54	S_0	m/s²		1.60	1.60	1.60	1.60	1.57	1.37	1.09	0.84	0.66	0.42
55	S_A	m/s²		2.04	2.04	2.04	1.78	1.55	1.36	1.10	0.77	0.59	0.36
56	$S_D=\Delta_e$	m		0.013	0.014	0.015	0.016	0.017	0.019	0.024	0.029	0.036	0.054
57	Q_n	kN	0	58.4	58.5	58.6	52.2	45.7	41.1	33.5	23.6	18.1	11.1
58	γ_n	rad	0	0.0031	0.0034	0.0038	0.0039	0.0042	0.0049	0.0063	0.0077	0.0093	0.0141
59				1/318	1/292	1/265	1/259	1/241	1/205	1/159	1/131	1/107	1/71
60	Q_n-γ_n 勾配	kN/rad		18,549	487	45	-70,518	-21,983	-6,396	-5,303	-7,263	-3,389	-1,449
61	交差判定			0	1	0	0	0	0	0	0	0	0
62				0	1	0	0	0	0	0	0	0	0
63	δ_{R2}	m		0.017	0.018	0.020	0.019	0.021	0.022	0.027	0.031	0.037	0.055
64	δ_{R1}	m		0.010	0.011	0.012	0.013	0.014	0.017	0.023	0.029	0.035	0.054
65	γ_{R2}	rad		0.003	0.003	0.003	0.003	0.003	0.002	0.002	0.001	0.001	0.000
66				1/356	1/333	1/303	1/354	1/357	1/499	1/665	1/1014	1/1406	1/2526
67	γ_{R1}	rad	0	0.003	0.004	0.004	0.004	0.005	0.006	0.008	0.010	0.012	0.018
68				1/305	1/279	1/254	1/237	1/217	1/173	1/130	1/105	1/86	1/56
69													
70	極稀地震			1/480	1/240	1/120	1/90	1/60	1/45	1/30	1/20	1/15	1/10
71	S_0	m/s²		8.00	8.00	8.00	8.00	7.85	6.87	5.46	4.18	3.32	2.11
72	S_A	m/s²		10.20	10.20	10.20	8.92	7.75	6.81	5.49	3.87	2.95	1.81
73	$S_D=\Delta_e$	m		0.065	0.070	0.077	0.078	0.086	0.096	0.122	0.147	0.178	0.269
74	Q_n	kN	0	292.0	292.7	292.8	261.1	228.4	205.4	167.3	118.2	90.4	55.3
75	γ_n	rad	0	0.0157	0.0171	0.0188	0.0193	0.0208	0.0244	0.0315	0.0383	0.0465	0.0707
76				1/64	1/58	1/53	1/52	1/48	1/41	1/32	1/26	1/21	1/14
77	Q_n-γ_n 勾配	kN/rad		18,549	487	45	-70,518	-21,983	-6,396	-5,303	-7,263	-3,389	-1,449
78	交差判定			0	0	0	0	0	0	0	0	0	0
79													
80	δ_{R2}	m		0.083	0.090	0.099	0.097	0.103	0.111	0.134	0.155	0.184	0.273
81	δ_{R1}	m		0.049	0.054	0.059	0.063	0.069	0.086	0.116	0.143	0.175	0.268
82	γ_{R2}	rad		0.014	0.015	0.016	0.014	0.014	0.011	0.008	0.005	0.004	0.002
83				1/71	1/67	1/61	1/71	1/71	1/100	1/133	1/203	1/281	1/505
84	γ_{R1}	rad	0	0.016	0.018	0.020	0.021	0.023	0.029	0.039	0.048	0.058	0.089
85				1/61	1/56	1/51	1/47	1/43	1/35	1/26	1/21	1/17	1/11

1) 降伏階の確認

1/30 変形時の 1、2 階の復元力から、C_2/C_b は H 列 6 行のように 1.600 と計算される。また、重量比 R_W と階高比 R_H から、(2.11)式で表される R_{CO} が H 列 5 行のように 1.421 と求められる。したがって $C_2/C_b > R_{CO}$ であり、H 列 7 行に示されるように 1 階先行降伏となるので、1 階を基準ステップとする計算法を採用する。すなわち、各ステップの 1 階変形に対応する 2 階変形 $\delta_2 - \delta_1$ を仮定し、2 階の等価剛性(割線剛性)を内挿精算して固有値解析を行い、新しい固有モード形 u_2/u_1 から求めた 2 階変形 $\delta_2 - \delta_1$ が仮定値に一致するまで計算を繰り返す。

2) 繰り返し計算

22 行を繰り返し計算の 2 階変形の初期値として 23 行のインプットデータとする。なお、表は最終収斂結果を示しているので、23 行は初期値 22 行ではなく、前ステップの計算結果 30 行がインプットされていることに留意いただきたい。23 行の 2 階変形をもとに、25 行に 2 階変形角が算定される。その 2 階変形角に対応する 2 階等価剛性を、10 行および 11 行の 2 階復元力から 5 章の図 5.20 に示すように内挿計算して求める。その計算に必要となる各区間の復元力勾配 $\Delta Q_2/\Delta \gamma_2$ は 14 行に示されている。このようにして求めた 26 行の 2 階剛性と 27 行の 1 階剛性(15 行と同じ数値だが計算の都合上 27 行に再掲している)から、28 行および 29 行に固有値と固有モードが算定され、30 行に新たな 2 階変形が計算される。この 30 行のデータを次の 2 階変形として、23 行から 30 行までの計算を、23 行のインプットデータと 30 行のアウトプットデータが一致するまで繰り返す。

マクロを使わないエクセル計算では、30 行の D〜M 列を左クリックしてドラッグ選択し、右クリックで「コピー」を選び、23 行 D 列位置のセルで「形式を選択して貼り付ける」→「値」とすると、新しい 2 階変形値に対する計算結果が 30 行目で得られる。以降はキーボードの F4 キーを押すことで同じ操作を繰り返すことができるので、収束するまで簡単に計算することが可能である。

このように 1 階降伏の場合には 1 階を基準ステップとして 2 階変形を繰り返し計算するが、2 階降伏の場合では後述する表 2.2 に示すように 2 階を基準ステップとして 1 階変形を繰り返し計算することで問題なく収束する。また、1 階と 2 階が同時に降伏する場合には、後述する表 2.3 に示すように 1 階を基準ステップとして 2 階変形を計算しているが、基本的に 1 階と 2 階の変形角が等しいため繰り返し計算を行う必要はない。

3) 各ステップ特性量の計算

以上の計算で得られた、1 階変位 δ_1(20 行)、2 階変位 δ_2(24 行)、等価剛性 K_{e1}(27 行)、K_{e2}(26 行)および円振動数 ω^2(28 行)を用いて、各ステップの特性量を計算する。5 章の(5.26)式および(5.27)式により階別の減衰定数が 32 行、33 行に求められる。なお、この計算で用いる弾性剛性は、F 列 13 行および 15 行に示される 1/120 変形時の剛性としている。また、(5.28)式により求められる重み付け等価減衰定数は 34 行に示されている。参考として 41〜43 行に縮約 1 質点の復元力から計算した減衰定数を示しているが、例えば 1 階 1/20 変形ステップにおいては重み付け減衰定数 0.179(34 行)に対して縮約モデル減衰 0.176(43 行)であり、重み付け減衰定数の方がわずかに大きくなっている。

縮約 1 質点系モデルの等価質量、等価復元力、等価剛性、等価周期、等価高さなどの計算結果は、35〜48 行にまとめられている。38 行の縮約モデル等価せん断力 Q_e は、5 章の(5.41)式で説明されるように元の 1 階せん断力 Q_1(12 行)に等しい。

50 行の調整係数 q については、37 行の質量比が 0.75 以上であるため 1.0 となる（5 章、表 5.5 参照）。51 行の地盤の増幅率 G_s は、稀に発生する地震（稀地震）時および極稀に発生する地震（極稀地震）時の双方で共通に用いる。

4）稀地震時および極稀地震時の応答

54～60 行では稀地震時の必要性能スペクトルの計算を行っている。56 行または 58 行に示される各ステップの縮約モデル復元力変形に対して、(5.45)式および(5.46)式により求めた 2 階建てモデルの変形が 63～68 行の数値となる。稀地震時の応答値を求めるには、58 行および 57 行の必要性能スペクトル（γ_n, Q_n）と 46 行および 38 行の縮約モデルの等価復元力（γ_e, Q_e）との交点計算を行う。詳細は割愛するが、61～62 行はその交差判定を行ったもので、1 と記されたステップ間に交点が存在することを示しているので、ここで交点計算を行い、応答値を確定することができる。極稀地震時の応答についても 71～85 行で同様の計算を行っている。

2.1.2.2　2 階が先行降伏する場合：2 階を基準ステップとする収斂計算法 2

2 階が先行降伏する例として、図 2.3 の復元力モデルを取り上げる。ここでは 2 階変形（$\delta_2 - \delta_1$）を基準ステップとして、1 階変形 δ_1 を繰り返し計算する。計算内容は表 2.2 の通りである。

$\delta_2/\delta_1 = u_2/u_1$ の関係を用いて、2 階変形 $\delta_2 - \delta_1$ を基準ステップとした場合の 1 階変形 δ_1 は次式となる。

$$\delta_1 = (\delta_2 - \delta_1)\left(\frac{\delta_1}{\delta_2 - \delta_1}\right) = \frac{\delta_2 - \delta_1}{\delta_2/\delta_1 - 1} = \frac{\delta_2 - \delta_1}{u_2/u_1 - 1} \tag{2.12}$$

表 2.2 は、1 階を基準とした表 2.1 の計算と以下の点で異なる。まず、22 行の初期値は、20 行の 2 階階高に基準変形角を乗じた変形 $\delta_2 - \delta_1$ と 17 行の固有モード u_2/u_1 を用いて(2.12)式から与えられる。こうして計算された 1 階変形から、1 階の等価剛性を内挿精算すると 27 行となる。ここでは、1 階の変形が小さく、すべてのステップで初期剛性のままである。なお、26 行の 2 階剛性は 2 階を基準ステップとしているので変化しない。28 行および 29 行で再度固有モードと固有値を計算して、30 行に算出される 1 階変形をもとに繰り返し計算を行う。繰り返し計算の方法や、その後の計算は表 2.1 と同様である。

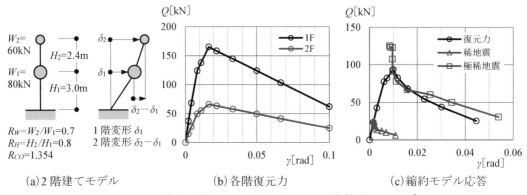

(a) 2 階建てモデル　　(b) 各階復元力　　(c) 縮約モデル応答

図 2.3　2 階先行降伏：収斂計算法 2（2 階基準ステップ）

表2.2 2階先行降伏：収斂計算法2（2階基準ステップ）

	A	B	C	D	E	F	G	H	I	J	K	L	M
1	収斂計算法2			2階基準									
2													
3	建物諸元	重量 W	質量 m	階高 H	$Q_{1/30}$	C_1	R_W	0.750		地域・地盤		g_v	2.025
4	階	kN	t	m	kN	-	R_H	0.800		地域 Z	1.0	T_u	0.864
5	2F	60	6.1	2.4	57.8	0.964	R_{C0}	1.340		地盤種別	2	T_{G1}	0.640
6	1F	80	8.2	3	144.6	1.033	C_2/C_b	0.933				T_{G2}	0.864
7	合計	140	14.3	5.40			降伏階	2階×					
8													
9	復元力			1/480	1/240	1/120	1/90	1/60	1/45	1/30	1/20	1/15	1/10
10	γ	rad	0	0.0021	0.0042	0.0083	0.0111	0.0167	0.0222	0.0333	0.0500	0.0667	0.1000
11	Q_2	kN	0	14.9	27.3	49.6	55.1	66.1	63.3	57.8	49.6	41.3	24.8
12	Q_1	kN	0	37.2	68.1	123.9	137.7	165.2	158.3	144.6	123.9	103.3	62.0
13	K_{e2}	kN/m		2,974	2,726	2,478	2,065	1,652	1,187	723	413	258	103
14	K_{e1}	kN/m		5,947	5,452	4,956	4,130	3,304	2,375	1,446	826	516	207
15	$\Delta Q_1/\Delta \gamma_1$			17,842	14,868	13,381	4,956	4,956	-1,239	-1,239	-1,239	-1,239	-1,239
16	ω^2	1/s²		270.5	248.0	225.4	187.9	150.3	108.0	65.8	37.6	23.5	9.4
17	u_2/u_1			2.257	2.257	2.257	2.257	2.257	2.257	2.257	2.257	2.257	2.257
18													
19	1質点系への縮約			1/480	1/240	1/120	1/90	1/60	1/45	1/30	1/20	1/15	1/10
20	2階刻 $\delta_2-\delta_1$	m		0.005	0.010	0.020	0.027	0.040	0.053	0.080	0.120	0.160	0.240
21				繰り返し計算開始	初期値は $\delta_1=(\delta_2-\delta_1)/(u_2/u_1-1)$								
22	δ_1 初期値	m		0.004	0.008	0.016	0.021	0.032	0.042	0.064	0.095	0.127	0.191
23	δ_1	m	インプット	0.004	0.007	0.015	0.016	0.018	0.016	0.013	0.010	0.008	0.004
24	δ_2	m		0.009	0.017	0.035	0.042	0.058	0.069	0.093	0.130	0.168	0.244
25	δ_1/H_1			0.0013	0.0025	0.0049	0.0052	0.0061	0.0053	0.0042	0.0033	0.0026	0.0014
26	$K_{e2}*= K_{e2}$	kN/m		2,974	2,726	2,478	2,065	1,652	1,187	723	413	258	103
27	$K_{e1}*$内挿	kN/m		5,947	5,798	5,318	5,251	5,140	5,246	5,439	5,586	5,762	5,947
28	ω^2*	1/s²		270.5	256.5	234.1	212.5	185.4	149.7	102.0	62.4	40.2	16.6
29	u_2/u_1*			2.257	2.359	2.372	2.703	3.195	4.389	7.373	13.291	22.050	57.290
30	δ_1*	m	アウトプット	0.004	0.007	0.015	0.016	0.018	0.016	0.013	0.010	0.008	0.004
31				繰り返し計算終了									
32	階別の減衰	1階 h		0.050	0.050	0.050	0.050	0.050	0.050	0.050	0.050	0.050	0.050
33	戻り 1/120	2階 h		0.050	0.050	0.050	0.077	0.103	0.133	0.163	0.183	0.193	0.203
34	重みづけ h			0.050	0.050	0.050	0.064	0.081	0.109	0.145	0.172	0.186	0.200
35	M_u	t		12.3	12.1	12.1	11.5	10.9	9.7	8.3	7.4	6.9	6.4
36	Δ	m		0.007	0.014	0.027	0.034	0.046	0.057	0.080	0.119	0.158	0.239
37	$M_u/\Sigma m$			0.86	0.85	0.85	0.81	0.76	0.68	0.58	0.52	0.48	0.45
38	Q_e	kN		23.7	42.7	77.4	82.2	93.7	82.6	68.3	54.5	43.8	25.4
39	K_e	kN/m		3,322	3,103	2,827	2,453	2,016	1,457	850	459	276	106
40	T_e	sec		0.38	0.39	0.41	0.43	0.46	0.51	0.62	0.80	0.99	1.54
41	ΔW 参考			0.00	0.00	0.00	0.00	0.00	0.11	4.22	9.29	12.59	13.44
42	W 参考			0.08	0.29	1.06	1.38	2.18	2.34	2.74	3.24	3.47	3.03
43	縮約 h 参考			0.050	0.050	0.050	0.050	0.050	0.054	0.173	0.278	0.339	0.403
44	F_h			1.00	1.00	1.00	0.91	0.82	0.71	0.61	0.55	0.52	0.50
45	H_e	m		4.51	4.53	4.54	4.61	4.69	4.84	5.03	5.18	5.26	5.35
46	γ_e	rad	0	0.0016	0.0030	0.0060	0.0073	0.0099	0.0117	0.0160	0.0229	0.0301	0.0447
47				1/633	1/330	1/166	1/137	1/101	1/85	1/63	1/44	1/33	1/22
48	Q_e-γ_e 勾配	kN/rad		14,977	13,082	11,570	3,881	4,356	-6,133	-3,351	-1,972	-1,496	-1,267
49	2階建て p			0.85	0.85	0.85	0.85	0.85	0.85	0.85	0.85	0.85	0.85
50	q			1.00	1.00	1.00	1.00	1.00	1.10	1.28	1.45	1.56	1.67
51	地盤 G_s			1.500	1.500	1.500	1.500	1.500	1.500	1.500	1.685	2.025	2.025
52													
53	稀地震			1/480	1/240	1/120	1/90	1/60	1/45	1/30	1/20	1/15	1/10
54	S_0	m/s²		1.60	1.60	1.60	1.60	1.60	1.60	1.60	1.42	1.18	0.78
55	S_A	m/s²		2.04	2.04	2.04	1.87	1.69	1.62	1.63	1.68	1.71	1.16
56	$S_D=\Delta_e$	m		0.008	0.008	0.009	0.009	0.009	0.011	0.016	0.026	0.036	0.058
57	Q_n	kN	0	25.0	24.7	24.6	21.5	18.3	15.6	13.4	12.1	10.0	6.1
58	γ_n	rad	0	0.0017	0.0018	0.0019	0.0019	0.0019	0.0022	0.0031	0.0051	0.0069	0.0108
59				1/598	1/570	1/520	1/525	1/518	1/451	1/320	1/197	1/145	1/93
60	Q_n-γ_n 勾配	kN/rad		14,977	-4,416	-269	187,106	-124,171	-9,310	-2,459	-673	-1,143	-994
61	交差判定			0	1								
62				1									
63	δ_{R2}	m		0.010	0.010	0.011	0.011	0.011	0.013	0.018	0.029	0.038	0.059
64	δ_{R1}	m		0.004	0.004	0.005	0.004	0.004	0.003	0.002	0.002	0.002	0.001
65	γ_{R2}	rad	0	0.002	0.002	0.003	0.003	0.003	0.004	0.007	0.011	0.015	0.024
66				1/153	1/415	1/377	1/344	1/308	1/238	1/153	1/90	1/66	1/41
67	γ_{R1}	rad	0	0.001	0.001	0.002	0.001	0.001	0.001	0.001	0.001	0.001	0.000
68				1/712	1/705	1/647	1/732	1/844	1/1007	1/1220	1/1389	1/1728	1/2915
69													
70	極稀地震			1/480	1/240	1/120	1/90	1/60	1/45	1/30	1/20	1/15	1/10
71	S_0	m/s²		8.00	8.00	8.00	8.00	8.00	8.00	8.00	6.43	5.17	3.32
72	S_A	m/s²		10.20	10.20	10.20	9.32	8.40	8.02	8.01	8.19	7.28	4.78
73	$S_D=\Delta_e$	m		0.038	0.040	0.044	0.044	0.045	0.054	0.079	0.131	0.181	0.288
74	Q_n	kN	0	125.2	123.4	123.2	107.6	91.3	78.1	66.9	60.3	50.0	30.6
75	γ_n	rad	0	0.0084	0.0088	0.0096	0.0095	0.0097	0.0111	0.0156	0.0254	0.0344	0.0539
76				1/120	1/114	1/104	1/105	1/104	1/90	1/64	1/39	1/29	1/19
77	Q_n-γ_n 勾配	kN/rad		14,977	-4,416	-269	187,106	-124,171	-9,310	-2,459	-673	-1,143	-994
78	交差判定			0	0	0	0	1	0	0	0	0	0
79													
80	δ_{R2}	m		0.048	0.050	0.055	0.055	0.057	0.065	0.091	0.144	0.191	0.295
81	δ_{R1}	m		0.021	0.021	0.023	0.020	0.018	0.015	0.012	0.011	0.009	0.005
82	γ_{R2}	rad		0.011	0.012	0.013	0.015	0.016	0.021	0.033	0.055	0.076	0.121
83				1/91	1/83	1/75	1/69	1/62	1/48	1/31	1/18	1/13	1/8
84	γ_{R1}	rad	0	0.007	0.007	0.008	0.007	0.006	0.005	0.004	0.004	0.003	0.002
85				1/142	1/141	1/129	1/146	1/169	1/201	1/244	1/278	1/346	1/583

設計資料－2　地震応答計算

2階先行降伏の場合の重み付け減衰定数については、1階1/20変形ステップで、34行の0.172が43行の縮約モデルの減衰定数0.173よりわずかに小さくなっている。

2階降伏モデルで、この例のように2階重量が小さい場合には、37行に示される有効質量比が0.75以下となり、50行のq値が割増しされることがある。そのため、図2.3(c)の縮約モデル応答図では必要性能スペクトルが大変形域で減少しない。また、この場合、極稀地震時には復元力との交点が2つ存在するが、変形の小さな方の交点を採用することとする。

2.1.2.3　1階と2階が同時に降伏する場合

図2.4(a)(b)のような1階と2階が同時に降伏するモデルの計算を表2.3、縮約モデル応答図を図2.4(c)に示す。同時降伏の場合には、基本的に1階・2階が同じ変形角となるので、基準ステップは1階変形でも2階変形でもよい。ここでは、1階変形を基準とする計算シートを用いている。ただし、1,2階とも同じ基準ステップの変形となるため繰り返し計算の必要はない。

また、同時降伏の場合の減衰定数は、すべての変形ステップで、34行の重み付け減衰定数が43行の縮約モデル減衰定数と一致する。

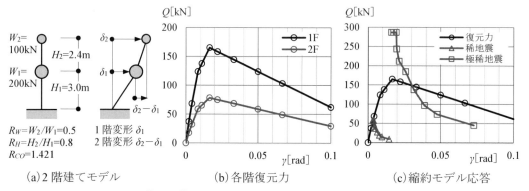

(a) 2階建てモデル　　(b) 各階復元力　　(c) 縮約モデル応答

図2.4　1階・2階同時降伏：収斂計算法2（1階基準ステップ）

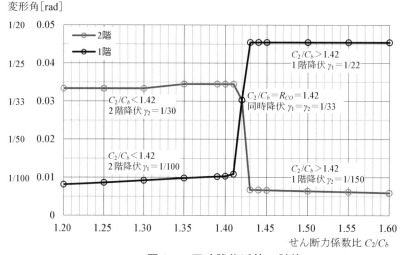

図2.5　同時降伏近傍の計算

表2.3 1階・2階同時降伏：収斂計算法2（1階基準ステップ）

	A	B	C	D	E	F	G	H	I	J	K	L	M
1	収斂計算法2			1階基準									
2													
3	建物諸元	重量 W	質量 m	階高 H	$Q_{1/30}$	C_i	R_W	0.500		地域・地盤		g_v	2.025
4	階	kN	t	m	kN	-	R_H	0.800		地域 Z	1.0	T_u	0.864
5	2F	100	10.2	2.4	68.4	0.684	R_{CO}	1.421		地盤種別	2	T_{G1}	0.640
6	1F	200	20.4	3	144.6	0.482	C_2/C_b	1.420				T_{G2}	0.864
7	合計	300	30.6	5.40			降伏階	1階					
8													
9	復元力			1/480	1/240	1/120	1/90	1/60	1/45	1/30	1/20	1/15	1/10
10	γ	rad		0	0.0021	0.0042	0.0083	0.0111	0.0167	0.0222	0.0333	0.0500	0.0667	0.1000
11	Q_2	kN		0	17.6	32.3	58.6	65.2	78.2	74.9	68.4	58.6	48.9	29.3
12	Q_1	kN		0	37.2	68.1	123.9	137.7	165.2	158.3	144.6	123.9	103.3	62.0
13	K_{e2}	kN/m			3,519	3,226	2,932	2,444	1,955	1,405	855	489	305	122
14	$\Delta Q_2 / \Delta \gamma_2$					7,038	6,334	2,346	2,346	-586	-586	-586	-586	-586
15	K_{e1}	kN/m			5,947	5,452	4,956	4,130	3,304	2,375	1,446	826	516	207
16	ω^2	1/s²			153.3	140.6	127.8	106.5	85.2	61.2	37.3	21.3	13.3	5.3
17	u_2/u_1				1.801	1.801	1.801	1.801	1.801	1.801	1.801	1.801	1.801	1.801
18														
19	1質点系への縮約				1/480	1/240	1/120	1/90	1/60	1/45	1/30	1/20	1/15	1/10
20	1階刻み δ_1	m			0.006	0.013	0.025	0.033	0.050	0.067	0.100	0.150	0.200	0.300
21		初期値		繰り返し計算は不要　初期値 $\delta_2 - \delta_1 = \delta_1 (u_2/u_1 - 1)$　で計算完了										
22	$\delta_2 - \delta_1$ 初期値	m			0.005	0.010	0.020	0.027	0.040	0.053	0.080	0.120	0.160	0.240
23	$\delta_2 - \delta_1$	m	インプット		0.005	0.010	0.020	0.027	0.040	0.053	0.080	0.120	0.160	0.240
24	δ_2				0.011	0.023	0.045	0.060	0.090	0.120	0.180	0.270	0.360	0.540
25	$(\delta_2 - \delta_1)/H_2$				0.0021	0.0042	0.0083	0.0111	0.0167	0.0222	0.0334	0.0500	0.0667	0.1001
26	K_{e2}^* 内挿	kN/m			3,518	3,225	2,930	2,442	1,953	1,403	854	488	305	122
27	$K_{e1}^* = K_{e1}$	kN/m			5,947	5,452	4,956	4,130	3,304	2,375	1,446	826	516	207
28	ω^{2*}	1/s²			153.3	140.6	127.8	106.5	85.2	61.2	37.3	21.3	13.3	5.3
29	u_2/u_1^*				1.801	1.801	1.801	1.801	1.802	1.802	1.802	1.802	1.803	1.801
30	$\delta_2 - \delta_1^*$	m	アウトプット		0.005	0.010	0.020	0.027	0.040	0.053	0.080	0.120	0.161	0.240
31					計算終了									
32	階別の減衰	1階 h			0.050	0.050	0.050	0.077	0.103	0.133	0.163	0.183	0.193	0.203
33	戻り 1/120	2階 h			0.050	0.050	0.050	0.077	0.103	0.133	0.163	0.183	0.193	0.203
34	重みづけ h				0.050	0.050	0.050	0.077	0.103	0.133	0.163	0.183	0.193	0.203
35	M_u	t			28.1	28.1	28.1	28.1	28.1	28.1	28.1	28.1	28.1	28.1
36	Δ				0.009	0.017	0.034	0.046	0.069	0.092	0.138	0.207	0.276	0.414
37	$M_u / \Sigma m$				0.92	0.92	0.92	0.92	0.92	0.92	0.92	0.92	0.92	0.92
38	Q_e	kN		0	37.2	68.1	123.9	137.7	165.2	158.3	144.6	123.9	103.3	62.0
39	K_e	kN/m			4,311	3,952	3,593	2,994	2,395	1,722	1,048	599	374	150
40	T_e	s			0.51	0.53	0.56	0.61	0.68	0.80	1.03	1.36	1.72	2.72
41	ΔW 参考				0.00	0.00	0.00	1.05	3.80	7.58	14.12	21.36	25.52	24.57
42	W 参考				0.16	0.59	2.14	3.16	5.70	7.28	9.97	12.82	14.24	12.82
43	縮約 h 参考				0.050	0.050	0.050	0.077	0.103	0.133	0.163	0.183	0.193	0.203
44	F_h				1.00	1.00	1.00	0.85	0.74	0.64	0.57	0.53	0.51	0.50
45	H_e	m			4.14	4.14	4.14	4.14	4.14	4.14	4.14	4.14	4.14	4.14
46	γ_e	rad		0	0.0021	0.0042	0.0083	0.0111	0.0167	0.0222	0.0333	0.0500	0.0667	0.1000
47					1/480	1/240	1/120	1/90	1/60	1/45	1/30	1/20	1/15	1/10
48	$Q_e - \gamma_e$ 勾配	kN/rad			17,837	14,864	13,378	4,955	4,955	-1,239	-1,239	-1,239	-1,239	-1,239
49	2階建て p				0.85	0.85	0.85	0.85	0.85	0.85	0.85	0.85	0.85	0.85
50	q				1.00	1.00	1.00	1.00	1.00	1.00	1.00	1.00	1.00	1.00
51	地盤 G_s				1.500	1.500	1.500	1.500	1.595	1.882	2.025	2.025	2.025	2.025
52														
53	稀地震				1/480	1/240	1/120	1/90	1/60	1/45	1/30	1/20	1/15	1/10
54	S_0	m/s²			1.60	1.60	1.60	1.60	1.50	1.28	0.99	0.75	0.59	0.38
55	S_A	m/s²			2.04	2.04	2.04	1.73	1.51	1.31	0.98	0.69	0.52	0.32
56	$S_D = \Delta_e$	m			0.013	0.015	0.016	0.016	0.018	0.021	0.026	0.032	0.039	0.060
57	Q_n	kN		0	57.4	57.4	57.3	48.7	42.4	36.9	27.5	19.3	14.8	9.0
58	γ_n	rad		0	0.0032	0.0035	0.0039	0.0039	0.0043	0.0052	0.0063	0.0078	0.0095	0.0146
59					1/311	1/285	1/259	1/254	1/234	1/193	1/158	1/128	1/105	1/69
60	$Q_n - \gamma_n$ 勾配	kN/rad			17,837	0	-31	-113,045	-18,676	-5,956	-8,186	-5,608	-2,638	-1,136
61	交差判定				0	1	0	0	0	0	0	0	0	0
62				0	1	0	0	0	0	0	0	0	0	0
63	δ_{R2}	m			0.017	0.019	0.021	0.021	0.023	0.028	0.034	0.042	0.052	0.079
64	δ_{R1}	m			0.010	0.011	0.012	0.012	0.013	0.016	0.019	0.023	0.029	0.044
65	γ_{R2}	rad		0	0.003	0.004	0.004	0.004	0.004	0.005	0.006	0.008	0.010	0.015
66					1/311	1/285	1/259	1/254	1/233	1/192	1/157	1/128	1/105	1/69
67	γ_{R1}	rad			0.003	0.004	0.004	0.004	0.004	0.005	0.006	0.008	0.010	0.015
68					1/311	1/285	1/259	1/254	1/234	1/193	1/158	1/128	1/105	1/69
69														
70	極稀地震				1/480	1/240	1/120	1/90	1/60	1/45	1/30	1/20	1/15	1/10
71	S_0	m/s²			8.00	8.00	8.00	8.00	7.52	6.38	4.97	3.76	2.97	1.88
72	S_A	m/s²			10.20	10.20	10.20	8.67	7.53	6.57	4.89	3.44	2.62	1.60
73	$S_D = \Delta_e$	m			0.067	0.073	0.080	0.081	0.089	0.107	0.131	0.161	0.197	0.301
74	Q_n	kN		0	286.8	286.8	286.7	243.7	211.8	184.7	137.4	96.6	73.8	45.1
75	γ_n	rad		0	0.0161	0.0175	0.0193	0.0197	0.0214	0.0259	0.0317	0.0390	0.0476	0.0729
76					1/62	1/57	1/52	1/51	1/47	1/39	1/32	1/26	1/21	1/14
77	$Q_n - \gamma_n$ 勾配	kN/rad			17,837	0	-31	-113,045	-18,676	-5,956	-8,186	-5,608	-2,638	-1,136
78	交差判定									1	計算完了			
79					0	0	0	0	0	1	0	0	0	0
80	δ_{R2}	m			0.087	0.095	0.104	0.106	0.116	0.140	0.171	0.211	0.258	0.393
81	δ_{R1}	m			0.048	0.053	0.058	0.059	0.064	0.078	0.095	0.117	0.143	0.218
82	γ_{R2}	rad		0	0.016	0.018	0.019	0.020	0.021	0.026	0.032	0.039	0.048	0.073
83					1/62	1/57	1/52	1/51	1/47	1/38	1/31	1/26	1/21	1/14
84	γ_{R1}	rad		0	0.016	0.018	0.019	0.020	0.021	0.026	0.032	0.039	0.048	0.073
85					1/62	1/57	1/52	1/51	1/47	1/39	1/32	1/26	1/21	1/14

以上のように、同時降伏近傍でも、C_2/C_b と R_{CO} から判定される降伏する階を基準ステップとする計算を用いれば図 2.5 のように解が得られる。しかしながら、同時降伏近傍では C_2/C_b の少しの変化によって応答が大きく変化する。算定した復元力特性のバラツキを考慮すると $C_2/C_b = R_{CO}$ の建物が実現する保証はないので、$C_2/C_b = R_{CO}$ 近傍の設計は避けるべきである。

2.1.2.4 収斂計算法 1 と収斂計算法 2 の計算結果の比較

ここまで収斂計算法 2 による計算例を示してきたが、図 2.2 の 1 階降伏モデルを収斂計算法 1 を用いて計算した場合と比較すると、表 2.4 のように縮約モデル減衰定数と応答結果にわずかに差が見られる。また、縮約モデル応答図の比較を図 2.6 に示す。

収斂計算法 2 により算定される重み付け減衰では、5 章の(5.28)式に示すように降伏する階の減衰が支配的となる。降伏しない階では変形は小さいものの、剛性によっては重み付けエネルギーが小さくない場合もあり、減衰に影響を及ぼすこともある。この計算例では、降伏しない 2 階の剛性が小さいため、2 階の減衰の発現度が小さく、収斂計算法 1 に比べて収斂計算法 2 の減衰が若干増加している。

なお、1 階と 2 階の変形量の差が大きい場合での等価減衰評価については、縮約モデルの復元力履歴エネルギーでなく、各階の履歴を個別に計算する方が論理的に明快である。

表 2.4 収斂計算法 2 と収斂計算法 1 の計算結果の比較

	A	B	C	D	E	F	G	H	I	J	K	L	M
1	収斂計算法 2			1階基準									
9				1/480	1/240	1/120	1/90	1/60	1/45	1/30	1/20	1/15	1/10
32	階別の減衰	1階 h		0.050	0.050	0.050	0.077	0.103	0.133	0.163	0.183	0.193	0.203
33	戻り 1/120	2階 h		0.050	0.050	0.050	0.050	0.070	0.050	0.050	0.050	0.050	0.050
34	重みづけ h			0.050	0.050	0.050	0.072	0.097	0.125	0.157	0.179	0.190	0.202
44	F_h			1.00	1.00	1.00	0.87	0.76	0.67	0.58	0.54	0.52	0.50
53	稀地震			1/480	1/240	1/120	1/90	1/60	1/45	1/30	1/20	1/15	1/10
65	γ_{R2}	rad	0	0.003	0.003	0.003	0.003	0.003	0.002	0.002	0.001	0.001	0.000
66				1/356	1/333	1/303	1/354	1/357	1/499	1/665	1/1014	1/1406	1/2526
67	γ_{R1}	rad	0	0.003	0.004	0.004	0.004	0.005	0.006	0.008	0.010	0.012	0.018
68				1/305	1/279	1/254	1/237	1/217	1/173	1/130	1/105	1/86	1/56
70	極稀地震			1/480	1/240	1/120	1/90	1/60	1/45	1/30	1/20	1/15	1/10
82	γ_{R2}	rad	0	0.014	0.015	0.016	0.014	0.014	0.010	0.008	0.005	0.004	0.002
83				1/71	1/67	1/61	1/71	1/71	1/100	1/133	1/203	1/281	1/505
84	γ_{R1}	rad	0	0.016	0.018	0.020	0.021	0.023	0.029	0.039	0.048	0.058	0.089
85				1/61	1/56	1/51	1/47	1/43	1/35	1/26	1/21	1/17	1/11

	A	B	C	D	E	F	G	H	I	J	K	L	M
1	収斂計算法 1			1階基準									
9				1/480	1/240	1/120	1/90	1/60	1/45	1/30	1/20	1/15	1/10
41	ΔW			0.00	0.00	0.00	0.67	2.76	5.10	9.78	15.08	18.19	17.69
42	W			0.15	0.56	2.02	2.83	4.97	5.85	7.64	9.56	10.50	9.35
43	縮約 h			0.050	0.050	0.050	0.069	0.094	0.119	0.152	0.176	0.188	0.201
44	F_h			1.00	1.00	1.00	0.89	0.77	0.68	0.60	0.54	0.52	0.50
53	稀地震			1/480	1/240	1/120	1/90	1/60	1/45	1/30	1/20	1/15	1/10
65	γ_{R2}	rad	0	0.003	0.003	0.003	0.003	0.003	0.002	0.002	0.001	0.001	0.000
66				1/356	1/333	1/303	1/348	1/357	1/487	1/653	1/1001	1/1395	1/2517
67	γ_{R1}	rad	0	0.003	0.004	0.004	0.004	0.005	0.006	0.008	0.010	0.012	0.018
68				1/305	1/279	1/254	1/234	1/213	1/169	1/127	1/104	1/85	1/56
70	極稀地震			1/480	1/240	1/120	1/90	1/60	1/45	1/30	1/20	1/15	1/10
82	γ_{R2}	rad	0	0.014	0.015	0.016	0.014	0.014	0.010	0.008	0.005	0.004	0.002
83				1/71	1/67	1/61	1/70	1/71	1/97	1/131	1/200	1/279	1/503
84	γ_{R1}	rad	0	0.016	0.018	0.020	0.021	0.023	0.030	0.039	0.048	0.059	0.090
85				1/61	1/56	1/51	1/47	1/43	1/34	1/25	1/21	1/17	1/11

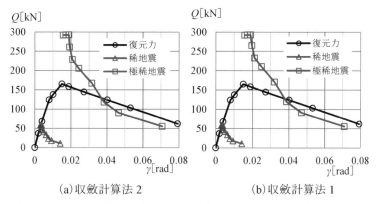

(a)収斂計算法2　　　　　　　(b)収斂計算法1

図2.6　収斂計算法2と収斂計算法1の縮約モデル応答図の比較

2.2　3階建て建築物の地震応答計算

伝統的構法による3階建て建物の限界耐力計算は、2階建てや1階建てと同様に、降伏先行階を基準とした変形増分法による。ここでは、1階が先行降伏する場合を想定して、1階の基準ステップに対応した2階および3階の変位を収斂計算法1または2によって計算する方法を説明する。

固有モード形から2階、3階の変形を求めるためには、まず固有値計算が必要となる。図2.7に示す質量 m_1、m_2、m_3、等価剛性 k_1、k_2、k_3 からなる3質点系が円振動数 ω で振動している状態では、変位と加速度の関係が、

$$\ddot{u}_1 = -\omega^2 u_1, \quad \ddot{u}_2 = -\omega^2 u_2, \quad \ddot{u}_3 = -\omega^2 u_3 \tag{2.13}$$

であることから、つりあい式は次式となる（図2.8）。

$$\begin{aligned}
&-m_1\omega^2 u_1 + k_1 u_1 - k_2(u_2 - u_1) = 0 \\
&-m_2\omega^2 u_2 + k_2(u_2 - u_1) - k_3(u_3 - u_2) = 0 \\
&-m_3\omega^2 u_3 + k_3(u_3 - u_2) = 0
\end{aligned} \tag{2.14}$$

$u_1 \neq 0$、$u_2 \neq 0$ と考えてよいので、(2.14) 第1式、第3式から、

$$\frac{u_2}{u_1} = \frac{-m_1\omega^2 + k_1 + k_2}{k_2}, \quad \frac{u_3}{u_2} = \frac{k_3}{-m_3\omega^2 + k_3} \tag{2.15}$$

したがって、u_3/u_1 は、

$$\frac{u_3}{u_1} = \frac{k_3(-m_1\omega^2 + k_1 + k_2)}{k_2(-m_3\omega^2 + k_3)} \tag{2.16}$$

これらを (2.14) 第2式に代入すると、以下の固有方程式が導かれる。

$$\begin{aligned}
&m_1 m_2 m_3 \omega^6 - \{(k_1 + k_2)m_2 m_3 + (k_2 + k_3)m_1 m_3 + k_3 m_1 m_2\}\omega^4 \\
&+ \{k_2 k_3 m_1 + (k_1 k_3 + k_2 k_3)m_2 + (k_1 k_3 + k_2 k_3 + k_1 k_2)m_3\}\omega^2 - k_1 k_2 k_3 = 0
\end{aligned} \tag{2.17}$$

これは ω^2 に関する3次方程式であるから ω^2 の解が3つ求められ、それぞれについて(2.15)式、(2.16)式から固有モード形が算定される。

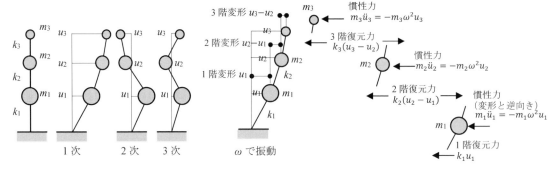

図2.7 3質点モデル　　図2.8 3質点モデルのつりあい

(2.14)式をマトリックス表示すると、

$$-\omega^2[M]\{u\} + [K]\{u\} = \{0\} \tag{2.18}$$

ここで、

$$[M] = \begin{bmatrix} m_1 & 0 & 0 \\ 0 & m_2 & 0 \\ 0 & 0 & m_3 \end{bmatrix}, [K] = \begin{bmatrix} k_1+k_2 & -k_2 & 0 \\ -k_2 & k_2+k_3 & -k_3 \\ 0 & -k_3 & k_3 \end{bmatrix}, \{u\} = \begin{Bmatrix} u_1 \\ u_2 \\ u_3 \end{Bmatrix}, \{0\} = \begin{Bmatrix} 0 \\ 0 \\ 0 \end{Bmatrix} \tag{2.19}$$

(2.18)式で$\{u\} \neq \{0\}$の解を持つためには、係数マトリックスの行列式が0、

$$\left|-\omega^2[M] + [K]\right| = 0 \tag{2.20}$$

すなわち

$$\begin{vmatrix} k_1+k_2-m_1\omega^2 & -k_2 & 0 \\ -k_2 & k_2+k_3-m_2\omega^2 & -k_3 \\ 0 & -k_3 & k_3-m_3\omega^2 \end{vmatrix} = 0 \tag{2.21}$$

上式を展開すると、

$$(k_1+k_2-m_1\omega^2)\{(k_2+k_3-m_2\omega^2)(k_3-m_3\omega^2)-k_3^2\} - k_2^2(k_3-m_3\omega^2) = 0 \tag{2.22}$$

この式をωについてまとめると(2.17)式となる。なお、一般に3質点以上の固有値問題では(2.17)式のような高次方程式を直接解くことはなく、ヤコビ法などの行列演算プログラムを利用する。

図2.9のような3質点モデルにおいて、1次モード形を(u_1, u_2, u_3)、地震時の建物の変形を$(\delta_1, \delta_2, \delta_3)$とすると、モード形に適合する2階、3階の変形$\delta_2-\delta_1$、$\delta_3-\delta_2$は次式で計算できる。

$$\delta_2 - \delta_1 = \delta_1\left(\frac{u_2}{u_1} - 1\right) \tag{2.23}$$

$$\delta_3 - \delta_2 = (\delta_3 - \delta_1) - (\delta_2 - \delta_1) = \delta_1\left(\frac{u_3}{u_1} - 1\right) - \delta_1\left(\frac{u_2}{u_1} - 1\right) = \delta_1\left(\frac{u_3}{u_1} - \frac{u_2}{u_1}\right) \tag{2.24}$$

これらより2階、3階の変形角γ_2, γ_3が決まるので、図2.10のように2階復元力$Q_2=Q_2(\gamma_2)$からγ_2に対応するQ_2および3階復元力$Q_3=Q_3(\gamma_3)$からγ_3に対応するQ_3を求め、新しい等価剛性が$k_2^*=Q_2/(\delta_2-\delta_1)$、$k_3^*=Q_3/(\delta_3-\delta_2)$により算定される。

この新しい剛性を用いて再び固有値解析を行い、新しいモード変形をもとに(2.23)式および(2.24)式により新しい2階、3階の変形を計算する。このように、図2.11に示す繰り返し計算を

行うことで、基準ステップで与えられる1階の変形に対応した2階および3階の変形を求めることができる。

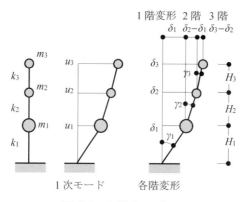

図 2.9　3質点モデル

計算点 γ_i を挟む2つの基準ステップのデータから γ_i に対応する Q_i を求めて、等価剛性を計算する。

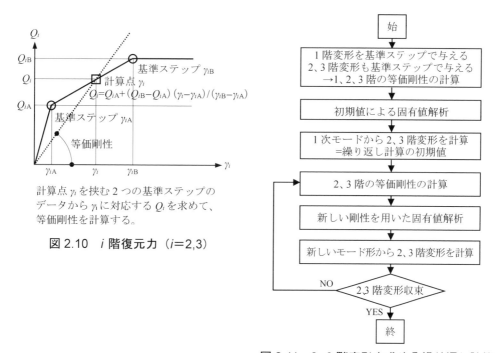

図 2.10　*i* 階復元力（*i*=2,3）

図 2.11　2、3階変形を求める繰り返し計算

2.3　柱脚の滑りを考慮した近似応答計算

柱脚の移動を拘束しない石場建てについては数多くの実験的・解析的研究[2)]が展開されているが、限界耐力計算で柱脚の滑りを扱うことは、等価1質点系への縮約と相容れないことに加え、滑りに関して種々の不確定要素が存在していることもあり、難しいとされてきた。本節では、まず柱脚の滑り量の計算法の基本的な考え方を示した上で、柱脚の滑りを現行の限界耐力計算に周期調整係数[3)]として導入されている基礎地盤連成効果と同様に扱うことで柱脚の滑りを考慮した限界耐力計算の定式化[4)]を行う。さらに、実験結果[5)~7)]との比較を示し、その有効性を検証する。

2.3.1 柱脚の滑り量の計算法の考え方

滑りを剛塑性として扱い、図2.12のような滑りを有するモデルと滑りを有さないモデルを考える。図 2.13(a)に示すようなエネルギー一定則が成立すれば、柱脚の滑り量 x_s を求める次式が導かれる。

$$x_s = \frac{g(\alpha^2 - \mu^2)}{2\omega^2 \mu} = \frac{1}{2\mu g}\left(\frac{\alpha g}{\omega}\right)^2 - \frac{\mu g}{2\omega^2} = \frac{v^2}{2\mu g} - \frac{\mu g}{2\omega^2} \tag{2.25}$$

ここで、g は重力加速度（9.8m/s^2）、α は弾性モデルの加速度応答、μ は柱脚と礎石の摩擦係数、$v=\alpha g/\omega$ は最大応答速度を表している。

短周期であれば右辺の第2項を無視することができるので、(2.25)式は次式となる。

$$x_s = \frac{v^2}{2\mu g} \tag{2.26}$$

この(2.26)式は、滑り量が速度の2乗に比例し、摩擦係数に反比例することを表しており、地震時の家具などの滑り量を計算する際に用いられる。

一方、図2.13(b)に示す変位一定則に基づく場合には、柱脚の滑り量は下式で表される。

$$x_s = \frac{g(\alpha - \mu)}{\omega^2} \tag{2.27}$$

上式を変形すると、

$$x_s = \frac{g(\alpha - \mu)}{\omega^2} = \frac{S_A}{\omega^2} - \frac{\mu m g}{m\omega^2} = S_D - \frac{Q_s}{k} \tag{2.28}$$

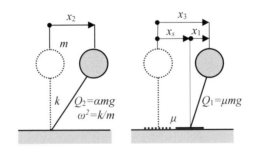

図2.12　基礎固定線形モデルと滑りモデル

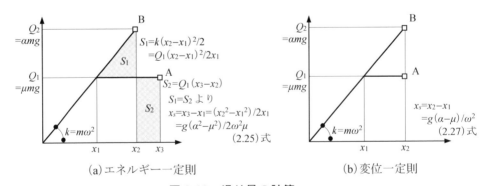

(a) エネルギー一定則　　(b) 変位一定則

図2.13　滑り量の計算

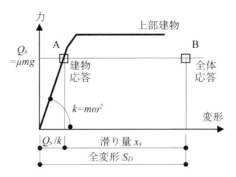

図 2.14 変位一定則による滑り量の計算

ここで、S_A、S_D は入力の加速度および変位応答スペクトル、Q_S は滑り耐力を表す。すなわち、図 2.14 に示すように、滑り量は入力の変位スペクトルから滑り耐力に対応する建物変形を除いたものとなる。

エネルギー一定則および変位一定則は、多くの応答解析の結果から帰納された経験則であり、加速度応答スペクトルが一定の領域ではエネルギー一定則が、速度応答スペクトルが一定の領域では変位一定則が比較的よく適合するとされている[8]。本マニュアルが対象とする伝統的木造建築では、極めて稀に発生する地震動に対する等価周期は 1 秒あるいはそれ以上と考えてよいので、変位一定則が適用できる。したがって、柱脚の滑り量の計算式として、(2.28)式より下式を採用する。

$$x_s = S_D - \frac{g\mu}{\omega^2} \tag{2.29}$$

極めて稀に発生する地震動として BCJ-L2（2 種地盤）を、さらに大きな地震動として JMA 神戸 1995 NS を例に挙げると、表 2.5 の周期、減衰に対応して、地震動の変位応答スペクトルは図 2.15 に示すようにそれぞれ 20cm、30cm となる。これらの数値に 2 階建ての $p=0.85$ を考慮して、建物変形を減じることで、滑り量はそれぞれ 13cm、20cm と計算される（表 2.5）。計算パラメータの不確実さやバラツキを考慮して計算された滑り量を割り増して、極めて稀に発生する地震動に対する滑り量を 20cm、それを超える地震動に対して 30cm とする。

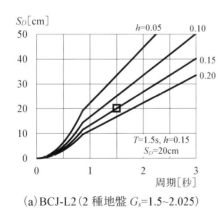
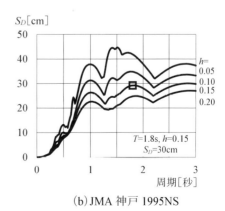

(a) BCJ-L2（2 種地盤 $G_s=1.5〜2.025$）　　(b) JMA 神戸 1995NS

図 2.15 入力地震動の変位応答スペクトル（減衰定数 $h=0.05$、0.1、0.15、0.2）

表 2.5　柱脚の滑り量の簡易計算

地震動の大きさ		極めて稀に発生する地震動	さらに大きな地震動
代表する地震動		BCJ-L2（2種地盤）	JMA 神戸 1995 NS
周期 T	建物 T_e	0.6s	0.8s
	滑り連成 T_t	1.5s	1.8s
円振動数 $\omega=2\pi/T$	建物 ω_e	10.5rad/s	7.9rad/s
	滑り連成 ω_t	4.2rad/s	3.5rad/s
等価減衰 h		0.15	0.15
変位応答スペクトル S_D		20×0.85=17cm	30×0.85=26cm
摩擦係数 μ		0.4	0.4
建物変形 $g\mu/\omega^2$		4cm	6cm
滑り量 $x_s=S_D-g\mu/\omega^2$		13cm	20cm

　以上の近似的な滑り量計算では、地震動の変位スペクトル S_D や建物の応答 $Q_s/k=g\mu/\omega^2$ を計算する際の連成周期や減衰を略算的に扱った。それに対して、次項では滑り量や建物の変形に対応した周期および減衰を精算した上で応答計算を行う方法について解説する。

2.3.2　柱脚の滑りを考慮した近似応答計算の定式化 [4]

　図 2.16 のような基部質量（1階下半分から柱脚までの質量）m_0 を付加したモデルを考える。質点の水平方向の全体変位 x_t は次式で表される。

$$x_t = x_e + x_s \tag{2.30}$$

ここで、x_e は柱脚からの上部構造の変位、x_s は柱脚滑りによる変位である。図 2.17 に示すように柱脚固定の建物の剛性を k_e、滑りと全体系の等価剛性をそれぞれ k_s, k_t とすると、以下の関係が成り立つ。

$$Q = k_e x_e, \quad (1+\alpha_0)Q = k_s x_s = k_t x_t \tag{2.31}$$

ここで、α_0 は基部に働く慣性力の建物せん断力に対する比であり、基部に作用する加速度を a_G とすると $\alpha_0 = m_0 a_G / Q$ と表される。

(2.30)式および(2.31)式より、

$$\frac{1+\alpha_0}{k_t} = \frac{1}{k_e} + \frac{1+\alpha_0}{k_s} \tag{2.32}$$

$$\frac{1}{k_t} = \frac{1}{k_e(1+\alpha_0)} + \frac{1}{k_s}, \quad k_t = \frac{(1+\alpha_0)k_e k_s}{(1+\alpha_0)k_e + k_s} \tag{2.33}$$

一方、滑りを有する連成系の周期 T_t は、下式で表される。

$$T_t = 2\pi\sqrt{\frac{(1+\gamma)m}{k_t}} = 2\pi\sqrt{\frac{(1+\gamma)m}{(1+\alpha_0)k_e} + \frac{(1+\gamma)m}{k_s}}, \quad k_t = (1+\gamma)m\left(\frac{2\pi}{T_t}\right)^2 \tag{2.34}$$

ここで、γ は基部質量 m_0 の上部建物質量 m に対する比 $\gamma = m_0/m$ を表している。図 2.17 のように、

$$T_e = 2\pi\sqrt{\frac{m}{k_e}}, \quad k_e = m\left(\frac{2\pi}{T_e}\right)^2, \quad T_s = 2\pi\sqrt{\frac{(1+\gamma)m}{k_s}}, \quad k_s = (1+\gamma)m\left(\frac{2\pi}{T_s}\right)^2 \tag{2.35}$$

を考慮すれば、(2.34)式は下式となる。

$$T_t = r^* T_e, \quad r^* = \sqrt{\frac{1+\gamma}{1+\alpha_0} + \left(\frac{T_s}{T_e}\right)^2} \tag{2.36}$$

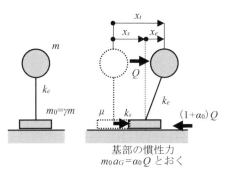

図 2.16　m_0 を考慮した柱脚滑りモデル　　　図 2.17　柱脚滑りモデルの応答

すなわち、T_t は建物周期 T_e に調整係数 r^* を乗じることで求めることができる。
一方、歪エネルギー W は次式で表される。

$$W = \frac{1}{2}\left(k_e x_e^2 + k_s x_s^2\right) = \frac{1}{2} k_t x_t^2 \tag{2.37}$$

また、建物減衰や滑り摩擦による消費エネルギー ΔW は次式で与えられる（図 2.18）。

$$\Delta W = \pi \omega_t c x_e^2 + 4\beta k_s x_s^2 \tag{2.38}$$

ここで、ω_t は連成円振動数、c は基礎固定時の建物減衰係数を表す。(2.37)および(2.38)式から、

$$h_t = \frac{\Delta W}{4\pi W} = \frac{\pi \omega_t c x_e^2 + 4\beta k_s x_s^2}{2\pi k_t x_t^2} \tag{2.39}$$

以下の関係を用いて(2.39)式を整理する。

$$c = 2 h_e \sqrt{m k_e}, \quad \frac{x_e}{x_t} = \frac{Q}{k_e} \frac{k_t}{(1+\alpha_0)Q} = \frac{1+\gamma}{1+\alpha_0}\left(\frac{T_e}{T_t}\right)^2 \tag{2.40}$$

$$\frac{x_s}{x_t} = \frac{k_t}{k_s} = \left(\frac{T_s}{T_t}\right)^2 \tag{2.41}$$

$$x_e = \frac{Q}{k_e}, \quad x_s = \frac{(1+\alpha_0)Q}{k_s}, \quad x_t = x_e + x_s = Q\left(\frac{1}{k_e} + \frac{1+\alpha_0}{k_s}\right) \tag{2.42}$$

$$x_e = \frac{k_t x_t}{(1+\alpha_0) k_e} = \frac{k_s}{k_e(1+\alpha_0) + k_s} x_t \tag{2.43}$$

$$x_s = \frac{k_t x_t}{k_s} = \frac{(1+\alpha_0) k_e}{(1+\alpha_0) k_e + k_s} x_t \tag{2.44}$$

(2.38)式右辺の第1項、第2項はそれぞれ

$$\frac{\pi \omega_t c x_e^2}{2\pi k_t x_t^2} = \frac{\sqrt{\frac{k_t}{(1+\gamma)m}} 2 h_e \sqrt{m k_e} x_e^2}{2 k_t x_t^2} = h_e \frac{1+\gamma}{(1+\alpha_0)^2}\left(\frac{T_e}{T_t}\right)^3 \tag{2.45}$$

$$\frac{4\beta k_s x_s^2}{2\pi k_t x_t^2} = \frac{2\beta}{\pi}\left(\frac{k_s}{k_t}\right)\left(\frac{x_s}{x_t}\right)^2 = \frac{2\beta}{\pi}\left(\frac{T_s}{T_t}\right)^2 \tag{2.46}$$

となるので、全体系の等価減衰定数は次式のように表される。

$$h_t = h_e \frac{1+\gamma}{(1+\alpha_0)^2}\left(\frac{T_e}{T_t}\right)^3 + \frac{2\beta}{\pi}\left(\frac{T_s}{T_t}\right)^2 = \frac{(1+\gamma)}{(1+\alpha_0)^2}\frac{h_e}{r^{*3}} + \frac{2\beta}{r^{*2}\pi}\left(\frac{T_s}{T_e}\right)^2 \tag{2.47}$$

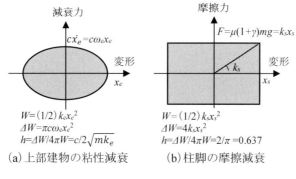

(a) 上部建物の粘性減衰　　(b) 柱脚の摩擦減衰

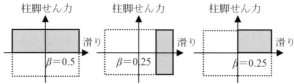

柱脚の滑りは片方向に進み，一様でないことを考慮して矩形面積を β で低減する。$h = 2\beta/\pi$ ($\beta = 0.5 \sim 0.25$ 程度)

(c) 滑りの減衰パラメータ β

図 2.18　減衰による消費エネルギー ΔW と等価減衰定数

表 2.6　H12 建告 1457 号と近似応答計算法の比較

	周期調整係数	周期	減衰
限界耐力計算 H12 建告 1457 号 地盤連成 (スウェイ)	$r = \sqrt{1+\left(\dfrac{T_s}{T_e}\right)^2}$	$T = rT_e$	$h = \dfrac{1}{r^3}\left\{h_s\left(\dfrac{T_s}{T_e}\right)^3 + h_e\right\}$
滑りを考慮した近似応答計算法	$r^* = \sqrt{\dfrac{1+\gamma}{1+\alpha_0} + \left(\dfrac{T_s}{T_e}\right)^2}$	$T_t = r^* T_e$	$h_t = \dfrac{1}{r^{*3}}\left\{\beta\dfrac{2}{\pi}\left(\dfrac{T_t}{T_e}\right)\left(\dfrac{T_s}{T_e}\right)^2 + \dfrac{(1+\gamma)}{(1+\alpha_0)^2}h_e\right\}$

以上の近似応答計算法により導き出された計算式と、H12 建告 1457 号に基づく地盤連成系（スウェイ）モデルの計算式を比較したものが、表 2.6 である。

以上の定式化から、滑りを考慮した限界耐力計算は次のような手順で行うことができる。

①滑り時点の上部建物のせん断力から建物応答（図 2.17 の A 点）を求める。なお、本提案の計算法では滑り量とは無関係に建物応答を求めることができる。

②滑り量 x_s を仮定すると、(2.36) 式および (2.47) 式から全体系の周期 T_t と減衰 h_t が計算できるので、通常の限界耐力計算により必要性能スペクトル (x_t, Q_n) が得られる。図 2.17 の柱脚滑りせん断力として、基部重量を無視する場合は Q を、考慮する場合は $(1+\alpha_0)Q$ を用いる。

③ (2.44)式により滑り量 x_s を確認し、結果の滑り量が仮定した滑り量に整合するように繰り返し計算を行う。

なお、滑りの減衰を表すパラメータ β は、次節で後述するが、実験データによると 0.25 から 0.4 程度と考えられる。本マニュアルでは、滑り量を大きめに計算する安全側の立場をとって $\beta=0.25$ を採用する。

2.3.3 柱脚の滑りを考慮した近似応答計算の検証

伝統的構法の設計法作成及び性能検証実験検討委員会[5)~7)]では、伝統構法あるいは伝統的構法建築物の設計法を構築することを目的として、実験検証部会を中心に 2011 年および 2012 年の 2 回にわたり柱脚の滑り挙動を含む実大模型実験を実施した（独立行政法人防災科学技術研究所との共同研究）。前節に示した滑りを考慮した近似応答計算法はこの委員会活動の一環として作成・検討されたものであり、実験結果との照合を行っている。本節では、その計算法を実験結果に基づいて検証する。

1）E ディフェンス震動台実験の概要

2011 年および 2012 年に E ディフェンスで実施された実大実験のモデルは、平家 2 棟（No.1、No.2）および総 2 階建て 2 棟（No.3、No.4）および部分 2 階建て 2 棟（No.5、No.6）の 6 棟である。ここでは特に、柱脚の滑りを扱った No.4 と No.5、6 を取り上げる。各試験体の概要は表 2.7 の通りである。

表 2.7　E ディフェンス試験体概要

No.4 試験体（2011 年 1 月）

面積	平面寸法：10.92×7.28m 面積：1 階 79.5m² 　2 階 79.5m²　延床 159.0m²
階高	1 階 2880mm　2 階 2550mm（軒の高さ 5980mm）
軸組	天然乾燥材 柱：杉 150mm 角および 120mm 角 梁：杉 120×240mm、120×300mm ほか
床	杉板貼り（厚み 30mm）
耐力壁	伝統的な湿式土塗り壁
接合部	柱－横架材、横架材－横架材の接合部は、伝統的な仕口や継手仕様
基礎形式	足固め仕様による石場建て構法
屋根	日本瓦桟葺き

No.5、No.6 試験体（2012 年 9 月）

面積	平面寸法：11.83×7.28m 面積：1 階 86.12m²　2 階 46.37m²　延床 132.49m²
階高	1 階 3620mm　2 階 2400mm（軒の高さ 7760mm）
軸組	天然乾燥材 柱：檜 210mm 角および 120mm 角（背割れあり） 梁：杉 120×240mm、120×300mm ほか
床	杉板貼り（厚み 30mm）
耐力壁	土壁（壁厚全面壁 60mm、垂壁・腰壁 50mm）
接合部	柱－横架材、横架材－横架材の接合部は、伝統的な仕口や継手仕様
基礎形式	試験体 No.5＝石場建て 試験体 No.6＝石場建て（地長押仕様）
屋根	日本瓦桟葺き

総2階建てのNo.4試験体は、水平構面の変形や偏心による捩れ振動による応答への影響などを把握するとともに、1階と2階との耐力バランスなどが大地震時の挙動に及ぼす影響を検証するために準備された2棟の試験体のうちの1つである。一方が柱脚固定の試験体No.3であったのに対して、石場建て（柱脚フリー）の試験体がNo.4であった。

また、部分2階建てのNo.5, 6試験体は、2棟とも建物と基礎とを緊結しない「石場建て仕様」であるが、No.5は柱脚フリー、No.6は地長押を用いて柱同士をつないでいる。石場建ての場合には、地震時に柱脚がばらばらに移動することで柱脚の間隔が広がり、建物に大きな損傷が生じることがある。その対策として、柱脚の移動を拘束する地長押を柱脚部に設けることが考えられるが、その効果を検証するためにこれらの試験体が製作された。なお、No.6については、地長押を介して架台に固定する場合と固定しない場合の2通りのパターンで実験を行うことにより、柱脚部を拘束しない場合と拘束する場合での比較検証も行われた。

震動台入力地震動には、2011年、2012年とも①振動特性評価用波形：ホワイトノイズ 25Gal 振動台 X方向＋Y方向、②稀な地震動として人工地震波 BCJ-L1（第2種地盤用で稀地震用にレベル調整したもの）、③極めて稀な地震動として人工地震波 BCJ-L2（第2種地盤用に調整したもの）、④巨大な地震動として JMA神戸波（3方向加振）を用いた。

2）実験データを用いた滑りに関する減衰パラメータ β の評価

2012年に行った振動台実験におけるNo.5およびNo.6試験体計測データ[7]を用いて、滑りに関する減衰パラメータ β を再評価する。実験結果をまとめたものが表2.8である。ここで、摩擦係数は最大滑りせん断力から計算している。

表2.8によると、

- 滑り量は短辺方向加振で平均3cm、長辺方向加振で8cmであった。しかし、荒壁補強後の短辺加振では、滑り量が9cmと増大している。
- JMA神戸波の加振（短辺方向にNS入力）では、平均滑り量が6cm程度とL2加振より小さくなった。
- 通りごとの最大値と平均値の比を見ると、短辺方向加振で約2、長辺方向加振で約1.1と両者の差が顕著である。これには部分2階が影響しており、特に短辺方向において通りごとの合計軸力に差が生じていることが原因だと考えられる。
- 基礎に作用する最大応答せん断力から摩擦係数を計算すると0.5〜0.56の値となった。

限界耐力計算で用いる滑りに関する減衰パラメータ β を評価するため、滑りの発生が顕著な1サイクル（約1.5秒程度）のせん断力と滑り変形の履歴ループの一例を図2.19に示す。図中には、$\beta=1$ に対応する矩形に対する滑りの履歴面積を併せて示している。

表2.8 滑りに関する実験結果 [滑り量 mm]

実験番号 07　L2 短辺加振 No.5 試験体

通り	L01	L02	L06	L10	L14
正	34	18	14	13	
負	-78	-44	-9	-18	
最大	78	44	14	18	
	平均	最大変動	最小変動	μ	
	39	2.0	0.4	0.52	

実験番号 07　L2 短辺加振 No.6 試験体

通り	L01	L02	L06	L10	L14
正	23	7	4	4	
負	-59	-35	-7	-2	
最大	59	35	7	4	
	平均	最大変動	最小変動	μ	
	26	2.2	0.2	0.53	

実験番号 09　L2 長辺加振 No.5 試験体

通り	S01	S02	S06	S09
正	22	6	10	23
負	-84	-69	-93	-106
最大	84	69	93	106
	平均	最大変動	最小変動	μ
	88	1.2	0.8	0.56

実験番号 09　L2 長辺加振 No.6 試験体

通り	S01	S02	S06	S09
正	1	1	1	5
負	-71	-72	-78	-82
最大	71	72	78	82
	平均	最大変動	最小変動	μ
	76	1.1	0.9	0.50

実験番号 11　L2 短辺加振 No.5 試験体（荒壁補強後）

通り	L01	L02	L06	L10	L14
正	36	29	12	9	68
負	-119	-93	-75	-60	-86
最大	119	93	75	60	86
	平均	最大変動	最小変動	μ	
	86	1.4	0.7	0.52	

実験番号 11　L2 短辺加振 No.6 試験体

通り	L01	L02	L06	L10	L14
正					
負			基礎固定		
最大					
	平均	最大変動	最小変動	μ	
			基礎固定		

実験番号 13　神戸加振 No.5 試験体

通り	L01	L02	L06	L10	L14
正	0	31	14	18	114
負	-115	-57	-10	-14	-88
最大	115	57	14	18	114
	平均	最大変動	最小変動	μ	
	64	1.8	0.2	0.50	

実験番号 13　神戸加振 No.6 試験体

通り	L01	L02	L06	L10	L14
正	18	24	25	61	127
負	-65	-18	-2	-2	-51
最大	65	24	25	61	127
	平均	最大変動	最小変動	μ	
	60	2.1	0.4	0.52	

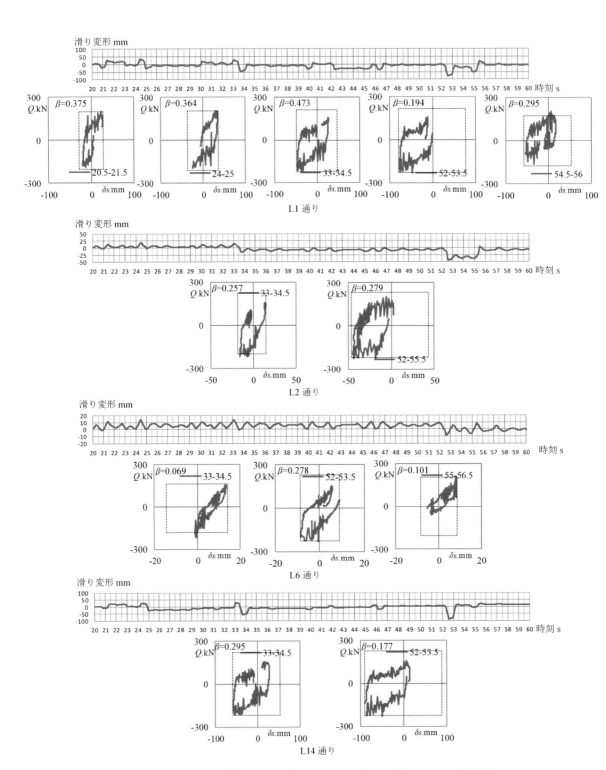

図 2.19　滑りデータ：実験番号 07　L2 短辺加振　No.5 試験体

滑りの挙動によって β はおおよそ表 2.9 のように分類される。β は柱脚の滑り方によって 3 つのパターンに分類でき、正負方向に同程度の振動を示す場合の β は 0.4 と大きく、一方向に段階的に滑りが進行する場合の β は 0.1 程度に留まる。概括的な評価として β は $(0.4+0.1)/2=0.25$ とする。

表 2.9　滑りの減衰を表すパラメータ β の分類

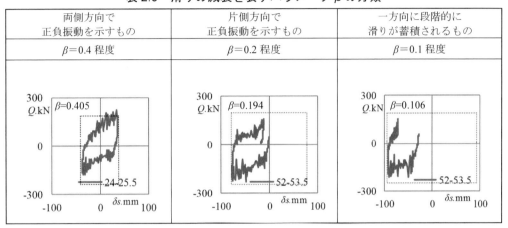

3）実験結果と滑りを考慮した近似応答計算結果の比較
①No.4 試験体（総 2 階モデル）

　試験体 No.4（総 2 階建て）における実験結果と滑りを考慮した近似応答計算の結果を比較したものが表 2.10 である。実験に用いた震動台入力地震動は告示に定められた極稀地震動スペクトルに適合させた模擬波であるので、近似応答計算では告示スペクトルを用いている。摩擦係数は建物耐力を考慮して長辺方向 $\mu=0.4$、短辺方向 $\mu=0.38$ とし、滑りに関する減衰パラメータは $\beta=0.4$ としている。

　表 2.10 に見られるように、実験結果の平均データは上部建物の変形、滑り量とも計算結果とほぼ良好に対応している。なお、等価 1 質点系の近似応答計算で与えられる応答値は代表的な平均値であるため、実験の最大値はフォローできていない。上部建物の応答と同様に、滑り量も大きく変動する可能性があるので、設計においてはこの変動を評価する工夫が必要となる。

　No.4 試験体の長辺方向の計算について、β が滑り応答に与える影響をグラフ化したものが図 2.20 である。β が小さくなると、全体減衰が小さくなり、滑り応答が大きくなる様子を見てとることができる。

表 2.10　No.4 試験体の実験結果と滑りを考慮した近似応答計算結果の比較

方向	階	実験結果			滑りを考慮した近似応答計算		
		変形角		滑り量 [cm]	変形角		滑り量 [cm]
		平均	最大		固定	滑り	
長辺	2	1/40	1/33	平均 3.4	1/95	1/60	5.8
	1	1/35	1/24	最大 4.8	1/20	1/34	
短辺	2	1/48	1/39	平均 6.0	1/92	1/56	6.0
	1	1/33	1/15	最大 10.0	1/19	1/32	

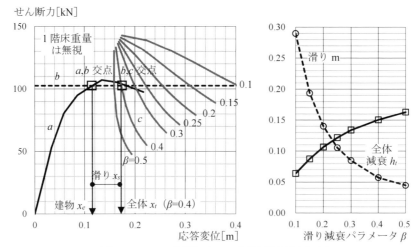

図 2.20　β の影響（No.4 試験体長辺方向）

②No.5、6 試験体（部分 2 階モデル）

No.5、6 試験体については、以下の条件に基づき近似応答計算を行った。

- 摩擦係数は $\mu=0.5$ とする。
- 滑りに関する減衰パラメータは $\beta=0.25$ を採用する。
- 上部減衰は 0.05 と履歴減衰のどちらか大きい方を採用する。
- 入力地震動については、L2 は告示スペクトル（第 2 種地盤)、KOBE は 1995JMA 神戸 NS 成分を用いる。
- 基礎に作用するせん断力の算定では、L2 加振、KOBE 加振とも加速度を 0.4G とする。
- 上部構造の応答計算には、各ステップごとに 2 階変形と等価剛性が整合するように繰り返し計算を行う収斂計算法 1 を用いる。

近似応答計算により導き出された応答図が図 2.21、実験結果と計算結果をまとめたものが表 2.11 である。表 2.11 によると、

- 上部構造の応答についても実験結果とよく対応している。L2 長辺方向加振で滑りが逆転しているのは、上部構造の応答が小さくその分滑りが大きくなるためである。
- L2 短辺方向加振の No.5 試験体では、1 階の変形は実験番号 07 および 11 とも 1/22、2 階の変形は 1/46〜1/50 であるのに対し、近似応答計算の結果は 1 階 1/21、2 階 1/41 であり、良好に対応している。滑り量は実験番号 07 と 11 で異なり、07 で 3.9cm であったのに対して、荒壁パネルによる補強が追加された 11 では 8.6cm であった。なお、近似応答計算による滑り量は 9cm であった。
- L2 長辺方向加振の No.5 試験体では、1 階の変形が 1/19、2 階の変形が 1/27 であり、計算結果の 1 階 1/18、2 階 1/22 とほぼ対応している。滑り量については、実験結果が 8.8cm であったのに対して計算結果は 5.5cm とやや小さい。
- KOBE 加振の No.5 試験体では、1 階の変形が 1/18、2 階の変形が 1/39 であるのに対して、計算結果は 1 階 1/20、2 階 1/40 と良好に対応している。しかし、滑り量は実験結果が 6.4cm であったのに対して計算結果は 16cm とかなり大きい。入力の変位スペクトルは L2＜KOBE であり、実験において KOBE の滑り量が小さくなっている要因については説明が難しい。

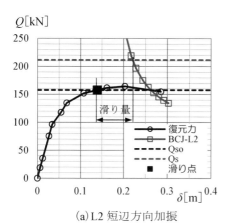
(a) L2 短辺方向加振

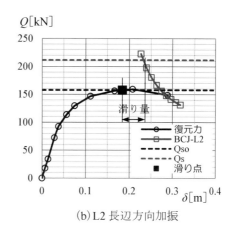
(b) L2 長辺方向加振

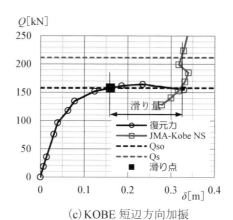
(c) KOBE 短辺方向加振

図 2.21　近似応力計算による応答図

表 2.11　実験結果と近似応答計算結果の比較

(a) L2 短辺加振　短辺方向応答

内容				滑り cm	1階変形	2階変形
実験結果	実験番号07	L2	短辺加振	No.5		
				3.9	1/22	1/50
				No.6 2.6	1/22	1/45
	実験番号11（荒壁補強）			No.5 8.6	1/22	1/46
				No.6 固定	1/21	1/52
解析：$\mu=0.5$、$\beta=0.25$、基礎 0.4G				9.0	1/21	1/41

(b) L2 長辺加振　長辺方向応答

内容			滑り cm	1階変形	2階変形
実験結果	実験番号09	L2　長辺加振	No.5 8.8	1/19	1/27
			No.6 7.6	1/21	1/23
解析：$\mu=0.5$、$\beta=0.25$、基礎 0.4G			5.5	1/18	1/22

(c) KOBE 加振　短辺方向応答

内容			滑り cm	1階変形	2階変形
実験結果	実験番号13	KOBE　3方向加振	No.5 6.4	1/18	1/39
			No.6 6.0	1/29	1/34
解析：$\mu=0.5$、$\beta=0.25$、基礎 0.4G			15.8	1/20	1/40

以上のように、滑りを考慮した近似応答計算にあたっては摩擦係数や滑りに関する減衰パラメータなどの設定に検討を要するが、設計上の基本的な考え方からすると上下限が抑えられればよい。上記の比較からわかるように、実験結果と計算結果は上部建物の変形、滑り量ともほぼ良好に対応しており、本計算法は十分に実用的であるといえる。

参考文献

1) JSCA関西木造住宅レビュー委員会「木造限界耐力計算における2階建てモデルの変位増分解析と平家モデルについて―木造軸組の限界耐力計算による耐震性能評価の適用に関する注意」JSCA関西ウェブページ、2010年
   http://jscakansai.com/info/mokuzo_genkaitairyoku_keisan_2Fmodel_hiraya.pdf
2) 米沢美貴・向井洋一・鈴木祥之「伝統的構法による礎石立ち木造建築物実大試験体のすべり挙動の解析的評価」『日本建築学会大会学術講演梗概集（東海）』2012年9月
3) 石山祐二『耐震規定と構造動力学』三和書籍、2008年
4) 長瀬正・齋藤幸雄・鈴木祥之「伝統的構法を用いた木構造の柱脚滑りを考慮した限界耐力計算」『日本建築学会大会学術講演梗概集（北海道）』2013年8月
5) 伝統的構法の設計法作成及び性能検証実験検討委員会「平成22年度事業報告書」
   http://www.green-arch.or.jp/dentoh/report_2010.html
6) 伝統的構法の設計法作成及び性能検証実験検討委員会「平成23年度事業報告書」
   http://www.green-arch.or.jp/dentoh/report_2011.html
7) 伝統的構法の設計法作成及び性能検証実験検討委員会「平成24年度事業報告書」
   http://www.green-arch.or.jp/dentoh/report_2012.html
8) 柴田明徳『最新耐震構造解析』森北出版、1981年

設計資料－3　偏心と水平構面による補正

3.1　偏心率の計算

建築物の重心と剛心とのズレを偏心といい、偏心を有する建築物は地震時に捩れながら振動し、部分的に大きな層間変形角が生じる。この偏心の度合いを表したものが偏心率であり、偏心率が大きいほど捩れに弱い建築物となる。

3.1.1　偏心率の計算方法

偏心率の計算は以下の方法による。

1) 計算方法は令 82 条の 6 による。
2) 偏心率の計算に用いる各鉛直構面の剛性は、図 3.1 に示されるように等価剛性（割線剛性）とする。1/90rad 時および 1/20rad 時の割線剛性 $K_{1/90}$、$K_{1/20}$ は、各構面の 1/90rad 時せん断耐力 $Q_{1/90}$ および 1/20rad 時せん断耐力 $Q_{1/20}$ をそれぞれの変位である $H/90$、$H/20$（H は階高）で除することで得られる。

$$K_{1/90} = \frac{Q_{1/90}}{H/90} = 90\frac{Q_{1/90}}{H}, \quad K_{1/20} = \frac{Q_{1/20}}{H/20} = 20\frac{Q_{1/20}}{H} \tag{3.1}$$

3) 偏心率の計算は稀に発生する地震動時および極めて稀に発生する地震動時の 2 つのケースについて行う。
4) 稀地震動時の偏心率の計算に用いる各構面の剛性は、図 3.2 に示されるように加力方向および直交方向とも 1/120rad 時の割線剛性とする。
5) 極稀地震動時の偏心率の計算に用いる各構面の剛性は、図 3.3 に示されるように、加力方向ではクライテリアで設定した値（例えば 1/30rad または 1/20rad 時）における割線剛性、直交方向では 1/90rad 時の割線剛性とする。
6) 重心は柱軸力をもとに算定することを基本とするが、図心を用いた略算でもよい。また、1 階の重心は、1 階、2 階の図心に対して 1 階と 2 階の面積を用いて重み付けすることで求めることができる。

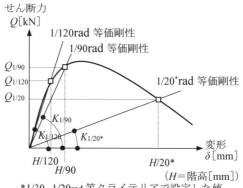

＊1/30、1/20rad 等クライテリアで設定した値

図 3.1　偏心率計算に用いる等価剛性

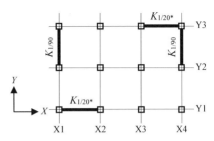

*1/30、1/20rad 等クライテリアで設定した値
(a) X 方向の偏心率計算で用いる等価剛性

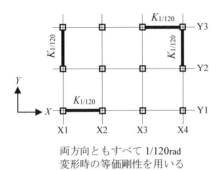

両方向ともすべて 1/120rad 変形時の等価剛性を用いる

図 3.2 稀地震動時の偏心率計算に用いる等価剛性

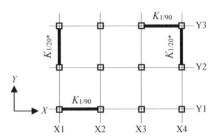

*1/30、1/20rad 等クライテリアで設定した値
(b) Y 方向の偏心率計算で用いる等価剛性

図 3.3 極稀地震動時の偏心率計算に用いる等価剛性

3.1.2 偏心率の計算例

偏心率を求めるには、重心、剛心、偏心距離、捩り剛性、弾力半径の計算を順次行う必要がある。ここでは、図 3.4 に示すような平面を有する階高 2730mm の平家建ての建築物を例として極稀地震時の偏心率の計算手順を説明する。X1-Y1 の位置を座標原点（0, 0）とし、各構面間距離を 3640mm、構造要素は土壁、垂壁および X 方向に有効な柱ほぞとする。また、図中の括弧外の数値は 1/20rad 時、括弧内の数値は 1/90rad 時のせん断耐力（単位は kN）をそれぞれ示している。

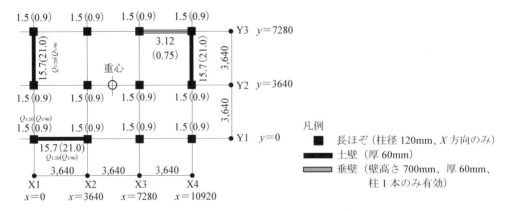

図 3.4 極稀地震時の偏心率計算モデル

①重心の計算

座標原点からの重心距離（g_x, g_y）を求める。この例では図心と一致しており、g_x=5460mm、g_y=3640mmとなる。

②剛心の計算

剛心とは、その点に水平力を加えた際に建築物が捩れずに変形のみが生じる箇所である。各構面の 1/90rad 時、1/20rad 時の割線剛性は、(3.1)式により表 3.1 および表 3.2 のように計算される。

表 3.1　X 方向剛心計算（H=2730mm）

構面	座標原点までの距離 [mm]	$Q_{1/90}$ [kN]	$Q_{1/20}$ [kN]	$K_{y1/90}$ [kN/mm]	$K_{x1/20}$ [kN/mm]
X1	0.0	21.0	—	0.69	—
X2	3640	0.0	—	0.0	—
X3	7280	0.0	—	0.0	—
X4	10920	21.0	—	0.69	—
Y1	0.0	—	15.7+1.5×4=21.7	—	0.16
Y2	3640	—	1.5×4=6.0	—	0.04
Y3	7280	—	3.12+1.5×4=9.12	—	0.07
Σ	—	—	—	ΣK_y=1.38	ΣK_x=0.27

表 3.2　Y 方向剛心計算（H=2730mm）

構面	座標原点までの距離 [mm]	$Q_{1/90}$ [kN]	$Q_{1/20}$ [kN]	$K_{x1/90}$ [kN/mm]	$K_{y1/20}$ [kN/mm]
X1	0.0	—	15.7	—	0.12
X2	3640	—	0.0	—	0.0
X3	7280	—	0.0	—	0.0
X4	10920	—	15.7	—	0.12
Y1	0.0	21.0+0.9×4=24.6	—	0.81	—
Y2	3640	0.9×4=3.6	—	0.12	—
Y3	7280	0.75+0.9×4=4.4	—	0.14	—
Σ	—	—	—	ΣK_x=1.07	ΣK_y=0.24

次に、各構面の割線剛性と座標原点までの距離をもとに 1/20rad 時の剛心位置（l_x, l_y）を算出する。

・X 方向剛心

$$l_x = \frac{\sum K_y x}{\sum K_y} = \frac{0.69 \times 0 + 0.0 \times 3640 + 0.0 \times 7280 + 0.69 \times 10920}{0.69 + 0.0 + 0.0 + 0.69} = 5460\text{mm}$$

$$l_y = \frac{\sum K_x y}{\sum K_x} = \frac{0.16 \times 0 + 0.04 \times 3640 + 0.07 \times 7280}{0.16 + 0.04 + 0.07} = 2427\text{mm}$$

・Y方向剛心

$$l_x = \frac{\sum K_y x}{\sum K_y} = \frac{0.12 \times 0 + 0.0 \times 3640 + 0.0 \times 7280 + 0.12 \times 10920}{0.12 + 0.0 + 0.0 + 0.12} = 5460\text{mm}$$

$$l_y = \frac{\sum K_x y}{\sum K_x} = \frac{0.81 \times 0 + 0.12 \times 3640 + 0.14 \times 7280}{0.81 + 0.12 + 0.14} = 1361\text{mm}$$

③偏心距離の計算

重心位置と剛心位置のズレである偏心距離（e_x, e_y）を求める。

$$e_x = |l_x - g_x| = |5460 - 5460| = 0\text{mm}$$

$$e_y = |l_y - g_y| = |2427 - 3640| = 1213\text{mm}$$

④捩り剛性の計算

剛心を座標原点とした断面2次モーメントである捩り剛性K_Rを求める。

・X方向計算用捩り剛性

$$\begin{aligned}K_R &= \sum K_x (y - l_y)^2 + \sum K_y (x - l_x)^2 \\ &= 0.16(0 - 2427)^2 + 0.04(3640 - 2427)^2 + 0.07(7280 - 2427)^2 \\ &\quad + 0.69(0 - 5460)^2 + 0.0(3640 - 5460)^2 + 0.0(7280 - 5460)^2 + 0.69(10920 - 5460)^2 \\ &= 4.38 \times 10^7 \text{kN·mm}\end{aligned}$$

・Y方向計算用捩り剛性

$$\begin{aligned}K_R &= \sum K_x (y - l_y)^2 + \sum K_y (x - l_x)^2 \\ &= 0.81(0 - 1361)^2 + 0.12(3640 - 1361)^2 + 0.14(7280 - 1361)^2 \\ &\quad + 0.12(0 - 5460)^2 + 0.0(3640 - 5460)^2 + 0.0(7280 - 5460)^2 + 0.12(10920 - 5460)^2 \\ &= 1.42 \times 10^7 \text{kN·mm}\end{aligned}$$

⑤弾力半径の計算

剛心を座標原点とした捩り剛性の楕円半径である弾力半径（r_{ex}, r_{ey}）を求める。

$$r_{ex} = \sqrt{\frac{K_R}{\sum K_{x1/20}}} = \sqrt{\frac{4.38 \times 10^7}{0.16 + 0.04 + 0.07}} = 12737\text{mm}\#$$

$$r_{ey} = \sqrt{\frac{K_R}{\sum K_{y1/20}}} = \sqrt{\frac{1.42 \times 10^7}{0.12 + 0.0 + 0.0 + 0.12}} = 7692\text{mm}\#$$

⑥偏心率の計算

偏心距離を弾力半径で除して偏心率（R_{ex}, R_{ey}）を求める。

$$R_{ex} = \frac{e_y}{r_{ex}} = \frac{1213}{12737} = 0.095$$

$$R_{ey} = \frac{e_x}{r_{ey}} = \frac{0}{7692} = 0.0$$

3.2 偏心を考慮した応答変形の補正

本マニュアルでは、偏心率が 0.15 を超えた場合には、床を剛床と見なして以下のように偏心補正を行う。図 3.5 に示すような x 方向に e_x 偏心している建物に y 方向に P_y の静的な力が作用している場合を考える。

y 方向の剛性を K_y とすると、偏心のない建物の変位 δ_y は、

$$\delta_y = \frac{P_y}{K_y} \tag{3.2}$$

偏心により建物に働く回転モーメントは $M_\theta = P_y e_x$ で表されるので、剛心まわりのねじり剛性を K_θ とすると、回転角 θ は、

$$\theta = \frac{M_\theta}{K_\theta} = \frac{P_y e_x}{K_\theta} \tag{3.3}$$

回転により変位が増幅される側の外縁と剛心との距離を L_x とすると、最大変位 δ_1 は下式で表される。

$$\delta_1 = \delta_y + L_x \theta = \delta_y \left(1 + \frac{K_y}{K_\theta} L_x e_x \right) \tag{3.4}$$

一方、y 方向の偏心率 R_{ey} は、弾力半径 r_{ey} を用いて、

$$R_{ey} = \frac{e_x}{r_{ey}}, \quad r_{ey} = \sqrt{K_\theta / K_y} \tag{3.5}$$

以上より、(3.4)式は次式となる。

$$\delta_1 = \delta_y \left(1 + \frac{L_x}{e_x} R_{ey}^2 \right) = \delta_y \left(1 + \frac{L_x}{r_{ey}} R_{ey} \right) \tag{3.6}$$

すなわち、変形増大率は「1＋最外縁距離÷偏心距離×偏心率^2」あるいは「1＋最外縁距離÷弾力半径×偏心率」で与えられる。

なお、この計算で用いる K_θ および K_y は変形と整合した剛性とする。両方向とも単位面積あたり一様な剛性 k を有する $a \times a$ の平面を考えた場合、K_θ および K_y は次式で表される。

$$K_\theta = \int_{-\frac{a}{2}}^{\frac{a}{2}} x^2 ka dx + \int_{-\frac{a}{2}}^{\frac{a}{2}} y^2 ka dy = \frac{ka^4}{6}, \quad K_y = ka^2 \tag{3.7}$$

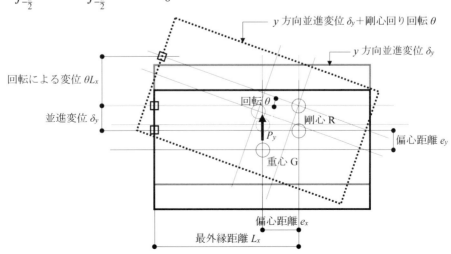

図 3.5 偏心を有する建物の変形

これらを(3.5)式に代入すると、

$$r_{ey} = \frac{a}{\sqrt{6}} = 0.408a \tag{3.8}$$

すなわち、弾力半径は辺長の 0.4 倍となる。

偏心率を $R_{ey}=0.3$ とした場合、偏心距離は $e_x=R_{ey}r_{ey}=0.3\times 0.408a=0.122a$、最外縁までの距離は $L_x=0.5a+0.122a=0.622a$ となり、静的加力による変形増大率は $1+0.622a/0.408a\times 0.3=1+1.53\times 0.3=1.46$ と計算され、1.5 倍程度の増幅となる。L_x/r_e および偏心率 R_e と最外縁の変形増大率の関係をグラフ化したものが図 3.6 である。なお、5 章 5.6 節の図 5.30 では、偏心率が 0.15 以下の場合には偏心による増大は考慮しないものとしている。

このように剛心から最外縁までの距離 L_x と弾力半径 r_e の比が重要なパラメータとなるが、この値を一般的に設定することは難しい。一様な剛性分布の弾力半径の上限を 0.408 の 1/1.5（= 0.408/1.5=0.27）として、r_e を辺長の 0.27 倍、L_x を上記より少し大きい辺長の 0.7 倍とした場合、$L_x/r_e=0.7/0.27=2.6$ となり、変形増大率は $1+2.6\times 0.3=1.78$ 倍となる。したがって、1.78 倍された変形を 1/15 以下にするには、偏心補正前の変形を $1/(15\times 1.78)=1/26.7$ に抑えればよい。

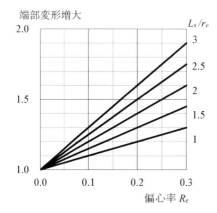

図 3.6　偏心補正による変形増大率

3.3　水平構面の剛性を考慮した応答変形の補正
3.3.1　水平構面の剛性

伝統的構法による木造架構の耐震性能に関する特徴の 1 つとして、他の構造と違い床の変形の影響が比較的大きく無視できないことが挙げられる。したがって、実際には床を剛床として扱うことはできず、また計算の都合から剛床とするような過度の補強を施すことも望ましくない。床剛性の影響については必要に応じた精度で床構面を設定した疑似立体モデル等を用いた静的・動的解析によって検討が行われているが、個々のケーススタディでは一般的な定性的・定量的結果を示すことは難しい。

標準的な仕様（板材くぎ打ち）による床構面の剛性は、図 3.7 のように 3 つのグループに分けることができる[1]。グループ 2 では、小変形（1/100rad）でも比較的大きな変形（1/50rad）でも 1m あたり $K=300$kN/rad 程度である。一方、グループ 3 では、小変形では 1m あたり $K=150$kN/rad、比較的大きな変形では $K=100$kN/rad 程度である。

伝統構法の床は板材を根太や梁に釘打ちしたものであるから、釘のせん断剛性が床構面の剛性に大きく影響すると考えられる。Eディフェンスでの震動台実験で用いた部分2階建て試験体モデル[2]について、瀧野ら[3]による釘せん断実験と理論的考察から導かれた釘剛性を用いて計算された床構面の特性値を図3.8に示す。特に2階床板の数値は図3.7のグループ3の結果によく対応しており、床構面の剛性は小変形では1mあたり$K=150$kN/rad、比較的大きな変形では1mあたり$K=100$kN/rad程度、屋根と下屋はその半分程度となっている。

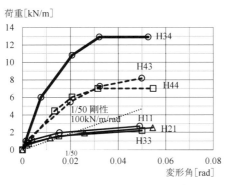

図3.7　後藤[1]による床構面の構造性能

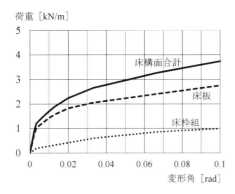

(a) 部分2階建て試験体モデルの2階床の構造性能の計算結果

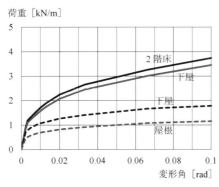

(b) 部分2階建て試験体モデルの各床の構造性能の計算結果

図3.8　瀧野[3]による床構面性能の計算結果

以上のデータをもとに床剛性比 γ（壁剛性（鉛直構面剛性）k に対する床剛性 s の比）を算定すると、図 3.9 に示すように $\gamma=s/k=0.6$ となる。ただし、これは鉛直構面を全面壁とした場合の値であるため、耐力剛性がより小さい実際の鉛直構面では相対的に γ は大きくなる。すなわち、0.6 が γ の下限で、実際の建物では 1.0 に近くなると考えられる。なお、屋根面や下屋では 100 kN/m/rad が半分の 50 kN/m/rad となるので $\gamma=0.3$ となる。

したがって、標準的な仕様による床剛性比は $\gamma=0.5\sim1.0$、また標準仕様ではない床では $\gamma=0.1$ 程度を想定することができる。

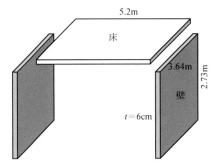

床変形を 1/50 とすれば
$K=100$ kN/m/rad より
$Q_S=100\times3.64\times0.02=7.28$ kN
$\delta_S=5.2\times0.02=0.104$ m
床剛性 $s=7.28/0.104=70$ kN/m

壁変形を 1/20 とすれば
$Q_W=72\times3.64\times0.06=15.7$ kN
$\delta_W=2.73\times0.05=0.137$ m
壁剛性 $k=15.7/0.137=115$ kN/m

床剛性比 $\gamma=s/k=70/115=0.6$

図 3.9　床剛性比

3.3.2　床面剛性を考慮した変形の割増し

床面の変形を考慮した補正（割増し）を図 3.10 に示すような 3 構面モデルを用いて検討する[4]。各構面の剛性を k_i、構面間の床面の剛性を s_{ij} として、各構面に地震力 Q_i が作用する際の各構面の変形 x_i を求める。つなぎバネの効果については剛体の変形を除いた変形で考えるため、剛体の回転角を θ とする。

検討を簡略化するために、諸条件は以下とする（図 3.10）。中央構面に対する両端構面の剛性増大パラメータ α および β によって剛性偏心を考慮しつつ、Q_1, Q_2, Q_3 を直接与えることによって荷重偏心を考慮している。なお、直交壁効果については考慮しない。

$$l_1 = l_2 = l \tag{3.9}$$
$$k_1 = \alpha k, \quad k_2 = k, \quad k_3 = \beta k \tag{3.10}$$

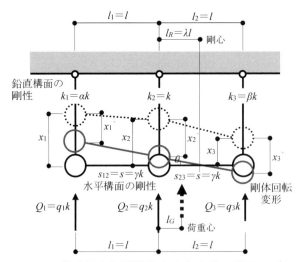

図 3.10　荷重偏心と剛性偏心を有する 3 構面モデル

$$s_{12} = s_{23} = s \tag{3.11}$$

剛心位置 l_R は下式で表される。

$$l_R = \lambda l, \quad \lambda = \frac{\beta - \alpha}{\alpha + \beta + 1} \tag{3.12}$$

また、剛心まわりの回転剛性は、

$$K_\theta = \frac{4\alpha\beta + \alpha + \beta}{\alpha + \beta + 1} l^2 k \tag{3.13}$$

剛心まわりの回転モーメントは、

$$M_\theta = l(Q_1 - Q_3) + \lambda l(Q_1 + Q_2 + Q_3) \tag{3.14}$$

したがって、回転変形は次式となる。

$$\theta = \frac{M_\theta}{K_\theta} = \frac{(\alpha + \beta + 1)\{(Q_1 - Q_3) + \lambda(Q_1 + Q_2 + Q_3)\}}{(4\alpha\beta + \alpha + \beta) lk} \tag{3.15}$$

外力 Q_1、Q_2、Q_3 を基準剛性 k で除して変形 q_1、q_2、q_3 とし、床剛性 s と基準剛性 k との比を γ とすると、

$$q_1 = \frac{Q_1}{k}, \quad q_2 = \frac{Q_2}{k}, \quad q_3 = \frac{Q_3}{k}, \quad \gamma = \frac{s}{k} \tag{3.16}$$

と表され、つりあい式を解くことで各構面の変形が求められる。

$$x_1 = \frac{1}{\alpha + \gamma}(\gamma x_2 + q_1 + \gamma l\theta) \tag{3.17}$$

$$x_2 = \frac{\gamma(\beta + \gamma)q_1 + (\alpha + \gamma)(\beta + \gamma)q_2 + \gamma(\alpha + \gamma)q_3 + (\beta - \alpha)\gamma^2 l\theta}{(\alpha + \beta + 1)\gamma^2 + (\alpha + \beta + 2\alpha\beta)\gamma + \alpha\beta} \tag{3.18}$$

$$x_3 = \frac{1}{\beta + \gamma}(\gamma x_2 + q_3 - \gamma l\theta) \tag{3.19}$$

一方、偏心距離は、

$$e = l_R - l_G = \frac{\beta - \alpha}{\alpha + \beta + 1}l - \frac{q_3 - q_1}{q_1 + q_2 + q_3}l \tag{3.20}$$

回転半径は、

$$r_e = \sqrt{K_\theta/K} = \frac{\sqrt{4\alpha\beta + \alpha + \beta}}{\alpha + \beta + 1}l \tag{3.21}$$

したがって、偏心率は下式で表される。

$$R_e = \frac{e}{r_e} = \left(\frac{\beta - \alpha}{\alpha + \beta + 1} - \frac{q_3 - q_1}{q_1 + q_2 + q_3}\right)\frac{\alpha + \beta + 1}{\sqrt{4\alpha\beta + \alpha + \beta}} \tag{3.22}$$

上記の計算式により、床構面剛性によって偏心のある建物の変形がどうように増減するかを求めることができる。以下の3つのケースにおける計算結果を表3.3～3.5に示す。

・CASE 1：荷重偏心がなく（$q_1 = q_2 = q_3 = 1$）、剛性が偏心する（$\beta \geq 1$、$\alpha \leq 1$）場合
・CASE 2：剛性偏心がなく（$\alpha = \beta = 1$）、荷重が偏心する（$q_1 \geq 1$、$q_3 \leq 1$）場合
・CASE 3：荷重が偏心し（$q_1 = 2$、$q_2 = q_3 = 1$）、剛性も偏心する（$\alpha \geq 1$、$\beta \leq 1$）場合

表 3.3　CASE 1:剛性偏心のある場合の変形増大率

No.	重量偏心			剛性偏心		偏心率	変形増大率		
	q_1	q_2	q_3	α	β	R_e	$\gamma=0.1$	$\gamma=0.5$	$\gamma=1.0$
1	1.0	1.0	1.0	1.0	1.1	0.039	0.99	0.99	1.00
2	1.0	1.0	1.0	1.0	1.2	0.076	0.98	0.99	0.99
3	1.0	1.0	1.0	1.0	1.3	0.110	0.97	0.98	0.99
4	1.0	1.0	1.0	1.0	1.4	0.141	0.96	0.98	0.99
5	1.0	1.0	1.0	1.0	1.5	0.171	0.96	0.98	0.99
6	1.0	1.0	1.0	1.0	1.6	0.200	0.95	0.98	0.99
7	1.0	1.0	1.0	1.0	1.7	0.227	0.95	0.97	0.98
8	1.0	1.0	1.0	1.0	1.8	0.253	0.94	0.97	0.98
9	1.0	1.0	1.0	1.0	1.9	0.278	0.94	0.97	0.98
10	1.0	1.0	1.0	1.0	2.0	0.302	0.94	0.97	0.98
11	1.0	1.0	1.0	0.9	1.0	0.043	1.01	1.01	1.00
12	1.0	1.0	1.0	0.8	1.0	0.089	1.03	1.02	1.01
13	1.0	1.0	1.0	0.7	1.0	0.141	1.05	1.03	1.02
14	1.0	1.0	1.0	0.6	1.0	0.200	1.08	1.04	1.02
15	1.0	1.0	1.0	0.5	1.0	0.267	1.12	1.05	1.03
16	1.0	1.0	1.0	0.4	1.0	0.346	1.17	1.07	1.04
17	1.0	1.0	1.0	0.9	1.1	0.082	1.00	1.00	1.00
18	1.0	1.0	1.0	0.8	1.2	0.166	1.01	1.01	1.00
19	1.0	1.0	1.0	0.7	1.3	0.253	1.02	1.01	1.01
20	1.0	1.0	1.0	0.6	1.4	0.346	1.05	1.02	1.01

表 3.4　CASE 2:荷重偏心のある場合の変形増大率

No.	重量偏心			剛性偏心		偏心率	変形増大率		
	q_1	q_2	q_3	α	β	R_e	$\gamma=0.1$	$\gamma=0.5$	$\gamma=1.0$
1	1.0	1.0	0.9	1.0	1.0	0.042	1.03	1.03	1.02
2	1.0	1.0	0.8	1.0	1.0	0.087	1.07	1.06	1.05
3	1.0	1.0	0.7	1.0	1.0	0.136	1.11	1.09	1.07
4	1.0	1.0	0.6	1.0	1.0	0.188	1.15	1.12	1.10
5	1.0	1.0	0.5	1.0	1.0	0.245	1.20	1.16	1.13
6	1.0	1.0	0.4	1.0	1.0	0.306	1.24	1.20	1.16
7	1.1	1.0	1.0	1.0	1.0	0.040	1.01	1.01	1.00
8	1.2	1.0	1.0	1.0	1.0	0.077	1.02	1.01	1.01
9	1.3	1.0	1.0	1.0	1.0	0.111	1.03	1.02	1.01
10	1.4	1.0	1.0	1.0	1.0	0.144	1.04	1.02	1.01
11	1.5	1.0	1.0	1.0	1.0	0.175	1.05	1.02	1.02
12	1.6	1.0	1.0	1.0	1.0	0.204	1.05	1.03	1.02
13	1.7	1.0	1.0	1.0	1.0	0.232	1.06	1.03	1.02
14	1.8	1.0	1.0	1.0	1.0	0.258	1.06	1.03	1.02
15	1.9	1.0	1.0	1.0	1.0	0.283	1.07	1.03	1.02
16	2.0	1.0	1.0	1.0	1.0	0.306	1.07	1.04	1.02
17	1.1	1.0	0.9	1.0	1.0	0.082	1.04	1.03	1.02
18	1.2	1.0	0.8	1.0	1.0	0.163	1.08	1.06	1.05
19	1.3	1.0	0.7	1.0	1.0	0.245	1.12	1.09	1.07
20	1.4	1.0	0.6	1.0	1.0	0.327	1.15	1.11	1.08

表 3.5　CASE 3:荷重及び剛性偏心のある場合の変形増大率

No.	重量偏心			剛性偏心		偏心率	変形増大率		
	q_1	q_2	q_3	α	β	R_e	$\gamma=0.1$	$\gamma=0.5$	$\gamma=1.0$
1	2.0	1.0	1.0	2.0	1.0	0.000	1.00	1.00	1.00
2	2.0	1.0	1.0	1.9	1.0	0.023	1.00	1.00	1.00
3	2.0	1.0	1.0	1.8	1.0	0.047	1.01	1.00	1.00
4	2.0	1.0	1.0	1.7	1.0	0.073	1.01	1.01	1.01
5	2.0	1.0	1.0	1.6	1.0	0.100	1.02	1.01	1.01
6	2.0	1.0	1.0	1.5	1.0	0.129	1.02	1.01	1.01
7	2.0	1.0	1.0	1.4	1.0	0.159	1.03	1.02	1.01
8	2.0	1.0	1.0	1.3	1.0	0.192	1.04	1.02	1.01
9	2.0	1.0	1.0	1.2	1.0	0.227	1.05	1.03	1.02
10	2.0	1.0	1.0	1.1	1.0	0.265	1.06	1.03	1.02
11	2.0	1.0	1.0	1.0	1.0	0.306	1.07	1.04	1.02
12	2.0	1.0	1.0	1.0	0.9	0.267	1.08	1.04	1.03
13	2.0	1.0	1.0	1.0	0.8	0.224	1.09	1.05	1.03
14	2.0	1.0	1.0	1.0	0.7	0.177	1.10	1.05	1.03
15	2.0	1.0	1.0	1.0	0.6	0.125	1.11	1.06	1.04
16	2.0	1.0	1.0	1.0	0.5	0.067	1.13	1.07	1.05
17	2.0	1.0	1.0	1.0	0.4	0.000	1.34	1.14	1.08

また、典型例として、床剛性比に対する各構面の変形および変形増大率の変化をグラフ化したものを図 3.11〜13 に示す。ここで、各構面の変形増大率 ξ_i は剛床（$\gamma=10000$ で計算）に対する変形増大率を表している。

$$\xi_i = x_i(\gamma)/x_i(\gamma = 10000), \quad i = 1,2,3 \tag{3.23}$$

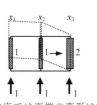

柔床では両端の変形は減少するが、中央は増加。振られる側への地震力が伝達されないので x_1 は減少。
（偏心率 0.302）

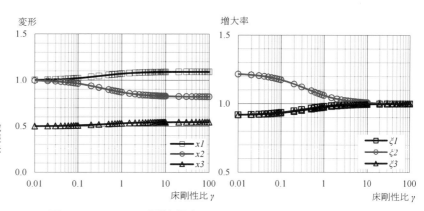

図 3.11　CASE 1（剛性偏心）　No.10

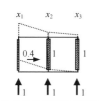

柔床では両端の変形は増大するが、中央は減少。内側への地震力が伝達されないので x_1 は増加。
（偏心率 0.346）

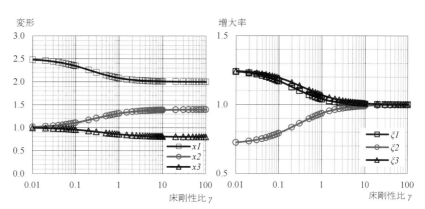

図 3.12　CASE 1（剛性偏心）　No.16

柔床では両端の変形は増大するが、中央は減少。偏心がゼロでも地震力の移動による床変形によって両端の変形が増加。
（偏心率 0.0）

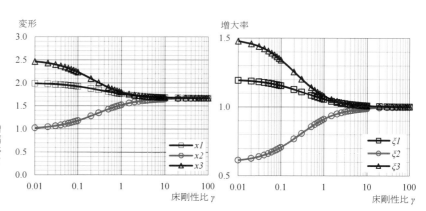

図 3.13　CASE 3（荷重および剛性偏心）　No.17

図からわかるように、床剛性比 $\gamma=s/k$ が 10 以上であれば剛床と見なせる。また、表 3.3〜3.5 の偏心率と最大変形増大率との関係は図 3.14 のようにまとめられる。ここで、床剛性比は $\gamma=0.1$、0.5 および 1.0 と設定している。

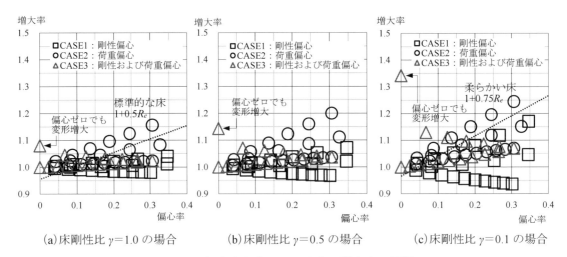

図 3.14　偏心率と床面による変形増大率の関係

以上の計算結果から、次のような留意事項が挙げられる。

1) 剛床仮定に基づく偏心補正を施した地震時の変形に対しては、床剛性を考慮することでさらに変形が増大する場合がある。特に荷重偏心の場合には変形が増大する。
2) 端部鉛直構面の剛性が大きくなって偏心率が増大しても、床が柔らかければ振られる側へ地震力が伝達されないため、変形が減少する場合もある。
3) 剛床では、構面に作用する地震力は構面の剛性に比例するように再配分される。床に十分な剛性が期待できなければ、地震力の再配分ができず、各構面はそこに作用する地震力に応じて変形するので、剛性に比べて大きな地震力を受ける構面の変形は大きくなる。
4) 床構面の剛性を考慮した端部構面変形の増大率は、図 3.14 の破線のように設定でき、標準的な床では剛床仮定で計算される変形の $1+0.5R_e$ 倍、比較的柔らかい床では $1+0.75R_e$ 倍とする。
5) 床変形による鉛直構面の変形の増減は地震力の移動によるものであり、必ずしも偏心率に依存するものではない。例えば、図 3.13 のように重量と剛性から計算される偏心率がゼロであっても、重量または剛性の差により地震力の移動が生じる場合には、床の変形によって各通りの変形が増減する。図 3.14 の床構面変形による変形増大率はいくつかの解析結果からまとめられたものだが、図 3.13 のようなケースは含まれておらず、床剛性が小さい場合には地震力の配分に伴う床変形による局部的な変形について別途考慮する必要がある。

3.3.3 偏心および床構面剛性を考慮した立体モデルによる応答解析

これまでの検討は静的なつりあいによるものであったが、地震時には動的な効果によって変形がさらに増大される可能性がある。そこで、本節では図 3.15 に示すような重量偏心または剛性偏心を有する立体モデルの地震応答解析結果をもとに動的な効果について検証する。

各構面の最大変形応答は、床構面剛性によって図 3.16 のように変化する。ここで設定されている標準床は杉板実矧ぎの半剛床仕様の床、また柔らかい床は杉板突き合わせ仕様の床で、標準床の基準剛性の 0.2 倍の剛性を有している。

図 3.16 の応答結果について最大変形をまとめたものが表 3.6 である。偏心率 0.3 の場合を見ると、偏心率 0.0（偏心なし）に対する変形増大率は、剛性偏心、重量偏心どちらも標準床で 1.3 倍、柔らかい床で 1.5 倍となっている。

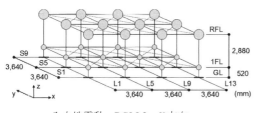
入力地震動：BCJ-L2　Y 方向
復元力：鉛直構面および床構面
トリリニアスリップ＋バイリニア

剛性偏心
L1 通りの剛性を低下させる

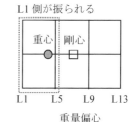
重量偏心
L1-5 間の重量を増加させる

図 3.15　立体解析モデル

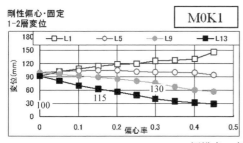
標準床：床剛性＝基準×1.0

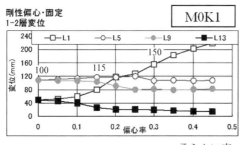
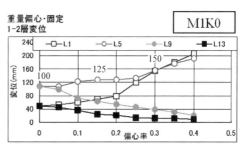
柔らかい床：床剛性＝基準×0.2

図 3.16　立体モデル解析結果　基礎固定の場合の各構面の変形

この増幅には偏心による床の回転変形が含まれている。図 3.15 の剛性偏心の場合では、L_x＝7.28m、e_x＝1.82m を(3.6)式に代入し、増大率は $1+4R_e^2$ となる。一方、重量偏心の場合では、L_x＝5.46m、e_x＝1.82m であり、増大率は $1+3R_e^2$ となる。これらの平均をとって偏心による増幅率を $1+3.5R_e^2$ とし、床構面による増幅を図 3.14 と同様に標準的な床の場合 $1+0.5R_e$、柔らかい床の場合 $1+0.75R_e$ として、変形増幅率を計算したものが表 3.7 である。

立体モデルの動的解析結果である表 3.6 と静的なつりあいによる計算結果である表 3.7 をグラフ化し、両者の比較を示したものが図 3.17 である。この図より、動的な効果による増幅は「偏心による剛体変形増幅率×床構面による増幅率」で評価できることがわかる。

表 3.6　立体モデル解析による最大変形応答

		偏心なし	剛性偏心		重量偏心	
	偏心率	0.0	0.15	0.3	0.15	0.3
標準床	最大変形[mm]	100	115	130	115	130
	偏心なしに対する比率	1.0	1.15	1.30	1.15	1.30
柔床	最大変形[mm]	100	115	150	125	150
	偏心なしに対する比率	1.0	1.15	1.50	1.25	1.50

表 3.7　立体解析モデルの静的なつりあいによる最大変形

偏心率	R_e	0.00	0.05	0.10	0.15	0.20	0.25	0.30
偏心による増大率	$1+3.5R_e^2$	1.00	1.01	1.04	1.08	1.14	1.22	1.32
標準床による増大率	$1+0.5R_e$	1.00	1.03	1.05	1.08	1.10	1.13	1.15
柔床による増大率	$1+0.75R_e$	1.00	1.04	1.08	1.11	1.15	1.19	1.23
偏心×標準床増大率	$(1+3.5R_e^2)(1+0.5R_e)$	1.00	1.03	1.09	1.16	1.25	1.37	1.51
偏心×柔床増大率	$(1+3.5R_e^2)(1+0.75R_e)$	1.00	1.05	1.11	1.20	1.31	1.45	1.61
立体モデル解析結果	標準床モデル増大率	1.00	1.05	1.10	1.15	1.20	1.25	1.30
	柔床モデル増大率	1.00	1.05	1.10	1.20	1.25	1.30	1.50

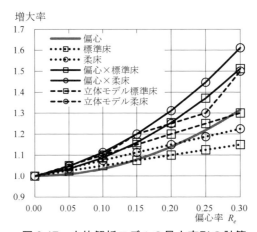

図 3.17　立体解析モデルの最大変形の計算

参考文献

1) 後藤隆洋「スギ板を用いた水平構面の構造性能」『建築技術』2010 年 12 月号、pp.144-147
2) 伝統的構法の設計法作成及び性能検証実験検討委員会「平成 24 年度事業報告書」
   http://www.green-arch.or.jp/dentoh/report_2012.html
3) 瀧野敦夫・中川岳士・村上雅英「伝統的構法に用いる床構面の面内せん断性能に関する実験的研究」『日本建築学会大会学術講演梗概集（東海）』2012 年 9 月
4) 長瀬正・齋藤幸雄・鈴木祥之「伝統的構法による木造架構の床構面剛性を考慮した偏心補正」『日本建築学会近畿支部研究報告集』2013 年

設計資料-4 各層の設計用復元力

4.1 各層の復元力の評価
4.1.1 各層の設計用復元力の評価方法

　本マニュアルで提示する地震応答計算法では、ステップごとに変形を増分する変形増分法を採用しており、計算時には各層、各方向の設計用復元力（耐力-変形角関係）を求める必要がある。その手順としては、各層の各構面に存在する構造要素の復元力を加算して、各層の設計用復元力を評価する（以下、設計用復元力（耐力-変形角関係）を「復元力」と記す）。

　本マニュアルで対象とする構造要素は、土塗りや板張りの全面壁、土塗り小壁、軸組架構の柱端部や柱-横架材であり、以下のように分類する。

1) 土塗り全面壁の復元力
   - 軸組架構に関連する4)および5)を除いた土壁部分のみの復元力を対象とする。
   - 土壁部分のみのアスペクト比（内法寸法における長辺と短辺の比率）に応じて、復元力を算定する。
   - 土壁内の貫は耐力的に小さいため、土壁部分のせん断耐力に含めて算定する。
   - 現しの貫は断面が大きく、耐力も大きいため、4)の貫として加算する。

2) 土塗り小壁の復元力
   - 土塗りの垂れ壁、腰壁、垂れ壁と腰壁との併用壁などを小壁と総称する。
   - 土壁部分のみのアスペクト比に応じて、復元力を算定する。
   - 土壁部分のみの復元力に加え、柱の曲げ変形についても考慮して復元力を算定する。
   - 小壁に束がある場合には、別途算定する。
   - 土壁内の貫は耐力的に小さいため、土壁部分のせん断耐力に含める。
   - 現しの貫は断面が大きく、耐力も大きいので、4)の貫として加算する。

3) 板張りの全面壁の復元力
   - 軸組架構に関連する4)および5)を除いた壁部分のみの復元力を対象とする。
   - 半間幅（1P）、1間幅（2P）を基本単位とする。

4) 柱端部の長ほぞ差し仕口接合部の復元力
   - 長ほぞ差し仕口接合部には強軸方向と弱軸方向があるが、強軸方向のみを対象とする。
   - 短ほぞ仕様に関しては、耐力的に小さいので算定しない。

5) 柱-横架材の仕口接合部の復元力
   - 貫、差鴨居、足固めなど仕様に応じて算定する。
   - 横架材の両端部で仕口仕様が異なる場合があることを考慮して、横架材1本あたりではなく、仕口接合部1カ所あたりで算定する。
   - 外柱の外側の仕口仕様に応じて曲げ耐力を付加する。

6) 大径柱の傾斜復元力
   - 柱の傾斜復元力は非履歴型の非線形弾性復元力特性であり、履歴減衰は見込めないため、地震応答計算においては減衰評価から除外する。

7) はしご型フレーム
・はしご状のフレームを梁と同様に柱間に設けた仕様で、フレームを形成する弦材と束との接合部のめりこみと摩擦により耐力を発揮する。弦材の断面、束の本数、束の断面を適宜設定することで必要な耐力が得られる。

以上のような構造要素を対象に各層の設計用復元力を評価するが、留意事項を以下に示す。
・安全限界層間変形角を 1/30rad 以上に設定する場合には、建築物の各階重量（鉛直荷重）によるPΔ効果の影響を層の復元力に反映させる必要がある。
・柱の傾斜復元力は柱に作用する鉛直荷重の効果を含んでいるので、傾斜復元力についてはPΔ効果の影響を反映させる必要はない。
なお、上記の他に実験や解析により復元力を評価できる構造要素については、適宜追加する。

4.1.2 設計用復元力の評価例

設計用復元力の算定方法の参考例を以下に示す。

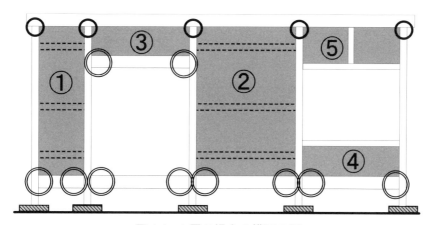

図 4.1　1層の場合の構面の例

図4.1の例の場合、以下の構造要素の復元力を加算する。
　①：1P 全面土壁：1カ所
　②：2P 全面土壁：1カ所
　③：2P 垂れ壁を含む軸組（両柱の曲げモーメントを考慮）：1カ所
　④・⑤：2P 垂れ壁・腰壁を含む軸組：1カ所
　　　⑤の2P 垂れ壁（束あり）は、束を別途算定
　○：柱端部の長ほぞ差し仕口接合部：5カ所
　◎：柱－横架材仕口接合部　差鴨居：2カ所、足固めの仕口接合部：8カ所
　　　外柱の外側の仕口仕様に応じて、外柱の外側の曲げ耐力を付加

以降では、各構造要素の仕様と設計用復元力の評価方法について個別に解説する。

4.2 土塗りの全面壁および小壁
4.2.1 土塗り全面壁
4.2.1.1 土塗り全面壁の仕様

土塗り全面壁（土壁）の標準仕様は以下とする。

1) 荒壁を両面に塗り、片面もしくは両面に中塗を施工し、総壁厚さ t_W は50mm以上とする。
2) 土壁を含む軸組の高さの範囲は、横架材芯々間距離（1階の場合、土台形式では土台芯－桁芯、石場建て形式では足固め－桁芯間距離。図4.2のHに相当）で2000～3900mmとする。一方、壁長（柱芯々間距離。図4.2のLに相当）は0.6P～2Pとする。ここで、1Pは柱芯々間距離が半間幅で、900～1000mm。2Pは柱芯々間距離が1間幅で、1800～2000mm。なお、土壁の復元力評価法は、任意の土壁の高さおよび壁長に対してせん断耐力を評価可能である。
3) 土壁内の貫の厚さは15mm以上、高さは105mm以上とし、段数は3段以上とする。
4) 竹小舞の内法距離は35mm～55mmとする。
5) 小舞下地の材料として、竹の代わりに施工実績のある工法で木、葦、ススキを用いてもよい。

土壁は地域によって壁土・すさ・小舞下地などの材料や施工法が異なるので、各地域の仕様に対する実験等の文献を参照するか、検証実験を行うことで復元力特性を評価することが望ましい。文献の参照や検証実験を行わない場合には、標準仕様として扱う。

なお、土壁の検証実験[1]では、軸組高さH＝2730mm、1P幅の壁長L＝910mm、2P幅の壁長L＝1820mm、壁厚さt_W＝60mm（荒壁36mm、両面中塗り12mm＋12mm）、柱：スギ120mm×120mm、土台：ヒノキあるいはスギ120mm×120mm、桁：スギ120mm×210mm、貫：3段、スギ105mm×18mm、小舞下地：竹小舞、小舞間隔（内法寸法）：平均45mmを試験体の標準仕様としている。特に断り書きがない場合には、これらの仕様とする。

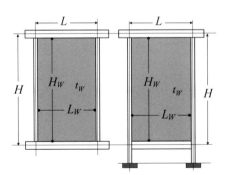

H：土壁を含む軸組の高さ（横架材芯々間距離）　L：柱芯々間距離
H_W：土壁の内法高さ　L_W：土壁の内法長さ

図4.2　土壁の高さ・壁長の基準

留意事項を以下に示す。

1) 壁厚さは、一般的な住宅用では 50～80mm、社寺建築物ではさらに厚い土壁が用いられる。土壁のせん断耐力が大きい場合には、柱が土台から抜け出しや土台の割裂が生じることがあるので注意する。

2) 壁長 L が 0.6P 未満の場合に関しては、実験による検証例が少なく、現状の知見ではせん断応力度－層間変形角の関係を適切に設定できないため、1P 未満とする場合は 0.6P までとしている。土壁を含む軸組の高さついては、一般的な 2000～3900mm を標準としている。なお、土壁の復元力評価法は任意の壁長に対しても評価可能であり、0.6P 未満の壁長の場合でも評価できる。また、任意の土壁の高さに対しても評価可能なので、2000mm 未満の場合や 3900mm を超える場合にも評価できる。

3) 竹小舞の内法距離は、標準仕様として 35～55mm としている。内法距離が小さい場合には、竹小舞を介して表裏の壁土の付着性能が低下し、三枚おろしのように壁土が剥離するため、耐力が急激に低下することが検証実験でわかっており、注意を要する。

4) 壁土は、室内から見える範囲だけではなく、土台あるいは足固めから 2 階の梁下端あるいは小屋組の梁下端まで、上下の横架材間をすき間なく塗る。すき間がある場合には、小壁として扱う。特に土壁の上下に空間がある場合、土壁の上下に横架材がない場合、横架材があっても横架材が柱から抜け出す場合には、三枚おろしのように土壁が剥離するので注意する。

5) 小舞下地の材料は、地域によって竹の代わりに木、葦、ススキが用いられており、施工実績のある下地材料を用いることができる[2)3)]。

6) 土壁のせん断耐力は、用いる壁土の圧縮強度やすさの混合量などに依存するが[4)]、本マニュアルでは、荒壁土と中塗り土の圧縮強度を荒壁および中塗り壁の厚さの割合で補正した値を壁土の圧縮強度とし、0.5N/mm^2 以上とする。なお、壁土の圧縮強度やすさの混合量などの違いによるせん断応力度の補正は行わない。

4.2.1.2 土壁の復元力の評価法

土壁の復元力（せん断耐力）の求め方を以下に示す。

1) 土壁を含む軸組の復元力特性は、壁体部分（軸組を除いた土壁部分のみ）と軸組部分（柱ほぞ、柱－横架材）に分けて考える。

2) 土壁部分は、図 4.2 に示す内法高さ H_W、内法長さ L_W の範囲であり、厚さ t_W とする。

3) 軸組を除いた土壁部分のみで負担するせん断耐力 Q_W は、せん断で決まる Q_{Ws} と曲げで決まる Q_{Wb} の小さい方として求められ、次式で表される[5)6)]。

$$Q_W = \mathrm{Min}\,(Q_{Ws}, Q_{Wb})$$

$$Q_{Ws} = \tau_S t_w L_W \tag{4.1}$$

$$Q_{Wb} = 3.25 \tau_B t_w L_W \mathrm{Min}\left(\frac{H_W}{L_W}, \frac{L_W}{H_W}\right)$$

ここで、H_W は土壁の内法高さ、L_W は土壁の内法長さ、t_w は土壁の厚さ、τ_S、τ_B はせん断破壊あるいは曲げ破壊が卓越する場合の土壁の水平断面積あたりの基準せん断応力度（図 4.3、表 4.1）を表している。

4) 軸組部分の柱ほぞ、柱－横架材によるせん断耐力は含まれていないので、別途加算する。
5) 土壁内の貫は土壁のせん断耐力に影響を及ぼすが[7)8)]、土壁部分の復元力に含めて評価しているので、復元力については貫の影響を考慮しない。
6) 土壁の内法高さ H_W、内法長さ L_W は任意の寸法について評価でき、アスペクト比に応じて破壊モードはせん断破壊型と曲げ破壊型（後述）に分けられる。

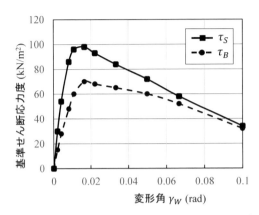

図 4.3　土壁の水平断面積あたりの基準せん断応力度 τ_S、τ_B

表 4.1　土壁部分の特定変形角 γ_W と基準せん断応力度 τ_S、τ_B

変形角	(rad)	1/480	1/240	1/120	1/90	1/60	1/45	1/30	1/20	1/15	1/10
	($\times 10^{-3}$rad)	2.08	4.17	8.33	11.11	16.67	22.22	33.33	50.00	66.67	100.00
τ_S	kN/m²	30	54	86	96	98	93	84	72	58	34
τ_B	kN/m²	15	28	48	60	70	68	65	60	52	32

土壁の破壊モードは、壁中央に斜めひび割れが生じる「せん断破壊型」と、壁の上下端または左右端に圧潰が生じる「曲げ破壊型」に分類される。前者のせん断破壊型ではせん断応力度が、後者の曲げ破壊型では曲げ応力度が復元力決定において支配的となり、軸組を除いた土壁部分のみで負担するせん断耐力 Q_W は、(4.1)式に示すように、せん断で決まる Q_{Ws} と曲げで決まる Q_{Wb} の小さい方とする。

表 4.1 および図 4.3 に示す土壁の水平断面積あたりの基準せん断応力度 τ_S および τ_B は、実大検証実験[1)]の結果をもとに、壁長 1P では曲げ破壊が、壁長 2P ではせん断破壊が卓越するとしている。

(4.1)式と表 4.1 を用いて、任意寸法の全面土壁（内法長さ L_W、内法高さ H_W）の土壁部分の復元力 (Q_W, γ_w) を求めることができる。

留意事項を以下に示す。
1) 一般に全面壁のせん断耐力は壁高さに影響されないとしているが、内法長さ L_W によっては内法高さ H_W に影響されることがある。特に壁長 1P 以下の場合については注意を要する。
2) 土壁内部の貫は土壁の耐力に影響を及ぼすが、ここでは貫の影響を含めて基準せん断応力度を設定しているので、土壁内部の貫の耐力は算定しない。
3) 軸組部分（柱ほぞ、柱－横架材）の復元力は含まれていないため、別途加算する。

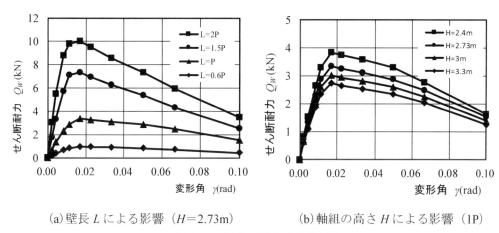

(a) 壁長 L による影響（$H=2.73$m）　　(b) 軸組の高さ H による影響（1P）

図 4.4　全面土壁のせん断耐力

全面土壁のせん断耐力に対する壁長（柱芯々間距離）L による影響（軸組の高さ $H=2730$mm）を図 4.4(a)に、軸組の高さ H による影響（壁長 1P の場合）を図 4.4(b)に示す。壁厚さはいずれも $t_W=60$mm である。壁長 1P の場合には、図 4.4(b)に示すように軸組の高さ H の影響によりせん断耐力が変化することがわかる。

4.2.2　土塗り小壁
4.2.2.1　土塗り小壁の仕様

小壁には、垂れ壁や腰壁のみを単独で用いるタイプのほか、垂れ壁と腰壁を併用するタイプなどがある。標準仕様は土塗り全面壁と概ね同等とする。
1) 荒壁を両面に塗り、片面もしくは両面に中塗りを施工し、総壁厚さ t_W は 50mm 以上とする。
2) 小壁の高さに応じて、通し貫を 1 段以上設ける。
3) 壁長（柱芯々間距離）は 1P から 4P までとする。
4) 壁長が長くなる場合には、鴨居や長押などの垂れ下がりを防ぐために吊束を設けることが多いが、束は小壁の復元力を増大させる効果があるため、束がある場合には別途算定する。

留意事項を以下に示す。
1) 小壁は柱間の長い大スパンに用いられることが多いため、土塗り全面壁（土壁）とは異なり、壁長（柱芯々間距離）は 4P までとしている。
2) 壁厚さが大きく小壁のせん断耐力が大きい場合、また上下端部の柱－横架材の仕口仕様（特に柱の断面欠損）によっては小壁が取り付く柱が小壁の上下端部で折損する場合があるので注意する。静的繰り返し実験では柱に折損が生じない場合であっても、振動台実験による動的挙動では柱の折損が生じる事例も確認されている。
3) 全面壁と同様に、小壁の仕様についても壁土の強度、小舞下地の材料や施工法が地域によって異なるため、各地域の仕様に対する実験等の文献を参照するか、検証実験を行うことで復元力特性を評価することが望ましい。文献の参照や検証実験を行わない場合には、標準仕様として扱う。

4.2.2.2 小壁の復元力の評価法

小壁には、図4.5に示すように様々なタイプがある。

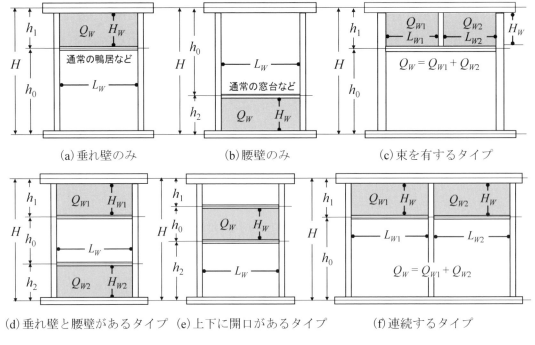

図4.5 小壁のタイプ

小壁を含む軸組の復元力（せん断耐力）の求め方は以下の通りである。
1) 小壁を含む軸組の復元力は、図4.5に示す小壁のタイプに応じて算定する。
2) 小壁を含む軸組の復元力は、壁体部分（軸組を除いた土壁部分のみ）と軸組部分（柱ほぞ、柱－横架材）に分けて考える。
3) 軸組を除いた土壁部分のみの復元力は、図4.6に示す柱、柱をつなぐ横架材、束で囲まれた任意寸法の土壁部分で負担するせん断耐力 Q_W と土壁部分の変形角を(4.2)式、表4.2を用いて求める。せん断耐力 Q_W は、せん断で決まる Q_{Ws} と曲げで決まる Q_{Wb} との小さい方とし、次式で表される[5)6)]。

$$Q_W = \text{Min}(Q_{Ws}, Q_{Wb})$$

$$Q_{Ws} = \tau_S t_W L_W \tag{4.2}$$

$$Q_{Wb} = 3.25 \tau_B t_W L_W \text{Min}\left(\frac{H_W}{L_W}, \frac{L_W}{H_W}\right)$$

ここで、H_W は土壁の内法高さ、L_W は土壁の内法長さ、t_W は土壁の厚さ、τ_S、τ_B はせん断破壊あるいは曲げ破壊が卓越する場合の土壁の水平断面積あたりの基準せん断応力度（表 4.2）を表している。なお、(4.2)式および表 4.2 は、全面壁のものと同一である。

表 4.2　土壁部分の特定変形角 γ_W と水平断面積あたりの基準せん断応力度 τ_S、τ_B

変形角 γ_W [rad]	1/480	1/240	1/120	1/90	1/60	1/45	1/30	1/20	1/15	1/10
τ_S [kN/m²]	30	54	86	96	98	93	84	72	58	34
τ_B [kN/m²]	15	28	48	60	70	68	65	60	52	32

4) 柱間をつなぐ横架材の仕口仕様に応じて、柱の曲げモーメントが片側の柱のみに生じることもあれば、両側の柱に生じることもあるなどの違いがあり、軸組の変形角に影響を及ぼす点に注意する（4.2.2.3 項参照）。
5) 軸組部分の柱ほぞ、柱−横架材による復元力は含まれていないので、別途加算する。
6) 土壁内の貫による影響は壁体部分の復元力に含めているため、貫の影響を考慮する必要はない。

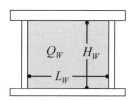

図 4.6　任意寸法の小壁

4.2.2.3　両柱間をつなぐ横架材の仕口仕様による違いについて

　小壁を有する軸組の復元力特性は、両柱間をつなぐ横架材（差鴨居、長押、窓台、貫等）と柱との仕口の引張（引き抜き）剛性や耐力に大きく影響される。垂れ壁下部の横架材の仕口を大入れや斜め釘打ちなどほとんど引張力を負担できない仕様とした場合には、加力側の柱から横架材が抜け出すため加力側の柱には曲げは生じず、1 本の柱のみが有効となる（図 4.7(a)）。一方、差鴨居など比較的引張剛性・耐力の高い仕口とした場合には、小壁が負担するせん断力が両側の柱に伝達され、柱 2 本が有効となる（図 4.7(b)）。この場合、小壁が負担するせん断力が同じでも、柱 1 本のみが有効な場合に比べて見かけの層間変形が小さくなる。

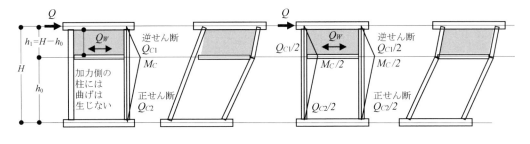

(a) 柱1本のみ有効　　　　　　　　(b) 柱2本が有効

図 4.7　両柱間をつなぐ横架材の仕口仕様による違い

以下に、小壁のタイプに応じた復元力の算定方法を示す。

4.2.2.4　垂れ壁あるいは腰壁単独の場合

図 4.7(a)のように、垂れ壁あるいは腰壁単独で横架材が引張力を負担できない仕口仕様の場合における復元力の算定方法を示す。

図 4.5(a)に示す垂れ壁単独の場合には、軸組を除いた土壁部分のみで負担するせん断耐力 Q_W は、せん断で決まる Q_{Ws} と曲げで決まる Q_{Wb} の小さい方として (4.2)式で求めることができ、垂れ壁を含む軸組のせん断耐力 Q は小壁のせん断耐力 Q_W と次式により関係づけられる。

$$Q = \left(1 - \frac{h_0}{H}\right)Q_W = \frac{h_1}{H}Q_W \tag{4.3}$$

ここで h_0 は垂れ壁までの柱高さを表しており、柱高さ h_0 によって小壁の耐力 Q_W が削減されている。

軸組のたわみ δ、変形角 γ は下式で求めることができる。

$$\delta = \frac{h_0^2 h_1}{3EI}Q_W + H\gamma_W \tag{4.4}$$

$$\gamma = \frac{\delta}{H} = \frac{h_0^2 h_1}{3EIH}Q_W + \gamma_W \tag{4.5}$$

ここで、E は柱のヤング係数、I は柱の断面2次モーメントを表している。

横架材部分の柱の曲げモーメント M_C は次式で与えられ、この数値をもとに柱の損傷の有無を確認することができる。

$$M_C = h_0 Q = \frac{h_0 h_1}{H}Q_W \tag{4.6}$$

一方、図 4.5(b)に示す腰壁のみの場合の軸組のせん断耐力 Q および変形角 γ は、(4.3)式、(4.5)式の h_1 を h_2 に置き換えることで求めることができる。

$$Q = \left(1 - \frac{h_0}{H}\right)Q_W = \frac{h_2}{H}Q_W \tag{4.7}$$

$$\gamma = \frac{\delta}{H} = \frac{h_0^2 h_2}{3EIH}Q_W + \gamma_W \tag{4.8}$$

同様に、横架材部分の柱の曲げモーメント M_C は下式で表される。

$$M_C = h_0 Q = \frac{h_0 h_2}{H} Q_W \tag{4.9}$$

垂れ壁の高さ H_W が異なる 3 つの軸組の復元力について、計算値と検証実験結果を比較したものを図 4.8 に示す。実線が計算値、点線が実験結果である。初期の剛性に違いがあるが、両者は概ね一致している。なお、この検証実験[1])での試験体の仕様は土塗り全面壁の標準仕様と概ね同等である。

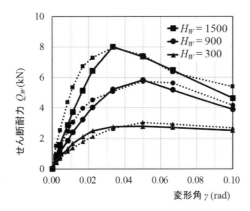

図 4.8　垂れ壁における軸組の復元力の計算値と実験結果との比較

また、両柱間をつなぐ部材が引張力を負担できる仕口仕様の場合における軸組のせん断耐力 Q は、図 4.7(b)に示すように両柱でせん断力を分担する場合も (4.3)式、(4.7)式をそのまま適用することができる。軸組の変形角 γ については、(4.5)式、(4.8)式で柱の変形を 1/2 とする、すなわち柱の I を 2 本分の $2I$ にすればよい。

4.2.2.5　垂れ壁あるいは腰壁に束を有する場合

図 4.5(c)に示すように、横に細長い垂れ壁に束を入れた場合には、束で分割されることにより壁のアスペクト比が変わり、破壊モードが曲げ破壊からせん断破壊に移行するため、せん断耐力が変化する。この場合には、図 4.9 に示すように、束で分割された個々の土壁部分のせん断耐力 Q_{Wi} ($i=1, 2, \cdots$) を(4.2)式により求めて加算することで、小壁部分のせん断耐力 Q_W が得られる。

また、軸組の復元力 (Q, γ) は(4.3)式および(4.5)式で、横架材部分の柱の曲げモーメント M_C は(4.6)式で求められる。

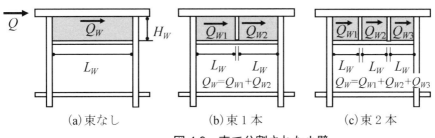

(a) 束なし　　(b) 束 1 本　　(c) 束 2 本

図 4.9　束で分割された小壁

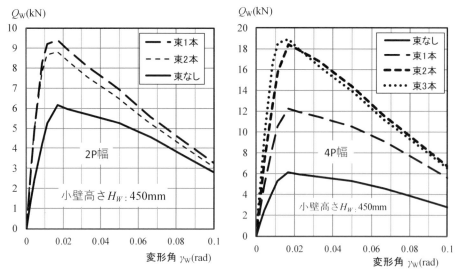

図 4.10 束を有する小壁の復元力

束を有する小壁の復元力の算定結果の例（小壁高さ H_W=450mm、壁厚さ t_W=60mm、束で小壁を等分割した場合）を図 4.10 に示す。2P 幅の例を見ると、小壁部分の最大耐力が、束を 1 本入れることで束のない場合の約 1.5 倍に増大している。また、4P 幅の例では、束 1 本で約 2 倍に、束 2 本で約 2.4 倍になっている（ここでは束の両端部の曲げ耐力は無視している）。

束の効果の大きい 4P 幅の小壁について、束の影響をさらに調べてみよう。図 4.11 に束の本数と破壊モードの関係を示しているが、束が増えるに従って破壊モードが曲げからせん断に変化していることがわかる。すなわち、分割された壁のアスペクト比の変化によって、破壊モードが曲げ圧壊からせん断へと移行し、それに伴い耐力が増加している。せん断破壊が支配的な束 2 本と束 3 本の場合を比べると、図 4.10 に示されるように束 2 本の耐力の方が若干大きくなっているのは、実質的な壁長さが 1107mm×3＞805mm×4 と束 2 本の場合の方が大きいためであり、束 3 本以上になると束幅によって実質の壁長さが減少し、耐力の増大は見込めなくなる。

一方、1P 幅の小壁では、束を入れても耐力の増加はあまり期待できず、むしろ束幅によって実質の壁長さが低減することで耐力は低下するため注意を要する。

以上のように、壁長の長い垂れ壁に束を設けることは、小壁の復元力を増大させる上で有効である。また、壁長の長い腰壁に束を設けても同様の効果がある。

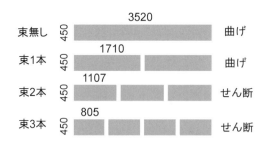

図 4.11 4P 小壁の束の有無による破壊モード

4.2.2.6 垂れ壁と腰壁がある場合

図 4.5(d) に示すように垂れ壁と腰壁があるタイプで、横架材が引張力を負担できない場合には、図 4.12 のように垂れ壁単独と腰壁単独の重ね合わせによって計算できる。したがって、軸組のせん断耐力 Q は、垂れ壁および腰壁の土壁部分のせん断耐力 Q_{W1} および Q_{W2} を用いて次式で表される。

$$Q = \frac{h_1}{H} Q_{W1} + \frac{h_2}{H} Q_{W2} \tag{4.10}$$

また、変形角 γ は

$$\gamma = \frac{h_1(h_0 + h_2)^2}{3EIH} Q_{W1} + \gamma_{W1} = \frac{h_2(h_0 + h_1)^2}{3EIH} Q_{W2} + \gamma_{W2} \tag{4.11}$$

すなわち、γ_{W1} を与えて (4.11) 式を満足するように対応する γ_{W2} を計算する。

垂れ壁下部および腰壁上部における柱の曲げモーメント M_{C1}、M_{C2} は、それぞれ次式となる。

$$M_{C1} = \frac{h_1}{H}(h_0 + h_2) Q_{W1} \tag{4.12}$$

$$M_{C2} = \frac{h_2}{H}(h_0 + h_1) Q_{W2} \tag{4.13}$$

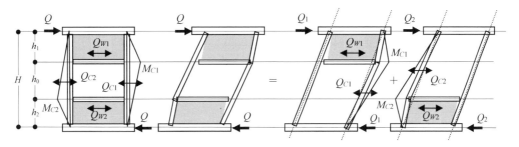

図 4.12 横架材が引張を負担できない場合の垂れ壁と腰壁

一方、図 4.13 に示すような横架材が引張力を負担できる仕口仕様の場合においては、垂れ壁と腰壁を含む軸組のせん断耐力 Q は (4.10) 式により求めることができ、軸組の変形角 γ は次式による。

$$\gamma = \gamma_{W1} + \frac{A_1 Q_{W1} - A_3 Q_{W2}}{h_1} \tag{4.14}$$

ここで、A_1 および A_3 は下式で表される。

$$A_1 = \frac{(H - h_1)^2 h_1^2}{3EIH}, \quad A_3 = \frac{h_1 h_2 (H^2 - h_1^2 - h_2^2)}{6EIH} \tag{4.15}$$

ただし、垂れ壁の変形角 γ_{W1} および腰壁の変形角 γ_{W2} は柱で拘束されるため、

$$(h_1 A_2 + h_2 A_1) Q_{W1} + h_1 h_2 \gamma_{W1} = (h_1 A_4 + h_2 A_3) Q_{W2} + h_1 h_2 \gamma_{W2} \tag{4.16}$$

を満足するように繰り返し計算で求める必要がある。ここで、A_2 および A_4 は下式で表される。

$$A_2 = A_3, \quad A_4 = \frac{(H-h_2)^2 h_2^2}{3EIH} \tag{4.17}$$

垂れ壁下部および腰壁上部における柱の曲げモーメント M_{C1}、M_{C2} は、それぞれ次式となる。

$$M_{C1} = (Q_{W1} - Q)h_1 \tag{4.18}$$

$$M_{C2} = (Q_{W2} - Q)h_2 \tag{4.19}$$

なお、柱の曲げモーメントは両側の有効な柱を加算しており、これらを用いて柱の損傷を確認することができる。

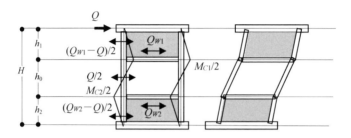

図 4.13　横架材が引張を負担できる場合の垂れ壁と腰壁

4.2.2.7　垂れ壁が連続する場合

図 4.5 (f) のように 2 つの垂れ壁が連続するタイプの軸組のせん断耐力および変形角は、次式で与えられる。

$$Q = 2\left(1 - \frac{h_0}{H}\right) Q_W \tag{4.20}$$

$$\gamma = \frac{h_0^2 h_1}{3EIH} Q_W + \gamma_W \tag{4.21}$$

すなわち、二連の垂れ壁が付く柱の曲げモーメントは、一連の基本モデルを図 4.14 のように加算すればよい。

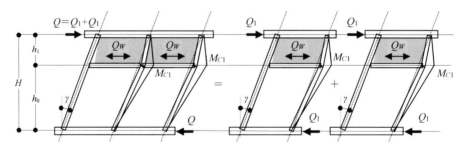

図 4.14　二連の垂れ壁付き軸組の計算方法

4.2.2.8 垂れ壁と腰壁が上下に連続する場合

図4.5(g)のような垂れ壁と腰壁が上下に連続するタイプでは、図4.15(a)に示すような一様な全面壁が貫などの横架材で上下に分割される場合には、水平力に対して階高全体にわたり一様なせん断変形が生じるので、柱に曲げは生じない。それに対して、復元力特性の異なる壁が上下に連続した壁では、上下の壁の剛性が異なるためにせん断変形角に違いが発生し、柱に曲げが生じる。すなわち、上下の壁の変形差を拘束する柱は、壁のせん断力を増減させる働きを有する。したがって、上下に連続する壁の復元力の評価では、柱の曲げ変形を考慮する必要がある。

上下に連続する壁を含む軸組の負担せん断力をQ、上下壁の負担せん断力をQ_{W1}、Q_{W2}、境界部の柱曲げモーメントをM_Cとすると、

$$M_C = h_1(Q_{W1} - Q) = h_2(Q - Q_{W2}) \tag{4.22}$$

$$Q = \frac{h_1 Q_{W1} + h_2 Q_{W2}}{H} \tag{4.23}$$

変形角γは

$$\gamma = \frac{h_1 \gamma_{W1} + h_2 \gamma_{W2}}{H} \tag{4.24}$$

ここで、γ_{W1}は上壁の変形角、γ_{W2}は下壁の変形角を表し、これらは次式を満足するように繰り返し計算で求めることになる。

$$\frac{h_1 h_2}{3EI} Q_{W1} + \gamma_{W1} = \frac{h_1 h_2}{3EI} Q_{W2} + \gamma_{W2} \tag{4.25}$$

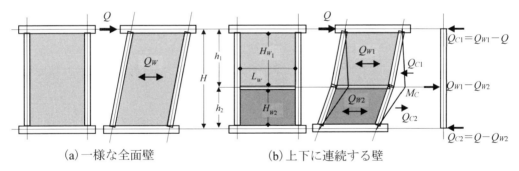

図4.15 柱による壁変形拘束の有無

また、1P幅や0.6P幅のような縦に細長い全面壁の場合には、貫などの横架材で壁が分割されることによって壁のアスペクト比が変わり、破壊モードが曲げ型からせん断型に変わることで、壁の耐力が増加する。

図4.16に示すように貫で上下に等分割された壁（1P幅および0.6P幅）について、せん断耐力の算定結果を比較したものが図4.17である。ここでは、いずれの場合も軸組高さH=2730mm、壁厚さt_W=60mmであり、貫端部の曲げ抵抗は計算に含まれていない。

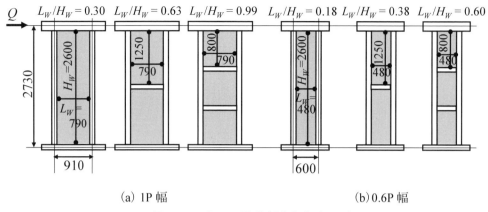

図 4.16 上下に等分割された全面壁

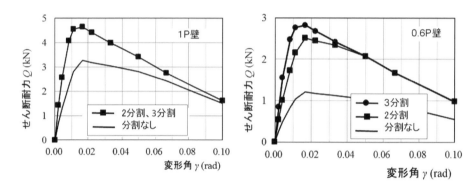

図 4.17 上下に分割された全面壁の復元力

この図より、1P 幅や 0.6P 幅の全面壁は貫で上下に分割することによって耐力が増加することがわかる。なお、この算定例では壁を分割する貫の曲げ耐力は見込んでいない。一般に鴨居や窓台の仕口で多用される短ほぞ差しの仕様では、ほぞが抜け出すため曲げ耐力が期待できないのに対して、引張力を負担できる仕口仕様（雇いほぞや小根ほぞなど）が採用されている場合には横架材の曲げ耐力を見込むことができる（「4.5　柱－横架材の仕口接合部」を参照）。

4.2.2.9　上下に開口がある場合

図 4.5(e) のように上下に開口があるタイプでは、横架材と柱との接合部は引張力を負担できる仕口仕様とする必要がある。

土壁部分のせん断耐力 Q_W を(4.2)式および表 4.2 を用いて求めると、図 4.18 に示す軸組のせん断耐力 Q および変形角 γ は、以下となる。

$$Q = \frac{h_0}{H} Q_W \tag{4.26}$$

$$\gamma = \gamma_W + \frac{h_1^2 - h_1 h_2 + h_2^2}{3EI} Q \tag{4.27}$$

小壁の上部および下部に生じる柱の曲げモーメント M_{C1}、M_{C2} は、それぞれ次式となる。

$$M_{C1} = h_1 Q \tag{4.28}$$

$$M_{C2} = h_2 Q \tag{4.29}$$

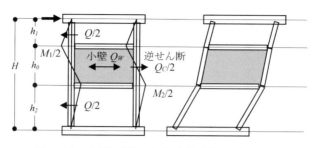

図4.18　上下に開口を有する小壁の変形

なお、横架材の接合部が引張力を負担できない仕口仕様の場合には、柱から横架材が引き抜けると、小壁が面外変形することで土壁部分が剥離し、三枚おろしのように破壊するので注意を要する。また、土壁の下端が土台あるいは足固めまできちんと塗り込められていない、土壁の上端が2階梁あるいは小屋梁の下端まできちんと塗り込められていない土壁の上下にすき間がある場合には、同様に三枚おろしのように破壊するので注意すること。

4.2.2.10 左右に全面壁がある場合

図4.5(h)のように左右に全面壁があるタイプでは、両側の柱の曲げ変形を無視することができる。

〈参考：小壁のアスペクト比と破壊モード・壁耐力について〉

小壁の破壊モードは、壁体（土壁部分）のアスペクト比により「曲げ型」と「せん断型」に分けられ、それによりせん断耐力も変化する。そこで、曲げ型からせん断型へと移行するアスペクト比について示す。

壁のせん断耐力を求める(4.2)式において、曲げ型できまる壁の寸法比は、横に細長い場合で$L_W > H_W$とすると、

$$\frac{Q_{Wb}}{Q_{Ws}} = 3.25\left(\frac{\tau_B}{\tau_S}\right)\frac{H_W}{L_W} \leq 1 \tag{4.30}$$

表4.2から、τ_B/τ_Sは変形角に応じて0.5〜0.9と変化する。τ_Sおよびτ_Bの値が最大となる1/60radでは、$\tau_B/\tau_S = 70/98 = 0.7$であり、(4.30)式から$L_W \geq 3.25 \times 0.7 \times H_W = 2.275 H_W$、アスペクト比$H_W/L_W \leq 0.44$となる。すなわち、壁高さが壁長さの0.44倍以下の場合では、壁のせん断耐力は曲げ型で決まり、

$$Q_W = Q_{Wb} = 3.25\tau_B t_w L_W \left(\frac{H_W}{L_W}\right) = 3.25\tau_B t_w H_W \tag{4.31}$$

と表され、壁耐力は壁の縦向きの断面積すなわち壁高さH_Wに比例する。

一方、耐力がせん断型で決まる場合には、せん断耐力は(4.2)式の第2式により求められる。

$$Q_W = Q_{Ws} = \tau_S t_w L_W \tag{4.32}$$

この場合の壁耐力は水平断面積に比例し、壁長さが一定であれば、壁高さに関係なく一定の値となる。

土壁のせん断耐力は曲げ型よりもせん断型が大きくなるため、細長い 4P 幅の垂れ壁や腰壁では束を入れて壁を分割し、破壊モードを曲げ型からせん断型に変えることによって耐力を増大させることができる。

4.2 節の参考文献

1) 特定非営利活動法人緑の列島ネットワーク『平成 24 年度国土交通省補助事業報告書 伝統的構法の設計法作成及び性能検証実験検討委員会報告書』2014 年 7 月
2) 村石一明・田中邦明・森迫清貴「飛騨高山伝統構法土壁の繰り返し載荷実験」『構造工学論文集』Vol.60B、2014 年 3 月、pp.357-362
3) 寺西ゆう子・村石一明・青野弘和・森迫清貴「葦、萱（すすき）を小舞に用いた土壁の繰り返し載荷実験」『構造工学論文集』Vol.59B、2013 年 3 月、pp.579-584
4) 宇都宮直樹・宮本慎宏・山中稔・松島学「土質力学に基づく土塗壁の耐力変形推定式の提案」『日本建築学会構造系論文集』No.684、2013 年 2 月、pp.363-368
5) 山田耕司・中治弘行・長瀬正・鈴木祥之「伝統構法木造軸組における土塗り小壁の復元力評価法」『歴史都市防災論文集』Vol.11、2017 年 7 月、pp.95-102
6) 中治弘行・長瀬正・山田耕司・鈴木祥之「実大実験に基づく土塗り小壁付木造軸組の復元力特性」『歴史都市防災論文集』Vol.11、2017 年 7 月、pp.103-110
7) 村上雅英・景山誠・岡本滋史・鈴木有・稲山正弘「水平力の耐荷機構に基づく土壁の剛性と耐力の算定法に関する提案と検証」『日本建築学会構造系論文集』No.605、2006 年 7 月、pp.119-126
8) 中尾方人・一文字里紗・山崎裕・石橋庸子「土塗り壁のせん断抵抗機構およびせん断耐力の評価法に関する実験的研究」『日本建築学会構造系論文集』No.598、2005 年 12 月、pp.109-116

4.3 板張りの全面壁（板壁）

板壁の仕様は地域や様式により様々だが、本マニュアルでは伝統構法の高い変形性能に適した板壁工法の例として、下記の2つのタイプについて復元力特性を示す。

①両面板張りタイプ（片面：縦板張、裏面：横板張）：貫および間柱などの下地材に板材を張り、構面剛性を確保する板壁

②吸付き桟タイプ：壁下地となる桟材に、欠きこみを設けた板材を固定し、板材のめりこみを抵抗要素とする板壁

なお、本マニュアルに記載していない工法による板壁を用いる場合には、検証実験によって復元力を設定するか、伝統的構法データベース（http://www.denmoku-db.jp/）として公開されているデータ等に基づき復元力を適宜設定する必要がある。

4.3.1 両面板張りタイプ
1) 実験概要

図4.19に試験体の形状と寸法を示す。実験変数は壁長さとし、試験体数は壁長さ1Pおよび2Pの2体とした。概要は以下の通りである。
- 壁高さ（土台芯－加力梁芯寸法）：2600mm
- 壁長さ（柱芯－芯寸法）：1P（910mm）、2P（1820mm）
- 土台：ヒノキ
- 柱、桁、貫、間柱、板壁板材：スギ
- 込栓：ナラ

板壁は試験体の表裏で向きを変え、表側の縦板は貫材に、裏側の横板は受け材（および間柱）にNC釘（長さ38mm）で固定した。受け材の柱への固定、貫の間柱への固定にはコーススレッドを使用し、コーススレッドの長さは受け材の柱への固定には62mm、貫の間柱への固定には45mmとした。

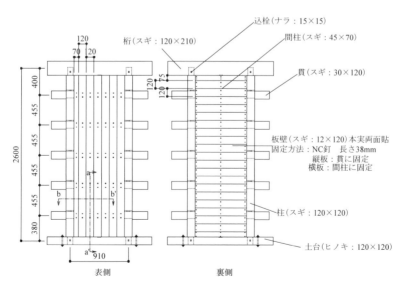

(a) 壁長さ1Pの試験体

図4.19　試験体の形状と寸法

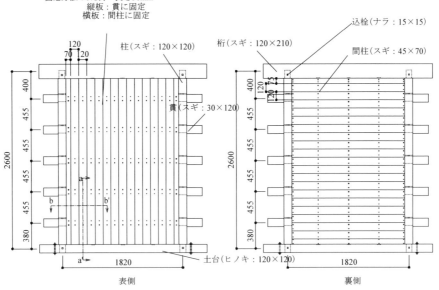

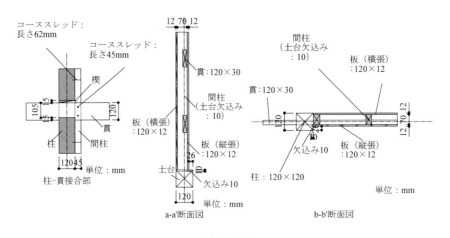

(b) 壁長さ 2P の試験体

(c) 詳細図

図 4.19（続き）

2） 加力概要

加力は正負交番の繰り返し載荷とした。制御目標は見かけの変形角で 1/480、1/240、1/180、1/120、1/90、1/60、1/45、1/30、1/15、1/10、1/7rad とし、同一変形を 3 回繰り返した。なお、柱に鉛直荷重は作用させていない。

3） 荷重－変形関係

図 4.20 に実験結果から導き出された荷重－変形関係を示す。横軸の変形角は、見かけの変形角から柱の浮き上がりを除いた、板壁の真の変形角を示している。図中には、後述の設計用復元力に柱ほぞのめりこみ抵抗による復元力を含めた荷重－変形関係も併せて図示している。

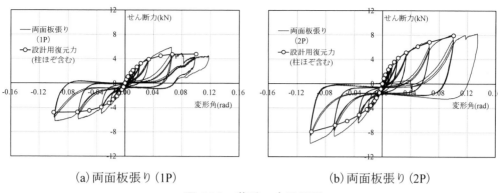

(a) 両面板張り (1P)　　　　　　　(b) 両面板張り (2P)

図 4.20　荷重－変形関係

4）設計用復元力

図 4.21 および表 4.3 に各試験体の設計用復元力を示す。設計用復元力は正負各加力時の実験結果の平均値をもとに算定したものであり、柱仕口のめりこみにより生じるせん断抵抗を除いた値を示している。

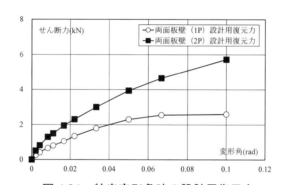

図 4.21　特定変形角時の設計用復元力

表 4.3　特定変形角時の設計用復元力

変形角	(rad)	0	1/480	1/240	1/120	1/90	1/60	1/45	1/30	1/20	1/15	1/10
	($\times 10^{-3}$rad)	0.00	2.08	4.17	8.33	11.11	16.67	22.22	33.33	50.00	66.67	100.00
両面板張り板壁(1P)	設計用復元力(kN)	0.00	0.26	0.41	0.66	0.80	1.05	1.35	1.80	2.30	2.55	2.60
両面板張り板壁(2P)	設計用復元力(kN)	0.00	0.50	0.82	1.30	1.50	1.95	2.30	3.00	3.94	4.65	5.73

4.3.2　吸付き桟タイプ

1）実験概要

図 4.22 に試験体の形状と寸法を示す。実験変数は壁長さとし、試験体数は同一試験体 3 体とした。概要は以下の通りである。

- 壁高さ（土台芯－加力梁芯寸法）：3P（2730mm）
- 壁スパン（柱芯－芯寸法）：1P（910mm）
- 土台、柱：ヒノキ

- 桁、貫、板壁板材、吸付き桟：スギ
- 込栓：ヒノキ（柱と横架材仕口に使用）

板材は本実両面張りとし、板材と吸付き桟材の固定には N50 釘を使用した。

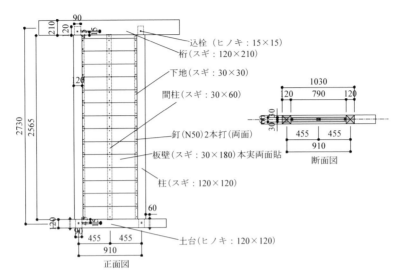

図 4.22　試験体の形状と寸法（壁長さ 1P）

2）加力概要

加力は正負交番の繰り返し載荷とした。制御目標は見かけの変形角で 1/480、1/240、1/120、1/90、1/60、1/45、1/30、1/20、1/15、1/10、1/7rad とし、同一変形を 3 回繰り返した。また、柱に作用する鉛直荷重には鋼製の錘を使用し、柱 1 本あたり 9.8kN とした。

3）荷重－変形関係

図 4.23 に実験結果から導き出された荷重－変形関係を示す。横軸の変形角は、見かけの変形角から柱の浮き上がりを除いた、板壁の真の変形角を示している。図中には、後述の設計用復元力に柱ほぞのめりこみ抵抗による復元力を含めた荷重－変形関係を併せて図示している。

4）設計用復元力

図 4.24 および表 4.4 に試験体の設計用復元力を示す。設計用復元力は 3 つの試験体の正負各加力時の実験結果の平均値より算定したものであり、柱仕口のめりこみにより生じるせん断抵抗を除いた値としている。

なお、吸付き桟タイプの板壁は一般的な板張りタイプに比べて耐力が大きく、2P の板壁とした場合には柱－梁接合部に損傷を引き起こす恐れがあるため、1P を超える壁面積に適用する場合にはスパン中央に柱を設ける等、構造躯体への損傷を抑えるための措置を講じることが望ましい。

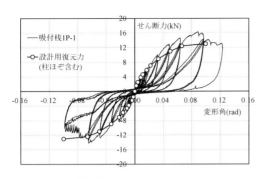
(a)吸付き桟(1P-1)

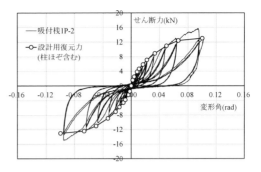
(b)吸付き桟(1P-2)

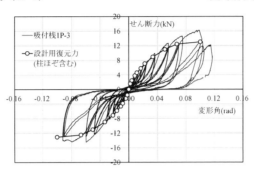
(c)吸付き桟(1P-3)

図4.23 荷重－変形関係

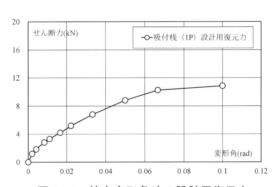

図4.24 特定変形角時の設計用復元力

表4.4 特定変形角時の設計用復元力

変形角	(rad)	0	1/480	1/240	1/120	1/90	1/60	1/45	1/30	1/20	1/15	1/10
	($\times 10^{-3}$rad)	0.00	2.08	4.17	8.33	11.11	16.67	22.22	33.33	50.00	66.67	100.00
吸付桟板壁(1P)	設計用復元力(kN)	0.00	1.18	1.82	2.80	3.30	4.20	5.20	6.80	8.80	10.25	10.85

4.4 柱端部の長ほぞ差し仕口接合部

　柱と土台あるいは柱と梁桁との接合を長ほぞ差しとした仕口接合部では、図 4.25 に示すようにほぞの強軸方向に作用する曲げモーメントを復元力として見込むことができる。

　仕口接合部の標準仕様は以下の通りである。

・ほぞの形状は平ほぞとする。
・ほぞ長さは 120mm 以上、ほぞ幅は 30mm 以上とし、横架材幅の 1/3 以下とする。
・柱と土台、柱と梁桁との接合部は込み栓留めを原則とする。

　長ほぞ仕口 1 カ所あたりのほぞの強軸方向における復元力特性（曲げモーメント－回転角関係）を図 4.26 および表 4.5 に示す。

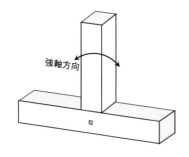

図 4.25　ほぞの強軸方向曲げ

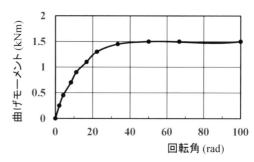

図 4.26　長ほぞ差し仕口の復元力特性

表 4.5　特定回転角時の曲げモーメント

回転角	(rad)	1/480	1/240	1/120	1/90	1/60	1/45	1/30	1/20	1/15	1/10
	($\times 10^{-3}$rad)	2.08	4.17	8.33	11.11	16.67	22.22	33.33	50.00	66.67	100
曲げモーメント	(kNm)	0.25	0.45	0.70	0.90	1.10	1.30	1.45	1.50	1.50	1.50

　1 本の柱が負担するせん断力 Q は、図 4.27 に示すように、柱両端の仕様に応じて曲げモーメント M と軸組の階高 H から求めることができる。なお、ここでは回転角と層間変形角は等しいとみなしている。

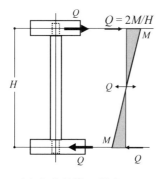
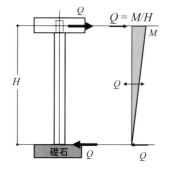

(a) 土台仕様の場合　　　　(b) 石場建ての場合

図 4.27　長ほぞ差し仕口の曲げモーメント M と軸組のせん断力 Q

柱両端の接合部を長ほぞ差しとした場合には、1本の柱が負担するせん断力 Q は次式で求められる。

$$Q = \frac{2M}{H} \tag{4.33}$$

なお、石場建てのように柱頭部の長ほぞのみが有効な場合には、次式による。

$$Q = \frac{M}{H} \tag{4.34}$$

留意事項は以下の通りである。
- 土塗りの全面壁および小壁、板張りの全面壁の復元力は壁体部分のみのせん断力であるため、柱1本あたりのせん断力を変形角（回転角）ごとに加算する。
- ほぞの弱軸方向（強軸方向の直交方向）への曲げについては、強軸方向に比べて生じる曲げモーメントが小さく、また、強軸方向より小さい回転角でほぞに曲げ破壊が生じる可能性があるため、評価の対象としない。
- 柱と土台、柱と梁桁との接合部は込み栓留めを原則とするが、ほぞ長さが十分に長い場合には込み栓なしも同等と認められる。この場合、込み栓による割裂損傷が発生する恐れはなくなるが、柱の引き抜けには注意が必要である。

4.5 柱－横架材の仕口接合部

　曲げに抵抗する横架材には貫、差鴨居、足固めなどがあり、それらと柱の仕口接合部の仕様としては、通し貫、雇いほぞによる込み栓打ち、車知栓打ち、小根ほぞによる車知栓打ち・鼻栓打ち・込み栓打ち・割り楔締めなどが挙げられる。本節では、各仕口仕様の設計用復元力（曲げモーメント－回転角関係）のデータを示す。なお、一般には実験データの多くで左右端を同仕様とした場合のデータが示されており、横架材両端の曲げモーメントの和として仕口接合部2つ分の数値がまとめられているが、ここでは横架材の左右の仕様が異なることも考慮して、仕口接合部1カ所あたりの復元力を示している。

　接合部は、中柱の場合には左右2カ所、外柱の場合には柱の内側と外側の2カ所となる。通し貫では柱の外側に貫が突出するが、その突出長さが十分に長い場合には突出部の耐力を考慮することができる。同様に、雇いほぞ込み栓打ち（雇いほぞ胴栓留め）、雇いほぞ車知栓打ち（雇い竿車知栓留め）で、図4.28に示すように外柱の外側にある雇い受け（鼻木）が十分に長い場合、また小根ほぞ車知栓打ちで外柱の外側にある女木あるいは男木が十分に長い場合などにおいても、外柱の外側の耐力を考慮することができる。一方、小根ほぞで鼻栓打ち・込み栓打ち・割り楔締めとした場合には、外柱の外側の耐力を見込まない。

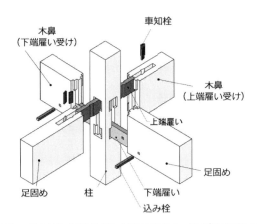

図4.28　仕口接合部の例（足固め雇いほぞ車知栓打ち）

4.5.1　柱－横架材仕口接合部の曲げモーメントと層の復元力の評価方法

　柱－横架材仕口接合部の曲げモーメントと層の復元力は、以下のように求められる。

1) 層の復元力は、「層に含まれるすべての仕口接合部の曲げモーメントを加算し、階高さで割る」ことで算定される。各階に設けられた貫の曲げ耐力は当該階へ、2階天井桁梁の曲げ耐力は2階へ、足固めの曲げ耐力は1階へ算入するが、通し柱の2階床梁仕口の曲げ耐力は上下1、2階へ配分する。

2) 柱上下端の長ほぞの復元力は、別途計算して加算する（前節「4.4 柱端部の長ほぞ差し仕口接合部」を参照）。

3) 仕口接合部の回転角と層の層間変形角は等しいとみなしてよい。

4) 図4.29に示すような1本の貫が柱に接合されている軸組架構を考える。ここで、軸組の高さ（階高さ）をH、貫の上下距離をh_1、h_2、貫左右の仕口接合部の曲げモーメントをM_L、M_R、せん断力をQ_L、Q_Rとすると、モーメント図より(4.35)式および(4.36)式が成り立ち、

軸組のせん断耐力 Q は(4.37)式で表される。なお、柱上下端の長ほぞの復元力については別途計算するので、ここでは考慮していない。また、ここでは貫を例にしているが、差鴨居、足固めなどの横架材でも同様に計算できる。

$$M_L = M_{LT} + M_{LB}, \ M_R = M_{RT} + M_{RB} \tag{4.35}$$

$$Q_{L1} = \frac{M_{LB}}{h_1}, \ Q_{L2} = \frac{M_{LT}}{h_2}, \ Q_{R1} = \frac{M_{RB}}{h_1}, \ Q_{R2} = \frac{M_{RT}}{h_2} \tag{4.36}$$

$$Q = Q_{L1} + Q_{R1} = Q_{L2} + Q_{R2} \tag{4.37}$$

したがって、

$$Q = \frac{M_{LB} + M_{RB}}{h_1} = \frac{M_{LT} + M_{RT}}{h_2} \tag{4.38}$$

上式において、加比の理（比例式において、前項の和と後項の和の比はもとの比と等しくなる定理）を適用すると、

$$Q = \frac{M_{LB} + M_{RB} + M_{LT} + M_{RT}}{h_1 + h_2} = \frac{M_L + M_R}{H} \tag{4.39}$$

すなわち、層のせん断力は、層に含まれる仕口接合部の曲げモーメントの和を階高さで割ることよって求められる。

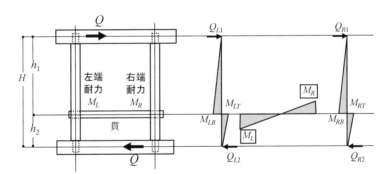

図 4.29　1 段貫の曲げモーメント

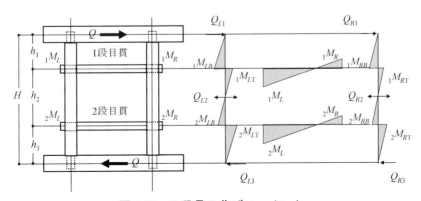

図 4.30　2 段貫の曲げモーメント

5) 図 4.30 に示すような 2 段貫の場合には、添え字 $i=1, 2$ で段を示すと以下のように計算することができる。

$$_iM_L = {_iM_{LT}} + {_iM_{LB}}, \quad _iM_R = {_iM_{RT}} + {_iM_{RB}} \quad (i = 1, 2) \tag{4.40}$$

$$Q_{L1} = \frac{_1M_{LB}}{h_1}, \quad Q_{L2} = \frac{_1M_{LT} + {_2M_{LB}}}{h_2}, \quad Q_{L3} = \frac{_2M_{LT}}{h_3}$$

$$Q_{R1} = \frac{_1M_{RB}}{h_1}, \quad Q_{R2} = \frac{_1M_{RT} + {_2M_{RB}}}{h_2}, \quad Q_{R3} = \frac{_2M_{RT}}{h_3} \tag{4.41}$$

$$Q = Q_{L1} + Q_{R1} = Q_{L2} + Q_{R2} = Q_{L3} + Q_{R3} \tag{4.42}$$

したがって、

$$Q = \frac{_1M_{LB} + {_1M_{RB}}}{h_1} = \frac{_1M_{LT} + {_2M_{LB}} + {_1M_{RT}} + {_2M_{RB}}}{h_2}$$

$$= \frac{_2M_{LT} + {_2M_{RT}}}{h_3} \tag{4.43}$$

加比の理により、

$$Q = \frac{_1M_L + {_1M_R} + {_2M_L} + {_2M_R}}{H} \tag{4.44}$$

すなわち、層のせん断力は、層に含まれる仕口接合部の曲げモーメントの総和を階高さで割ることよって求められる。

6) 図 4.31 のような 2 連の通し貫の場合には、中央柱の左右の仕口接合部の曲げモーメント M_{CL} および M_{CR}、左右の外柱の曲げモーメントを M_L および M_R とすると、

$$M_L = M_{LT} + M_{LB}$$

$$M_C = M_{CL} + M_{CR} = M_{CT} + M_{CB} \tag{4.45}$$

$$M_R = M_{RT} + M_{RB}$$

$$Q_{L1} = \frac{M_{LB}}{h_1}, \quad Q_{L2} = \frac{M_{LT}}{h_2}$$

$$Q_{C1} = \frac{M_{CB}}{h_1}, \quad Q_{C2} = \frac{M_{CT}}{h_2} \tag{4.46}$$

$$Q_{R1} = \frac{M_{RB}}{h_1}, \quad Q_{R2} = \frac{M_{RT}}{h_2}$$

$$Q = Q_{L1} + Q_{C1} + Q_{R1} = Q_{L2} + Q_{C2} + Q_{R2} \tag{4.47}$$

したがって、

$$Q = \frac{M_{LB} + M_{CB} + M_{RB}}{h_1} = \frac{M_{LT} + M_{CT} + M_{RT}}{h_2} \tag{4.48}$$

加比の理により、

$$Q = \frac{M_{LB} + M_{CB} + M_{RB} + M_{LT} + M_{CT} + M_{RT}}{h_1 + h_2}$$

$$= \frac{M_L + M_{CL} + M_{CR} + M_R}{H} \tag{4.49}$$

すなわち、層のせん断力は、層に含まれる仕口接合部の曲げモーメントの総和を階高さで割ることよって求められる。

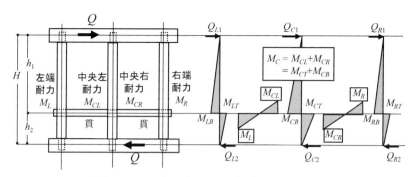

図 4.31　2 連の通し貫の曲げモーメント

ここでは仕口の曲げ耐力から層のせん断耐力を導くために、図 4.27 や図 4.29～31 のようなモーメント図を作成したが、次のように簡単に考えることもできる。すなわち、層の変形角を γ、階高さを H、軸組に作用する水平力を Q とすれば、外力仕事は $Q\gamma H$ で表される。一方、内力仕事は曲げ抵抗要素の回転角を θ、抵抗モーメントを M とすれば $\Sigma M\theta$ となる。両者を等値して、層の変形角 γ と曲げ要素回転角 θ が等しいことを考慮すれば、$Q=\Sigma M/H$ を得る。すなわち層のせん断耐力は、曲げ要素の曲げ耐力の総和を階高で割ることで与えられる。

4.5.2　柱－横架材の仕口接合部の復元力

本節では、伝統的構法の設計法作成及び性能検証実験検討委員会[1]で実施した実験や解析などで検証された各種仕口の設計用復元力を示す。ここでは、横架材 1 本あたりではなく、仕口接合部 1 カ所あたりの設計用復元力を示しており、適用にあたっては適用範囲に注意を要する。なお、回転角と層間変形角は等しいとみなしてよい。

1）通し貫（楔付き）

楔付きの通し貫の復元力特性は、楔の形状や樹種、打ち込みの程度などに左右され、ばらつきがあるが、実験結果とシミュレーション解析[3)4)]に基づき楔の抜け出しも考慮に入れて安全側にデータをまとめている。

なお、楔ありの貫は、楔なしの場合に比べて初期の剛性・耐力は大きいものの、繰り返し載荷により楔が抜け出して変形が進むと、楔なしの場合よりも復元力はやや低下する傾向がある。

〈適用範囲〉

前提条件と適用範囲を以下に示す（図 4.32）。

- 貫のせい（h）：3 寸 5 分～4 寸（105～120mm）、4 寸 5 分～5 寸（135～150mm）、5 寸 5 分～6 寸（165～180mm）、6 寸 5 分～7 寸（195～210mm）
- 貫の厚さ（w）：15mm、18mm、21mm、27mm、30mm、40mm
- 柱幅（W）：120mm、135mm、150mm
- 樹種はスギとし、貫の横圧縮ヤング係数 $E=150$MPa、降伏応力度 $\sigma_y=3.0$MPa

なお、楔は、高さ 25mm 程度の三角形の楔を柱の左右からハンマーで打ち込む程度とする。

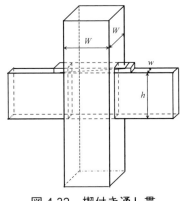

図 4.32 楔付き通し貫

主な寸法の通し貫の復元力特性(曲げモーメント-回転角関係)を図 4.33 に、特定回転角時の曲げモーメント M を表 4.6 に示す。なお、表 4.6 に示す曲げモーメント M の数値は接合部の片側のみの曲げモーメントであり、中柱では両側の曲げモーメントとして $2M$ を見込む必要がある。外柱の外側については、貫の突出長さに応じて考慮する。

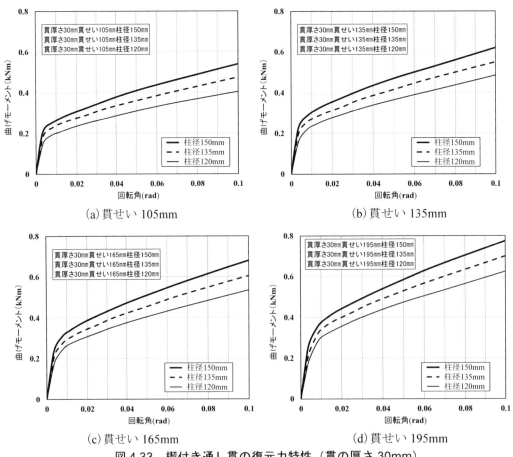

(a) 貫せい 105mm

(b) 貫せい 135mm

(c) 貫せい 165mm

(d) 貫せい 195mm

図 4.33 楔付き通し貫の復元力特性(貫の厚さ 30mm)

表 4.6 楔付き通し貫の特定回転角時の曲げモーメント M

(a) 貫せい 105～120mm

貫厚さW(mm)		15	15	15	18	18	18	21	21	21	24	24	24	27	27	27	30	30	30	40	40	40
柱径L(mm)		120	135	150	120	135	150	120	135	150	120	135	150	120	135	150	120	135	150	120	135	150
(rad)	(×10⁻³rad)	(kNm)	(kNm)	(kNm)	(kNm)	(kNm)	(kNm)	(kNm)	(kNm)	(kNm)	(kNm)	(kNm)	(kNm)	(kNm)	(kNm)	(kNm)	(kNm)	(kNm)	(kNm)	(kNm)	(kNm)	(kNm)
0	0	0	0	0	0	0	0	0	0	0	0	0	0	0	0	0	0	0	0	0	0	0
1/480	2.1	0.05	0.06	0.08	0.06	0.08	0.09	0.07	0.09	0.11	0.08	0.1	0.12	0.09	0.11	0.14	0.10	0.13	0.15	0.13	0.17	0.20
1/240	4.2	0.08	0.10	0.11	0.10	0.12	0.14	0.12	0.14	0.16	0.13	0.16	0.18	0.15	0.18	0.20	0.17	0.20	0.23	0.22	0.27	0.30
1/120	8.3	0.10	0.12	0.13	0.12	0.14	0.15	0.14	0.16	0.18	0.16	0.18	0.21	0.18	0.21	0.23	0.20	0.23	0.26	0.26	0.31	0.34
1/90	11.1	0.10	0.12	0.14	0.12	0.15	0.16	0.14	0.17	0.19	0.16	0.20	0.22	0.18	0.22	0.24	0.21	0.25	0.27	0.27	0.33	0.36
1/60	16.7	0.11	0.13	0.15	0.14	0.16	0.18	0.16	0.19	0.21	0.18	0.21	0.24	0.2	0.24	0.27	0.23	0.27	0.30	0.30	0.35	0.39
1/40	22.2	0.13	0.15	0.16	0.15	0.17	0.20	0.18	0.2	0.23	0.2	0.23	0.26	0.23	0.26	0.29	0.25	0.29	0.33	0.33	0.39	0.43
1/30	33.3	0.14	0.16	0.18	0.16	0.19	0.21	0.19	0.22	0.25	0.22	0.25	0.28	0.24	0.29	0.32	0.27	0.32	0.36	0.36	0.42	0.47
1/20	50.0	0.16	0.18	0.21	0.19	0.22	0.25	0.22	0.25	0.29	0.25	0.29	0.33	0.28	0.32	0.37	0.31	0.36	0.41	0.41	0.48	0.55
1/15	66.7	0.17	0.20	0.23	0.21	0.24	0.27	0.25	0.28	0.32	0.28	0.32	0.36	0.31	0.36	0.41	0.35	0.40	0.46	0.46	0.53	0.61
1/10	100.0	0.20	0.24	0.27	0.24	0.29	0.32	0.28	0.33	0.38	0.32	0.38	0.43	0.36	0.43	0.49	0.41	0.48	0.54	0.54	0.63	0.72

(b) 貫せい 135～150mm

貫厚さW(mm)		15	15	15	18	18	18	21	21	21	24	24	24	27	27	27	30	30	30	40	40	40
柱径L(mm)		120	135	150	120	135	150	120	135	150	120	135	150	120	135	150	120	135	150	120	135	150
(rad)	(×10⁻³)	(kNm)	(kNm)	(kNm)	(kNm)	(kNm)	(kNm)	(kNm)	(kNm)	(kNm)	(kNm)	(kNm)	(kNm)	(kNm)	(kNm)	(kNm)	(kNm)	(kNm)	(kNm)	(kNm)	(kNm)	(kNm)
0	0	0	0	0	0	0	0	0	0	0	0	0	0	0	0	0	0	0	0	0	0	0
1/480	2.1	0.05	0.06	0.08	0.06	0.08	0.09	0.07	0.09	0.11	0.08	0.1	0.12	0.09	0.113	0.135	0.1	0.13	0.15	0.133	0.17	0.2
1/240	4.2	0.088	0.11	0.12	0.105	0.13	0.147	0.12	0.15	0.17	0.14	0.172	0.2	0.16	0.194	0.221	0.18	0.22	0.245	0.233	0.29	0.33
1/120	8.3	0.113	0.13	0.15	0.135	0.16	0.174	0.16	0.18	0.2	0.18	0.208	0.23	0.2	0.234	0.261	0.23	0.26	0.29	0.3	0.35	0.39
1/90	11.1	0.12	0.14	0.16	0.144	0.17	0.186	0.17	0.19	0.22	0.19	0.222	0.25	0.22	0.248	0.279	0.24	0.28	0.31	0.32	0.37	0.41
1/60	16.7	0.133	0.15	0.17	0.159	0.18	0.204	0.19	0.21	0.24	0.21	0.24	0.27	0.24	0.27	0.306	0.27	0.3	0.34	0.353	0.4	0.45
1/40	22.2	0.146	0.17	0.19	0.176	0.2	0.225	0.2	0.23	0.26	0.23	0.264	0.3	0.26	0.297	0.338	0.29	0.33	0.375	0.39	0.44	0.5
1/30	33.3	0.16	0.18	0.21	0.192	0.22	0.246	0.22	0.26	0.29	0.26	0.292	0.33	0.29	0.329	0.369	0.32	0.37	0.41	0.427	0.49	0.55
1/20	50.0	0.183	0.21	0.24	0.219	0.25	0.282	0.25	0.29	0.33	0.29	0.332	0.38	0.33	0.374	0.423	0.37	0.42	0.47	0.487	0.55	0.63
1/15	66.7	0.203	0.23	0.26	0.243	0.28	0.312	0.28	0.33	0.36	0.32	0.372	0.42	0.36	0.419	0.468	0.41	0.47	0.52	0.54	0.62	0.69
1/10	100.0	0.243	0.28	0.31	0.291	0.33	0.372	0.34	0.39	0.43	0.39	0.44	0.5	0.44	0.495	0.558	0.49	0.55	0.62	0.647	0.73	0.83

(c) 貫せい 165～180mm

貫厚さW(mm)		15	15	15	18	18	18	21	21	21	24	24	24	27	27	27	30	30	30	40	40	40
柱径L(mm)		120	135	150	120	135	150	120	135	150	120	135	150	120	135	150	120	135	150	120	135	150
(rad)	(×10⁻³)	(kNm)	(kNm)	(kNm)	(kNm)	(kNm)	(kNm)	(kNm)	(kNm)	(kNm)	(kNm)	(kNm)	(kNm)	(kNm)	(kNm)	(kNm)	(kNm)	(kNm)	(kNm)	(kNm)	(kNm)	(kNm)
0	0	0	0	0	0	0	0	0	0	0	0	0	0	0	0	0	0	0	0	0	0	0
1/480	2.1	0.053	0.06	0.08	0.063	0.08	0.09	0.07	0.09	0.11	0.08	0.1	0.12	0.09	0.113	0.135	0.11	0.13	0.15	0.14	0.17	0.2
1/240	4.2	0.095	0.11	0.13	0.114	0.14	0.153	0.13	0.16	0.18	0.15	0.18	0.2	0.17	0.203	0.23	0.19	0.23	0.255	0.253	0.3	0.34
1/120	8.3	0.125	0.14	0.16	0.15	0.17	0.189	0.18	0.2	0.22	0.2	0.224	0.25	0.23	0.252	0.284	0.25	0.28	0.315	0.333	0.37	0.42
1/90	11.1	0.135	0.15	0.17	0.162	0.18	0.201	0.19	0.21	0.23	0.22	0.24	0.27	0.24	0.27	0.302	0.27	0.3	0.335	0.36	0.4	0.45
1/60	16.7	0.148	0.17	0.19	0.177	0.2	0.222	0.21	0.23	0.26	0.24	0.264	0.3	0.27	0.297	0.333	0.3	0.33	0.37	0.393	0.44	0.49
1/40	22.2	0.163	0.18	0.21	0.195	0.22	0.246	0.23	0.26	0.29	0.26	0.292	0.33	0.29	0.329	0.369	0.33	0.37	0.41	0.433	0.49	0.55
1/30	33.3	0.178	0.2	0.22	0.213	0.24	0.267	0.25	0.28	0.31	0.28	0.32	0.36	0.32	0.36	0.401	0.36	0.4	0.445	0.473	0.53	0.59
1/20	50.0	0.203	0.23	0.26	0.243	0.27	0.306	0.28	0.3	0.36	0.32	0.364	0.41	0.36	0.41	0.459	0.41	0.46	0.51	0.54	0.61	0.68
1/15	66.7	0.225	0.26	0.29	0.27	0.31	0.342	0.32	0.36	0.4	0.36	0.408	0.46	0.41	0.459	0.513	0.45	0.51	0.57	0.6	0.68	0.76
1/10	100.0	0.268	0.3	0.34	0.321	0.36	0.408	0.37	0.42	0.48	0.43	0.484	0.54	0.48	0.545	0.612	0.54	0.61	0.68	0.713	0.81	0.91

(d) 貫せい 195～210mm

貫厚さW(mm)		15	15	15	18	18	18	21	21	21	24	24	24	27	27	27	30	30	30	40	40	40
柱径L(mm)		120	135	150	120	135	150	120	135	150	120	135	150	120	135	150	120	135	150	120	135	150
(rad)	(×10⁻³)	(kNm)	(kNm)	(kNm)	(kNm)	(kNm)	(kNm)	(kNm)	(kNm)	(kNm)	(kNm)	(kNm)	(kNm)	(kNm)	(kNm)	(kNm)	(kNm)	(kNm)	(kNm)	(kNm)	(kNm)	(kNm)
0	0	0	0	0	0	0	0	0	0	0	0	0	0	0	0	0	0	0	0	0	0	0
1/480	2.1	0.053	0.07	0.08	0.063	0.08	0.093	0.07	0.09	0.11	0.08	0.104	0.12	0.09	0.117	0.14	0.11	0.13	0.155	0.14	0.17	0.21
1/240	4.2	0.098	0.12	0.14	0.117	0.14	0.165	0.14	0.16	0.19	0.16	0.184	0.22	0.18	0.207	0.248	0.2	0.23	0.275	0.26	0.31	0.37
1/120	8.3	0.141	0.16	0.18	0.17	0.19	0.213	0.2	0.22	0.25	0.23	0.256	0.28	0.25	0.288	0.32	0.28	0.32	0.355	0.377	0.43	0.47
1/90	11.1	0.155	0.18	0.19	0.186	0.21	0.231	0.22	0.25	0.27	0.25	0.28	0.31	0.28	0.315	0.347	0.31	0.35	0.385	0.413	0.47	0.51
1/60	16.7	0.17	0.19	0.21	0.204	0.23	0.255	0.24	0.27	0.3	0.27	0.308	0.34	0.31	0.347	0.383	0.34	0.39	0.425	0.453	0.51	0.57
1/40	22.2	0.19	0.21	0.23	0.228	0.25	0.281	0.27	0.3	0.33	0.3	0.339	0.38	0.34	0.382	0.422	0.38	0.42	0.469	0.506	0.57	0.63
1/30	33.3	0.208	0.23	0.26	0.249	0.28	0.306	0.29	0.33	0.36	0.33	0.372	0.41	0.37	0.419	0.459	0.42	0.47	0.5	0.553	0.62	0.68
1/20	50.0	0.238	0.27	0.29	0.285	0.32	0.351	0.33	0.37	0.41	0.38	0.424	0.47	0.43	0.477	0.527	0.48	0.53	0.585	0.633	0.71	0.78
1/15	66.7	0.263	0.3	0.33	0.315	0.35	0.393	0.37	0.41	0.46	0.42	0.472	0.52	0.47	0.531	0.59	0.53	0.59	0.655	0.7	0.79	0.87
1/10	100.0	0.313	0.35	0.39	0.375	0.42	0.465	0.44	0.49	0.54	0.5	0.56	0.62	0.56	0.63	0.698	0.63	0.7	0.775	0.833	0.93	1.03

〈外柱における貫の突出長さについて〉

外柱の外側に貫が突出している場合には、突出長さ ΔL が十分に長ければ曲げ耐力に加算することが期待できる。実験によると、T字型仕口の曲げモーメントは貫の突出長さによって変化し、$\Delta L=0$ すなわち柱外面で貫が終わっている場合に曲げモーメントが最も小さく、$\Delta L \geqq h$（貫のせい）になると突出長さが十分に長い通し貫となる[3) 4)]。

$\Delta L \geqq h$ の場合の曲げモーメントは、表 4.6 の曲げモーメントを M とすると、安全側に簡潔な形で整理して以下とする。

- $\Delta L \geqq h$ の場合：付加曲げモーメントは $0.5M$
- $\Delta L < h$ の場合：付加曲げモーメントは 0

したがって、貫の突出長さ $\Delta L \geqq h$ の場合には、図 4.29～4.31 に示す外柱の曲げモーメント M_L、M_R は $1.5M$ とすることができる。

2) 雇いほぞ込み栓打ち（雇いほぞ胴栓留め）

〈適用範囲〉

適用範囲を以下に示す（図 4.34）。

- 梁幅（W）：120mm 以上
- 梁せい（h）：150～300mm
- 栓径（d）：15～18mm
- 栓の本数：柱の左右ごとに 1 本
- 雇いほぞせい（$h/2$）：梁せいの 1/2 程度
- 雇いほぞ幅（w）：30～36mm
- 雇いほぞ端部から込み栓までの距離（L_1）：60mm 以上
- 込み栓から梁端部（柱面）までの距離（L_2）：60mm 以上

復元力特性（曲げモーメント－回転角関係）を図 4.35 に、特定回転角時の曲げモーメントを表 4.7 に示す。

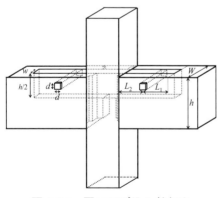

図 4.34 雇いほぞ込み栓打ち

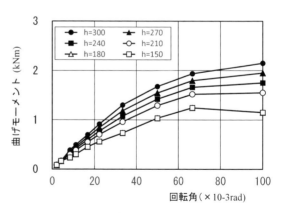

図 4.35 雇いほぞ込み栓打ち仕口の復元力特性（h：梁せい）

表 4.7 雇いほぞ込み栓打ち仕口の特定回転角時の曲げモーメント M

回転角	(rad)	1/480	1/240	1/120	1/90	1/60	1/45	1/30	1/20	1/15	1/10
	($\times 10^{-3}$rad)	2.08	4.17	8.33	11.11	16.67	22.22	33.33	50.00	66.67	100.00
梁せい150mm	(kNm)	0.09	0.17	0.24	0.30	0.45	0.56	0.74	1.04	1.25	1.15
梁せい180mm	(kNm)	0.09	0.17	0.27	0.34	0.50	0.64	0.85	1.17	1.39	1.35
梁せい210mm	(kNm)	0.09	0.17	0.30	0.38	0.55	0.71	0.96	1.29	1.52	1.55
梁せい240mm	(kNm)	0.09	0.17	0.33	0.42	0.60	0.78	1.08	1.42	1.66	1.75
梁せい270mm	(kNm)	0.09	0.17	0.36	0.46	0.65	0.85	1.19	1.55	1.80	1.95
梁せい300mm	(kNm)	0.09	0.17	0.39	0.50	0.70	0.92	1.30	1.68	1.94	2.15

〈注意事項〉

・雇いほぞせい、雇いほぞ幅、雇いほぞ端部から込み栓までの距離および込み栓から梁端部までの距離などは、梁の寸法に応じて増減すること。特に、雇いほぞ端部から込み栓までの距離については、ほぞの割裂や抜けに注意する。
・外柱の外側の雇い受けの長さが、雇いほぞの柱面からの長さ ($L_1 + L_2$) の 1.5 倍以上、かつ、梁せい h の 1.5 倍以上の場合には、外柱の外側の付加曲げモーメントを表 4.7 の 0.5 倍とすることができる。この場合、図 4.29〜4.31 における外柱の曲げモーメント M_L、M_R は 1.5M となる。

3) 雇いほぞ車知栓打ち（雇い竿車知栓留め）

〈適用範囲〉

適用範囲を以下に示す（図 4.36 参照）。

・梁幅 (W)：120mm 以上
・梁せい (h)：150〜300mm 以上
・車知の厚さ (e)：6〜7.5mm 程度
・車知の幅 (s)：30mm 以上
・雇いほぞせい ($h/2$)：梁せいの 1/2 以下
・雇いほぞ幅・小根ほぞ幅 (w)：30mm 程度
・目違いほぞ・胴付きの深さ：15mm 以上、梁せい 240mm 以上では 20mm 以上

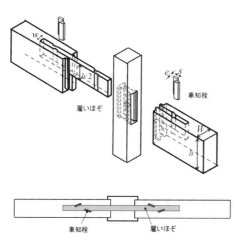

図 4.36 雇いほぞ車知栓打ち

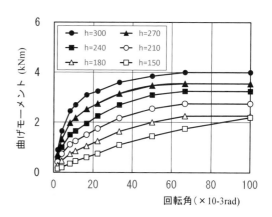

図 4.37 雇いほぞ車知栓打ち仕口の復元力特性（h：梁せい）

なお、車知栓の欠落を防ぐために、車知栓は梁上側から打ち込む。また、雇いほぞ幅は、梁幅の 1/3 以下かつ柱幅の 1/4 以下とする。

復元力特性（曲げモーメント－回転角関係）を図 4.37 に、特定回転角時の曲げモーメントを表 4.8 に示す。

表 4.8　雇いほぞ車知打ち仕口の特定回転角時の曲げモーメント M

回転角	(rad)	1/480	1/240	1/120	1/90	1/60	1/45	1/30	1/20	1/15	1/10
	($\times 10^{-3}$rad)	2.08	4.17	8.33	11.11	16.67	22.22	33.33	50.00	66.67	100.00
梁せい150mm	(kNm)	0.15	0.20	0.35	0.45	0.60	0.75	1.10	1.45	1.75	2.20
梁せい180mm	(kNm)	0.29	0.47	0.74	0.85	1.05	1.25	1.64	2.00	2.25	2.27
梁せい210mm	(kNm)	0.42	0.74	1.12	1.25	1.50	1.75	2.17	2.55	2.75	2.75
梁せい240mm	(kNm)	0.55	1.00	1.50	1.65	1.95	2.25	2.70	3.10	3.25	3.25
梁せい270mm	(kNm)	0.73	1.33	1.98	2.18	2.53	2.75	3.15	3.48	3.55	3.55
梁せい300mm	(kNm)	0.90	1.65	2.45	2.70	3.10	3.25	3.60	3.85	4.00	4.00

〈注意事項〉

・梁せい 240mm 以上の場合には、目違いほぞや胴付きが柱から外れないように目違いほぞや胴付きの深さを十分に確保すること（一般には 15mm が多いが 20mm 以上にするのが望ましい）。検証実験では、梁せいが 300mm（目違いほぞや胴付きの深さ 15mm）の場合、1/15rad で目違いほぞや胴付きが柱から外れ、女木が車知の回転によって押し広げられ、耐力が低下した。また、梁せいが大きい場合には、1/20rad 程度まで曲げモーメントは増加傾向を示し、それを超える付近から頭打ちになるという実験結果も得られた。これらの結果をもとにして、1/15rad で曲げモーメントが最大となり、以後はその値を維持するとした。

・外柱の外側の雇い受けの長さが雇いほぞの柱面からの長さの 1.5 倍以上、かつ、梁せいの 1.5 倍以上の場合には、外柱の外側の付加曲げモーメントを表 4.8 の 0.5 倍とすることができる。この場合、図 4.29～4.31 における外柱の曲げモーメント M_L、M_R は $1.5M$ となる。

4）小根ほぞ車知栓打ち（胴付き小根ほぞ車知栓留め）

小根ほぞ車知栓打ち（胴付き小根ほぞ車知栓留め）仕口で一般的な仕様を図 4.38 に示す。図 4.38 (b)に示すような丸太梁などで鬢太を有する仕様も多く見られる[2]。

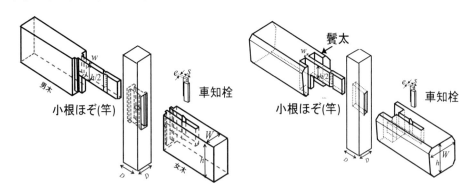

(a) 一般な仕様（鬢太なし）　　(b) 鬢太がある仕様（両側面にある場合）

図 4.38　小根ほぞ車知栓打ち

〈適用範囲〉

適用範囲を以下に示す（図4.38）。
- 梁幅（W）：120mm以上
- 梁せい（h）：150mm～300mm
- 車知の厚さ（e）：6mm～7.5mm程度
- 車知の幅（s）：30mm以上
- 小根ほぞ（竿）のせい（$h/2$）：梁せいの1/2以下
- 小根ほぞの幅（w）：30mm程度
- 目違いほぞ・胴付きの深さ：15mm以上
- 柱径：120mm以上、梁せい270mm以上では150mm以上

復元力特性（曲げモーメント－回転角関係）を図4.39に、特定回転角時の曲げモーメントを表4.9に示す。

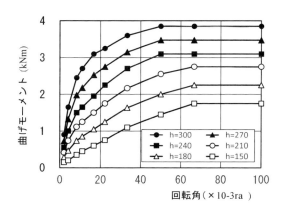

図4.39 小根ほぞ車知栓打ち仕口の復元力特性（h：梁せい）

表4.9 特定回転角時の曲げモーメント M

回転角	(rad)	1/480	1/240	1/120	1/90	1/60	1/45	1/30	1/20	1/15	1/10
	($\times 10^{-3}$rad)	2.08	4.17	8.33	11.11	16.67	22.22	33.33	50.00	66.67	100.00
梁せい150mm	(kNm)	0.15	0.20	0.35	0.45	0.60	0.75	1.10	1.45	1.75	1.75
梁せい180mm	(kNm)	0.29	0.47	0.74	0.85	1.05	1.25	1.64	2.00	2.25	2.25
梁せい210mm	(kNm)	0.42	0.74	1.12	1.25	1.50	1.75	2.17	2.55	2.75	2.75
梁せい240mm	(kNm)	0.55	1.00	1.50	1.65	1.95	2.25	2.70	3.10	3.10	3.10
梁せい270mm	(kNm)	0.73	1.33	1.98	2.18	2.53	2.75	3.15	3.48	3.48	3.48
梁せい300mm	(kNm)	0.90	1.65	2.45	2.70	3.10	3.25	3.60	3.85	3.85	3.85

〈注意事項〉
- 梁せいが大きく、柱が細い場合には柱の折損が生じる場合があるので、柱と梁の組み合わせに注意すること。
- 外柱の外側の女木あるいは男木の長さが小根ほぞの柱面からの長さの1.5倍以上、かつ、梁せいの1.5倍以上の場合には、外柱の外側の付加曲げモーメントを表4.9の0.5倍とすることができる。この場合、図4.29～4.31における外柱の曲げモーメント M_L、M_R は $1.5M$ となる。

5）小根ほぞ鼻栓打ち（胴付き小根ほぞ鼻栓留め）

〈適用範囲〉

適用範囲を示す（図 4.40 参照）。

- 梁幅（W）：120mm 以上
- 梁せい（h）：150〜300mm
- 栓径（d）：15mm 程度（栓径が大きい場合には、小根ほぞのせん断破壊が早期に生じて、靱性が低下する可能性がある）
- 栓の本数：1 カ所につき 1 本
- 小根ほぞせい（$h/2$）：梁せいの 1/2 程度
- 小根ほぞ幅（w）：30〜36mm
- ほぞの余長（L_1）：105mm 以上

この範囲においては、回転角 1/10rad まで梁せいの違いによる復元力への影響は顕著ではなかったので、設計用復元力特性は梁せいによらず同じとしている。

復元力特性（曲げモーメント－回転角関係）を図 4.41 に、特定回転角時の曲げモーメントを表 4.10 に示す。

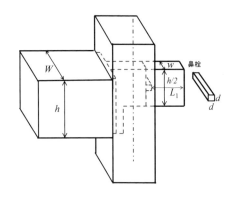

図 4.40　小根ほぞ鼻栓打ち

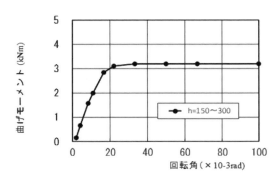

図 4.41　小根ほぞ鼻栓打ち仕口の復元力特性（h：梁せい）

表 4.10　特定回転角時の曲げモーメント M

回転角	(rad)	1/480	1/240	1/120	1/90	1/60	1/45	1/30	1/20	1/15	1/10
	($\times 10^{-3}$rad)	2.08	4.17	8.33	11.11	16.67	22.22	33.33	50.00	66.67	100.00
梁せい150mm	(kNm)	0.15	0.66	1.57	2.00	2.85	3.10	3.20	3.20	3.20	3.20
梁せい180mm											
梁せい210mm											
梁せい240mm											
梁せい270mm											
梁せい300mm											

〈注意事項〉

外柱の外側の曲げモーメント耐力は見込まない。この場合、図 4.29〜4.31 における外柱の曲げモーメント M_L、M_R は外柱の内側のみの曲げモーメント $1.0M$ となる。

6）小根ほぞ込み栓打ち（胴付き小根ほぞ込み栓留め）

〈適用範囲〉

適用範囲を以下に示す（図4.42）。

- 梁幅（W）：120mm以上
- 梁せい（h）：150～300mm
- 栓径（d）：15mm程度（栓径が大きい場合には、靭性が低下する可能性がある）
- 栓の本数：1カ所につき1本
- 小根ほぞせい（$h/2$）：梁せいの1/2程度
- 小根ほぞ幅（w）：30～36mm

なお、梁せいが大きく柱が細い場合には柱の割裂を生じる場合があるため、柱と梁の組み合わせとして梁せい300mm以上では柱150mm角以上とし、別途割裂の検討を行う。

復元力特性（曲げモーメント-回転角関係）を図4.43に、特定回転角時の曲げモーメントを表4.11に示す。

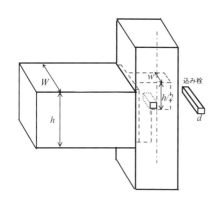

図4.42 小根ほぞ込み栓打ち

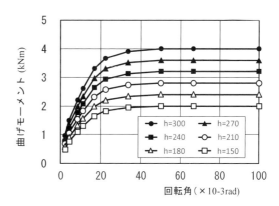

図4.43 小根ほぞ込み栓打ち仕口の復元力特性（h：梁せい）

表4.11 特定回転角時の曲げモーメントM

回転角	(rad)	1/480	1/240	1/120	1/90	1/60	1/45	1/30	1/20	1/15	1/10
	($\times 10^{-3}$rad)	2.08	4.17	8.33	11.11	16.67	22.22	33.33	50.00	66.67	100.00
梁せい150mm	(kNm)	0.48	0.75	1.10	1.30	1.65	1.83	1.95	2.00	2.00	2.00
梁せい180mm	(kNm)	0.58	0.90	1.32	1.56	1.98	2.20	2.34	2.40	2.40	2.40
梁せい210mm	(kNm)	0.68	1.05	1.54	1.82	2.31	2.57	2.73	2.80	2.80	2.80
梁せい240mm	(kNm)	0.77	1.20	1.76	2.08	2.64	2.93	3.12	3.20	3.20	3.20
梁せい270mm	(kNm)	0.87	1.35	1.98	2.34	2.97	3.30	3.51	3.60	3.60	3.60
梁せい300mm	(kNm)	0.96	1.50	2.20	2.60	3.30	3.66	3.90	4.00	4.00	4.00

〈注意事項〉

外柱の外側の曲げモーメント耐力は見込まない。この場合、図4.29～4.31における外柱の曲げモーメントM_L、M_Rは外柱の内側のみの曲げモーメント$1.0M$となる。

7）小根ほぞ割り楔締め（胴付き小根ほぞ割り楔締め）

〈適用範囲〉

適用範囲を以下に示す（図4.44）。

- 梁幅（W）：120mm 以上
- 梁せい（h）：150mm～300mm
- くさび先端角度：5°以上
- 小根ほぞせい（$h/2$）：梁せいの 1/2 程度

復元力特性（曲げモーメント－回転角関係）を図 4.45 に、特定回転角時の曲げモーメントを表 4.12 に示す。

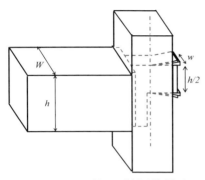

図 4.44　小根ほぞ割り楔締め

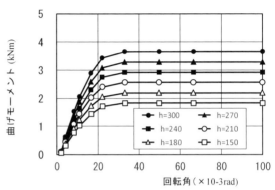

図 4.45　小根ほぞ割り楔締め仕口の復元力特性（h：梁せい）

表 4.12　特定回転角時の曲げモーメント M

回転角	(rad)	1/480	1/240	1/120	1/90	1/60	1/45	1/30	1/20	1/15	1/10
	($\times 10^{-3}$rad)	2.08	4.17	8.33	11.11	16.67	22.22	33.33	50.00	66.67	100
梁せい150mm	(kNm)	0.06	0.32	0.77	1.03	1.44	1.71	1.83	1.83	1.83	1.83
梁せい180mm	(kNm)	0.07	0.38	0.92	1.24	1.73	2.05	2.19	2.19	2.19	2.19
梁せい210mm	(kNm)	0.09	0.44	1.08	1.45	2.02	2.40	2.56	2.56	2.56	2.56
梁せい240mm	(kNm)	0.10	0.50	1.23	1.65	2.30	2.74	2.92	2.92	2.92	2.92
梁せい270mm	(kNm)	0.11	0.57	1.39	1.86	2.59	3.08	3.29	3.29	3.29	3.29
梁せい300mm	(kNm)	0.12	0.63	1.54	2.06	2.88	3.42	3.65	3.65	3.65	3.65

〈注意事項〉

外柱の外側の曲げモーメント耐力は見込まない。この場合、図 4.29～4.31 における外柱の曲げモーメント M_L、M_R は外柱の内側のみの曲げモーメント $1.0M$ となる。

4.5 節の参考文献

1) 特定非営利活動法人緑の列島ネットワーク『平成 24 年度国土交通省補助事業報告書　伝統的構法の設計法作成及び性能検証実験検討委員会報告書』2014 年 7 月
2) 高山市伝統構法木造建築物耐震化マニュアル作成検討委員会『高山市伝統構法木造建築物耐震化マニュアル』2014 年 3 月
3) 棚橋秀光・鈴木祥之「伝統木造仕口の回転めり込み弾塑性特性と十字型通し貫仕口の定式化」『日本建築学会構造系論文集』Vol.76、No.667、2011 年 9 月、pp.1675-1684
4) 棚橋秀光・大岡優・鈴木祥之「伝統木造 T 字型仕口の回転めり込み特性と定式化」『日本建築学会構造系論文集』Vol.82、No.739、2017 年 9 月、pp.1403-1411

4.6 大径柱の傾斜復元力
4.6.1 柱の傾斜復元力のメカニズムと設計用復元力

社寺建築物などの柱のように、柱径が大きく、柱幅の柱高さに対する比が大きく、また柱に作用する鉛直荷重が大きい場合、水平変位が柱幅より小さければ、水平力を受けて傾斜した柱には上部からの鉛直荷重により元に戻ろうとする復元力が働き、水平変位が柱幅より大きくなると転倒に至る（図4.46）[1]。この復元力を柱傾斜復元力と呼ぶ。この柱の傾斜復元力は水平抵抗として有効であり、図4.47に示すように初期の剛性が高く、大変形領域で耐力が低下し、水平変位が柱幅より大きくなると負の復元力となる。

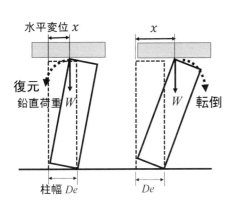

図4.46　柱傾斜復元力のメカニズム

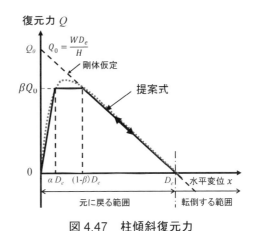

図4.47　柱傾斜復元力

1) 柱傾斜復元力 Q

柱傾斜復元力 Q は、伝統軸組の実験等[2)〜4)]から提案されている次式で求められる。

$$
\begin{aligned}
0 \leq x/D_e < \alpha & \quad Q = \frac{\beta W}{\alpha H} x \\
\alpha \leq x/D_e < 1-\beta & \quad Q = \frac{\beta W D_e}{H} \\
1-\beta \leq x/D_e & \quad Q = \frac{W D_e}{H}\left(1 - \frac{x}{D_e}\right)
\end{aligned}
\quad (4.50)
$$

ここで、D_e は柱幅（柱の有効径）、H は柱長さ、W は鉛直荷重、α は弾性限界変位の柱幅に対する比（0.1〜0.2）、β は最大復元力の低減率を表している。柱を剛体と仮定した場合、復元力は図4.47の破線のように直線となるが、実際には柱上下端でめりこみが生じて最大耐力が低下するので、剛体仮定の復元力 Q_0（$=WD_e/H$）に対する最大復元力の低減率 β は 0.6〜0.85 とする。

2) 有効柱幅 D_e

柱傾斜復元力は柱幅に依存するが、有効柱幅 D_e は図4.48に示すように柱頭の状況に応じて設定する。文化庁の重要文化財（建造物）耐震基礎診断実施要領[5]では、図4.48(a)のように柱頭に大斗がある場合の有効柱幅を下端柱幅と上端大斗尻幅の平均としている。また、図4.48(b)、(c)のように、柱頭の鉛直荷重が桁梁から伝達される場合において梁幅が柱幅よりも小さいときには桁梁幅方向で柱幅の代わりに梁幅を採用するなど、方向（桁梁軸方向、桁梁幅方向）によって柱幅のとり方が異なる。

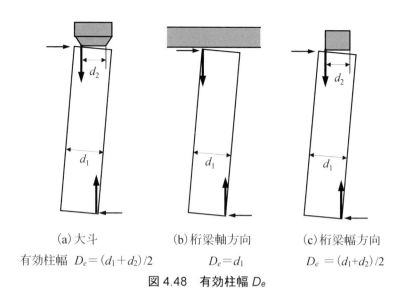

(a) 大斗	(b) 桁梁軸方向	(c) 桁梁幅方向
有効柱幅 $D_e=(d_1+d_2)/2$	$D_e=d_1$	$D_e=(d_1+d_2)/2$

図 4.48 有効柱幅 D_e

3) 弾性限界変位の柱幅に対する比 α および最大復元力の低減率 β

伝統軸組の振動台実験等[2)～4)]の結果によると、柱頭・柱脚の柱端部のめりこみにより有効柱幅が減少するため、最大耐力は低下し、最大耐力時変位は増大する傾向がある。これらを決めるパラメータが α、β である。α は弾性限界変位（初期剛性の降伏点変位）の有効柱幅に対する比を表しており、実験結果では 0.1～0.2 である。一方、β は柱が剛な場合の復元力に対して最大耐力の低下を示すパラメータで、実験結果では 0.6～0.85 程度である。実験によると、多数回の繰り返し載荷によって柱頭・柱脚の柱端部にめりこみが生じる場合に 0.6～0.7 程度であったのに対し、繰り返し載荷がそれほど多くない場合では 0.7 以上という結果が得られた。以上より、通常は安全側のパラメータとして $\alpha=0.2$、$\beta=0.7$ を用いることとしている。

4.6.2 柱の傾斜復元力の地震応答計算での取り扱いに関する注意事項

・実験結果によると、柱傾斜復元力は柱上下端部のめりこみによる履歴特性を示すが、この履歴減衰は小さいため、図 4.47 に示すように非履歴型の非線形弾性復元力特性として評価する。したがって、履歴減衰を見込まず、地震応答計算では減衰評価からは除外しておく。ただし、柱傾斜復元力の耐力は有効であるため、地震応答計算の各ステップでは柱傾斜復元力の等価剛性を一般の履歴型復元力の等価剛性に加算する。このように、一般の履歴型復元力とは扱いが異なる点に注意を要する。

・層の復元力の算定時には、柱ごとの傾斜復元力を足し合わせるが、柱幅によっては柱幅を超える変形が生じ、復元力が負となる柱が存在することがありうる。その場合には負の復元力として加算する。

・柱傾斜復元力は、柱に作用する鉛直荷重の効果を含んでいる。一般の履歴型復元力では、安全限界層間変形角を 1/30rad 以上に設定する場合には、鉛直荷重による PΔ 効果の影響を層の復元力に反映させる必要があるが、柱傾斜復元力については PΔ 効果の影響が含まれているので反映させる必要はない。

4.6 節の参考文献

1) 坂靜雄「社寺骨組の力学的研究（第 1 部　柱の安定復原力）」『建築学会大会論文集』1941 年 4 月、pp.252-258
2) 鈴木祥之・後藤正美・大下達哉・前野将輝「伝統木造軸組の柱傾斜復元力特性に関する実大静的・動的実験」『第 11 回日本地震工学シンポジウム論文集』2002 年 11 月、pp.1361-1366
3) 鈴木祥之・前野将輝・西塔純人・北原昭男・後藤正美・須田達・大下達哉「伝統木造軸組の実大振動実験・静的水平力載荷実験」『日本建築学会構造系論文集』No.574、2003 年 12 月、pp.135-142
4) 前野将輝・西塔純人・鈴木祥之「伝統木造軸組の実大実験による柱に加わる力の釣合関係と柱傾斜復元力特性の評価」『日本建築学会構造系論文集』No.615、2007 年 5 月、pp.153-160
5) 文化庁文化財部建造物課『重要文化財（建造物）耐震基礎診断実施要領』平成 13 年 4 月 10 日文化財保護部建造物課長裁定、平成 24 年 6 月 12 日改正

4.7 はしご型フレーム
4.7.1 はしご型フレームの概要

はしご型フレームは、柱間に水平に架けられた上下の弦材に数本の鉛直の束を接合してはしご状に組み立てた木製梁である。束と弦材はほぞ差しで接合し、込栓を打ちこむことで、弦材と束の接合部で生じるめりこみや摩擦により耐力を発揮するもので、変形性能に優れた耐震要素として用いられている。

写真4.1は京町家の通り庭に設置されたはしご型フレーム[1)2)]の一例である。住宅用のはしご型フレームは、図4.49に示すように金具または雇いほぞを用いて後付け可能な納まりで柱に接合する。柱の割裂・折損などの損傷を防止するため、ピン接合に近い接合が望ましい。

写真4.2は寺院建築物の耐震補強用に柱頭部に取り付けられたはしご型フレームで、写真4.3のように柱との取り付け部では金具を用いてピン接合とされている。なお、この事例では柱の径が大きかったため、はしご型フレームが二重に設置されている[3)]。

写真4.1　京町家に設置されたはしご型フレーム

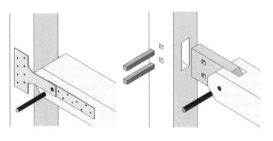

図4.49　柱との接合方法

写真4.2　寺院建築物に取り付けたはしご型フレーム

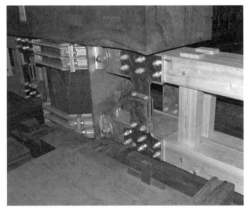

写真4.3　はしご型フレームの取り付け部

4.7.2 はしご型フレームの復元力

はしご型フレームの復元力は、仕口の回転めりこみ抵抗の総計 $2nM$（n：束の本数、M：仕口1カ所の復元力モーメント）を階高さ H_S で除したせん断力 Q として求められる。

はしご型フレームの概要図を図4.50に示す。また、図4.50のはしご型フレームを組み込んだ軸組のモーメント分布（$n=3$ の場合）を図4.51に示す。図4.50の概要図ではピン接合に近い接合方法で柱に取り付けられているが、雇いほぞ車知栓打ちなどのピン接合にならない仕口とする場合であっても、安全側として図4.51のモーメント図を用いることができる。また、図4.50のように束が弦材より突出している場合には、突出していない場合よりも耐力は大きくなるが、ここでは安全側として突出していない場合の復元力特性を以下に示す。なお、突出している場合の算定方法については4.7.4項にて解説する。

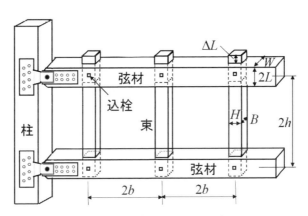

図4.50　はしご型フレームの概要図

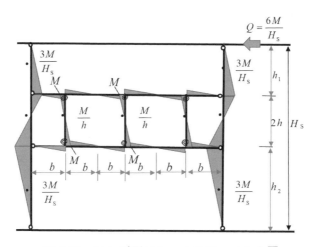

図4.51　はしご型フレームのモーメント図

〈標準仕様〉

- 弦材は、幅 $W=90$mm 以上、高さ $2L=90$mm 以上
- 束は、幅 $H=45$mm 以上、奥行 $B=45$mm 以上、本数 $n=2$ 以上
- 弦材および束の樹種はヒノキを標準とする
- 込栓は、住宅用 9〜12mm 角、社寺用 18〜20mm 角、樹種はカシ、ケヤキ、ナラなどの樫木あるいは弦材、束と同種とする
- はしご型フレームを取り付ける柱は 105mm 角以上。柱間のスパンは、住宅用 910mm 以上、社寺用 1820mm 以上
- 束の間隔（$2b$）は、弦材の割裂を防ぐために表 4.13 に示す値以上とする

標準の部材の仕様を一覧にしたものを表 4.13 に示す。これらの仕様に基づいて、静的実験、振動台実験[3) 4)]、シミュレーション解析[5)〜7)]を行い、導き出された束と弦材との仕口1カ所あたりの特定回転角時の曲げモーメント M の一覧を表 4.14 に、特定回転時の曲げモーメントの復元力特性を図 4.52 に示す。

表 4.13 はしご型フレーム標準仕様一覧表

No	仕様	柱	束の間隔 $2b$	束の断面 $B \times H$	込栓	弦材 $2L \times W$	弦材の間隔 $2h$	樹種
1	住宅_束幅45	105mm×105mm	300mm	45mm×45mm	9mm角	90mm×90mm	450mm	ヒノキ
2	住宅_束幅60			45mm×60mm				
3	住宅_束幅60		455mm	60mm×60mm	12mm角	105mm×105mm	450〜750mm	
4	住宅_束幅75			60mm×75mm				
5	住宅_束幅90			60mm×90mm				
6	社寺_束幅120	150mm×150mm	600mm	75mm×120mm	18mm角	150mm×150mm	600mm	ヒノキ
7	社寺_束幅150	180mm×180mm		90mm×150mm	20mm角	180mm×180mm		

表 4.14 特定回転角時の曲げモーメント M（仕口1カ所あたりの復元力モーメント）[kN・m]

| 回転角 | [rad] | 1/480 | 1/240 | 1/120 | 1/90 | 1/60 | 1/45 | 1/30 | 1/20 | 1/15 | 1/10 |
	[$\times 10^{-3}$rad]	2.08	4.17	8.33	11.11	16.67	22.22	33.33	50.00	66.67	100.00
束45×45mm		0.04	0.09	0.19	0.25	0.38	0.51	0.69	0.83	0.94	1.13
束45×60mm		0.06	0.12	0.23	0.31	0.47	0.63	0.86	1.03	1.15	1.36
束60×60mm		0.07	0.14	0.28	0.37	0.56	0.74	1.13	1.49	1.71	2.06
束60×75mm		0.09	0.17	0.34	0.46	0.69	0.91	1.36	1.72	1.96	2.35
束60×90mm		0.10	0.19	0.38	0.51	0.77	1.04	1.47	1.85	2.10	2.54
束75×120mm		0.27	0.54	1.08	1.46	2.05	2.36	2.78	3.25	3.63	4.31
束90×150mm		0.47	0.94	1.87	2.63	3.66	4.24	4.98	5.78	6.47	7.67

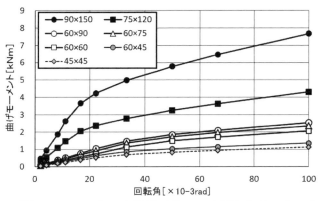

図 4.52 はしご型フレームの復元力特性（仕口 1 カ所あたりの復元力モーメント）

4.7.3 はしご型フレームの設計用復元力の評価式

上記の標準仕様に該当しないはしご型フレームの設計用復元力は、弾塑性パステルナーク・モデル（EPM）に基づく解析手法[5]~[7]によって以下の要領で評価する。

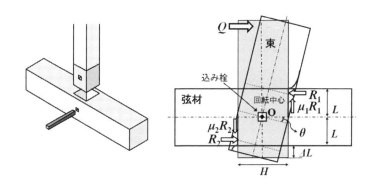

図 4.53 束と弦材との仕口の回転めりこみと摩擦

はしご型フレームにおける束と弦材との仕口の回転めりこみと摩擦のメカニズムを図 4.53 に示す。このような仕口は T 字型仕口に相当し、通し貫仕口と異なり、回転中心は仕口の中心 O ではなく弦材の表面付近にあり、回転進行とともに中心の移動も起こることがわかっている[7]。また、通し貫仕口、T 字型仕口のいずれも、接触長さ L は回転とともに変化する[6][7]。したがって、回転めりこみの厳密な解析はかなり複雑となるため、実用上ある程度の簡略化が必要となる。そこで、ここでは込み栓の抵抗とともに回転中心の移動および接触長さの変化を無視している。また、束の外端部では $\varDelta L=0$ で、束は弦材から突出していないものと仮定している。

弦材と束との仕口 1 カ所が負担する弾性抵抗モーメントを M とすると、仕口のめりこみによる弾塑性回転角 θ_P と抵抗モーメント M の関係式[6]は以下となる。

$$\theta_P = \frac{M}{\sum K_{R0}\zeta_R(\theta) + \sum \mu K_{F0}\zeta_F(\theta)} = \frac{M}{K} \tag{4.51}$$

ここで、(4.51)式の分母 K は回転めりこみ剛性を表しており、回転めりこみの接触長さ L の回転めりこみの基本回転剛性 K_{R0}、K_{F0} と端距離（束の弦材からの突出長さ）が $\varDelta L$ の場合の剛性関数(4.55)式、(4.57)式の積の総和で表される。θ は弾性回転角を表し、図 4.53 に示されるように、

回転めりこみの箇所ごとのめりこみによる成分 R_1、R_2 と摩擦による成分 $\mu_1 F_1$、$\mu_2 F_2$ によるモーメントの総和を意味する（μ_1 および μ_2 は摩擦係数）。

$$K = \frac{K_{R0}\left[\zeta_{R1}(\theta) + \zeta_{R2}(\theta)\right]}{2} + \frac{K_{F0}\left[\mu_1 \zeta_{F1}(\theta) + \mu_2 \zeta_{F2}(\theta)\right]}{2}$$
$$= \frac{K_{R0}(\zeta_{R1} + \zeta_{R2}) + K_{F0}(\mu_1 \zeta_{F1} + \mu_2 \zeta_{F2})}{2(1 + mh_y)} \tag{4.52}$$

$$K_{R0} = \frac{2EBL^3}{3H} : 接触長さ L（端距離ゼロ）の回転めりこみの基本回転剛性 \tag{4.53}$$

$$K_{F0} = \frac{EBL^2}{2} : 接触長さ L（端距離ゼロ）の摩擦による基本回転剛性 \tag{4.54}$$

ここで、m、h_y は(4.59)式で与えられる。E は横圧縮ヤング係数、B は束の奥行、H は束の幅、L は接触長さを表している。また、$\zeta_R(\theta)$ は回転による剛性関数であり、下式で表される。

$$\zeta_R(\theta) = \frac{\zeta_R}{1 + mh_y} = \frac{1 + \frac{3}{\gamma L}\left[\left(1 + \frac{1}{\gamma L}\right)\left(1 - e^{-\gamma \Delta L}\right) - \frac{\Delta L}{L} e^{-\gamma \Delta L}\right]}{1 + mh_y} \tag{4.55}$$

ここで、ζ_R は回転めりこみの剛性増大率を表している。

$$\zeta_R = 1 + \frac{3}{\gamma L}\left[\left(1 + \frac{1}{\gamma L}\right)\left(1 - e^{-\gamma \Delta L}\right) - \frac{\Delta L}{L} e^{-\gamma \Delta L}\right] \tag{4.56}$$

一方、$\zeta_F(\theta)$ は摩擦による剛性関数であり、下式で表される。

$$\zeta_F(\theta) = \frac{\zeta_F}{1 + mh_y} = \frac{1 + \frac{2}{\gamma L}\left(1 - e^{-\gamma \Delta L}\right)}{1 + mh_y} \tag{4.57}$$

ここで、ζ_F は摩擦の剛性増大率を表している。

$$\zeta_F = 1 + \frac{2}{\gamma L}\left(1 - e^{-\gamma \Delta L}\right) \tag{4.58}$$

ただし、(4.55)式、(4.57)式は突出長さ ΔL の一般式であり、突出長さがゼロの場合には内側の突出長さ $\Delta L = \infty$ と外側の突出長さ $\Delta L = 0$ の回転めりこみの剛性増大率の平均の合計となる。$\Delta L = 0$ の場合の剛性増大率は 1 となるので、(4.52)式は(4.52a)式になる。

$$K = \frac{K_{R0}\left[1 + \frac{3}{\gamma L}\left(1 + \frac{1}{\gamma L}\right) + 1\right] + K_{F0}\left[\left(1 + \frac{2}{\gamma L}\right)\mu_1 + \mu_2\right]}{2(1 + mh_y)} \tag{4.52a}$$

なお、摩擦係数は、実験結果から $\Delta L = 0$ では 0.4 となることがわかっており、$\Delta L < H/2$ の範囲ではめりこみ部の束が削り取られるようにせん断破壊する [7] ことがあるため 0.4 とし、$\Delta L \geq H/2$ では 0.6 とする。したがって、摩擦係数 μ_1 および μ_2 は以下とする。

・仕口の内側では、$\mu_1 = 0.6$

・仕口の外側では、$0 \leq \Delta L < H/2$ の場合には $\mu_2 = 0.4$、$\Delta L \geq H/2$ の場合には $\mu_2 = 0.6$

また、束の弦材からの突出長さまたは端距離である ΔL については、仕口の内側では ∞ として扱い、外側では束の弦材からの突出がなければゼロである。

剛性関数(4.55)式、(4.57)式の分子である剛性増大率は、端距離 ΔL とパステルナーク・モデル

の無次元特性値 γH、γL、$\gamma \Delta L$ により決まる（γ は変形角を意味するものではなく、γH、γL、$\gamma \Delta L$ として扱われる）。一方、分母については、弾性域では 1 の値をとるが、降伏後は塑性変形に伴う回転角増分 mh_y を加算する必要がある。m および h_y を求める実用近似式は(4.59)式、(4.60)式で与えられ、弾性回転角 θ の関数となることに注意されたい。

$$m = C\left(1 - \frac{1}{\kappa}\right) \tag{4.59}$$

$$h_y = \frac{1}{\eta}\ln\kappa \quad (0 \leq h_y \leq 1)$$

ここで、C は塑性回転角倍率を表し、η は形状関数のパラメータで降伏ひずみ比 $\eta = {}_F\varepsilon_y / {}_P\varepsilon_y$ として求められる（${}_F\varepsilon_y$ は全面横圧縮降伏ひずみ、${}_P\varepsilon_y$ は部分横圧縮降伏ひずみ）。また、κ は降伏比であり、次式で表される。

$$\kappa = \frac{\theta}{\theta_y}\eta = \frac{\varepsilon}{{}_F\varepsilon_y}\eta \tag{4.60}$$

ここで、θ は弾性回転角、θ_y は降伏回転角、ε は弾性ひずみを表している。

部材寸法は表 4.13 によるほか、具体的な解析用パラメータは、縦圧縮ヤング係数 $E_L = 10.8\text{kN/mm}^2$、横圧縮ヤング係数 $E \cong E_L/50 = 216\text{N/mm}^2$、全面横圧縮降伏ひずみ ${}_F\varepsilon_y = 0.025$、摩擦係数 $\mu = 0.4$ または 0.6 とする。また、無次元特性値 γH は T 字型仕口の横圧縮ヤング係数との相関関係[7] から、$\gamma H \cong 0.003E + 1.3 = 1.95$、$\gamma L = \gamma H \times L/H = 1.95\ L/H$、このほか形状関数のパラメータ η、塑性回転角倍率 C は実験結果に即して決める。

続いて、はしご型フレームが組み込まれた軸組の復元力を考える。弦材、束、柱の曲げ変形、せん断変形などが付加されるが、せん断変形を無視して曲げ変形を考慮すると[5〜6]、

$$\theta_b = \frac{Qbh}{6E_bI_b} = \frac{Mb}{6E_bI_b} \quad :\text{弦材の曲げ変形による回転角} \tag{4.61}$$

$$\theta_t = \frac{Qh^2}{3E_tI_t} = \frac{Mh}{3E_tI_t} \quad :\text{束の曲げ変形による回転角} \tag{4.62}$$

$$\theta_c = \frac{nQhH_S}{12E_cI_c}\beta\left(1 - \frac{2h}{H_S}\right)^2 = \frac{nMH_S}{12E_cI_c}\beta\left(1 - \frac{2h}{H_S}\right)^2 \quad :\text{柱の曲げ変形による回転角} \tag{4.63}$$

ここで、

$$\beta = 3\left(\frac{h_1 - h_2}{h_1 + h_2}\right)^2 + 1 \quad (1 \leq \beta \leq 4) \tag{4.64}$$

はしご型フレームを組み込んだ軸組の回転角 θ_{all} は、仕口のめりこみによる弾塑性回転角 θ_P および上記の θ_b、θ_t、θ_c の和として求められ、次式となる。

$$\theta_{all} = \theta_P + \theta_b + \theta_t + \theta_c = \frac{M}{K} + M\left[\frac{b}{6E_bI_b} + \frac{h}{3E_tI_t} + \frac{nH_S}{12E_cI_c}\beta\left(1 - \frac{2h}{H_S}\right)^2\right] \tag{4.65}$$

ここで、$2b$ は束の間隔、$2h$ は束の高さ、n は束の本数、H_S は軸組の高さ、h_1 は上弦材と柱頭支点との距離、h_2 は下弦材と柱脚支点との距離、E_bI_b は弦材の曲げ剛性、E_tI_t は束の曲げ剛性、E_cI_c は柱の曲げ剛性を表している（図 4.50、4.51 参照）。

なお、曲げ剛性が十分に大きい場合には、弦材・束・柱の曲げ変形を無視することができ、軸組の回転角はめりこみによる回転角 θ_P のみとなる。

$$\theta_{all} \cong \theta_P = \frac{M}{K} \tag{4.66}$$

また、はしご型フレーム（束本数 n）を組み込んだ軸組の復元力は、

$$Q = \frac{2nM}{H_S} \tag{4.67}$$

上記の評価式を用いて、はしご型フレームに必要な復元力を弦材・束の断面と束の本数により求めることができる。

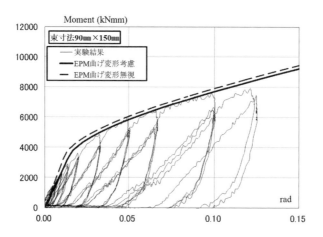

図 4.54　はしご型フレーム（部材寸法 No.7）の実験結果と EPM 解析結果

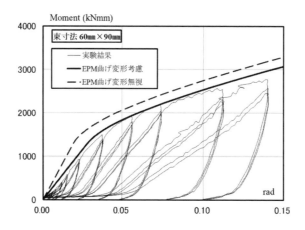

図 4.55　はしご型フレーム（部材寸法 No.5）の実験結果と EPM 解析結果

参考として検証実験例と解析例を図 4.54、4.55 に示す[4)〜7)]。部材寸法は表 4.13 の No.5 と No.7 によるほか、解析に用いたパラメータは、縦圧縮ヤング係数 E_L=10.8kN/mm^2、横圧縮ヤング係数 $E \cong E_L/50$=216N/mm^2、全面横圧縮降伏ひずみ $_F\varepsilon_y$=0.025、無次元特性値 $\gamma H \cong 0.003E+1.3$=1.95、$\gamma L = \gamma H \times L/H$=1.95 L/H、形状関数のパラメータ η=1.6〜2.4（住宅用）または 3.6（社寺用）、塑性回転角倍率 C=8〜10（住宅用）または 20（社寺用）、摩擦係数 μ=0.4 または 0.6、軸組の高さ H_S=2730mm、上弦材と柱頭支点との距離 h_1＝下弦材と柱脚支点との距離 h_2、β=1 である。

4.7.4 束が弦材から突出している場合の算定法

本項では、束の突出長さ $\Delta L \geqq H/2$ の場合における復元力の算定法を示す。例として、社寺用の束 90×150mm、弦材 180×180mm、束の突出長さ $\Delta L = 90$mm の場合の復元力を、$\Delta L = 0$ の復元力に対する増大比により近似的に求めることとする。

なお、突出のないはしご型フレームの耐力は実験的検証をもとに表 4.14 の数値を提案しているが、突出した場合の算定法はＴ字型仕口の実験とシミュレーションに基づく推定によるものである。束の突出による耐力増大は実験的に認められるものの、ばらつきもあり、まだ定量的に十分に検証できていないので、増大率を設計に組みこむことは難しい。今後、束突出の増大効果などは部材の降伏・破壊などの性状を含め、より多くの実験による検証とともに理論解析的な検証も行う必要がある。

基本回転剛性は回転めりこみの両側の端距離が $\Delta L = 0$ の場合の剛性であることに注意して、仕口の内側はつねに $\Delta L = \infty$ と見なして、外側のみ ΔL に応じた剛性増大率を算定して、内側と外側の剛性増大率の平均を用いる。

$$M = K\theta_P = \frac{\left[\dfrac{K_{R0}(\zeta_{R1} + \zeta_{R2})}{2} + \dfrac{K_{F0}(\mu_1 \zeta_{F1} + \mu_2 \zeta_{F2})}{2}\right]}{1 + mh_y}\theta_P \tag{4.68}$$

以下より、ΔL に応じた剛性増大率を算定する。$B = 90$mm、$H = 150$mm、$L = 90$mm、$\Delta L = 90$mm、$E = 216$N/mm^2 として、

$$\gamma L = \gamma H \times \frac{L}{H} = 1.95 \times \frac{90}{150} \fallingdotseq 1.17$$

$$\gamma \Delta L = \gamma L \times \frac{\Delta L}{L} = 1.17 \times \frac{90}{90} \fallingdotseq 1.17$$

$$e^{-\gamma \Delta L} = e^{-1.17} \fallingdotseq 0.31$$

仕口の内側はつねに $\Delta L = \infty$ で、

$$\zeta_{R1} = 1 + \frac{3}{\gamma L}\left(1 + \frac{1}{\gamma L}\right) = 1 + \frac{3}{1.17}\left(1 + \frac{1}{1.17}\right) \fallingdotseq 5.76, \quad \zeta_{F1} = 1 + \frac{2}{\gamma L} = 1 + \frac{2}{1.17} \fallingdotseq 2.71$$

仕口の外側で $\Delta L = 0$ の場合には、

$$\zeta_{R2} = 1, \; \zeta_{F2} = 1$$

仕口の外側で $\Delta L = 90$mm の場合には、

$$\zeta_{R2} = 1 + \frac{3}{\gamma L}\left[\left(1 + \frac{1}{\gamma L}\right)\left(1 - e^{-\gamma \Delta L}\right) - \frac{\Delta L}{L} e^{-\gamma \Delta L}\right] = 1 + \frac{3}{1.17}\left[\left(1 + \frac{1}{1.17}\right)(1 - 0.31) - \frac{90}{90} \times 0.31\right]$$
$$\fallingdotseq 3.48$$

$$\zeta_{F2} = 1 + \frac{2}{\gamma L}\left(1 - e^{-\gamma \Delta L}\right) = 1 + \frac{2}{1.17}(1 - 0.31) \fallingdotseq 2.18$$

$$K_{R0} = \frac{2EBL^3}{3H} = \frac{2 \times 216 \times 90 \times 90^3}{3 \times 150} = 62.9856 \times 10^6 \text{ N·mm}$$

$$K_{F0} = \frac{EBL^2}{2} = \frac{216 \times 90 \times 90^2}{2} = 78.732 \times 10^6 \text{ N·mm}$$

$\Delta L = 0$ の場合の復元力モーメント M を M_0 とすると、(4.68)式より、

$$M_0 = \frac{\left[\dfrac{K_{R0}(\zeta_{R1}+\zeta_{R2})}{2} + \dfrac{K_{F0}(\mu_1\zeta_{F1}+\mu_2\zeta_{F2})}{2}\right]}{1+mh_y}\theta_P$$

$$= \frac{\left[\dfrac{62.9856\times 10^6 \times (5.76+1)}{2} + \dfrac{78.732\times 10^6 \times (2.71\times 0.6 + 1\times 0.4)}{2}\right]}{1+mh_y}\theta_P$$

$$= \frac{(212.9+79.8)\times 10^6}{1+mh_y}\theta_P = \frac{292.7\times 10^6}{1+mh_y}\theta_P \ \text{N·mm} = \frac{292.7}{1+mh_y}\theta_P \ \text{kN·m}$$

一方、$\varDelta L = 90\text{mm}$ の場合の復元力モーメント M を M_1 とすると、

$$M_1 = \frac{\left[\dfrac{K_{R0}(\zeta_{R1}+\zeta_{R2})}{2} + \dfrac{K_{F0}(\mu_1\zeta_{F1}+\mu_2\zeta_{F2})}{2}\right]}{1+mh_y}\theta_P$$

$$= \frac{\left[\dfrac{62.9856\times 10^6 \times (5.76+3.48)}{2} + \dfrac{78.732\times 10^6 \times (2.71\times 0.6 + 2.18\times 0.6)}{2}\right]}{1+mh_y}\theta_P$$

$$= \frac{(291.0+115.5)\times 10^6}{1+mh_y}\theta_P = \frac{406.5\times 10^6}{1+mh_y}\theta_P \ \text{N·mm} = \frac{406.5}{1+mh_y}\theta_P \ \text{kN·m}$$

$\varDelta L$ を 0mm から 90mm にしたことによる増大比 α は、

$$\alpha = \frac{M_1}{M_0} = \frac{406.5}{292.7} = 1.39$$

したがって、この増大比 α を表 4.14 に示す復元力モーメントに乗じることで、$\varDelta L = 90\text{mm}$ の場合の復元力を求めることができる。このように、束が弦材から突出している場合には、はしご型フレームの耐力は増大する。

4.7 節の参考文献

1) 鈴木祥之（分担執筆）「Ⅱ 震動台活用による構造物の耐震性向上研究」『平成 16 年度大都市大震災軽減化特別プロジェクト成果報告書』文部科学省研究開発局、独立行政法人防災科学技術研究所、2005 年 5 月

2) 鈴木祥之『京町家の耐震補強と新しい京町家をつくる』京町家震動台実験研究会、京都大学防災研究所、2006 年 7 月

3) 白山敦子・鈴木祥之・佐々木孝史「伝統木造軸組の梯子状梁による耐震補強」『第 12 回日本地震工学シンポジウム論文集』2006 年 11 月、pp.1070-1073

4) 岡村雅克・棚橋秀光・須田達・鈴木祥之「伝統木造 T 型仕口の復元力特性（その 2：はしご型フレーム）」『日本建築学会大会学術講演梗概集』構造Ⅲ、2008 年 9 月、pp.378-379

5) 棚橋秀光・鈴木祥之「はしご型フレームによる伝統木造構造物の耐震補強」『歴史都市防災論文集』Vol.2、2008 年 10 月、pp.171-178

6) 棚橋秀光・鈴木祥之「伝統木造仕口の回転めり込み弾塑性特性と十字型通し貫仕口の定式化」『日本建築学会構造系論文集』Vol.76、No. 667、2011 年 9 月、pp.1675-1684

7) 棚橋秀光・大岡優・鈴木祥之「伝統木造 T 字型仕口の回転めり込み特性と定式化」『日本建築学会構造系論文集』Vol.82、No.739、2017 年 9 月、pp.1403-1411

4.8 実験・評価方法

土塗り・板張りの全面壁、小壁(垂れ壁、腰壁)、壁土の圧縮試験、床などの水平構面、継手・仕口接合部の実験方法および評価方法を以下に示す。

4.8.1 土塗り・板張りの全面壁および小壁(垂れ壁、腰壁)

1) 試験体

- 仕様:土台仕様または足固め仕様
- 軸組の寸法:任意の寸法。土壁の場合は、壁を含む軸組の高さ(横架材芯々間距離)H、柱芯々間距離L、土壁内法高さH_W、土壁内法長さL_W、壁厚さt_W(荒壁、中塗りの厚さ)を実測する(図4.56参照)。
- 木材:含水率20%以下の乾燥材で、内部割れがないものを用いる。樹種および断面寸法は実状に即したものを選択する
- 仕口:実状に即した形式とする
- 試験体数:3体を標準とする

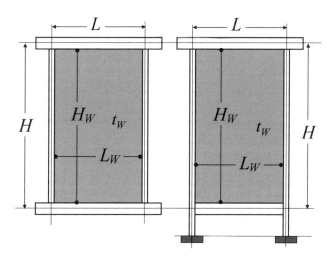

(a) 土台仕様試験体　　(b) 足固め仕様試験体

H:土壁を含む軸組の高さ　L:柱芯々間距離　H_W:土壁内法高さ　L_W:土壁内法長さ

図4.56　土台仕様および足固め仕様試験体の例

土壁の検証実験[1]では、土壁の標準仕様として、軸組高さ H=2730mm、1P幅の壁長 L=910mm、2P幅の壁長 L=1820mm、壁厚さ t_W=60mm(荒壁36mm、両面中塗り12mm+12mm)、柱:スギ 120mm×120mm、土台:ヒノキまたはスギ 120mm×120mm、桁:スギ 120mm×210mm、貫:3段、スギ 105mm×180mm、小舞下地:竹小舞、小舞間隔(内法寸法)平均45mm としている。

2) 試験方法

①柱の浮き上がりの拘束方法

柱1本あたり10kN程度の鉛直荷重を作用させる載荷式が望ましい。金物による仕口の補強は行わない。加力中に柱の浮き上がりが生じ、水平耐力が増加しないような場合には、柱脚の浮き上がりを拘束して加力を続行する。その際、浮き上がりの拘束力を測定するのが望ましい。

タイロッドで柱の浮き上がりを拘束する方式もあるが、タイロッドの影響を除去するのが難しいという問題がある。

②足固め仕様の場合の柱脚の固定方法

足固め仕様の場合には、柱脚の回転は拘束せず、水平移動のみを拘束するようにする。10mm程度の浮き上がりが生じた時点で、鉛直方向の変位を拘束できるような仕様の治具を用いてもよい。

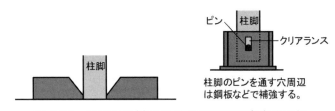

図4.57　足固め仕様の場合の柱脚の固定方法の例

③加力履歴

（1/480）、1/240、1/120、1/90、1/60、1/45、1/30、1/20、1/15、1/10、1/7rad にて正負2回以上繰り返し載荷を行う。特定変形角時の荷重を確実に計測できるよう、所定の変位より5%程度大きめの変位まで加力する。

3）測定・記録項目

標準的な変位の計測位置を図4.58に示す。水平荷重、桁の水平変位、土台（足固め）の水平変位、柱の浮き上がり変位の計測は必須とし、軸組の対角変位、柱脚・柱頭等のひずみ、鴨居・窓台端部の引き抜き量等の計測は任意とする。

また、試験体に使用した木材の等級、ヤング率、密度、含水率を記録しておく。土壁の場合には、壁土の圧縮試験を行い、圧縮強度も記録する。

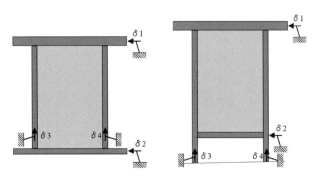

図4.58　変位計測位置

4）評価方法

軸組のせん断変形量の評価には、基本的に見かけの変形角を使用する。柱脚に浮き上がりが生じて水平荷重が頭打ちになり、柱の浮き上がりを拘束して加力した場合には、真の変形角を用いて評価する。

水平荷重には積載鉛直荷重によるP∆効果が含まれるため、これを除去して評価する。

①みかけの変形角

$$\gamma = (\delta_1 - \delta_2)/H \tag{4.69}$$

　　γ：見かけの変形角
　　δ_1：桁の水平変位
　　δ_2：土台または柱脚（足固め仕様の場合）の水平変位
　　H：試験体高さ（土台仕様の場合は土台－桁芯々間距離、足固め仕様の場合は足固め－桁芯々間距離）

②真の変形角

$$\gamma' = \gamma - (\delta_3 - \delta_4)/L \tag{4.70}$$

　　γ'：真の変形角
　　δ_3、δ_4：柱脚の浮き上がり変位
　　L：柱の芯々間距離

③PΔ効果の除去方法の例

$$P' = P + W \times \tan(\delta/H) \tag{4.71}$$

　　P'：PΔ効果を除去した水平荷重
　　P：実験で計測された水平荷重
　　W：試験体に載荷された錘の重量
　　δ：層間変位
　　H：試験体高さ

④包絡線の作成方法

・平均包絡線

各試験体について、見かけの変形角（1/480）、1/240、1/120、1/90、1/60、1/45、1/30、1/20、1/15、1/10、1/7rad における荷重を抽出し、直線で結ぶ。各変形角時における荷重からは、軸組の負担力（仕口の曲げモーメント分等）を差し引いておく。各変形角時の平均荷重を求め、直線で結んだものを平均包絡線とする。

・下限包絡線

各特定変形角において、荷重のばらつき係数 $1 - CV \cdot k$（CV は変動係数で標準偏差／平均値、k は信頼水準75％の50％下側許容限界値を求めるための係数で表4.15を参照）を求め、これを各変形角時の平均荷重に乗じた値を下限荷重とする。各変形角時における下限荷重を直線で結んだものを下限包絡線とする。

表4.15　試験体数に対応する k の値

試験体数 n	k
3	0.471
4	0.383
5	0.331
6	0.297

4.8.2 壁土の圧縮試験

壁土の材料強度の試験方法としては、以下のような方法が提案されている。試験方法により用いる供試体の形状が異なるため、得られる結果も異なる。したがって、結果とともに適用した試験法についても明記する必要がある。

1) 告示の技術解説書方式[2]
   - 供試体寸法：150mm×150mm×70mm程度
   - 成型方法：内法が400mm×600mm×70mm程度の型枠で乾燥させた壁土から、150mm角の6体の供試体を切り出す
   - 加力方法：1mm/分程度の一定速度で単調圧縮載荷を行う

2) 角柱供試体方式[4]〜[6]
   - 供試体寸法：40mm×40mm×160mm
   - 成型方法：JIS R 5201 モルタル供試体用3連型枠など
   - 加力方法：まず3体について曲げ試験を行う。圧縮試験は、曲げ試験に用いた供試体の両切片に対して、40mm×40mmの加圧板を用いて単調圧縮力を載荷する

3) 円柱供試体方式[3][7]
   - 供試体寸法：直径50mm、高さ100mm程度
   - 成型方法：紙製の筒を型枠として壁土を充填し、乾燥後に脱型する
   - 加力方法：加圧面を石膏で均すなどして凹凸をなくし、単調圧縮力を載荷する

4.8.3 水平構面

水平構面に用いる釘の1面せん断性状を求めるための要素試験として小型壁体試験体による面内せん断試験を実施し、面内せん断試験結果から逆算することにより釘1本あたりのせん断性状を推定する。

1) 試験体

試験体は、対象とする床板あるいは野地板の仕様に合わせる。ここでは、図4.59のような1P×2Pの軸組に床板あるいは野地板を釘打ちした小型壁体試験体について説明する。なお、試験体の大きさは、1P×2Pよりも大きな試験体を用いても構わない。小幅板は1試験体につき5枚以上設け、釘の配置は左右上下ともに対称となるようにする。仕口は完全ピン接合とし、小幅板同士は大変形時にも接触しないよう、板と板の隙間を5mm程度あける。試験体数は3体とする。

2) 試験方法

正負交番の水平力を桁相当の部材に載荷する。加力履歴は、見かけのせん断変形角 1/450、1/300、1/200、1/150、1/100、1/75、1/50、1/30、1/15、1/10、1/7rad にて正負1回以上の繰り返しとする。ただし、(4.73)式で算出される釘の滑り量 δ が10mm以上の変位量に達するまで加力する。

3) 測定・記録項目

標準的な変位の計測位置を図4.60に示す。水平荷重、桁および土台の水平変位、柱の浮き上がり変位の計測は必須とする。なお、3体の試験体のうち1体以上の試験体で板と軸組とのずれ変形を測定し、(4.73)式および図4.61に示す条件が成立していることを確認する。

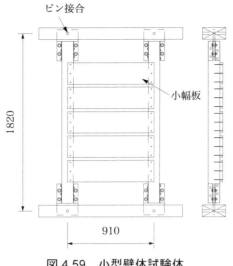

図 4.59 小型壁体試験体

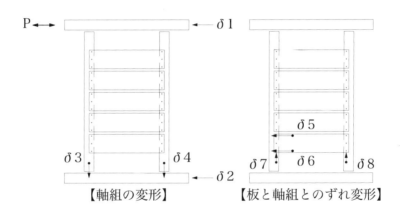

図 4.60 変位測定位置

4) 評価方法

- 平均包絡線

  各試験体について、真のせん断変形角 1/450、1/300、1/200、1/150、1/100、1/75、1/50、1/30、1/15、1/10、1/7rad における荷重を抽出し、直線で結ぶ。各変形角時の平均荷重を求め、直線で結んだものを平均包絡線とする。

- 下限包絡線

  各特定変形角において、荷重のばらつき係数 $1-CV\cdot k$(CV は変動係数で標準偏差／平均値、k は信頼水準 75%の 50%下側許容限界値を求めるための係数で、試験体数が 3 体の場合は 0.471)を求め、これを各変形角時の平均荷重に乗じた値を下限荷重とする。各変形角時における下限荷重を直線で結んだものを下限包絡線とする。

- 完全弾塑性近似

  (4.73)式で算出した釘の滑り量が 10mm までのデータを用いて完全弾塑性近似を行い、求められた初期剛性および降伏耐力それぞれの信頼水準 75%の 50%下限値を、釘 1 本あたりの初

期剛性 k_n とせん断耐力 P_{na} とする。なお、完全弾塑性近似の求め方については、日本住宅・木材技術センター発行の『木造軸組工法住宅の許容応力度設計』に記載されている方法に準拠する。

下限荷重 P と変形角 R により、釘1本あたりの平均的なせん断力 P_n と滑り量 δ は下式で求めることができる。

$$P_n = \frac{PH}{2dN} \tag{4.72}$$

$$\delta = dR \tag{4.73}$$

ここで、H は試験体高さ、N は釘接合点数、d は釘節点（図4.61参照）を表す。

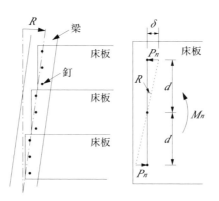

図4.61　釘節点 d の定義

4.8.4　継手・仕口

1) 試験体
- 木材：含水率20%以下の乾燥材で、内部割れがないものを用いる。樹種および断面寸法は実状に即したものを選択する
- 試験体数：6体を標準とする

2) 試験方法

①継手
- 引張の場合：試験体の両端に単調な引張力を材軸方向に載荷する（図4.62(a)）。試験体が加力の軸線上からずれる場合は、ローラーなどで拘束するか、加力点を材芯からずらしてもよい
- 曲げの場合：単調な圧縮力を試験体の材軸と直交する方向に載荷する（図4.62(b)）
- せん断の場合：図4.62(c)に示すような形で、単調な圧縮力を試験体の材軸と直交する方向に載荷する。

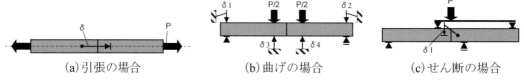

図4.62　継手試験体の加力方法

②仕口
- 引張の場合：加力方向と直交する方向の材を固定し、単調な引張力を載荷する（図4.63(a)）
- 曲げの場合：図4.63(b)および図4.63(c)に示すように、加力する材と直交する方向の材を固定し、正負交番の繰り返し載荷を行う。十字型試験体では、加力する材と直交する方向の材の上下動を拘束する力を計測するのが望ましい。加力履歴は、1/480、1/240、1/120、1/90、1/60、1/45、1/30、1/20、1/15、1/10、1/7radにて正負2回以上繰り返しとする。
- せん断の場合：図4.63(d)に示すように、単調な圧縮力を載荷する。

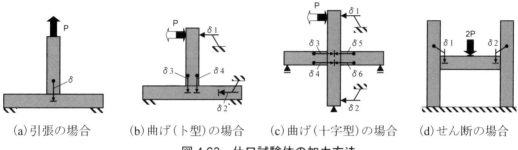

(a) 引張の場合　　(b) 曲げ(ト型)の場合　　(c) 曲げ(十字型)の場合　　(d) せん断の場合

図4.63　仕口試験体の加力方法

なお、変位計は、破壊が生じる箇所を避けて設置する。また、変位計設置のための治具によって破壊を拘束することのないように、あるいは局部的に破壊した部分の変形を計測することのないように注意する。

3）測定・記録項目

荷重、各部の変位を測定する。また、試験体各部の破壊状況、木材の等級、ヤング率、密度、含水率、破壊の原因になったと思われる欠点があった場合にはその旨を記録する。

4）評価方法

荷重－変位（曲げモーメント－回転角）関係を評価するに先立ち、初期スリップを生じている場合は除去する。

- 平均包絡線

  各試験体について、変位の場合は 0.1、0.2、0.4、0.7、1、2、4、7、10、15、30mm、回転角の場合は 1/480、1/240、1/120、1/90、1/60、1/45、1/30、1/20、1/15、1/10、1/7rad における荷重を抽出し、直線で結ぶ。各変形角時の平均荷重を求め、直線で結んだものを平均包絡線とする。

- 下限包絡線

  各特定変形角において、荷重（曲げモーメント）のばらつき係数 $1-CV \cdot k$（CV は変動係数で標準偏差／平均値、k は信頼水準75%の50%下側許容限界値を求めるための係数で表4.15参照）を求め、これを各変形角時の平均荷重に乗じた値を下限荷重とする。各変形角時における下限荷重を直線で結んだものを下限包絡線とする。

4.8 節の参考文献

1) 特定非営利活動法人緑の列島ネットワーク『平成24年度国土交通省補助事業報告書　伝統的構法の設計法作成及び性能検証実験検討委員会報告書』2014年7月
2) 土塗壁等告示に係る技術解説書作成編集委員会『土塗壁・面格子壁、落とし込み板壁の壁倍率に係る技術解説書』日本住宅・木材技術センター、2004年2月
3) 伝統的構法の設計法作成及び性能検証実験検討委員会「4.4.3 実大実験に用いた壁土の性質」『平成22年度　事業報告書』2012年3月
4) 浦憲親・蒲田幸江・鈴木祥之「壁土の供試体作製及び強度試験法に関する基礎実験」『日本建築学会構造系論文集』559号、2002年9月、pp.23-30
5) 浦憲親・松村崇司・後藤正美・永野紳一郎・蒲田幸江「壁土の試験法に関する基礎実験（材料施工）」『日本建築学会技術報告集』24巻、2006年12月、pp.35-38
6) 中尾方人・山崎裕「壁土の材料試験に基づく土塗り壁の最大せん断応力度の変動幅の推定」『日本建築学会構造系論文集』第649号、2010年3月、pp.601-607
7) 山田耕司・中治弘行・鈴木祥之「異なる強度を持つ壁土を用いた土壁耐力の推定」『日本建築学会構造系論文集』第660号、2011年2月、pp.347-352

おわりに

　本マニュアルは、石場建て構法を含む伝統的構法木造建築物の耐震設計・耐震補強設計を限界耐力計算に基づいてより高い耐震性能を確保できることを目的として編纂された。

　これまでの経緯を述べると、2000年の建築基準法改正により、伝統的構法木造建築物を合法的に設計することが困難になり、伝統的構法は危機的状況に陥った。一方で、法改正に伴って新しく導入された性能型設計法の一つと位置付けられた限界耐力計算を用いることで合法的に設計することが可能になった。そのため、伝統的構法に限界耐力計算を適用するための手法を検討し、『伝統構法を生かす木造耐震設計マニュアル —限界耐力計算による耐震設計・耐震補強設計法』（学芸出版社、2004年）を出版した。このマニュアルおよび多くの具体事例を用いて講習会など（2002〜2004年）を全国で実施したが、関心は非常に高く多くの関係者が受講し、マニュアルにしたがって設計した伝統的構法の確認申請が下りるようになった。

　しかし、耐震偽装事件を受けて2007年に再度建築基準法が改正され、確認申請・審査が厳格化された。限界耐力計算による場合は規模の大小を問わず新設された「構造計算適合性判定」の対象となり、伝統的構法の設計は、実務者にとって一段と負担が大きくなった。

　このために、実務者の負担を減らし簡易に伝統的構法を設計できる設計法の開発を望む声が関係者の間で強まり、「伝統的構法の設計法作成及び性能検証実験検討委員会」（以後、検討委員会）が国土交通省補助事業として2008年度に設置されたが、石場建てを含む伝統的構法の設計法に対応するため、2010年度に改めて「検討委員会」が設置され、石場建てを含む伝統的構法の設計法を検討してきた。

　その成果として、3つの設計法案（標準、詳細、汎用）を2013年3月に提案した。このうち標準設計法案は対象とする建築物を4号相当に限定することで、仕様規定と簡易な計算により設計可能な設計法として作成された。また法的にはこの内容を告示化することで飛躍的に実務者の負担を減らすことができ、伝統的構法復活の起爆剤になることが期待されたが、実現しなかった。

　その後、検討委員会で得た成果を生かすために「伝統的構法木造建築物設計マニュアル編集委員会」を設置して、「詳細設計法（限界耐力計算を用いた設計法）」を基本にして、2004年に出版したマニュアルで検討が不十分になっていた事項や課題になっていた事項を含めて、具体的には主として以下に示す事項について検討を行った。

(1) 限界耐力計算は、近似応答計算法で多質点系を1質点系に置換して応答を求めるが、これを可能にするためは、剛床仮定の成立が基本条件となる。しかし伝統的構法は水平構面（屋根や床）がその仕様から地震時に大きく変形するために剛床仮定が成立しない。特に下屋付き部分2階建ては全体が複雑なモードで振動する場合があるために補助的手段としてゾーニングの手法を提案している。この手法は工学的判断が重要になるので、具体的事例も参考に慎重に適用することが望まれる。

(2) 現行の偏心率は剛床仮定を前提に弾性時の剛性に基づいて計算しているが、伝統的構法では構造要素によっては復元力特性が負勾配になることもあって、安全限界時には偏心率が大きくなる場合がある。さらに水平構面の変形を伴うために非常に複雑になるが、この問題に対応するため、損傷限界時と安全限界時の2段階で偏心率を計算し、0.15以下となることを確認することとしている。熊本地震で住人が「捩じれるように倒れた」と証言しているように、偏心が大きいと耐震性能を著しく低下させる場合があり、できる限り小さくすることが望ましい。

(3) 石場建て（柱脚の水平・上下の移動を拘束しない）は柱脚固定の場合との振動台での比較実験により、建物の応答を低減する効果があることが確認されている。このため巨大地震に対しても有利であり、ぜひ推奨したい工法であるが、柱脚が礎石から落下しないか落下しても安全性を確保できる手法が必要になる。このために最大滑り量の設定や推定方法を提案しているが、地盤変状や擁壁の崩壊などがなければ、実大振動台実験や大地震時後の調査等により柱脚の移動はそれほど大きくないことがわかっており、仮に礎石から柱脚が落下した場合でも設計を工夫すれば解決できる問題でもある。柱脚が滑らないまたは滑りを考慮せずに設計されている場合でも、震度 6 強の地震に対しては落下の可能性は少ないと言える。ただし、近い将来発生が確実視されている南海トラフ地震の影響が大きい地域や近くに震度 7 の地震が起きる可能性がある断層帯がある場合には、礎石の大きさや設置方法を慎重に検討する必要がある。また、ダボ筋等により柱脚の水平動を拘束する場合では、柱脚の浮き上がりが関係するため、柱が抜け出し大きな水平移動を生じている事例もあるので注意を要する。柱脚の浮き上がりについては、構造力学的な解明が不十分で今後も検討が必要である。

(4) 上下階のバランスを考慮した設計に関連する課題として、1 階・2 階の剛性、耐力と各層の最大層間変形角の関係を検討し、1 階・2 階の最大層間変形角をほぼ同じにすることで 1 階の応答を小さくすることができるが、この近傍は設計パラメータによって応答が著しく変化するため、計算自体の精度を考慮して、近似応答計算法の手法を適切に選定し、安全側の設計となるよう配慮している。

(5) 設計用復元力に関連する課題として、伝統的構法で用いられる構造要素の実験、実大振動台実験などによる実験的検証を行って、設計に不可欠な構造要素の設計用復元力特性などを評価し、提案している。主要な構造要素を網羅しているが、まだ十分検証されていない多くの構造要素が残されている。今後、実験的検証などにより評価された構造要素については追加を予定している。また、国土交通省補助事業「伝統的構法データベース検討委員会」が主として検討委員会での実験結果をもとにデータベースの構築を行っているので、参考になる（「伝統構法データベース」http://www.denmoku-db.jp/）。

　以上のように、「詳細設計法案」をベースにさらに検討を加えて作成された本マニュアルが、石場建てを含む伝統的構法木造建築物がより高い耐震性能を持つために活用されるとともに、関係する職人の育成が図られ、伝統的構法が未来につながることを願っている。

　今後、伝統的構法をさらに継承・普及させるためには、本マニュアルを活用した設計事例による検証とともに、実務者の負担を減らすために本マニュアルの簡便化を図ることが必要である。また、旧 4 号建築物相当の小規模な伝統的木造建築物等について、構造計算適合性判定の対象外となる規定が制定されたが、対象外となる要件が厳しいので、要件が整う環境の整備や要件の見直しとともに、標準設計法案の見直しにより告示化することが望まれている。伝統的構法に関わる実務者等が中心になって伝統的構法のための簡易な設計法の再構築が検討されることを望むものである。

伝統的構法木造建築物設計マニュアル編集委員会
副委員長　齋藤幸雄

索　引

【英数】

PΔ効果 ……………15、57、62、66、67
1階基準ステップ ………………251
1階降伏 ……………………………80
1階先行降伏 ………………31、251
1階・2階同時降伏 ………………256
1層床重量 …………………………64
2階基準ステップ ………………254
2階降伏 ……………………………80
2階先行降伏 ………………31、254
2016年熊本地震 ………22、31、110
3階建て ……………………………259
3質点モデル ………………………260

【あ】

足固め …………………28、29、54
アスペクト比 ………49、299、305
現しの貫 ……………………………55
安全限界検証用地震動 ……………60
安全限界層間変形角
　………………14、24、25、27、62、63
石場建て ……8、13、19、21、64、85、107
板張り壁 ………13、53、204、290、307
浮き上がり ………………22、110
エネルギー一定則 ………15、262、263
鉛直構面 …………………………44、98
横架材 ………………………48、94、301
応答スペクトル法 ………………15
重み付け減衰 ……………47、74、77、258

【か】

開口 ………………………………47
階高 ………………………………65
解放工学的基盤 …………14、38、39
荷重と外力の組み合わせ …………32
加速度応答スペクトル
　………………14、38、39、70、86、263
加速度増幅率 …………39、179、180
加速度の低減率 ………………41、70
割線剛性 …………………275、277
壁仕様 ……………45、46、292、295

壁土 ………………………………342
壁要素 ……………………………44
乾式土壁 ………………………230
簡略法 ……………………………39
蟻害 ……163、164、165、166、168、171
基準ステップ ……………………75
基準せん断応力度 ………46、294、297
既存建築物 ………………………26、63
基部質量 ………………………264
京町家 ……………………………115
極めて稀に発生する地震動
　………………………24、38、60、84
近似応答計算 13、21、60、67、250、261
釘の許容せん断耐力 ………98、100
楔付き通し貫 …………………318
繰り返し計算 …………………253
傾斜復元力 ………56、220、290、327
下屋 …………………30、97、130、154
限界せん断力係数比
　………………80、148、190、204、250
限界耐力計算 ……………13、60、250
限界耐力比 ……………………250
減衰定数 …………………………68、69
現地調査 ………………………156
剛心 ……………………………277
構造計画 …………………………23
構造計算適合性判定 ………………11
構造調査 ………………27、156、158
構造要素 ……………9、13、18、44、290
甲虫 ……………………………166
甲虫害 ……………163、164、166、167
小壁 ………………………………13
小壁のタイプ ……………47、296
小壁の復元力 ……………………47
腰壁 ……………………………47、298
固定荷重 ………………32、120、219
小根ほぞ込み栓打ち ……………55、325
小根ほぞ車知栓打ち ……………55、322
小根ほぞ鼻栓打ち ………………55、324
小根ほぞ割り楔締め ……………55、325
小屋組部材 ………………………95
固有周期 …………………………68

固有値 ……………………………75
固有値計算 ………………………74
固有値問題 ……………………15、260
固有モード ………………………74、75

【さ】

最大滑り量 ………………………87
最大層間変形角 ……………25、62
座屈の許容応力度 ……………240
差鴨居 …………………………48、54
作用せん断力 ……………………15
寺院建築物 ……………………214
軸組要素 …………………………44
仕口接合部 ……………………290、314
試験方法 ………………………339
地震応答計算 ……………13、134、222
地震地域係数 …………………42
地震力 …………………………38
地盤 ……………………………112
地盤種別 ………………………40
地盤増幅率 ……………………38
上下に開口 ……………………52
常時荷重 ………………………32
柔剛論争 ………………………20
重心 ……………………………275、277
収斂計算法 ……………………73、251
収斂計算法1 …………61、74、75、148
収斂計算法2 …61、74、75、76、148、193
縮約モデル …61、72、77、251、253、256
詳細設計法 ……………………10
シロアリ ……………163、168、238
新築建築物 ……………………25、61
吸付き桟 ……………………204、309
水平構面 …29、30、44、96、98、280、342
水平構面の剛性 ………………280
水平抵抗要素 …………………44
図心 ……………………………275
滑りの減衰パラメータ ………266
製材 ……………………………243
精算法 …………………………39、179
積載荷重 ………………36、120、133
積雪荷重 ………………………36、64

設計のクライテリア
　………………24、26、61、63、121、134
設計用復元力……………………14、290
接合部……………………………9、104
せん断力係数比……80、148、190、204
せん断耐力…………………………15
せん断破壊………………293、294、297
層間変形角…………………………14
層せん断係数………………………15
総2階建て…………………………115、172
ゾーニング
　…15、27、63、81、132、134、150、172、210
速度応答スペクトル ……………263
礎石………………………13、109、245
損傷限界検証用地震動……………60
損傷限界層間変形角…14、24、25、27、63

【た】

第1種地盤…………………………40
耐久性調査………………27、156、163
第3種地盤…………………………40
耐震診断…………………26、178、182、219
耐震性能の目標 ………24、26、61、63
耐震補強設計……………26、196、225
第2種地盤…………………………40
代表層間変形角……………………25、62
代表高さ……………………………14
代表変位……………………………14
耐力バランス………………………20
竹小舞……………………………45、293
多雪区域………………37、63、64、172
垂れ壁……………………………47、298
断面係数……………………………92
断面係数の有効率…………………93
断面欠損…………………………92、169
弾力半径…………………………278
地長押………………………………28、29
地表面粗度区分……………………38
柱脚………………………………9、107
柱脚の仕様 ……………13、21、107
柱脚の滑り
　……28、29、125、149、207、232、261
柱脚の滑り量 ………64、85、262
チェックリスト ………………160、234
調整係数 ……………41、70、265
束………………………………48、299
継手・仕口……………………344
土壁………………13、45、292、293

土壁内法高さ ……………45、46、292
土壁内法長さ ……………45、46、292
土壁の復元力 ……………46、293
土塗り小壁………………47、290、295
土塗り全面壁……………45、290、292
適用の範囲 ………………………18
伝統的構法…………………………8
伝統的構法木造建築物…………9、18
等価減衰定数………………………69、70
等価剛性……………………14、275
等価固有周期………14、39、78、253
等価線形化法………………………14
等価粘性減衰係数…………14、222
同時降伏……………………………30、80
通し柱………………………………94、153
通し貫………………………………55、317
土台………………………13、109、111

【な】

長ほぞ………………………53、290、312
軟弱地盤……………………………112
貫……………………………45、48、54
捩り剛性……………………………278
捩れ振動……………………………19、30

【は】

はしご型フレーム…122、230、291、330
柱…………………………………92
柱－横架材仕口接合部…54、314、317
柱－横架材の仕口 ………102、105
柱の折損……………………………61
必要性能スペクトル
　…………………15、61、67、71、79
評価方法…………………………340
標準仕様………………84、96、282
標準床………………………15、96、100
表層地盤………………38、39、40、179
風圧力……………………37、88、128、133
風力係数……………………………38
吹抜け……………………27、83、172
腐朽……………………………163、164
腐朽菌……………………………168、238
復元力……………………………290
復元力特性…………………………14
不整形な平面形……………………83
部分2階建て ………30、81、82、130
併用壁………………………………47、51
変位一定則………………16、86、262

変位応答スペクトル ……………263
変形ステップ………………………65
変形性能……………………………18、19
変形増分……………………………61
変形増分法………………………13、61
変形増分法1 ……………73、74、148
変形増分法2 ……………73、74、148
変形モード…………………………60、72
変形バランス ……………23、29、31
偏心…………………………………23、30
偏心距離…………………………278
偏心率…………24、25、83、152、213、233、275
防腐措置…………………………239

【ま】

曲げ破壊………………293、294、297
摩擦係数…………………13、29、86、107
稀に発生する地震動 …24、38、60、84
めりこみ…………………………19、240
めりこみの基準強度 ……………244
めりこみの許容応力度 …………240
木材………………………9、238、239
木材の基準強度 ………………241
木材の繊維方向の許容応力度 …239
モード減衰…………………………76

【や】

雇いほぞ込み栓打ち ……………55、320
雇いほぞ車知栓打ち ……………55、321
屋根………………………………100
屋根ふき材…………………………89
有効質量……………………………14
有効質量比…………………………70
有効柱幅………………………56、57、327
床開口………………………81、97、127

【ら】

両面板張り………………………307
履歴減衰………14、66、68、69、77、329
劣化診断…………………………156、164
劣化調査…………………………156、163

伝統的構法のための木造耐震設計法
石場建てを含む木造建築物の耐震設計・耐震補強マニュアル

A manual of aseismic design method for traditional wooden buildings
including specific techniques for unfixing column bases to foundation stones

2019年 6月10日　第1版第1刷発行
2021年 6月20日　第2版第1刷発行
2025年 6月20日　第3版第1刷発行

著　　者　伝統的構法木造建築物設計マニュアル編集委員会
　　　　　The editorial committee of design manual for traditional wooden buildings
発 行 者　井口夏実
発 行 所　株式会社 学芸出版社
　　　　　Gakugei Shuppansha, Kyoto
　　　　　京都市下京区木津屋橋通西洞院東入
　　　　　〒600-8216　電話 075-343-0811
　　　　　http://www.gakugei-pub.jp/
　　　　　E-mail　info@gakugei-pub.jp

装　　丁　KOTO DESIGN Inc. 山本剛史
印刷・製本　モリモト印刷

©伝統的構法木造建築物設計マニュアル編集委員会　2019
ISBN978-4-7615-4094-4　　　　　　　　　　　　　　　Printed in Japan

JCOPY 〈(社)出版者著作権管理機構委託出版物〉
本書の無断複写（電子化を含む）は著作権法上での例外を除き禁じられています。複写される場合は、そのつど事前に、(社)出版者著作権管理機構（電話 03-5244-5088、FAX 03-5244-5089、e-mail: info@jcopy.or.jp）の許諾を得てください。
また本書を代行業者等の第三者に依頼してスキャンやデジタル化することは、たとえ個人や家庭内での利用でも著作権法違反です。

好評発売中

最新 伝統木造建物の耐震入門
耐震診断・補強のポイント

林康裕 著

A5 判・200 頁・定価 本体 3200 円＋税

伝統構法による建物は、地震動の種類に応じて、効果の期待できる耐震補強がある。一方で、誤った構造特性の理解、思い込みによる部分最適化の耐震改修は、逆に災害時に被害を大きくすることになりかねない。適切な方法を選択することによって、伝統構法のもつ「ねばり強さ」による耐震性能を、きちんと引き出すことができる。

改訂版 実務から見た木造構造設計

上野嘉久 著

B5 判・240 頁・定価 本体 6000 円＋税

実務経験から生み出された実務設計術を、計算手順が理解しやすく、設計の参考資料としても役立つように、2、3 階建ての実際の構造計算書をもとに解説。必要な資料を使いやすい図表にまとめ、法令や告示、学会の規準等必要な規準の要旨を網羅している。大好評のシリーズ、構造設計者の座右の書。

改訂版 実務から見た基礎構造設計

上野嘉久 著

B5 判・264 頁・定価 本体 6600 円＋税

実務経験から生み出された実務設計術を、計算手順が理解しやすく、設計の参考資料としても役立つように 5 階建て程度の実際の設計例をもとに解説。必要な資料を使いやすい図表にまとめ、法令や告示、日本建築学会の規準等必要な規準・指針の要旨を網羅している。大好評の『実務から』シリーズ待望の改訂版。構造設計者の座右の書。

構造計算書で学ぶ木構造
金物設計の手引き

上野嘉久 著

B5 変判・176 頁・定価 本体 3200 円＋税

木造の継手・仕口は建築士が金物を設計しなければならなくなった。構造計算を省き告示による方法もあるが金物が多大となりがちである。そこで金物を経済設計するために構造計算を簡単に行なう方法を人気抜群の「実務からシリーズ」の著者が分かりやすく解説する。2 階建ての構造計算書を作成しながら理解する構造計算の入門書。

耐震木造技術の近現代史
伝統木造家屋の合理性

西澤英和 著

A5 判・432 頁・定価 本体 6000 円＋税

伝統木造家屋は激震に耐える！　先人は苛酷な震災に遭遇する度に、修理を通して耐震技術を蓄積してきた。果たして、近現代の日本は伝統木造の英知を活かせているだろうか？　繰り返される在来木造の大被害、その要因を木造耐震化の歴史を振り返って明らかにし、地震国日本が培ってきた伝統木造技術の復権を論じる渾身の一冊。

伝統木造建築を読み解く

村田健一 著

四六判・208 頁・定価 本体 1800 円＋税

日本は、世界最古と最大の木造建築を有し、比類ない木の建築文化を築いてきた。その伝統木造建築の歴史・特徴について、外見的な形や様式に留まらず、建物の強度を確保する工夫、日本人好みの建築美、合理的な保存・修復などを多数の事例をもとに解説。文化財の専門家が、古建築に宿る知恵と技、強さと美しさの源流に迫る。